21세기 글로벌기업론

이 재 기 저

청목출판사

머 리 말

최근 들어 세계경제는 급속도로 변화하고 있다. 국가 간에 물리적인 국경의 의미가 상실되고 세계경제는 상호의존관계가 심화되어 하나의 지구촌을 형성하고 있다. 즉, 기업들의 활동영역이 자국의 범위를 넘어 전세계를 무대로 활약하는 세계기업화가 급속히 추진되고 있고, 정보통신기술의 발달은 세계를 단일정보권으로 묶게 하여 이러한 세계기업들의 활동을 기술적으로 뒷받침하고 있다.

다시 말해서 세계화란 각국 경제가 국경없는 세계경제(borderless global economy)화됨을 의미한다. 국경없는 세계경제란 일국의 경제활동 즉, 생산・판매・투자・소비・저축 등이 어느 특정지역에서 벗어나 전세계를 대상으로 이루어지는 것을 지칭하며 국제간의 자본이동・무역거래・서비스・생산활동 등이 최적의 기회를 제공하는 지역을 찾아 자유자재로 이동될 수 있다는 것을 의미한다.

또한, 1990년대 중반 이후 세계화(globalization)가 급진전되면서 경제적 국경의 의미는 상실되고 세계경제가 단일시장으로 통합되는 추세가 더욱 가속화되고 있다. 세계화의 진전과 함께 이러한 추세와는 반대로 EU, NAFTA, APEC, ASEAN, MERCOSUR 등 거대 지역공동체의 형성과 같은 지역주의(regionalism)의 확산도 활발히 전개되고 있다. 이러한 지역경제통합은 궁극적으로는 세계무역의 자유화(liberalization of global trade)에 기여하는 긍정적인 측면도 있지만 역외국가들에 대한 차별조치가 강화될 경우 배타적인 경제블록화를 가속시켜 세계무역의 성장을 저해할 수 있다는 점에서 우려도 낳고 있다.

글로벌기업은 그 기업자체의 존립, 성장, 발전을 위한 조직을 필요로 한다. 이러한 기업의 조직구조는 원칙적인 면에 있어서는 국내기업에 적용되는 것과 동일하다. 그러나 기업의 조직은 기업이 표방하는 공동의 기본적인 목적과 목표를 달성하기 위한 기업의 권한, 책임, 의사전달 및 통제와 내부적 제 관계를 수립하는 경로로서 이루어지는 것이 특징이다. 기업조직은 또한 기업운영을 관리하고 수행하기 위하여 기업내 구성원 간의 기능 및 기타 측면의 제 관계를 결정하는 것인 바 기업내에서의 의사결정을 위한 구조를 마련해 주는 것으로써 기업이 당면한 장·단기적 문제에 관한 전문화된 기술, 지식과 의사결정의 유기적 결합을 추구하게 하는 것이다. 이러한 일반적인 원칙과 더불어 글로벌기업의 조직은 기업활동의 국제화가 이루어지지 못한 국내기업의 경우와는 확실히 구별되며 그 기본적인 고려사항 내지 여건충족의 필요에 따라 발전되어 온 것이다.

한편, 글로벌기업 특히 최고경영진은 주요 전략의 통일성과 재무상의 전략적 결정, 연구, 개발, 제조시설배치, 자금조달과 같은 다양한 분야에서의 규모의 경제 달성이라는 입장에서 권한의 집중화를 원하는 경향이 있는 바, 이는 실제로 글로벌기업의 범세계적인 확대, 성장이란 입장에서 볼 때 일괄 타당성이 있는 것이며 따라서 이 면에서 볼 때에 현지의 법적, 환경적, 기타여건에 맞춘 조직보다는 의사결정에 목표를 둔 조직적 구조가 보다 바람직하다 할 것이다. 이에 따라 글로벌기업의 조직에 있어서는 자생적 조직(informal organization), 스탭조직(staff organization)이 국내기업의 경우에 비해 훨씬 큰 의의와 중요성을 가지고 변천, 발달하였으며 이것이 다른 경영전략의 수행에 있어서 신축성·기동성 및 현실에의 적응력이나 적합성을 크게 제고시켜 주는 역할을 하여 왔다.

글로벌기업은 그 생성, 역사, 업종이나 산업, 국적, 경쟁여건, 주요 진출대상국의 환경, 최고경영진의 성격이나 경영방침에 따라서 각기 달리 변천하였으며 기업활동에 대한 범세계적인 차원의 접근에 있어서도 그 양상을 달리하며 그 발전과정도 상이하다. 특정지을 수 있는 것은 순수한 국내기업체가 무역을 하게 되고 다시 직접 해외투자를 하여 글로벌기업체로 변천함으로써 필요로 하는 조직구조로 변경된다는 것이다. 어떤 형태로 변천하여 왔는가도 특정기업체의 역사, 최고경영진의 기업철학, 지향, 개성, 아이디어와 더불어 제품계열 및 그 다각화의 정도, 대상지역의 범위 등에 따라서 상이하게 결정된다.

본서는 글로벌기업의 여러 측면에 대해 상세히 살펴보고 있다. 본서의 구성은 6편 15장으로 이루어져 있는데, 1편에서는 글로벌 경제환경을, 2편에서는 글로벌 경영환경을, 3편에서는 세계화·신경영·신경제를, 4편에서는 글로벌기업의 이해를, 5편에서는 글로벌 경영전략을, 그리고 마지막 6편에서는 기업의 가치평가와 전략적 제휴를 다루고 있다.

본서는 글로벌기업과 관련한 제 이슈에 있어서 저자를 비롯한 여러 학자들의 시각과 논리, 그리고 관련참고문헌과 자료를 될 수 있는 대로 다양하게 소개하려고 시도하였다. 경우에 따라서는 논리적인 비약도 있으리라 생각된다. 본서가 가지고 있는 내용상의 미흡함에 대해서는 넓은 아량으로 이해해 주기 바란다. 선배 제현과 독자 여러분의 아낌없는 질타와 조언을 기대해 보며 오류로 지적되는 부분이 있으면 차후에 이를 수정할 계획이다.

그 동안 본서가 나오기까지 여러 동료 교수님들의 성원과 도움이 있었으며 이에 깊은 감사의 말씀을 드리는 바이다. 끝으로 출판계의 어려운 사정에도 불구하고 본서의 출판을 흔쾌히 허락해 주신 청목출판사의 유성렬 사장님과 편집에 여러모로 수고해 주신 편집부원 여러분에게 진심으로 감사의 말씀을 드린다. 본서의 집필기간 동안 가정에 소홀했음에도 불구하고 항상 사랑과 격려를 보내 주고 편안한 안식처를 제공해 준 사랑하는 아내 경심과 아들 형진에게 무한한 감사의 마음을 전한다.

2006년 6월 5일
안서동 연구실에서
이 재 기

차 례

제3부 세계화 · 신경영 · 신경제

제4부 글로벌기업의 이해

제5부 글로벌 경영전략

제1부

글로벌경제환경

제1장

브릭스(BRICs)의 부상

제 1 절 BRICs의 의의

BRICs는 거대신흥시장인 브라질(Brazil), 러시아(Russia), 인도(India), 중국(China)의 네 나라를 의미하며 골드만삭스(Goldman Sachs)는 BRICs가 2050년이면 G6에 진입하는 것으로 전망한 바 있다.

BRICs는 미국의 투자은행인 골드만삭스의 이코노미스트인 도미니크 윌슨(Dominic Wilson)과 루파 푸루쇼사맨(Roopa Purushothaman)이 2003년 10월 발표한 투자전략보고서인 'BRICs와 함께 꿈을 : 2050년으로 가는 길(Dreaming With BRICs: The Path to 2050)'에서 만든 신조어(新造語)이다.[1)]

BRICs가 큰 이변이 없이 성장한다면 이들 국가의 총 경제력은 국내총생산(GDP) 기준으로 2025년에는 현재 세계 최대의 경제력을 자랑하는 미국, 일본, 독일, 프랑스, 영국, 이탈리아 등 소위 G6의 경제규모의 50%에 이르고 2050년에 가서는 이들

1) 전국은행연합회, 금융, 2004. 1.
한국수출입은행, BRICs 국가현황 및 우리의 진출 방안, 2004. 1. pp. 3-15 요약 · 재구성

국가가 미국, 일본과 함께 G6를 구성하게 되며 중국은 세계 최대의 경제대국이 될 것으로 전망된다.

다수의 경제학자들은 BRICs가 많은 인구와 제조업 기반을 갖추고 있어 고성장으로 선진국을 추월할 잠재력이 충분한 것으로 추정하고 있다.

〈표 1-1〉 BRICs의 인구 비교(2002년)

(단위: 억명)

브라질	러시아	인도	중국	BRICs	세계
1.7	1.5	10.2	12.6	25.9	60.6

BRICs는 각 대륙 최대의 국가라고 할 수 있으며 선진국을 제외한 고성장 가능 국가로서 브라질은 인구가 중·남미에서 최대, 러시아는 유럽과 아시아에 걸쳐 최대, 중국은 세계 최대, 인도는 인도대륙의 최대국이다.

또한, BRICs는 현재 국민총생산이 상대적으로 저수준을 나타내고 있으나 견실한 제조업 기반을 구비하고 있는 국가들로서 경제의 개방(economic opening)과 자유시장경제(free market economy)의 확립, 적절한 경제정책(proper economic policy) 집행, 그리고 제도 정비가 구비되면 급속한 성장이 가능한 것으로 전망할 수 있다.

〈표 1-2〉 BRICs의 GDP 비교(2002년)

(단위: 억달러)

브라질	러시아	인도	중국	BRICs
4,524	3,465	5,012	12,659	25,660

이들 국가는 과거 오랜 기간 사회주의(socialism) 정책의 강력한 시행(러시아, 중국)이나 수입대체(import substitution) 위주 정책(브라질, 인도)으로 인해 자유시장경제와 교역이 주는 성장잠재력(growth potentials)을 제대로 발휘하지 못했던 국가들로 평가할 수 있다.

따라서 BRICs는 시장 규모 확대 잠재력이 매우 커서 외국자본의 대량 유입이 가능한 국가들로 인식할 수 있다.

제 2 절 BRICs 성장전망

1. 전망의 주요 내용

1.1 경제성장

골드만삭스의 보고서에 따르면 BRICs의 경제력은 2050년에 세계 최대 규모에 도달할 것으로 예상되는데 따라서 2050년의 G6는 BRICs와 미국, 일본으로 구성될 것으로 보인다.

〈표 1-3〉 BRICs의 국별 GDP 규모 추정치

	BRICs				G6							
	브라질	중국	인도	러시아	프랑스	독일	이탈리아	일본	영국	미국	BRICs	G6
2000	762	1,078	469	391	1,311	1,875	1,078	4,176	1,437	9,825	2,700	19,702
2005	468	1,724	604	534	1,489	2,011	1,236	4,427	1,688	11,697	3,330	22,548
2010	668	2,998	929	847	1,622	2,212	1,337	4,601	1,876	13,271	5,441	24,919
2015	952	4,754	1,411	1,232	1,767	2,386	1,447	4,868	2,089	14,786	8,349	27,332
2020	1,333	7,070	2,104	1,741	1,930	2,524	1,553	5,221	2,285	16,415	12,248	29,928
2025	1,695	10,213	3,174	2,264	2,095	2,604	1,625	5,567	2,456	18,340	17,345	32,687
2030	2,189	14,312	4,935	2,980	2,267	2,697	1,671	5,810	2,649	20,833	24,415	35,927
2035	2,871	19,605	7,854	3,734	2,445	2,903	1,708	5,882	2,901	23,828	34,064	39,668
2040	3,740	26,439	12,367	4,467	2,668	3,147	1,788	6,039	3,201	27,229	47,013	44,072
2045	4,794	34,799	18,847	5,156	2,898	3,381	1,912	6,297	3,496	30,956	63,596	48,940
2050	6,074	44,453	27,803	5,870	3,148	3,603	2,061	6,673	3,782	35,165	84,201	54,433

주 : 2003년 미 달러화 기준.

경제성장의 약 1/3은 통화가치 상승에 기인하는 것으로 해석할 수 있다. 즉, BRICs의 GDP 증가의 약 2/3는 부가가치 증가분으로, 나머지는 통화가치 상승분으로 구성된다.[2] 또한, BRICs의 경제성장률은 전반부 30년은 높게, 후반부 20년은 낮게 나타날 것으로 예상된다. BRICs는 전망기간의 후반부에서는 성장이 둔화될 것이

2) BRICs의 실질환율(real exchange rate)은 연평균 2.5%가 평가절상되어 50년 후에는 현재보다 300% 상승할 것으로 예상된다.

나, 인도만은 2050년까지 3% 이상의 성장률을 나타낼 것으로 전망된다.

1.2 소득 및 소비

(1) 소득

BRICs 평균 1인당 소득은 50년 후에도 러시아를 제외하고는 현재의 G6 국가의 평균치보다 낮을 것으로 보이며 중국의 1인당 국민소득은 지금의 선진국 경제와 비슷한 3만 달러 수준으로 전망된다.

(2) 소비

BRICs 경제성장의 동인은 소비시장의 성장으로 볼 수 있다. BRICs의 연간 소비지출액 증가는 이르면 2009년에 현재 규모의 2배를 초과하여 G6의 증가보다 커질 것으로 예상된다.

〈표 1-4〉 2050년까지의 BRICs 대미 달러 실질환율 평가정상률

(단위: %)

브라질	러시아	인도	중국
129	208	281	289

〈표 1-5〉 BRICs의 2050년까지의 실질GDP 성장률

(단위: %)

	브라질	중국	인도	러시아
2000-2005	2.7	8.0	5.3	5.9
2005-2010	4.2	7.2	6.1	4.8
2010-2015	4.1	5.9	5.9	3.8
2015-2020	3.8	5.0	5.7	3.4
2020-2025	3.7	4.6	5.7	3.4
2025-2030	3.8	4.1	5.9	3.5
2030-2035	3.9	3.9	6.1	3.1
2035-2040	3.8	3.9	6.0	2.6
2040-2045	3.6	3.5	5.6	2.2
2045-2050	3.4	2.9	5.2	1.9

2025년이면 BRICs의 연간 소비지출액 증가는 G6 증가의 2배가 되고 2050년에는

4배를 초과할 것으로 예상된다.[3)]

또한, BRICs는 세계경제의 새로운 원동력으로서 중요한 역할을 담당할 것으로 보인다. 세계경제에서 BRICs의 중요성은 더욱 빠르게 커질 수 있는데 BRICs의 고도성장은 선진국의 노년층 인구비중 증가와 저성장을 상쇄할 수 있다.

고성장은 자본수익과 자본수요 증가로 이어져서 세계 투자포트폴리오(global investment portfolio)에서 BRICs의 비중이 급격히 상승하게 되며 대규모 자본이 BRICs로 유입됨으로써 세계통화의 환율재조정을 유발할 가능성이 큰 것으로 지적된다.

BRICs의 소비패턴(consumption pattern) 변화에 대해 살펴보면 소득 증가가 지역 소비 패턴을 변화시키게 됨에 따라 다수 상품들의 수요와 가격결정 패턴도 변화하게 된다.

소비가 크게 증가하는 소득수준인 1인당 국민소득 3,000달러에서 10,000달러 대로 BRICs 소득이 증가하면 소비재 소비는 급증할 것으로 전망된다.

2. BRICs 성장의 조건

거시경제의 안정성(macroeconomic stability), 제도적 환경, 경제개방도와 교육수준이 경제성장의 기본적 요건으로 지적될 수 있다. 즉 높은 교육수준, 긴 수명, 저출산율, 낮은 재정지출, 더 나은 법질서 유지, 저인플레이션, 교역조건의 개선 등과 같은 요소들은 서로 연결되어 경제성장의 촉진(promotion of economic growth)을 가능하게 한다.

① 거시경제 안정성의 확보

불안정한 거시경제 환경은 물가와 인센티브를 왜곡시켜 경제성장을 저해하게 된다. 따라서 초점은 물가안정으로서 재정수지 적자(fiscal deficit) 축소, 통화긴축, 환율조정이 필요하다.

3) 이번 전망의 전제조건으로 BRICs가 성장정책과 관련제도를 성공적으로 유지·발전시키는 것을 지적할 수 있다. BRICs의 어느 나라든 성장을 유지하기가 쉽지 않을 것으로 보이는데 이는 각국이 여러 가지 어려움을 안고 있으며 정책이 잘못 추진되거나 예기치 못한 외부충격(unexpected external shock)이 발생하게 될 경우에는 예측은 당연히 틀리게 된다.

② 적절한 제도의 확립

제도는 경제의 효율성(economic efficiency)에 지대한 영향을 미치게 된다. 광의의 제도는 법규, 시장, 보건, 교육, 금융기관, 정부 관료주의 등을 모두 포함하며 비효율적인 제도는 그릇된 정치와 경제정책을 야기하여 투자, 근로, 저축을 저해하는 장기적인 요인이 된다.

③ 개방성 제고

무역과 외국인직접투자(FDI)에 대한 개방으로 자본, 기술, 시장을 확대해야 한다. 자본과 새로운 기술의 유입 증가, 그리고 보다 큰 시장에의 접근을 위해 개방확대가 필요하다.

④ 충분한 교육

교육을 받은 숙련노동자(skilled worker)의 충분한 공급이 필요하다. 경제성장에 따라 숙련노동자 부족 현상에 직면하게 되는데 중·고등교육은 보다 높은 단계의 경제로 이행하는 데 필수조건이 되고 있다.

3. 국별 성장 전망

3.1 브라질

브라질의 향후 50년간 평균 GDP 성장률은 3.6%로 예상된다. 브라질의 경제규모는 2025년에는 이탈리아, 2031년에는 프랑스, 2036년에는 영국과 독일을 추월할 것으로 보인다. 그러나 1인당 GDP(per capita GDP)는 2025년에도 이탈리아의 27%에 불과할 것이며 2031년부터는 중국에도 뒤쳐질 것으로 보인다. 브라질은 아직 대외개방이 미흡하고 투자율과 저축률이 낮은 수준이며 공공채무(public debt)와 외채가 큰 편이어서 거시경제의 안정성이 낮은 것이 경제성장의 주요한 장애요인이 되고 있다. 따라서 이들 요인의 제거 또는 감소가 전술한 전망을 실현시킬 수 있을 것으로 보인다.

〈표 1-6〉 브라질의 GDP 전망

	2000~2010	2011~2020	2021~2030	2031~2040	2041~2050
GDP (10억 달러)	762~668	718~1,333	1,397~2,189	2,308~3,740	3,932~6,074
1인당 GDP (달러)	4,338~3,417	3,640~6,302	6,562~9,823	10,320~16,370	17,191~26,592
실질 GDP 성장률 (연간, %)	4.2~4.2	4.1~3.7	3.7~3.9	3.8~3.6	3.6~3.4

3.2 러시아

BRICs 중에서는 이미 상당히 높은 소득 수준이어서 향후 경제성장률은 BRICs 중에서 가장 낮을 것으로 보인다. GDP 규모 자체는 2018년에 이탈리아, 2024년에 프랑스, 2027년에 영국, 2028년에 독일을 추월할 것으로 전망된다. 1인당 GDP도 2038년에 이탈리아, 2050년에 독일보다 앞설 것으로 보인다.

그러나 인구감소가 가장 큰 성장 저해요인으로서 2034년부터 실질GDP 성장률이 3% 아래로 하락할 것으로 예상된다.

〈표 1-7〉 러시아의 GDP 전망

	2000~2010	2011~2020	2021~2030	2031~2040	2041~2050
GDP (10억 달러)	391~847	917~1,741	1,829~2,980	3,131~4,467	4,613~5,870
1인당 GDP (달러)	2,675~5,948	6,453~12,527	13,212~22,427	23,674~35,314	36,684~49,646
실질 GDP 성장률 (연간, %)	10.0~4.1	4.0~3.3	3.3~3.4	3.3~2.4	2.3~2.1

3.3 인도

인도의 경제성장률은 2050년까지 5% 이상을 유지할 것으로 전망되며 국내총생산(GDP)은 2032년에는 일본을 추월할 것으로 보인다. 1인당 GDP는 2035년에 현재의 35배에 이를 것으로 예상되지만 현재의 소득수준이 너무 낮아 2014년에야 1,000달러를 넘게 되고 2043년에 가서야 10,000달러를 초과할 것으로 예상된다.

BRICs 중에서도 인구가 지속적으로 증가할 유일한 국가로서 고성장률을 유지할 수 있겠지만 아직 경제의 많은 부문이 폐쇄적으로 유지되고 있고 BRICs 중에서도 교육지수가 낮은 것이 장애요인이 되고 있다.

〈표 1-8〉 인도의 GDP 전망

	2000~2010	2011~2020	2021~2030	2031~2040	2041~2050
GDP (10억 달러)	469~929	1,011~2,104	2,278~4,935	5,407~12,367	13,490~27,803
1인당 GDP (달러)	468~804	864~1,622	1,739~3,473	3,776~8,124	8,810~17,366
실질 GDP 성장률 (연간, %)	5.4~6.1	6.0~5.5	5.6~6.1	6.1~5.8	5.8~5.1

3.4 중국

중국의 GDP 성장률은 2022년부터는 5% 미만으로 하락할 것으로 보인다. 경제성장률은 그 후 2040년대 중반까지 3.5%로 완만하게 하락할 것이나 경제규모는 2007년에 독일, 2016에 일본, 2041년에 미국을 추월하여 세계 최대가 될 것으로 예상된다.

그러나 1인당 GDP는 2050년에야 2000년의 일본에 근접하는 수준이 될 것으로 보인다. 높은 투자율과 풍부한 노동력, 안정된 정치가 경제성장의 긍정적 요인으로 작용하고 있다.

〈표 1-9〉 중국의 GDP 전망

	2000~2010	2011~2020	2021~2030	2031~2040	2041~2050
GDP (10억 달러)	1,078~2,998	3,316~7,070	7,646~14,312	15,260~26,439	28,003~44,453
1인당 GDP (달러)	854~2,233	2,453~4,965	5,346~9,809	10,454~18,209	19,315~31,357
실질 GDP 성장률 (연간, %)	8.0~6.6	6.4~5.0	5.2~3.9	3.8~3.7	3.8~2.7

제 3 절 BRICs에 대한 한국의 교역과 투자

1. 수출입

BRICs가 한국의 교역액에서 차지하는 비중은 주로 중국과의 교역액 증가에 힘입어 2000년의 23.4%로부터 2003년(1~11월)에 36.1%로 상승하였다. 선진국에 비해 BRICs의 상대적인 고성장과 소득수준 향상에 따른 소비증가로 한국 교역에서도 BRICs의 비중은 향후 더욱 제고될 것으로 예상된다.

〈표 1-10〉 한국의 대BRICs 교역 추이

(단위 : 백만 달러)

	브라질	러시아	인도	중국	BRICs 계	세계	BRICs 비중
2000							
수출	1,724	788	1,326	18,455	22,293	172,268	12.9%
수입	935	2,058	985	12,799	16,777	160,481	10.5%
수지	789	-1,270	341	5,656	5,516	11,787	46.8%
2001							
수출	1,611	938	1,408	18,190	22,147	150,439	14.7%
수입	1,126	1,929	1,106	13,303	17,464	141,098	12.4%
수지	485	-991	302	4,887	4,683	9,341	50.1%
2002							
수출	1,247	1,066	1,384	23,753	27,450	162,471	16.9%
수입	1,248	2,218	1,249	17,400	22,115	152,126	14.5%
수지	-1	-1,152	235	6,353	5,335	10,345	51.6%
2003							
수출	1,044	1,438	2,523	31,488	36,493	174,407	20.9%
수입	1,485	2,259	1,115	19,689	24,548	161,136	15.2%
수지	-441	-821	1,408	11,799	11,945	13,271	90.0%
2003 국별교역 비중	0.8%	1.1%	1.1%	15.3%	18.2%	100.0%	

주: 2003년은 1~11월 통계수치임.

특히, 중국의 고성장은 향후에도 상당기간 지속될 수 있을 것으로 전망된다. 중국과의 교역 급증은 규모뿐만 아니라 상품수지의 면에서도 두드러져 한국의 2003년 1~11월 상품수지 흑자의 88.9%가 대중국 교역에서 발생되었다.

자유무역협정(FTA) 체결 등 지역에 적합한 수출환경 개선 지원이 브라질과 같이 수출비중이 낮은 국가로의 수출 증대에 기여할 수 있을 것으로 보인다. 러시아와 인도, 중국으로의 수출은 2000년대 이후 2배 가까이 증가한 반면에, 1990년대에 18억 달러 수준에 이르렀던 대브라질 수출은 최근 10억 달러 수준으로 하락하였다

2. 해외직접투자 규모

BRICs에 대한 한국 기업들의 직접투자는 순투자금액 기준으로 전체의 21.6%에 이르나 대중국 투자가 압도적으로 많고 다른 국가들에 대한 투자는 아직은 미미한 수준을 보이고 있다. BRICs 중 중국을 제외한 3국에 대한 한국 기업들의 투자는 중장기적으로 확대될 것으로 전망된다.

〈표 1-11〉 한국 대BRICs 직접투자 현황

	브라질	러시아	인도	중국	BRICs 계	세계	BRICs 비중
건수	36	124	109	8,634	8,903	17,891	49.8%
금액 (백만 달러)	274	180	533	6,222	7,210	33,445	21.6%
국별투자액비중	0.8%	0.5%	1.6%	18.6%	21.6%	100.0%	

주 : 2003년 11월말 기준 순투자 누계임.

해외직접투자는 투자자의 경쟁력, 생산품목의 현지시장 수용성뿐만 아니라 투자대상지역의 제도적, 행정적 환경도 중요한 요소이므로 단기에 급격히 증가하기는 어렵다고 할 수 있다. 그러나 중국으로의 투자집중에 따른 위험 증가를 완화시키기 위해서도 브라질, 러시아, 인도와 같은 신흥시장(emerging market)으로의 투자진출이 확대될 것으로 보이며 대기업을 중심으로 한 대BRICs 투자는 중장기적으로 크게 증가할 것으로 전망된다.

〈표 1-12〉 BRICs 주요 도시의 투자관련 비용 비교

		브라질 (리우데자네이루) 1$: 3.618레알	러시아 (모스크바) 1$: 31.78루블	인도 (뉴델리) 1$: 48.25루피	중국 (북경) 1$: 8.2772위안
		비용($)	비용($)	비용($)	비용($)
임금(월)	일반노동자	146.01	460~770	138	63~178
	엔지니어	1,126.87	750~1,300	320	144~268
	중간관리직	1,411~3,270	2,700~5,000	753	169~604
	법정최저 임금/월	60.81	14.22	55.54	56.18
	명목임금 상승률(%)	2000년 : 6.0 2001년 : 6.0 2002년 : 7.0	2000년 : 46.0 2001년 : 45.7 2002년 : 35.0	N.A.	1999년 : 12.2 2000년 : 14.1 2001년 : 17.2
임차료	공업단지 임차료/월(㎡)	0.84 (토지를 포함한 공업용창고)	1.70	구입만 가능	3.62~7.25
	사무소 임차료/월(㎡)	2.64	34~120	15.61~22.30	37.00
통신료	전화기본 요금(월)	11.54	58.8	5.18	3.02
	휴대전화 기본요금/월	41.46	10.8	국내통화용:10.22 국제전화용:111.27	6.04
공공요금	업무용 전기 요금(kWh)	0.18	0.04	0.08	0.05~0.09
	업무용 수도요금(㎡)	0.0177	0.42	0.25~0.50	0.31 (상수 0.22, 하수 0.09)
	업무용 가스요금(㎡)	2,738.36 (1,206~4,820㎡)	0.03	파이프라인 : 0.08	0.22
세금	법인소득세	15%	24%	42%	33% (국세 30%, 지방세 3%)
	개인소득세 (최고세율)	0%/15%/27.5%	13%	31.5%	45%
	부가가치세	없음	20%	16%	17%

주: 2002년 11월 기준임.

제2장

신국제경제질서의 구축

1990년대 이후 세계화(globalization)가 급추진되면서 세계경제계에서 가장 많이 논의되는 이슈 중의 하나가 대다수의 개도국들이 세계의 부와 권력(global wealth and power)을 공정하게 배분받지 못하고 있다는 것이다. 이러한 이슈에 대해 개도국인 남과 선진국인 북이 대화를 지속하고 있다. 북은 일반적으로 서유럽·북미, 일본, 오스트레일리아 그리고 뉴질랜드를 지칭한다. 남은 개도국들을 가리키나 개도국들간에는 사실상 유사점보다는 차이점이 더 많이 존재하고 있다. 개도국 중에는 신흥공업국들(NIEs: Newly Industrializing Economies)과 같이 산업화과정(process of industrialization)이 어느 정도 진전된 국가들도 있고, 사우디아라비아와 같이 부유한 국가도 있으며 동남아시아, 아프리카 및 카리브만지역국가들과 같이 매우 가난한 소위 제4세계도 존재한다.

남북간의 대화에 있어서 현실적으로 상당한 의견의 차이가 존재하는데 이러한 의견의 차이가 발생되는 요인으로 다음 3가지를 지적할 수 있다.

① 남북관계에 있어서 무엇이 문제인가 하는 것에 대한 합의가 없다.

② 가치의 우선순위(priority of value)에 대한 합의가 없다. 남북간에 가치 우선

순위에 대한 합의가 없다는 것은 중요한 문제인데, 그 이유는 가치의 우선 순위에 따라 그에 대한 처방도 상이해지기 때문이다.

③ 국제적 개혁이 발생한다면 그러한 개혁이 야기시킬 결과가 무엇인가에 대해서도 합의가 존재하지 않고 있다.

그러나 남북간 이러한 합의부재에도 불구하고 1974년 4월 UN총회는 회원국간에 존재하는 경제적 · 사회적 제도상의 차이를 초월하고 모든 회원국들간의 공정성, 주권의 평등, 공동의 이해와 협력에 기초하여 새로운 국제경제질서(international economic order)를 형성함으로써 국가간에 존재하는 불평등을 개선하고 불의를 타파하며 선진국과 개도국간에 더욱 더 커지는 격차를 해소하고 현재와 미래의 세대들을 위한 지속가능한 사회경제적 발전(sustainable socio-economic development)을 보장하기 위하여 긴밀히 협력하기로 선언한 바 있다.[1)]

제 1 절 국제제도상의 문제점

현재의 국제경제제도가 구체적으로 어떻게 빈부국간의 격차를 조장하고 있는가 하는 문제에 대해서는 다양한 의견이 제시되고 있다. 국제제도상의 문제점에 대해 개도국이 주장하고 있고 선진국도 일부 인정하고 있는 6가지 측면에 대해 정리해 본다.

1. 국제준비자산의 배분에 있어서 선진국과 개도국간에 커다란 차이가 존재하고 있음

부국들이 자국통화의 팽창을 통하여, 그리고 IMF에 대한 지배권을 이용하여 국제준비자산의 창출과 배분을 장악하고 있기 때문에 세계인구의 약 75%를 차지하고 있는 개도국들(developing countries)이 5% 정도의 국제준비자산만을 공급받고 있

1) 이러한 선언을 기점으로 국제관계에는 새로운 국면이 진전되고 있으며 남북간에 장기간 지속되어 온 갈등이 적어도 중요도에 있어서는 과거의 동서간의 갈등에 못지 않다는 문제가 제기되었다(지용희 외, 『최신무역개론』, 경문사, 1999, pp. 117-125 요약 · 재구성).

다는 것이다.

2. 개도국과 선진국간에 교환되는 제품의 부가가치(value added)가 선진국에 매우 유리하게 배분되고 있음

이러한 주장에 의하면 개도국은 선진국과는 달리 국제시장소비자들이 자기들의 제품에 대해서 지급하는 최종가격(final price) 중에서 극히 적은 일부만 받고 있다. 그 이유는 다수의 개도국들이 너무 가난하거나 너무 힘이 약해서 자기들이 수출하는 일차산품을 가공, 운송 및 마케팅하는 과정에 대해서 지배권을 행사하지 못하기 때문이라는 것이다.

3. 부국들은 풍요한 생활을 유지하기 위하여 관세와 비관세장벽(tariff and non-tariff barriers), 그리고 엄격한 이민규제로 강력한 보호장벽을 치고 있으며 부국들이 주장하는 글로벌 시장메커니즘(global market mechanism)의 자유로운 기능은 작용하지 않는 것으로 인식함

개도국들은 세계시장의 대부분은 이미 상당한 수준으로 통제받고 있으며 문제는 다만 누가 시장을 통제하며 누구의 이익을 위해서 통제하고 있는가 하는 것이라고 주장한다.

4. 다국적기업들이 이전에 개도국들과 협상한 계약은 어떤 형태의 계약이든지 간에 상당히 불공정한 계약(unfair contract)이며 주로 다국적기업의 이익이 보장되어 있음

다국적기업이 개도국에 부존하는 천연자원(natural resources)을 개발해도 개도국이 누리는 이익은 극히 적은 부분에 불과하다는 주장이다.

5. 세계적인 경제적 의사결정(economic decision-making)에 있어서 빈국들은 명목상으로만 참가하고 있음

산업화된 대국들이 모여서 향후 세계경제의 진로에 관하여 중요한 결정을 할 경우에도 개도국의 의견이 반영되는 경우는 거의 없으며 세계은행(WB)이나 IMF에

서 개도국이 보유하는 의결권도 작은 편이어서 개도국은 UN회원국수는 많아도 지금까지 국제경제에 관한 의사결정에서 실질적인 영향력을 행사해 본 일이 없다는 주장이다.

6. 개도국들은 대체적으로 선진국에서 생성된 경제개발개념과 가치체계를 그대로 수용하였음

따라서 개도국은 해당국의 여건에 적합한 정책을 추구하지 못했다는 주장이다.

제 2 절 신국제경제질서에 대한 개도국의 주장

상기한 문제들을 해결하기 위하여 개도국들은 현 국제경제질서를 개선할 것을 주장하고 있다. 이들 국가가 제시하는 개혁조치들은 대체적으로 다음 5가지 측면에서 요약될 수 있다.

1. 개도국이 수출하는 상품의 가격을 인상하고 수량을 증대시킴

개도국이 안정되고 유리한 교역조건(terms of trade)을 보장받도록 개도국의 수출 상품가격을 지수화(指數化)하고 개도국의 수출상품이 선진국시장에 접근하는 것이 용이하도록 특혜조치를 취하라는 주장이다.

2. 외국민간자본의 유입이 개도국에 유리하게 작용하도록 제반조치를 취함

이를 위하여 다국적기업들(MNCs)의 활동을 규제하고 개도국에 적합한 현대적인 기술을 개도국에 이전하기 위한 조치를 취하며, 개도국이 경제개발에 필요한 자금을 보다 유리한 조건으로 확보할 수 있도록 국제자본시장(international capital market)을 개방하라는 주장이다.

3. 공공원조를 증대시킴

이를 위하여 선진국들은 이미 제안한 바와 같이 GNP의 0.7%를 개도국에 원조형

태로 지원하고 과도한 외채에 직면해 있는 개도국에 대해서는 지불유예를 허용하라는 주장이다.

4. 국제통화제도(international monetary system)의 개혁

이를 위해서 IMF가 특별인출권(SDR: Special Drawing Rights)을 배정할 때에는 개도국의 개발금융에 대한 수요를 고려하고, 개도국이 수출하는 상품의 가격이 하락하면 이를 지원하되 지원조건을 보다 완화하고 감시조치도 감소시키라는 주장이다.

5. 남측의 역할을 증대시키기 위하여 국제경제기구들에 있어서 의사결정방법을 변경함

이를 위하여 IMF, 세계은행 및 WTO의 투표방식을 변화시키고 모든 분야의 문제에 대해서 남북이 직접 협상하자는 주장이다.

제3절 신국제경제질서 구축을 위한 협상

신국제경제질서를 요구하는 개도국과 선진국의 협상은 아직도 해결점을 찾지 못하고 있다. 물론, 일부 분야에서는 나름대로의 진전을 이루었다고 할 수 있다. 일부 진전이 있었던 분야의 예로 GSP, 선진국의 개발원조공약, 상품협정의 도입 등을 지적할 수 있다. 그러나 이러한 성과는 아주 미미한 것이며 그것도 한국 등 아시아 신흥공업국들에 대한 GSP 졸업논의에서 알 수 있듯이 선진국들의 일방적인 시혜의 형태를 취하고 있다는 데 대해 개도국들의 불만이 큰 편이다. 한편, 선진국들은 신국제경제질서는 정부의 시장개입을 전제로 하고 있으므로 생산과 교역의 효율성(efficiency of production and trade)이 저하되어 신국제경제질서로 인하여 남측의 발전이 오히려 저해될 것이라고 주장하고 있다. 선진국들은 남측의 주장이 합리적이고 체계적인 주장이 아니라 즉흥적이며 내용이 서로 모순되고 상충된다고 지적하고 있다. 이 같이 양측의 주장은 다수의 문제에서 합의점을 찾지 못하고 있다. 특히, 남북대화가 다수의 사안에서 아직도 양측이 원칙에 관한 아무런 합의도 없이

진행되고 있다고 할 수 있다. 남북대화가 성공하기 위해서는 우선적으로 남북 양측이 다음 6가지 측면에서 합의를 보아야 한다.

1. 최근에 빈부국간의 상호의존성(interdependence)이 증가하고 있음을 고려할 때 신국제경제질서는 개도국뿐만 아니라 선진국을 위해서도 필요한 질서라는 것을 양측이 인정해야 함

선진국의 지속적인 경제성장 없이는 개도국의 선진국시장에의 접근이 어려워지며 선진국으로부터 개도국으로 공여되는 원조나 개발금융의 증대도 기대할 수 없다는 것은 주지의 사실이다. 그러나 개도국의 경제성장(economic growth)이 선진국의 지속적인 성장을 위해서 필요하다는 사실이 광범위하게 인식되고 있지는 않다. 그러나 남(南)의 성장과 진보는 북(北)이 생산한 제품에 대한 남의 수요증가를 의미하며 남이 생산한 저렴한 제품을 북이 수입함으로써 북의 물가상승률이 하락하게 되며 남의 성장과 진보는 북의 경제성장과 고용수준에 중요한 영향을 미친다고 할 수 있다.

2. 신국제경제질서가 착취나 종속단계로 퇴화하지 않아야 함

이를 위해서는 양측이 함께 새로운 질서에서 공정한 이득을 볼 수 있어야 한다.

3. 신국제경제질서는 국가간에 균등한 기회(equal opportunity)를 보장하여야 함
4. 신국제경제질서는 공정한 세계제도 안에서 모든 국가들이 조화롭게 성장하는 것을 주요한 경제적 목적으로 하여야 함
5. 이러한 목적들을 달성하려면 단기적인 금융지원뿐만 아니라 세계경제의 구조적 변화가 필요함
6. 이러한 변화는 남북간에 대화의 틀에 대한 합의가 이루어진 이후 협상에 의해서 점진적으로 해결해야 함

남북관계의 근본적인 변화를 협상한다는 것은 어려운 일이다. 그러나 변화의 목적과 방향에 관하여 남북간에 최소한도의 합의조차 없다면 협상은 더욱 어려워질 수 있다. 예를 들면, 선진국에서는 아직도 새로운 국제경제질서에 대한 개도국들의 요구

는 사실상 제3세계 국가들이 그 동안 선진국들이 축적해 놓은 부(wealth)를 강탈하려는 비합리적인 노력에 불과하다는 견해가 다수 존재하고 있는 것이 사실이다. 따라서 선진국내에서는 이전의 국제경제질서가 에너지위기(energy crisis), 인플레이션 압력(inflationary pressure), 경기침체(recession) 또는 다국적기업에 대한 현지인들의 적대감 등으로 인하여 선진국의 이해에도 부합하지 않는다는 것이 충분히 인식되지 못하고 있다. 반면에 개도국들은 단기적으로 양보를 얻어내는 것과 국제경제의 구조적 변화에 대해 제대로 인식하지 못한 것이 사실이다. 결국 남과 북이 다같이 목적을 분명히 하는 것이 남북간의 진지한 협상에 대단히 중요하다고 할 수 있다.

남북간에 주요한 쟁점 중의 하나는 국제제도의 편향 내지는 불완전성이다. 개도국은 국제경제구조가 자신들에게 불리하게 되어 있다고 주장한다. 만약에 그렇지 않다면 왜 개도국들이 자신들이 수출하는 상품에 대해서 선진국의 소비자들이 지급하는 최종가격의 10~15%만 지급받고 있으며 왜 국제유동성(international liquidity)의 극히 적은 부분만이 개도국에 배정되고 있으며, 왜 개도국들이 국제경제에 대한 의사결정에 거의 참여하지 못하고 있는지에 대해서 의문을 제기하게 된다.

한편, 선진국들은 자신들이 국제경제제도를 조작하고 있는 것은 아니라고 주장한다. 양자의 상반된 주장에도 불구하고 이에 대한 객관적인 연구가 활발하게 이루어지지 못하고 있다. 이러한 문제를 해결하기 위해서는 세계 각국의 학자들이 현재의 국제경제구조가 일차산품, 제조품, 서비스, 금융, 기술, 국제적인 의사결정 등에 있어서 효율적으로, 그리고 공정하게 작용하고 있는가에 대하여 면밀히 연구해야 한다.

제4절 남북간의 이해가 합치되는 분야

선진국과 개도국간의 협상은 우선 양자간에 이해가 합치되는 분야에 집중되는 것이 바람직하다고 할 수 있다. 이러한 이유는 다음 2가지로 요약된다.

① 남북간에 이해관계가 첨예하게 대립하는 분야보다는 이해가 합치되는 분야에서의 협상이 실질적인 성과를 이룰 가능성이 크다.

② 선진국과 개도국이 상호의존하는 분야가 급속히 증가하고 있다. 선진국들은 자신들이 생산하는 제품에 대한 시장과 제품생산에 필요한 원료의 확보라는 점에 있어서 점점 더 개도국에 의존하고 있으며, 향후 이러한 추세는 더욱 증대될 것으로 보인다.

한편, 양측이 보다 공정하게 이익을 볼 수 있도록 국제질서(international order)를 개편하는 과정에서 이해관계 당사자의 일부는 손해를 볼 수밖에 없다. 그러나 장기적으로 보면 남북에 공정한 국제질서를 확립하는 것이 남북간에 대결과 갈등을 야기시키는 제도의 존속보다 낫다는 것은 분명한 사실이다. 즉, 세계의 모든 국가가 자국의 이해관계만을 단기적으로 추구할 경우 세계의 질서와 안녕이 훼손됨은 자명한 일이다. 따라서 공정한 원리와 세계적인 유대에 기초한 새로운 국제질서가 모든 세계인이 추구해야 될 질서라고 할 수 있다. 이러한 관점에서 남북이 공감대를 형성할 수 있는 분야를 살펴보면 다음 5가지로 요약될 수 있다.

① 산업의 세계적인 지리적 재배치와 관련된 문제

일부 산업에 있어서는 점증하는 노무비, 에너지 비용, 수송비용, 그리고 환경오염(environmental pollution), 도시의 과밀화와 기타 다수의 경제적, 사회적 요인들로 인하여 선진국의 비교우위(comparative advantage)가 상실되고 있다. 일부 선진국들은 이미 산업의 세계적 배치를 구조적으로 변경하는 일을 고려하기 시작했다. 반면에 개도국들은 노동집약적인 상품(labor-intensive products)의 수출확대가 바람직스럽지 않은 경우에는 비용이 많이 소요되는 자본집약적인 산업(capital-intensive industry)에 치중하는 대신에 개도국들이 가장 비교우위를 가지고 있는 산업들에 특화할 필요가 있다. 남북 양측은 현재 모두 자원의 합리적 배분(rational distribution of resources)에 실패해서 손해를 보고 있는 경우가 많다. 현재와 같은 산업의 세계적 배치가 지속된다면 세계적인 효율성 확보나 공정한 국제경제제도의 확립은 어렵다고 할 수 있다.

② 제조품 무역과 관련된 문제

선진국들이 관세와 비관세장벽을 모두 철폐한다면 개도국들은 제조품을 더 많이 수출할 수 있게 된다. 선진국들이 개도국의 섬유와 신발류 수출을 막기 때문에 선진국이 보다 효율적으로 생산할 수 있는 제품의 생산에 개도국이 나선다면 선진국에도 이득이 될 수 없다. 또한, 개도국들이 외채를 상환할 수단을 빼앗으면서 개도국에게 외채를 상환하라고 압력을 가하는 것도 바람직스러운 것은 아니다. 무역이 보다 자유로워지면 남북이 다같이 이익을 볼 수 있다.

③ 인력이동의 문제

선진국들은 또한 외국으로부터 고급기술을 가진 인력의 이민은 허용해 온 반면에 (이에 대해서 개도국들은 자국으로부터의 두뇌유출이라고 비난하고 있음), 미숙련 노동자의 이민은 엄격히 규제해 왔다. 그러나 이러한 문제도 우리가 애덤 스미스(Adam Smith)가 주창한 경제학의 기초를 이해한다면 노동자의 보다 자유로운 국제적인 이동이 세계경제의 효율성 제고와 경제적 기회의 평등화를 보장하는 유용한 방법이 될 수 있음을 인식하게 된다.

④ 개도국이 선진국에서 개발된 지식과 기술에 접근하는 문제

현재로는 특허권보호제도에 의해 심한 제약을 받고 있다. 선진국에서 개발된 지식과 기술을 세계가 더 많이 나누어 가지면 경제개발이 세계적으로 촉진될 수 있게 된다. 따라서 혁신가나 혁신기업이 투자비용과 정상이윤을 회수할 수 있는 처음 수년 간만 특허권을 인정하고 그 다음에는 특허권을 무효화시키는 구체적 협정을 체결할 수 있다면 지식과 기술의 세계적 확산이 촉진될 수 있다.

⑤ 제3세계에서 문제가 되고 있는 다국적기업들과 개도국간의 문제

이러한 문제도 양자가 진지한 논의를 거쳐 해결할 수 있는 문제이다. 다만, 양측이 시야를 넓혀서 양측에게 다같이 유리할 수 있는 계약조건을 찾을 수 있다면 양측이 다 이득을 볼 수 있다. 다국적기업들은 단기간에 이익을 극대화하려고 해서는 안 된다. 이익극대화(profit maximization) 그 자체는 나쁘다고 할 수 없지만 문제는 시간이다. 다국적기업들은 보다 장기적인 안목을 가지고 자신의 이익극대화에 대한 추구를 개도국의 개발욕구와 조화시켜야 한다. 개도국이 자신들의 자원을 이용하는 다국적기업들에 대해서 큰 몫을 요구하는 것을 무리한 것으로 평가할 수만은 없다. 그러나 개도국 역시 다국적기업들이 지나친 불확실성(uncertainty)을 느끼지 않고

영업할 수 있는 경영환경의 안정성을 제공해야 한다. 민간자본의 국제적 이동이 지속되려면 남북 양측이 어느 정도 서로를 수용해야 한다.

상기한 다수의 분야에서 남북이 합의점을 찾는다는 것은 결코 용이한 일이 아니다. 남북간의 합의방법에 대해서 살펴보았으나 이러한 제안들이 남북 양측에 반드시 이익이 되는 것만은 아니다. 상기한 제안들을 수용하면 변화에 대한 고통스러운 적응이라는 비용이 수반된다. 변화로 인해 손해를 보는 사람들은 지리적으로 또는 산업적으로 집중되어 있고 잘 조직되어 있다. 변화로 인해 이익을 보는 사람들은 자신들이 얻게 되는 이익을 인식하지도 못하고 지리적으로나 산업상으로나 여러 가지 면에서 분산되어 있으며 조직되어 있지도 않다. 세계 각국 정부는 다음 세대(next generation)를 고려하기보다는 권력의 재창출에 집중하기 때문에 정치가들은 국가이익과 세계이익을 희생시키고 자신들의 편협한 이익만을 추구하는 압력단체에 대응하기가 매우 어렵게 된다.

세계경제의 장기적인 구조변화의 필요성은 크게 증대했으나 그러한 장기적인 변화를 지원하는 사람이나 제도는 찾아보기가 점점 더 어려워지는 시대가 되어가고 있다. 이러한 현상은 특히 선진국에서 두드러지게 나타나고 있다. 현재 세계가 직면하는 중요한 문제 중의 하나는 장기적인 변화의 필요성이 대두되기 전에 장기적인 변화에 체계적으로 대비시킴으로써 변화의 고통을 경감시키는 아이디어를 창출하고 여론에 영향을 미치는 새로운 메커니즘을 구축하는 것이다. 선진국과 개도국간의 산업간 무역은 이러한 도전을 매우 어려운 문제로 만들고 있다. 이는 산업구조의 조정이 다수의 사람들에게 고통을 주기 때문이다.

제3장

디지털경제의 도래

1990년대 이후 세계경제는 급속도로 국경없는 세계경제(borderless global economy), 즉 단일경제권으로 통합되고 있다. 무역 및 투자자유화(trade and investment liberalization), 경제통합의 확대(expansion of economic integration), 정보기술(IT) 및 물류혁명 등 경제의 범세계화를 촉진하는 다양한 요소 중에서도 가장 두드러진 현상은 정보기술혁명(IT revolution)이라고 할 수 있다. 전자상거래와 그의 원천이 되는 정보기술산업의 급속한 성장으로 21세기는 소위 인터넷과 정보기술에 기반을 둔 디지털경제(digital economy)의 시대가 될 것으로 전망된다. 현재 태동기에 있는 디지털경제는 향후 세계경제환경에 지대한 영향을 미칠 것임은 자명한 사실이다. 다만, 디지털경제의 등장은 18세기 후반의 산업혁명(industrial revolution)에 비유되는 새로운 혁명으로서 정보기술혁명 또는 신산업혁명으로 지칭되고 있으며, 세계경제를 그 어느 때보다 신속하게 통합시키는 동시에 새로운 국가 및 기업경영의 형태를 만들어 내면서 소득과 고용을 창출하는 세계경제성장의 원동력이 될 것으로 기대된다.[1)]

1) 인터넷 비즈니스는 1990년대 중반 가능성 모색 단계를 거쳐서 이제 본격적인 사업화 단계에 진입했다. 인터넷은 21세기 산업발전의 원동력이 될 것으로 전망되고 있다. 각종 미디어의 이용자 수가 5천만명을 돌파하는 데에 소요된 시간을 기준으로 볼 때, 라디오가 38년,

제1절 통신기술의 혁명적 발전

1. 국경없는 경제의 실현

1990년대 이후 정보통신기술(IT)의 발달은 디지털기술(digital technology)의 급속한 발전으로 인해 가능해졌다. 이전에 디지털은 기술적 의미로만 사용되어 왔으나 1990년대 이후 산업전반을 변화시키는 원동력으로 강력한 영향력을 행사하고 있다.[2]

1950년대 컴퓨터의 상용화를 계기로 출현한 디지털기술은 1980년대까지 정보기기 및 통신기기의 디지털화가 실현되면서 더욱 급속히 진전되었다. 1990년대 들어 인터넷의 보급은 본격적인 디지털경제시대를 가능하게 하는 촉매제 역할을 하고 있는데 이제 디지털은 기술발전과 인프라구축의 차원을 넘어서 향후 지식기반사회(knowledge-based society)의 핵심이 되고 있다.

디지털경제 하에서 가장 두드러진 현상은 경제통합의 가속화(acceleration of economic integration)에 따른 국경없는 경제(borderless economy)의 실현이라고 할 수 있다. 즉, 디지털화되어 전자전송이 가능한 서비스는 이제 전세계적인 생산과 단시간 내의 유통을 가능하게 하였다. 이에 따라, 상품 및 서비스의 거래가 지역이나 시간 또는 국경에 관계없이 이루어질 수 있게 되었다.

시간과 공간의 제약성을 극복한 정보통신기술의 발달은 엄청난 경제적 효과를 파생시키고 있다. 이러한 경제적 효과는 다음 4가지 측면에서 살펴볼 수 있다.

TV가 13년, PC가 16년이 소요된 데 비해 인터넷은 불과 4년에 지나지 않았다는 점에서 인터넷은 인류역사상 가장 급속도로 확산된 미디어라는 평가를 받고 있으며 그 내용면에 있어서도 인터넷 비즈니스는 유통은 물론이고, 금융, 주식거래, 경매, 오락, 택배서비스 등 산업전반으로 급속히 확산되고 있다(강인수 외, 『국제경제학원론』, 박영사, 2003. pp.425-439 요약 · 재구성).

2) 디지털은 연속적인 신호나 현상을 그 자체의 물리량으로 나타내는 아날로그(analogue) 신호를 '0과 1의 조합'으로 나타낸 것이다. 예를 들면, 인간의 목소리를 아날로그로 표시하면 연속파형의 형태로 나타나지만, 이를 디지털화하면 0과 1의 이진수로 표현할 수 있다.

① 공급자와 수요자 사이에 존재해 왔던 복잡한 유통단계를 제거시킴으로써 일반 소비자나 기업들이 지불해야 할 거래비용(transaction cost)을 크게 절감시키고 있다.

② 거래시간이 단축되고 중간상의 필요성이 없어지면서 거래비용이 대폭적으로 감소됨에 따라 소비자들이 지불해야 할 가격 역시 파격적으로 낮아지게 된다.

③ 신규기업의 시장진입에 부수되는 비용이 제거된다. 디지털경제 하에서는 수많은 기업, 특히 새로이 영업을 하려는 기업들의 시장진입이 보다 용이해지면서 일부 기업의 독과점적 지위의 유지가 실질적으로 어렵게 된다.

④ 디지털시대에는 모든 기업이 경쟁상황에 직면하게 되고, 그에 따라 소비자뿐만 아니라 중소기업까지도 커다란 혜택을 볼 수 있게 된다. 이제 대기업이나 중소기업 등 기업규모에 관계없이 모든 기업들이 범세계적 시장에 완전한 참여가 가능하게 된다.

2. 지식과 정보의 중요성 증대

디지털경제시대에서의 또 다른 중요한 특징은 지식(knowledge)과 정보(information)가 가장 중요한 생산요소로 부상하게 되고 세계경제통합(global economic integration)의 가장 주된 동력을 제공한다는 것이다. 글로벌 경제를 실현시키는 데에는 정보가 핵심요소가 되고 있다. 1980년대에는 무역 및 투자의 급증이 경제의 범세계화에 추진력을 제공했으나, 이제는 국경없는 경제를 형성하는 기술에의 접근능력이 그 추진력이 되고 있다. 물론 기술의 확산은 최근에 갑자기 등장한 것은 아니지만 컴퓨터, 전화, 팩스기 등이 경제의 범세계화를 가속화시킴과 더불어 그 범위도 한층 확대시키고 있다.

특정 지역이나 국가에 국한되지 않는 디지털경제는 토지나 노동력 또는 자본에 기반을 둔 전통적 경제사회와는 근본적으로 구별되고 있다. 정보기술에 기반을 둔 디지털경제는 어느 곳에서나 생성·발전하면서 과거에 경제적 잠재력(economic potentials)을 결정했던 토지, 노동, 자본 등 전통적 생산요소들의 특성을 약화시키고 있다. 즉, 전통적 생산요소가 절대적으로 부족한 국가나 지역들도 무한한 성장가능성을 가지게 됨으로써 새로운 국제관계를 형성하는 계기가 된다.

〈그림 3-1〉 디지털경제에서의 경제구조변화

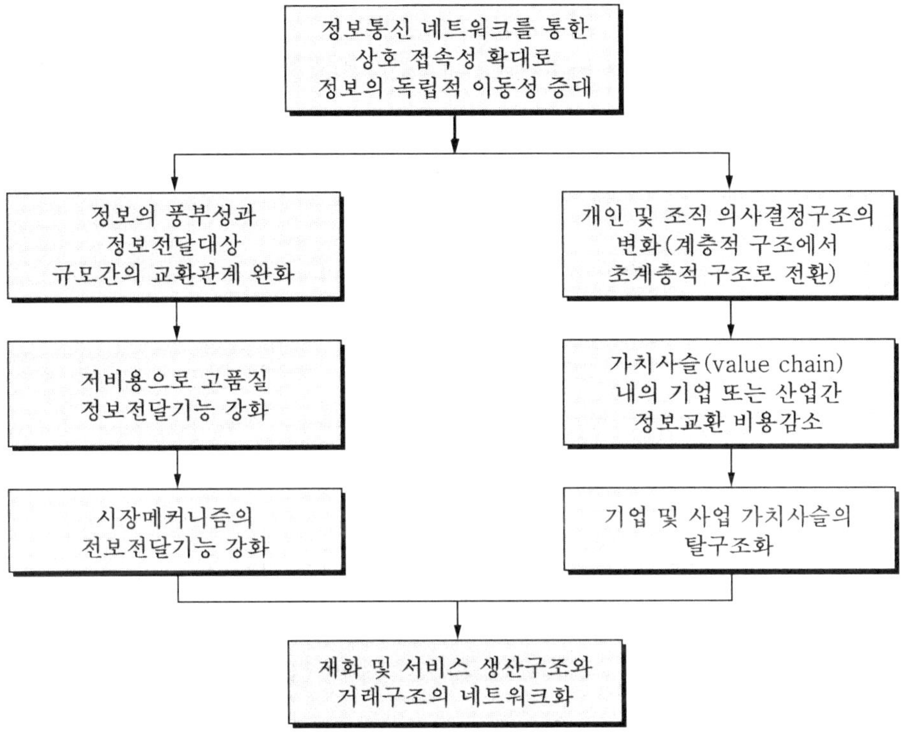

자료 : 강인수 외, 『국제경제학원론』, 박영사, 2003, p. 429.

3. 전자상거래의 발전

전자상거래(EC: Electronic Commerce)란 일반적인 의미에서 사이버 비즈니스(cyber business)라고도 하여 컴퓨터통신망을 통한 기업이나 정부기관과 같은 조직간, 또는 조직과 개인간 상품과 서비스의 구입, 판매, 광고, 고객 마케팅, 조달 등의 거래행위를 의미한다. 보다 광의의 의미로는 사이버 비즈니스는 물론이고 광속상거래(CALS: Commerce at Light Speed)도 포함하기도 한다.[3] 한편, 경제협력개발기구(OECD)는 전자상거래를 문자, 소리, 시각이미지를 포함하여 디지털화한 정보의 전송, 처리에 기초하여 이루어지는 모든 형태의 상업적 거래로 정의하고 있다.

세계 전자상거래 규모는 1994년 약 2억 5,000만 달러에서 2000년에는 1조 6,000억 달러, 2005년에는 3조 달러에 이를 것으로 전망되고 있다. 그러나 전자상거래에 대한 명확한 정의가 확립되어 있지 않고, 전자상거래의 성장 및 변화속도가 매우 신속하고 다양하며, 전자상거래와 전통적인 거래가 동시에 수행됨에 따라 그 구분이 모호하다고 할 수 있다. 따라서 전자상거래 활동과 관련된 가치를 정량화하는 것은 용이하지 않다.

전자상거래의 발전은 기본 무역방식의 형태를 혁명적으로 변화시키고 있다. 인터넷은 양방향 마케팅, 주문처리, 대금결제, 고객지원 등을 가상공간(cyber space)상에서 가능하게 한다. 따라서 무역 EDI를 통한 무역자동화뿐만 아니라 재화와 용역을 국제적으로 매입하고 매도하는데 있어서 시간과 공간의 제약을 넘어 거래비용을 최소화하고 있다. 따라서 기존의 비통합적이면서 단편적인 무역시장은 가상공간에서 구현되고 있으며, 신용장 발행, 수출입 승인이나 추천, 보험증권 발행, 수출입 신고 등 복잡한 무역절차가 간소화되거나 폐지되고 있다. 예를 들면, 거래처 개발과 광고 마케팅의 필요성은 여전히 존재하지만 이를 구현하는 방법이 크게 변화되고 있는 것이다. 또한, 대금결제에 전자화폐 등 새로운 수단이 이용되고 상품의 운송이나 물류에 항공운송이나 국제특송 등이 활발하게 이용되고 있다.[4)]

이러한 변화는 국가간의 거래형태에 대한 변화뿐만 아니라 국가경제의 총체적인 변화와 함께 경제, 사회, 문화 등 경제의 각 부문에서도 다양한 변화를 야기시키고 있다. 즉, 정보통신기술의 발전에 따른 새로운 정보통신기기 및 서비스는 인터넷 등 전자적인 매체에 의한 거래에 새롭고 편리한 기능을 제공하게 되었고 이는 시장 구성원간의 관계를 재구성하게 되며 기업간, 산업간, 국가간에 있어서도 새로운 환경

---

3) CALS란 제품의 기획, 설계, 생산, 유통, 폐기에 이르기까지 수명주기(life cycle) 전반에 관련된 데이터를 통합하여 공통의 표준(common standard)을 사용하거나 교환하여 생산성 향상을 추구하는 일련의 과정을 의미한다.

4) 기존에는 세계시장의 단일화에 따라 현지생산과 배달이 급속히 발전하고 통신망의 발전에 따른 국가간의 서류교환이 급속도로 적어져 국제특송시장이 위축될 것으로 예상되었으나 오히려 인터넷을 통한 소액물품거래의 활성화에 따른 상품배송의 확대로 인하여 오히려 국제특송시장은 상대적으로 발전하고 있다.

을 전개하는 계기가 되고 있다.

제 2 절 경제환경의 변화

1. 소비 및 생산활동

디지털경제는 소비자의 소비활동이나 기업의 경영 및 생산활동에도 지대한 영향을 미치고 있다.

1.1 소비활동

(1) 제품선택기회의 확대 및 제품 질의 향상

소비자의 경우에는 정보통신의 발달로 물품을 구입할 수 있는 지역적 범위가 전 세계로 확대됨으로써 제품 선택의 폭이 넓어진다. 시간과 공간의 제한이 제거되면서 제품의 종류도 다양해질 뿐만 아니라 개개의 제품에 있어서도 가격이나 질적인 차이를 고려하여 소비자 기호(consumer tastes)에 적합한 물품을 구입할 수 있는 기회가 훨씬 확대되는 것이다. 현재 세계무역기구(WTO)에서는 전자상거래를 통상 차원에서 취급함으로써 인터넷을 통한 거래에 대해 무관세는 물론이고 새로운 조세의 신설을 금지하는 등 전자상거래의 자유화 보장을 위한 다자간 협상을 추진하고 있다. 현재에도 잠정적이나마 인터넷을 통한 물품구입에는 관세를 부과하지 못하도록 하는 데에 WTO 회원국간의 합의가 이루어진 상태이다. 이 같은 다자간 차원의 노력이 성사될 경우, 전자상거래에 대한 시장진입장벽이 낮아짐으로써 경쟁이 촉진되고, 그에 따라 제품의 질도 전반적으로 향상될 것임은 주지의 사실이다.

(2) 거래비용의 절감

인터넷을 통해 간편하고 신속한 절차에 의한 물품구입이 가능해짐으로써 소비자의 거래비용도 현저하게 절감시키는 효과가 발생된다. 즉, 전자상거래와 관련된 모든 서류도 전자문서로 대체되고 대금지급까지도 인터넷상의 사이버 은행을 통해 전자카드로의 결제가 가능하게 되는 등 각 단계별 중개 메커니즘을 거치지 않음으로써 소비자의 편의는 물론이고 거래비용도 대폭 절감되게 된다.

(3) 가격인하효과

디지털경제 하에서는 경쟁이 촉진되고 유통단계에서의 중개기능이 제거됨으로써 유통마진의 축소에 따른 가격의 인하효과가 발생된다. 현재, 전자상거래가 급속히 확산되는 과정에서도 가격하락이 크게 발생하지 않고 있는데 그 주된 이유는 아직까지 기존의 전통적인 유통망의 영향력이 크기 때문인 것으로 분석되고 있다. 그러나 최근 들어 인터넷을 이용한 구매형태의 신뢰도가 제고되고 가격인하가 확산되고 있다. 예를 들면, 인터넷 상점은 일반상점에 비해 가격이 10~15% 정도 저렴한 것으로 조사되고 있다. 이 같은 현상은 향후 인터넷으로 인해 전통상점의 가격인하가 사회 전체로 확산될 것으로 예상된다.

1.2 생산활동

전술한 모든 현상은 디지털경제 하에서 모든 경제활동이 소비자 중심으로 이루어진다는 것을 의미하는데 이는 결국 소비자뿐만 아니라 기업의 경제활동도 크게 변화시키게 된다. 디지털경제가 정착됨에 따라 기업들의 조달 및 물류비용, 재고비용, 판매비용, 유통비용 등 제반비용이 대폭 절감된다. 그러나 이 같은 효과는 정도의 차이만 있을 뿐 모든 기업들에게 공통적으로 적용되는 일반적 효과이며 시장진입장벽이 현저히 낮아져 경쟁이 심화된 상황에서 개별기업들이 효율적으로 경쟁하기 위해서는 정보기술투자를 대폭 확대해야만 한다. 소비자기호의 변화에 신속히 부응하기 위해 소비자에 대한 신속한 정보수집을 바탕으로 제품의 다양성을 확보하는 동시에 개별 소비자의 취향에 맞추어 신속히 제품을 생산할 수 있는 능력을 갖추어야만 한다.

(1) 정보기술투자의 확대

기업들은 과거의 대량생산체제(mass production system)에서 다품종 소량생산체제로 전환해야 되는데, 이를 위해서는 디자인 능력이나 제품혁신 능력이 필요하다. 따라서, 기업들에게는 효율적 정보수집 및 네트워크체계를 기반으로 하는 정보기술투자의 확대가 절대적으로 요구된다고 할 수 있다.

(2) 고급인력에 대한 수요증가

자동화투자, 전산화투자 등 기업의 정보기술투자가 확대되면서 정보기술 등을 구비한 전문인력, 즉 고급인력에 대한 노동수요도 증가하게 된다. 고급인력에 대한 노동수요의 증가는 사회전반에 걸쳐 노동생산성(labor productivity)을 증가시키는 효과를 야기시킬 것이며, 이는 결국 개개인의 경제활동을 변화시키는 동시에 전반적인 산업구조를 지식기반산업 중심으로 개편하는 결과를 초래하게 된다.

〈표 3-1〉 디지털경제에서의 경제활동의 변화

구분	산업사회		디지털경제	
	가치창출의 주요수단	필요 생산요소, 기술 및 능력	가치창출의 주요수단	필요 생산요소, 기술 및 능력
제품 및 기술개발	대량생산용 제품개발	복제기술, 공정혁신	다양성, 맞춤성, 짧은 제품수명주기 (product life cycle)	디자인 능력, 제품혁신, 적기 시장화능력 (time to market)
조달 및 물류	수직적 결합 (vertical integration)을 통한 구매력 확보	자본력 및 시장시배력	가상적 결합 (virtual intcgration), 전방위조달 (global sourcing)	네트워크효과, 정보수집 및 교환능력
제품생산	규모의 경제 (economies of scale)를 통한 비용절감	대기업, 대량생산	다품종 소량생산을 통한 재고감축	전문기업, 대량고객상대 주문생산 (build-to-order, just-in-time)
판매 및 유통	대규모 시장과의 근접성, 시장점유율	대리점, 영업사원, 홍보물	개별판매 (ono-to-one marketing)	소비자 DB확보, 사이버무역 (cybertrading), 정보 인프라
A/S	불량품의 회수 및 수리	담당인력의 확보	효율적 활용을 위한 도움	Q/A, DB 및 알기 쉬운 설명서 (smart manual) 제공, 소비자 의견수렴의 원활화

자료: 강인수 외, 전게서, p. 434.

2. 산업구조

디지털경제의 정착에 따른 세계화(globalization)의 진전은 지식과 정보를 기반으로 하는 각국의 산업을 고도화시키게 된다. 1990년대 이후 세계화가 전세계에 확산되면서 세계의 다수국이 지향하고 있는 '지식기반산업'으로의 이행은 이 같은 현상을 잘 설명하고 있다. 사실상 지식기반산업에 대해 국제적으로 확립된 정의는 없으며 오히려 OECD 등 국제기구에서는 '산업'(industry)이라는 용어보다는 '경제'(economy)라는 용어를 자주 사용함으로써 오히려 '지식기반경제'라는 용어가 국제적으로는 더욱 활용되고 있는 편이다. 다만, 지식기반경제로의 이행은 결국 산업구조의 변화를 필수적으로 필요로 한다는 측면에서 지식기반산업이라는 새로운 용어가 탄생한 것으로 이해할 수 있다. 새로운 지식이 창출되는 과정에서 지식과 정보는 산업구조의 고도화를 위한 핵심적인 자원이며 생산요소인 동시에 그 자체가 제품이나 서비스가 될 수 있다.

지식기반산업을 구축하는 데에 주도적 역할을 수행하는 것이 바로 정보통신기술이라고 할 수 있다. 따라서 토지, 노동, 자본 등 전통적인 생산요소에 대부분의 기반을 둔 현재의 산업구조는 정보와 지식을 기반으로 하는 첨단기술산업이나 하드웨어, 소프트웨어 등 컴퓨터관련 산업, 그리고 제조업의 부가가치를 제고시키는 각종 서비스산업 위주의 산업구조로 전환되게 된다. 이 같은 산업구조상의 변화가 반드시 정보통신산업에만 국한되는 것은 아니다. 지식집약도가 높은 산업, 지식 자체가 거래대상이 되는 산업, 또는 지식을 투입함으로써 부가가치나 생산이 증대하는 산업 등이 모두 지식기반산업으로 분류될 수 있다. 따라서, 전자·통신기기, 소프트웨어, 데이터베이스(database) 등 정보통신산업뿐만 아니라 정밀화학, 신소재, 생명공학, 디자인, 환경에너지 등 지식이 투입되는 모든 산업이 지식기반산업이라고 할 수 있다.

한편, 다수의 경제학자들은 디지털경제시대에는 정보통신산업이 모든 산업의 기간산업이 될 것으로 보고 있다. 즉, 정보통신기술을 바탕으로 신산업이 등장함과 더불어 기존 산업 역시 정보통신의 활용도를 제고시켜 고부가가치를 창출하는 고부가

가치형 산업구조가 형성되게 된다. 정보통신기술의 발달은 모든 산업에 있어서의 생산력을 비약적으로 증대시키고, 인간의 삶에 대한 관심이 제고되면서 생명공학이나 환경산업분야 역시 급속히 발전하게 된다.

3. 교역환경

디지털경제시대에는 각종 정보기술이 통합적으로 활용되어 가상공간(cyber space)에서 전자방식을 이용한 국경간 재화 및 서비스의 거래가 활성화된다. 국경간 기업들이 개방형 네트워크인 인터넷을 활용하여 가상공간에서 상품 및 서비스를 주문하고 지불하는 거래형태가 일반화되는데 이는 곧 무역환경의 엄청난 변화를 의미한다. 정보수집 및 광고단계에서부터 의사교환, 계약체결, 대금결제, 물류운송에 이르기까지 기업들의 모든 상행위 및 관습이 대인적 거래방식에서 컴퓨터와 정보통신을 활용하는 비대인적인 거래방식으로 전환되게 된다.

3.1 인터넷의 역할 증대로 인한 국제교역의 확대

다수의 공급자와 수요자가 거래할 수 있는 시장이 인터넷상에 생성되어 특정제품이나 서비스의 공급자와 수요자가 사이버 공간을 통해 직접적으로 접촉하게 된다. 즉, 인터넷이 기존의 무역중개상 역할을 대신하고 수요자는 이를 통해 정보를 수집하는 동시에 거래관련 의사교환을 하게 된다. 따라서, 인터넷상의 무역알선사이트가 생산자와 구매자를 알선하여 거래가 가능하도록 중개상의 역할을 하게 된다.

이러한 경우, 신속한 거래와 거래비용의 절감이라는 이점과 함께 다수의 공급자와 수요자가 접촉하게 함으로써 국제교역의 대폭적인 확대가 이루어지게 된다.

〈그림 3-2〉 기존 무역거래와 사이버 무역의 비교

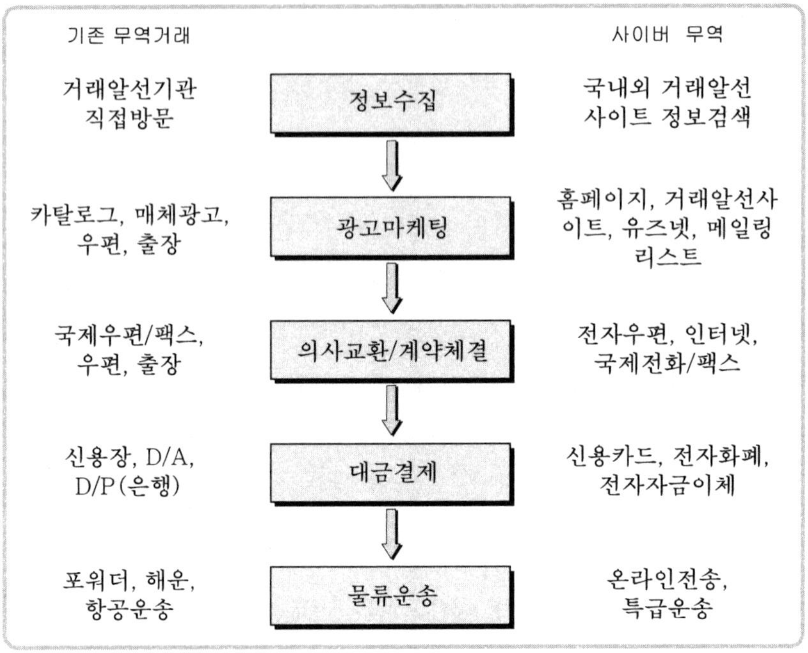

자료: 강인수 외, 전게서, p. 438.

3.2 전자적 수단에 의한 계약체결 및 결제방식의 확대

이전의 물리적 우편방식으로 전달되는 서류 또는 직접 대면에 의한 계약체결 방식보다는 전자적 수단에 의한 계약체결 방식이 적극적으로 활용된다. 물론, 이를 위해서 전자문서에 대해 국제적으로 공통된 인증 및 표준제도가 마련되어야 한다. 결제방식에 있어서도 이전의 은행의 신용장을 중심으로 이루어지던 결제방식이 신용카드, 전자현금, 전자수표, 전자대금이체 시스템으로 대체되게 된다. 현재에는 기업과 개인간의 소액거래에 대한 결제만이 전자수단에 의해 이루어지고 있으나 향후 기업간의 대규모 거래를 포함한 모든 거래에 대해서 전자결제수단이 활용되게 된다.

3.3 물류운송의 변화

물류운송에 있어서는 제품과 서비스간에 있어서 현격한 차이가 발생할 것으로 보인다. 제품의 운송에 있어서는 이전의 해운이나 항공운송이 지속적으로 활용될 것이나 공급자간의 경쟁촉진으로 보다 신속한 운송이 가능한 특급운송의 형태가 지속적으로 개발될 것으로 보인다. 제품에 따라서는 각국의 투자환경개선에 따라 상업적 주재에 의해 해당지역의 구매자 취향에 적합한 현지생산 및 배달도 활성화되게 된다. 그러나 전자상거래의 발달에 따라 운송에 있어서 획기적인 변화가 예상되는 부문은 무엇보다도 서비스의 운송이라고 하겠다. 과거에는 구매자나 공급자가 직접적으로 국경을 이동하거나 혹은 기업의 현지 주재, 즉 상업적 주재에 의해서만 가능하던 서비스의 거래는 다수의 분야가 이제 인터넷을 통해서 구매자에게 직접 전달되는 것이 가능하게 된다. 금융, 통신, 법률서비스는 물론이고 교육 및 의료서비스까지도 인터넷을 통한 거래가 가능하게 될 것으로 예상된다.

상기한 제반무역환경의 변화가 어느 정도 신속하게 발생할 것인지의 문제는 모든 국가가 얼마나 신속하게 전자상거래의 기반을 구축하느냐의 여부에 좌우된다고 할 수 있다. 현재에도 대부분 국가의 수출입업체의 경우 인터넷을 통한 무역정보서비스의 이용은 물론이고 자사의 홈페이지를 설치·운영하는 사례가 급증하고 있다. 따라서 사이버 무역이 기존무역을 신속하게 대체해 갈 것으로 전망된다.

제2부

글로벌경영환경

제4장

글로벌경영환경

제 1 절 국제기업경영환경

기업체는 국제경영수행에 대한 의사결정을 하기에 앞서 반드시 국제경영과 관련하여 다음 3가지 사항에 대해 면밀한 분석을 실시해야 한다.

① 현재와 미래의 기업기회(current and future business opportunities)
② 환경적 제약과 위험(environmental restraints and risks)
③ 연관된 소요자원(associated resource requirements)

이러한 분석의 중요한 부분을 차지하는 것이 국제경영을 할 때 당면하는 독특한 측면 내지 특성(unique aspects or characteristics)에 대한 분석이라고 할 수 있다.

어떠한 전략을 채택하느냐는 어떤 규모와 범주의 국제기업활동을 하느냐에 따라 달라지지만, 기업체가 수행하는 국제통상(international commerce) 내지 국제경영의 독특한 측면은 크게 분류하면 다음 2가지로 정리될 수 있다.[1)]

① 국경을 넘어서 기업거래가 이루어지는 것(transactions take place across national borders)

② 기업활동이 외국에서 이루어지는 것(business is conducted in foreign countries)

1. 국경선상의 환경특성

일반적으로 기업이 타 국가로 경영활동을 전개하기 위해서 진출할 때에는 국경선상에서 발생하는 여러 가지의 불편한 사항이 존재하게 된다. 이에 대한 첫 번째는 수송문제이며, 두 번째는 외환거래상의 위험, 세 번째는 이동의 제약에 관한 문제이다.

1.1 수송문제

국내경영의 경우 한국을 포함하여 영토가 그리 크지 않은 대부분의 국가는 본사와 지사간의 연락이나 생산지와 판매지 사이의 수송이 1일내에 이루어지며, 미국이나 중국과 같이 영토가 광활한 국가의 경우에도 항공편은 1일내, 철도, 도로 등의 육상운송은 대부분 1주일내에 이루어진다. 그러나 국제경영의 경우 이들간에 존재하는 물리적 거리는 수일에서 수개월에 이르는 상당한 시간과 비용을 소모시켜 경영활동의 효율성(efficiency of business activities)을 저하시키는 원인이 된다.

1.2 외환거래상의 위험

경영요소의 하나인 자본이 국경선을 넘어갈 때 대부분의 경우에는 2가지 이상의 상이한 화폐가 개입되므로 화폐의 교환(currency exchange), 즉 외환의 문제를 야기시킨다. 예를 들어 한국의 기업이 해외의 어느 현지 지점에 송금을 할 경우, 그 기업은 국내화폐를 외국환은행에 입금시켜 달러 또는 현지국의 화폐로 교환한 다음 그 외국화폐 금액에 해당하는 증서를 현지지점에 보내 현지은행으로부터 환전을 받도록 하는 까다로운 절차를 거쳐야 한다. 원재료, 기술과 인력 등 자본 이외의 다른

1) 이재기 외, 『국제기업의 이해』, 도서출판 두남, 2003. 9. pp.55-68 참조

경영요소나 완제품을 해외로 이전할 때 그 대가로 수령하게 되는 화폐도 동일한 절차를 거쳐야 한다.

외환은 외환수수료를 지불해야 하는 부담도 있으나, 그보다도 화폐가치의 변동에 따르는 환위험(foreign exchange risks)을 발생시킨다는 점에서 국제경영상의 중요한 문제가 되고 있다. 즉, 자국의 화폐가 상대적으로 평가절하(depreciation)되는 경우, 그 화폐를 다른 나라의 화폐와 교환해야 하는 기업은 상당한 환차손실을 입게 되므로 경영자는 이러한 위험을 줄이기 위한 노력을 하여야 한다.

1.3 이동의 제약

국제간의 거래량은 점차 증가하면서 이에 따른 제약도 시간의 경과에 따라 증가추세를 보이고 있다. 자국의 이익을 보호한다는 명분 하에 관세 및 비관세장벽은 물론 새로운 보호무역정책(trade protection policy)의 등장으로 국제적 이동의 제약은 더욱 심화되어 가고 있는 실정이다.

2. 현지국내의 환경특성

특정기업이 자국이 아닌 해외의 현지국내에서 경영활동을 전개할 때에는 언어, 정부규제, 기업간섭 등 국내기업환경과는 이질적인 문제에 직면하게 된다. 특히, 현지국 정부의 외국기업에 대한 태도나 차별적 조치는 다수의 국제기업경영자를 현지경영자보다 불리하게 한다.

일반적으로 현지국 정부의 외국기업에 대한 차별적 조치는 몰수, 수용, 시장점유율의 제한, 배당금 및 이자, 주식소유권에 대한 자유로운 이전 금지 및 계약의 일방적 수정 또는 파기를 지적할 수 있다. 이외에도 현지국내에서는 조세를 포함한 외국인과 내국인에 대한 차별적 대우는 회피할 수 없으며, 만약의 경우에 폭동이나 반란 그리고 천재지변이 발생했을 경우에도 외국인 기업은 정당한 보상을 받을 수 없다. 1973년의 석유위기(oil crisis) 이후 사우디아라비아와 쿠웨이트를 비롯한 산유국이 외국석유회사의 생산시설을 국유화했을 때 그에 대한 보상가는 1/10에도 미치지 못했다. 이러한 차별대우를 받지 않기 위해서는 현지국의 사정을 미리 파악해 둘 필요가 있다.

2.1 현지정부가 부과할 수 있는 차별적 조치에 대한 면밀한 준비

현지정부가 국제기업에 대해서 가할 수 있는 차별적 조치는 일반적으로 몰수, 수용, 기업운영의 제한, 이전자유의 박탈, 계약의 일방적 수정 또는 파기, 차별대우, 재산·인명에 대한 물리적 제재 등을 지적할 수 있다. 따라서 이에 대한 피해를 극소화하기 위해서는 현지 정부의 이데올로기, 외국기업에 대한 정책적 태도, 모국 정부와의 외교적 관계 등을 사전에 면밀히 조사 파악하여 대비해야 한다.

2.2 문화적 차이의 파악

국제기업이 해외에서 경영활동을 전개하는 데는 많은 애로점에 직면하게 된다. 우선 언어의 장벽과 문화 및 관습 등 사회적 환경에서 오는 차이를 극소화하기 위해서는 다음 3가지 측면을 고려해야 한다.

① 언어장벽의 극복

언어는 기업과 직·간접으로 관련되는 이해자 집단을 이해 또는 설득시키는 최고의 수단으로 이해해야 한다.

② 의식주 문제

인간은 입고 먹고 자는 기본적인 문제가 해결되어야 하기 때문에 상호이해와 성찰이 없이는 소비자 욕구(consumer disire)를 충족시킬 수 없을 뿐만 아니라 판매 등 기업이익을 추구하기는 어렵기 때문이다.

③ 가족관계 및 개인적 가치관의 문제

가족관은 국가나 지역에 따라 상이하기 때문에 상호 존중(mutual respect)이 이루어져야 하며 또한 이에 수반되는 문화를 포함한 개인적 가치관의 척도 역시 시대와 지역에 따라 다르기 때문에 상호 존중해야 한다. 또한, 이에 수반되는 문화를 포함한 개인적 가치관의 척도 역시 시대와 지역에 따라 다르기 때문에 적극적으로 파악할 필요가 있다.

2.3 경제적 여건의 차이파악

국제경영활동은 본국과는 상이한 현지국에서 수행되기 때문에 본국과 현저히 다른 경제여건과 사정을 사전에 충분히 파악해 둘 필요가 있다. 경제적 여건의 차이는 여러 가지 요소에 따라 크게 다르다고 할 수 있다.

경제적 여건의 차이를 야기시키는 요소를 5가지 측면(국민경제, 사회하부구조, 노동, 금융, 산업)에서 살펴보고자 한다.

(1) 국민경제

① GNP의 크기 및 성장률

② 경제계획의 존재 여부와 그 내용

③ 시장경기의 추세

④ 국민경제의 대외(수입 · 수출)의존도

⑤ 국제수지의 현황과 전망

⑥ 인구 규모 및 증가율

⑦ 1인당 국민소득

⑧ 소득분배의 형평성

⑨ 물가수준 및 상승률

(2) 사회하부구조

① 교통망 : 철도, 도로, 수로 등

② 항구시설

③ 자유무역항, 관세창고의 유무

④ 공장과 항구의 거리

⑤ 원자재의 유무 및 원자재와 공장의 거리

⑥ 관련산업의 유무 및 성숙도

⑦ 전력, 공업용수, 기타 에너지 등의 공급량

⑧ 공장부지의 여유 및 가격

(3) 노동

① 노동인구의 규모 및 숙련도
② 노동자의 생산성
③ 임금수준 및 복지후생비용
④ 노동운동의 역사와 현황
⑤ 임금에 대한 세제 및 세율
⑥ 고용 및 해고의 자유
⑦ 이익분배제도의 유무

(4) 금융

① 화폐의 안정성 및 외화와의 태환성
② 현지 금융의 가능성 및 비용, 조건
③ 은행제도의 존재 여부
④ 신규 사업에 대한 정부의 금융지원
⑤ 수출금융의 존재 여부

(5) 산업

① 일반적인 상관습 및 윤리성
② 유통구조의 체계 및 현황
③ 일반적인 이익률
④ 산업내 경쟁·독과점의 정도
⑤ 진입장벽의 크기
⑥ 철수장벽의 크기

제2절 문화적 환경

1. 문화의 정의

텁스트라와 데이비드(V. Terpstra & K. David)는 문화를 사회의 구성원들에게 일련의 행동지침이나 규범을 제공하는 학습되고, 공유되고, 강요되고, 상호연계된 일련의 상징으로 파악하고 있다. 이들은 이러한 행동지침이나 규범들은 모든 사회들이 생존하기 위해서 해결하지 않으면 안 되는 문제들에 대한 해결책을 제시하는 것으로 정의하고 있다.

이러한 정의가 국제경영자에게는 기업행위에 영향을 미치지 않는 대수롭지 않은 것으로 여겨질 수도 있다. 그러나 실제로 문화는 기업의 경영활동에 다음 3가지 측면에서 지대한 영향력을 행사한다.

① 문화의 학습성

인간이 동물과 구별되는 것은 동물은 생리적 현상에 의해 행동하나 인간은 문화적 학습에 의해 익숙해진 행동을 한다는 것이다. 과거 우리는 아이들을 양육하는데 모유만으로 해 왔지만 현재는 분유와 종이기저귀를 사용하는 것은 이러한 학습의 결과로 볼 수 있다.

② 문화의 공유성

인간 사이에 협조적 행동(cooperative behavior)이 발생하기 위해서는 서로 공감하는 부분이 있어야 하는 것이다. 다시 말해 현실에 대한 개인적인 관계가 다른 사람과 일치하는 경우에 타인과의 의사소통(communication)이 이루어질 수 있는 것이다. 결국 기업이 광고선전을 하는 것은 이러한 공감대의 형성을 위한 것으로 파악할 수 있다.

③ 문화적 상징과 의미의 상호 연계성

이러한 연계는 기계부품과 같은 기계적인 연결을 의미하는 것이 아니고, 사회에서 사람들이 상이함을 보여주는 차이점 혹은 비교의 대상으로서의 연계를 의미한다. 흔히 우리의 문화권에서 호랑이는 강력한 힘의 상징이 될 수 있다. 그러나 태국의 문화에서 호랑이는 사람에게 해악을 가져오는 죽음의 상징이 되는 것이다. 또한, 인간은 비교하고 분석함으로써 배운다. 예를 들면, 어린아이가 뜨겁다는 의미를 이해하는데 있어서 차갑다는 반대개념을 알아야만 하며 또한 죽음의 의미는 삶이라는 개념에 의해서 파악할 수 있는 것이다.

2. 기업문화

기업문화는 경영문화의 하위문화로 파악할 수 있다. 단계를 달리하는 각각의 문화수준에서는 허용되는 행동양식과 행동규범이 상이하게 나타난다. 그러나 가족기업 또는 족벌경영이 주로 이루어지고 있는 사회에서 기업문화와 경영문화가 각기 허용하는 행동양식과 규범은 거의 유사한 것이 되는 반면 기업의 조직이 공적인 조직이고 또한 형식과 격식을 중요하게 생각하는 경영체제 하에서의 기업문화는 경영문화의 하위개념으로 파악할 수 있다.

기업문화가 어떻게 정립될 수 있는가에 대하여 슈나이더(B. Schneider)는 정규적인 직원인사채용이 잠재적으로 매우 높은 기업문화를 형성할 수 있다고 주장하고 있다.[2] 그 이유에 대하여 슈나이더는 다음과 같이 설명하고 있다. 직업을 선택하기 위해서 사람들은 치밀하게 기업에 대해서 조사하고 검토한다. 또한, 기업도 사람을 채용하기 위해서는 대상자에 대한 면밀한 분석을 실시한다. 이러한 분석을 바탕으로 기업은 사람을, 사람은 기업을 서로 선택하게 된다. 기업이 사람을, 사람이 기업을 선택하기 위해서는 서로 만족하고 공감하는 부분이 많이 존재할 수도 있다. 그러나 현실적으로 불일치하는 부분도 상당부분 있을 수 있는데 이러한 불일치 부분은 기업의 사회화교육을 통해서 일치하게 되거나, 일치하지 않는다 하더라도 최소한 서로를 이해할 수 있도록 만들게 된다. 이러한 사회화교육의 실시에도 불구하고 불일치부분이 전혀 교정되지 않는다면 기업은 직원을 퇴직시키거나 직원 스스로가

2) B. Schneider, *Organizational Climates : An Essay, Personal Psychology*, Vol. 28, No. 4, Winter 1985, pp. 447-479.

직장을 떠날 수밖에 없는 것이다. 결국 기업에 남아 있는 직원은 기업문화에 익숙해진 것이며 따라서 기업문화(corporate culture)를 공유하게 되는 것이다.

그러나 기업문화가 동일 기업내에서 존재한다고 해서 반드시 근로자들이 동일한 기업문화를 공유한다고 볼 수만은 없다. 로렌스와 로쉬(P. Lawrence & J. Lorch)는 동일기업내라 하더라도 제조부서, 판매부서, 연구부서 등 업무영역이 상이한 경우에는 행동규범이나 가치체계가 서로 다를 수 있다고 말한다. 또한, 딜과 케네디(T. Deal & A. Kennedy)는 기업내 하부문화에 대하여 연구하면서 서로 다른 하부문화를 연결해 주는 기능을 담당하는 상징적인 관리자(symbolic manager)의 필요성을 주장한 바 있다.

3. 국제기업과 문화

국제기업의 문화적 환경은 불확실성이 크다고 볼 수 있는데 조직의 잠재력은 불확실한 요인들에 대한 불충분한 자료로 외부환경에 어떻게 능동적으로 적응할 수 있는가 하는 조직의 능력에 달려 있다. 이러한 환경에 대한 의존성은 조직적 행동을 필요로 한다. 즉, 문화적 환경은 조직에 대한 기회와 문제를 제기할 수 있다.

국제경영에 있어서 문화적 환경의 여러 측면은 국제기업의 요구를 인식함으로써 국제기업의 진로를 제시하기도 한다. 문화적 환경은 매우 다양하지만 여기서는 국제경영에 적합한 5가지 측면(문화적 다양성, 문화적 복합성, 문화적 상대성, 문화적 이질성, 문화적 상호의존성)으로 구분할 수 있다. 앞의 3가지 측면은 어떤 한 문화권내에서의 조건과 관련이 있는 반면, 뒤의 2가지 측면은 문화권간의 조건과 관계가 있는데 각각의 측면은 〈표 4-1〉에서 보는 바와 같이 이중적이기보다는 연속체로 파악할 수 있다.

그러나 이러한 측면들을 논의하기 전에 2가지 유의점을 지적하면 다음과 같다.

① 국제기업은 모회사와 재원, 재정, 기술적으로 다양한 환경에 있는 자회사로 이루어져 있다. 모회사가 범세계적인 전략적 조정 및 통제로 기업전체를 통합관리하지만 현지국에서의 이질적 환경이 자회사의 조직과 관리의 방법상에 있어서 차이를 요구한다. 따라서 문화적 환경의 한 측면이 특정 문화권에 있는 자

회사에게는 중요한 반면 다른 문화권에 있는 자회사에게는 관련이 없는 경우가 있다.

② 문화적 환경에 대한 관리적 지각과 문화적 환경의 객관적인 속성은 국제기업이 어떻게 반응할 것인가를 결정한다. 스타버크(Starbuck)가 지적했듯이 동일한 환경이라도 어떤 조직은 예측할 수 없고 복잡하며 사라져 가는 것으로 지각되고, 다른 한 조직은 정체되고 이해하기 쉬운 것으로 지각될 수 있다.[3)]

〈표 4-1〉 국제경영에 있어서 문화적 환경의 제 특성

	특성	저차원	고차원
문화내부	문화의 다양성	낮고 안정된 변화율	높고 불안정한 변화율
	문화의 복잡성	단일성(저차원적 상황)	복합성(고차원적 상황)
	문화의 적대성	자비로움 (친절)	악의적임(인색)
문화의 상호관계	문화의 이질성	동질적	이질적
	문화의 상호의존성	독립적	상호의존적

이러한 맥락 하에서 문화적 환경의 5가지 측면을 살펴보고자 한다.

3.1 문화적 다양성

문화적 다양성(cultural variability)은 한 문화 안에서의 조건변화율의 높낮이, 대소, 안정성의 여부를 지칭한다. 다시 말해 다양성이란 속도와 안정성의 2가지 요소로 구성되어 있다고 할 수 있다. 어떤 문화에서의 변화의 다양성은 변화율이 동시에 높고 불안정할 때 가장 크고, 낮고 안정적일 때 가장 작다.[4)] 따라서 문화적 환경이 다양하면 관리의 불확실성이 증가하며, 문화적 환경이 불안정한 상황 하에서의 조직문제를 미래의 충격에 대한 앨빈 토플러(Albin Toffler)의 이론(가속화하는 변화에 적응하지 못하는 사회의 무능)을 바탕으로 연구하고자 하는 것이다.

국제경영에 있어서 문화적 다양성의 의미는 여러 측면에서 살펴볼 수 있다. 다양

3) W. H. Starbuck, *op. cit.*, p. 108.

4) Ray Jurkovich, A Core Typology of Organizational Environments, *Administrative Science Quarterly*, Vol. 19, September 1974, pp. 380-394.

성은 조직전략을 수립하는 데 있어서 불확실성에 대한 일차적 자료이다. 어떤 문화의 조건이 완만하고 예측할 수 있게 변화할 때 조직전략은 용이하게 수립된다. 그러나 문화적 변화가 빠르고 불확실하다면 전략의 수립은 매우 어려울 것이다. 그러므로 매우 격렬한 변화에 직면했을 때 조직은 그 변화를 더 잘 수용할 수 있어야 한다. 따라서 조직의 내부구조는 이러한 변화에 적응하기 위한 능력이 필요하며 개방적 의사전달 경로(open communication channel), 의사결정의 분권화(decentralization of decision-making), 현지경영자들의 지배(governance of local managers)는 신속한 변화를 지각하고, 이에 적응하고자 하는 기업의 능력을 제고시킬 수 있다.

3.2 문화적 복합성

문화적 복합성(cultural complexity)이란 어떤 문화에서 환경에 대한 이해가 관련된 배경자료의 소유에 의존하는 정도를 의미한다. 홀(E. T. Hall)에 의하면 문화란 정형화되지 않고 불분명한 규칙이 정보의 취급, 인간의 상호작용 및 관련 여부에 대해 어떻게 통제하는가에 따라 다르다. 그리고 고차원적인 문화에서의 인간행동은 암시적・함축적이며, 저차원적인 문화에서의 인간행동은 분명하고 명백한 것으로 파악하였다. 외국인에게 어떤 문화에 대한 커뮤니케이션과 이해의 용이함은 문화가 '소리없는 언어', '갖추어진 특성'을 규정짓는 중요성과는 역으로 관련되어 있는 것으로 파악하였다. 그러므로 문화는 상황적 정보의 필요성이 증가됨에 따라 외부인에게는 점점 더 복잡하게 되어간다.

한 조직의 일상생활을 이해하기 위해서는 그 조직이 속해 있는 문화의 저차원적인 부분에서 고차원적인 부분까지를 다 인지해야 하며 저차원적 상황의 문화는 다음 2가지 특성을 가지고 있다.

① 대부분의 정보는 코드화되어 있고 명확하게 이전되는 메시지를 포함한다.
② 사람들간의 결합은 파괴되기 쉽고 서로의 관련정도는 낮다. 따라서 내부인과 외부인의 특이성은 적으며 용이하고도 신속하게 이루어진다.

이와 반대로 다음 2가지 특성은 고차원적 상황의 문화에서 볼 수 있다.

① 많은 정보는 물리적 상황에서 명백하게 코드화가 이루어지거나 이전되기보다는 함축성(implicity)을 가지고 있거나 사람들간에 내부화(internalization)가 이루어진다.

② 사람들간의 결속은 매우 강하며 서로 깊은 관련을 가지고 있다. 따라서 내부인과 외부인의 특이성이 크며, 문화적 형식은 오래 지켜지고 완만하게 변한다.[5)]

국제기업에 있어서 상황의 의미에 대한 고저는 아주 명확하다. 홀이 경고한 바와 같이 상황이 실제로 있지 않는 한 고차원적 상황의 문화와 깊게 관련되는 것은 아주 어리석은 것이다.[6)] 따라서 복잡한 문화적 환경에 직면한 외국의 조직상황에 대해서는 학습의 문제가 중요하다.

예를 들면, 스위스와 비교되는 일본에서 효과적으로 활동하기 위해서는 기업은 함축적인 문화(implicit culture)에서 이루어지는 것에 대해 상당히 많은 것을 숙지해야 한다. 왜냐하면 명확한 커뮤니케이션이 없이 고차원적인 상황의 문화에 대한 많은 부분을 추측하기 위해서는 충분한 준비가 필요하기 때문이다.

3.3 문화적 적대성

문화적 적대성(cultural hostility)은 어떤 문화에서의 환경조건이 조직의 목표를 위협하는 정도를 의미한다. 차일드(J. Child)는 이것을 '환경적 저속성(environmental illiberality)'이라고 말하고 있으며, 조직에 있어서의 문화적 환경에 대한 인식은 일반적으로 매우 자비로운 면에서부터 적대감을 가지는 부분까지 아주 다양하게 나타난다. 적대감을 갖는 정도는 기업의 합법성(legality)과 지각되는 수용성(acceptability)에 의해 결정된다. 버논(R. Vernon)은 '현지국 엘리트 집단에 대한 사회적 요구와 이들의 강한 정신적 힘'이 종종 국제기업에 대한 수용성의 결여 및 적대감을 야기시킨다고 지적한다.

적대감은 기업이 원재료, 자금, 고용, 정치적 선호, 그리고 그 밖의 모든 경영자원의 획득에 장애요인으로 작용한다. 또한, 자사의 제품과 서비스를 판매할 능력을 감

5) Edward T. Hall, Beyond Culture, Chapters 6~8
6) *Ibid.*, p. 127.

소시킬 수도 있다.

국제기업의 운영에 있어서 문화적 적대감이 갖는 중요성은 먼저 기업이 현지국에서 합법성과 수용성을 확보・유지시키기 위해 보다 고차원적인 노력을 경주해야 한다는 것이다. 만약 적대감이 형성되었다면 반국가감정, 해당기업의 제조상품에 대한 불매운동 및 기술혁신(technological innovation)에 대한 기피, 기술이전(technology transfer)에 대한 공포, 민족주의의 강화(intensification of nationalism) 등 감정문제뿐만 아니라 관리방식의 신중, 권한집중, 근무시간 단축, 여유자원의 낭비 등 조직내 긴장 및 갈등이 고조되어 조직내부관리상의 역작용이 형성되며 여기에 따른 조직활동의 통합 및 속박을 탈피하려고 강요할 경우 부작용은 더욱 심화된다.

3.4 문화적 이질성

문화적 이질성(cultural heterogeneity)은 분리된 문화의 상호유사성의 정도를 의미한다.[7] 이것은 국제경영학자들이 수년에 걸쳐 관심을 가져온 분야로서 기업이 활동하는 곳의 문화는 비교적 동질적인(homogeneous) 것으로부터 극단적으로 이질적인(heterogeneous) 것으로 구분되고 있는데, 이것은 문화의 특성 중에 다양성의 문제로서 이는 다른 문화의 상호인자간의 다양성, 복잡성, 적대감의 정도에 영향을 미칠 뿐만 아니라, 이러한 이질성의 증가가 조직의 집중된 의사결정을 위한 다양성을 증대시키고 있는 것이다.

조직에 있어서 문화의 이질성에 대한 주요 요인은 차별화이다. 다양한 환경에서 운영되는 조직은 전형적으로 동질적인 부분 혹은 하위환경을 인지할 것이다. 그리고 조직은 동질적인 부분 혹은 하위환경을 취급하기 위해 분화된 반자치적인 관리단위를 만든다. 따라서 조직구조와 경제활동은 차별적으로 이루어지게 되며 조직이 문화와 분리되어 있을수록 자회사의 행동을 조정하는 것은 더욱 힘들게 된다.

조직에 대한 중요성뿐만 아니라 구성원 개인에게 발생될 수 있는 이질성의 문제는 한 개인이 가지고 있는 문화가 어떤 정해진 방법으로 세계와 사람들을 지각하는 데 영향을 미치게 된다. 다시 말해서 자기민족 중심의 태도와 함께 자기문화에 대한 편

7) Paul R. Lawrence and Jay W. Lorsch, *Organization and Environment*, Homewood, Richard D. Irwin, 1969.

견은 자신의 문화와 상이한 문화를 경험했을 때 상당한 심리적 스트레스를 유발시킨다. 이러한 상황은 새로운 관습, 이외의 기대, 의혹, 언어 등에서 연유되고 있다.

3.5 문화적 상호의존성

문화적 상호의존성(cultural interdependence)은 어떤 문화의 환경조건이 타 문화의 발전에 대해 민감한 정도를 의미한다. 국제경제와 정치적 관계에서 이러한 상호의존성은 잘 인식되고 있으며 기업이 활동하고 있는 문화에 있어서 어떤 문화의 극단적인 의존으로부터 다른 문화와의 상호의존에 이르는 연속체를 도출시킬 수 있다.

이러한 문화의 상호의존성은 상호관계의 수단에 의해 작용하며 커뮤니케이션과 운송수단의 발달, 개인적 활동성의 변화, 국경을 초월한 경제교류의 증대, 종교와 국제기구의 확장, 문화를 초월한 이해자집단의 출현 등 문화간 이동량의 증가를 유발시키게 된다.[8)]

국제기업에 있어서 본국 고유의 문화와 현지국 문화와의 조화, 국제적 이해자집단의 조정 등 갈수록 증가하는 범세계적인 조직의 상호의존은 이들 집단간의 긴밀한 연계와 협력을 요구하고 있다. 이러한 상호의존성에 대한 국제기업의 문제점을 설명하는 몇 가지 사례로서 노동조합을 조장하는 버케-하트커법안(Burke- Hartke Bill), Gillette 대 Braun사의 반트러스트(anti-Trust) 분쟁, Fruehauf사의 적대국과의 무역, 아랍의 이스라엘 보이콧의 경우, 개발도상국에서의 공해산업에 의한 생태계 파괴와 같은 경우처럼 국제기업은 문화를 초월한 이해자집단의 요구에 항상 직면해 있다.[9)]

문화적 상호의존성의 증가로 인해 국제기업활동은 현지국의 이익집단과 정부의 조사자료 등에 노출되기 쉽다. 이 상호의존성은 한 문화권에 있어서 자회사로 하여금 일방적인 활동과 부분적인 분석만 하게 만든다. 그러므로 이해관계에 있어서 문화적 상호의존성은 자회사의 독립성을 감소시킨다. 따라서 국제기업의 최대과제는

8) Peter J. Katzenstein, International Interdepedence : Some Long-term Trends and Recent Changes, *International Organization*, Vol. 29, Autumn 1975, pp. 1021-1034.

9) Ingo Walter, A Guide to Social Responsibility of the Multinational Enterprise, Social Reponsibility and Accountability, edited by Jules Backman, New York, New York University Press, 1975.

한 문화권 안에서 기업활동을 수행하는데 있어서 상호문화활동의 문제를 어떻게 해결하느냐가 당면과제라고 할 수 있으며 따라서 국제기업은 주어진 환경 하에서 그들 기업에게 미치는 영향의 국내적, 국제적 측면을 모두 인정해야 한다.

제5장

디지털경영의 도래

제 1 절 디지털혁명의 발생

신석기 시대(B.C. 7000년경)의 농업혁명(agricultural revolution), 17~18세기의 산업혁명(industrial revolution)에 이어 현재 인류 역사상 3번째 변혁인 디지털혁명(digital revolution)이 급진전되고 있다. 디지털혁명은 19세기 말~20세기 초에 발명된 정보통신기술(IT: Information Technology)과 1980년대 후반의 디지털기술(digital technology)이 결합하면서 전송능력, 연산능력, 네트워킹에 혁명적인 변화가 발생하였고, 1990년대에 인터넷(internet)이 결합되면서 빅뱅(Big Bang)이 시작되었다.

디지털혁명은 정보통신 인프라와 인터넷망을 통해서 신속하게 전세계로 파급되었다. 농업혁명의 파급은 5,000년, 산업혁명은 200년이 소요되었으나, 디지털혁명은 30년만에 전세계로 확산되었다. 첫 도입 이후 이용자의 수가 5,000만이 되는데 소요된 시간은 라디오가 38년, TV가 13년인데 비해 인터넷은 단지 5년이 걸렸다.

디지털은 전자기기 등에 자료를 인식하고 저장하는 방식의 하나로 아날로그(analogue)와 대비되는 개념이다. 디지털은 0과 1의 조합을 통해 모든 정보를 표현하는데, 연속적인 신호나 현상을 그 자체의 물리량으로 나타내는 아날로그에 비해 디지털은 이진법의 수치에 대응시켜 개별적인 수량으로 취급한다.[1] 컴퓨터는 디지털 방식으로 정보를 수용하고 저장하는 대표적 기기라고 할 수 있다.

이러한 디지털은 정보의 처리 및 전달 과정에서만 존재한다. 인간이 보고 듣고 느끼는 모든 신호(음성, 화상 등)는 아날로그 신호이며, 아날로그 신호는 발신자와 수신자 사이에서 전달, 공유, 가공 처리되는 과정에서의 다수의 장점들 때문에 디지털신호로 전환하게 된다.

디지털기술의 특징으로 광속성(빛과 같은 속도로 이동하면서 정보를 전달), 무한반복재현성(반복 사용해도 정보가 감소하거나 질이 저하되지 않음), 조작 및 변형의 용이성(정보 가공이 용이하고 다양한 형태로 변형), 쌍방향성(정보의 쌍방향 전달이 가능함), 압축성(방대한 정보처리를 위한 압축 가능) 등을 지적할 수 있는데 이러한 특징을 가진 디지털기술은 데이터→음성→영상의 순으로 확산되었다.

디지털기술은 1950년대 컴퓨터 상용화를 계기로 텍스트, 숫자 등 데이터 부문에 먼저 도입되었다. 음성(통신) 부문은 교환기가 등장하면서 디지털화(digitalization)가 시작되었고, 목소리에 비해 정보량이 많은 음악의 디지털화는 1980년대 CD가 등장하면서부터 시작되었다. 동영상(방송)의 디지털화는 MPEG 등 디지털 압축기술이 개발된 1990년대 초반 이후에 본격화되었다.

디지털혁명의 실체는 디지털기술과 on-line network의 결합이다. 디지털기술이 미디어의 전(全)영역으로 확산됨과 동시에 인터넷에 의해 on-line network화 되면서 전세계가 디지털조류(digital trend)의 영향권 하에 직면하게 되었다. On-line network화는 1994년 인터넷 서비스 회사인 넷스케이프가 인터넷 사용서비스(WWW : World Wide Web)를 개시하면서 일반화되었는데, '네트워크의 네트워크'인 인터넷에 의해 전세계가 단일망으로 통합되었다.

---

1) 예를 들면, 인간의 목소리를 아날로그로 표시하면 연속파형의 형태로 나타나지만 디지털화하면 0과 1의 조합으로 표시된다(김승환 외, 『글로벌시대의 디지털경영전략』, 도서출판 두남, 2002. pp.217-226 요약 · 재구성).

제 2 절 디지털혁명의 파급효과

디지털혁명은 기술, 산업, 경제, 생활을 물론이거니와 국가간의 관계에 이르기까지 총체적이면서 획기적인 변화를 유발시키는데, 이러한 디지털혁명은 장기호황 속의 물가안정이라는 신경제(New Economy) 현상을 초래하였다.

디지털 신제품 출현, 제조업과 유통 및 금융의 효율성(financial efficiency) 제고, 가상공간(cyber space)에서의 경제활동 등에 따라 막대한 가치가 새롭게 창출되었으며, 1848년 이후 캘리포니아에서 총 20억달러 상당의 금이 발견되었듯이 디지털혁명은 새로운 부의 창출(creation of new wealth)을 가능하게 하였다(new gold rush).

디지털혁명, 디지털기술 등 다양한 디지털 요소들은 사회경제적으로 다음 4가지 측면의 변화를 초래시켰다.

1. 디지털혁명은 기존 상품 및 경제활동의 재구성과 새로운 상품 및 경제활동의 출현을 초래시켰음

이러한 재구성과 새로운 출현은 직접적으로 PC와 AV업체, 전화, 케이블(Cable), 방송사의 사업 영역을 변형시키고 있다. 즉, 새로운 상품과 시장이 출현하고 새로운 경제활동이 발생하였으며, 가상공간을 활용한 레저도구와 활동이 증가하고 있다. 컴퓨터 네트워크는 새로운 인프라로 정의되고 새로운 시장으로도 작용하고 있는데 전자상거래 전자쇼핑의 등장, 사이버 공동체의 형성 등을 그 예로 지적할 수 있다.

2. 디지털기술을 응용한 상품이 고성장하고 인터넷 기반 전자상거래가 급진전하고 있음

세계적인 경영분석기관인 보스턴 컨설팅 그룹(Boston Consulting Group)은 미국의 기업간 전자상거래(B2B: Business to Business) 비중이 1998년 7%에서 2004년에는 24%로 제고될 것으로 전망한 바 있다. 이러한 디지털기술이 직접 응용되는 음악, 문서, 사진 등이 우선적으로 디지털화되고 있다.

3. 디지털 기술의 확산은 신사업군의 창출과 기존 산업의 디지털화를 진전시키고 있음

디지털 관련 신산업이 출현하고 기존 산업에도 디지털기술의 접목이 가속화되고 있는데 디지털 관련 소프트웨어, 컨텐츠, 정보통신 기기와 부품산업, 정보통신서비스, 전자상거래, 광산업 등 신산업군이 이미 출현하였다.

4. 정부와 기업도 인터넷 사용이 보편화되고 수평적 구조(horizontal structure)로 변화되고 있음

정책결정, 지식 축적과 활용, 행정서비스 제공 등 여러 부분에 인터넷의 활용이 확산되고 있으며 인터넷 기술을 바탕으로 기업내 및 기업간 업무 프로세스의 통합, 구매비용 절감, 재고 감소 등을 목적으로 전자상거래(EC : Electronic Commerce)를 활용한 조달이 확산되고 있다.

제3절 디지털혁명하의 기업경영

미국은 1957년 구소련이 통신위성을 먼저 발사한 것에 자극되어 ARPA 프로젝트를 구상하였다. 이것은 네트워크를 통해 군사정보(military information)를 공유하고 핵공격에 대비하는 것이 주요 내용이었는데, 이 프로젝트의 일환으로 1980년대에 인터넷의 원천기술인 TCP/IP(인터넷 프로토콜)가 개발되었다. 1994년 TCP/IP 기술이 상업화되면서 인터넷 시대가 개막되고 디지털기업들이 본격적으로 등장하기 시작하였다.

특히, 마크 안데르센이 웹 브라우저 모자이크를 개발하고 벤처 캐피털리스트(venture capitalist)인 짐 클라크의 협력으로 넷스케이프가 창업되었으며, 실리콘밸리(Silicon Valley)와 대학의 고급인력, NASDAQ의 IPO시장이 결합되면서 디지털 관련 창업 붐이 조성되었다. 또한 포털, 판매, 중개, 컨텐츠 그리고 디지털 지원 비

즈니스(통신 하드웨어와 소프트웨어) 등에서 디지털기업들이 대규모로 출현하게 되었다.

1990년대 말에는 마이크로소프트(MS), Oracle, AOL, 야후(Yahoo), 아마존(AMAZON) 등 디지털기업이 세계의 산업지도를 새롭게 형성하기 시작하였다. 마이크로소프트의 경우 1999년 기준 응용소프트웨어(application software) 분야의 90%를 점유하고 있으며, AOL은 타임워너(Time Warner)와 합병함으로써 회원 및 구독자 1억여명을 확보하였다. 아마존의 서적판매 시장점유율 역시 1998년 5%에서 지속적으로 상승하고 있다.

디지털기업의 등장은 전통적인 비즈니스 영역에도 지각변동을 초래하였다. 아마존은 무점포 사이버거래로 유통혁명을 촉발하였으며, 금융부문에서는 E-Trade의 등장으로 지점없는 투자회사의 시대가 개막되었다. 이러한 변화는 디지털기업의 시장가치가 전통기업의 시장가치를 추월하게 하였다. IBM의 아웃소싱(outsourcing)기업으로 출발한 MS는 현재 시장가치가 IBM의 2배를 초과하고 있다.

디지털시대(digital era)의 경쟁구도는 '디지털화'와 '네트워크화'의 축을 중심으로 다음 4가지 유형을 형성하게 된다.

1. 제1유형

제1유형은 동일한 비즈니스 영역 내에서 유사한 비전과 전략으로 접전을 벌이는 것이다. 이것은 한 사이트에서 통합서비스를 목표로 하고 사업영역을 고객 라이프스타일(customer life style) 중 단일 패턴에 맞추는 것을 의미한다. 예를 들면, 야후는 디지털 최고 브랜드파워(brand power)의 유지가 목표이며, AOL은 디지털 컨텐츠(digital contents)제국의 왕좌를 지향하고 있는데, 야후는 '네트워크 연합', AOL은 '아웃소싱 능력'을 핵심역량(core capacity)으로 하고 있다.

2. 제2유형

제2유형은 기존의 표준과 독점에 대해 새로운 컨텐츠와 반독점(anti-monopoly) 연합으로 도전하는 양상을 보인다. 마이크로소프트는 MS-DOS와 윈도우(Window)로 컴퓨터 운용체계의 표준(standard of computer operating system)을 선점하여 시장 고착화(Lock-In)에 성공하였다. 한편, 리눅스는 소스 코드를 무료 공개하고 제

작 과정을 일반 참여자에게 개방하였는데, 리눅스는 반독점 무드로 소수파 연합전선을 형성하는데 성공하였다

3. 제3유형

제3유형은 전통기업과 신생 디지털 기업이 동일 고객층을 대상으로 경쟁하는 양상이다. 1995년 창업한 인터넷 서점 아마존이 전통서점인 반즈앤노블을 위협하고 있는데 반즈앤노블은 이에 대응하여 1997년 온라인 서적소매상인 barnesandnoble.com을 출범했고 최근 사이트명을 보다 단순한 bn.com으로 변경하였다.

아마존은 인터넷 시장의 선점 지위를 이용하여 사업의 다각화(business diversification)를 추진하고 있는데, 현재 서적 이외에도 CD, 비디오/DVD, 전자제품, 소프트웨어, 장난감, 비디오게임, 공구 등을 판매하고 있으며 경매사업까지도 확장하였다.

4. 제4유형

제4유형은 전통산업군에서 디지털화 변신을 위해 노력하는 기업군이다. GE의 구매/조달 관리시스템인 TPN(Trading Process Network)이 기업간 전자상거래의 모범 사례로 확산되고 있다.

〈사례〉 GE의 TPN 시스템

- 인터넷을 기반으로 한 전사적 구매시스템
- 생산공장으로부터 바로 인터넷을 통해 견적요청서를 접수받고, 본사는 다시 입찰서류를 전세계 납품업체에 인터넷으로 발송하여 1개월 이상 소요되던 작업을 1주일 내에 모두 처리
- 조달 관련 인건비 30% 절감, 조달 인력의 60%가 보다 생산적인 곳에 재배치

제4절 디지털경영의 특징

디지털혁명으로 초래된 디지털기업의 경영 특징으로 다음 6가지를 지적할 수 있다.

1. 인터넷 선점 및 성장지향 경영

디지털환경(digital environment) 하에서 경쟁하는 다수의 기업들은 무료 서비스 및 할인경쟁을 도입하는 등 초기 고성장 전략을 채택하여 고객의 임계치(critical mass)를 확보하는데 주력하게 된다. 아마존은 특유의 하이퍼링크 서비스와 업무제휴를 통해 시장 진입 후 4년 만인 1999년말 기준 160여개국에서 800여만명의 이용자를 확보하고 있다.

2. 뉴 비즈니스모델의 창출

기존의 사업방식을 초월하는 참신한 아이디어로 새로운 사업방식을 개척하고, 가능하면 배타적인 권리 행사가 가능하도록 특허를 등록하는 것이 좋다. 1998년 미국의 Priceline.com은 뉴 비즈니스 모델(new business model)인 역경매를 특허로 등록하여 구매자가 가격을 제시하는 기존 방식과는 역으로 판매를 원하는 개인이 인터넷상에서 원하는 가격을 제시하도록 하였다.

디지털환경에서는 비즈니스 모델과 관련하여 특허 분쟁이 빈번하게 발생하고 있다. 아마존은 자사가 고안한 온라인 발주기법인 Express Checkout을 경쟁사인 반즈앤노블이 침해했다고 제소하여 승소한 바 있다. 한편, 야후는 원스톱 온라인 쇼핑시스템(one-stop on-line shopping system)과 관련하여 한 개인발명가로부터 제소를 당했다.

3. M&A와 분사의 적극적 활용

고객의 다양한 니즈(various needs of customer)를 선점하기 위해 전략적 제휴(strategic alliance)나 M&A를 통해 사업을 다각화해야 한다. AOL은 PC통신업체로 출발하였으나 고객에게 다양한 컨텐츠를 제공하기 위해 반즈앤노블 등 수십개의 관련 업체와 전략적인 제휴를 맺고 있다. 또한, 최근에는 타임워너와의 합병으로 고객에게 양질의 컨텐츠를 제공하는 기반을 구축하게 되었다.

또한, 분사화를 통해 신기술 개발이나 신규사업을 효율적으로 수행해야 한다. 반즈앤노블은 아마존에 대응하기 위해 bn.com을 분사화하여 인터넷 비즈니스(internet business)에 참여하고 있다. 국내의 벤처기업들도 운영효율성(operational efficiency) 제고, 신분야 개척, 코스닥(KOSDAQ) 등록 등을 목표로 분사화를 착수하고 있다.

4. 가상공동체를 수익원으로 활용

디지털경쟁(digital competition)에서는 가상공동체의 규모가 수익의 원천(profit source)임을 인식하고 회원확보와 공동체 관리에 중점을 두어야 한다. 리눅스는 소프트웨어 개발 과정에 가상공동체를 참여시켜 제품의 질적 향상과 새로운 표준 정립을 추구하고 있으며 도시바(Toshiba)의 경우에는 가상공동체의 중요성을 인식하지 못하고 고객불만에 잘못 대응하여 기업이미지(corporate image)가 크게 손상된 바 있다.

5. 기업간 전자상거래의 확산

기업간 전자상거래(B2B: Business to Business)의 중요성을 인식하고 신속하게 대응해야 한다. GE는 1998년 10억 달러 규모의 물자를 전자상거래를 통해 구매했으며, 2000년대 초까지 50억 달러 규모로 증가시킬 계획이다. GE는 이를 통해 연간

5억~7억 달러의 구매비용을 절감하는 효과를 기대하고 있다. 최근에는 ERP가 인터넷과 결합되는 추세를 보이고 있다. B2B는 전세계 전자상거래의 80%(2002년)를 차지하는 등 기업간 전자상거래가 선택이 아닌 필수조건으로 부상하고 있다. 부품조달, 기술구매 등 기업자원조달이 전자상거래로 편입되는 추세이며, 국내에도 기업간 전자상거래를 전담하는 전문사이트(bizclick.net 등)가 등장하였다.

6. 새로운 경영전략의 수립

인텔(Intel)의 앤디 그로브 회장은 지금은 출구를 알 수 없는 전략적 변곡점에 직면해 있으며 디지털이 만드는 미래는 과거와는 전혀 다른 새로운 경영전략이 필요하다고 지적한 바 있다. 즉, 디지털환경에서 기업은 새로운 경영패러다임(new business paradigm)을 구축하고 이를 체질화해야 한다. 이를 위하여 기업들은 원자재 공급업체에서 최종고객에게 이르는 연결고리를 유기적으로 통합하여 효율적인 전자상거래 네트워크를 구축해야 한다.

6.1 사업전략

① 경영환경의 변화에 따라 즉각적으로 대응하는 이동표적형 전략을 구사

② 미래를 내다보는 비전제시형 리더십(visionary leadership)을 발휘

6.2 마케팅 전략

① 연속적으로 대형 히트상품을 창조(블록버스터 마케팅)

② 개개인을 하나의 목표시장(target market)으로 하여 접근(표적 마케팅)

③ 가상사회(virtual community)를 네트워킹으로 연결

6.3 운영전략

① SCM 구축

② 디지털 신경체계(DNS : Digital Nervous System) 구축

6.4 인사전략

① 자생력을 가진 프랙탈(Fractal = 분할(fracture) +파편(fraction)) 조직을 구축

② 유능한 인재를 확보하고 성과공유 보상프로그램(reward program)을 도입

제3부

세계화 · 신경영 · 신경제

제6장

세 계 화

제 1 절 세계화의 기초

1. 세계화의 개념

1980년대 이후 세계경제는 급속도로 변화하여 왔다. 국가간에 물리적인 국경의 의미가 상실되고 세계경제는 상호의존관계가 심화되어 하나의 지구촌을 형성하고 있다고 할 수 있다. 즉, 기업들의 활동영역이 자국의 범위를 넘어 전세계를 무대로 활약하는 세계기업화가 급속히 추진되고 있고 정보통신기술의 발달은 세계를 단일 정보권으로 묶게 하여 이러한 세계기업들의 활동을 기술적으로 뒷받침하고 있다. 또한, 자본자유화의 진전에 따라 국제금융자본은 고수익을 찾아 세계각국의 금융시장에 자유로이 유출입하게 되었으며 구소련의 몰락으로 인한 냉전체제의 종식으로 국가간 이해관계의 중심축은 경제·정치적 문제에서 경제적 문제로 전환되었다. 이러한 국가간 이해관계는 다국적기업을 중심으로 활발히 추진되고 있는 실정이다.

세계화라고 하는 용어가 세계인의 주목을 받게 된 것은 1980년대 중엽 하버드 대학의 마이클 포터(Michael E. Porter) 교수가 미국산업의 경쟁력에 관한 미 대통령 자문위원회 보고서에서 세계화와 경쟁적 우위라는 개념을 소개하면서 세계화라는 용어를 사용한데 비롯되었다고 할 수 있다. 한편, 국제통화기금(IMF)은 세계화를 단순히 재화와 서비스 및 금융자본, 그리고 기술이 무제한으로 국경을 넘어 거래되는 양(量)과 양상(樣相)의 증대(1997)라고 정의하고 있는데 세계화는 이러한 국제관계 속의 변화에 의해 지구전체가 하나의 통합체로 구축되어 가는 과정에서 단일시장이 형성되고 이러한 단일화된 세계시장에서는 하나의 공통된 규범, 즉 세계규범(global standard)이 광범위하게 적용되는 추세를 의미한다고 할 수 있다.

다시 말해서 세계화란 각국 경제가 국경없는 세계경제(borderless global economy)화됨을 의미한다. 국경없는 세계경제란 일국의 경제활동, 즉 생산·판매·투자·소비·저축 등이 어느 특정지역에서 벗어나 전세계를 대상으로 이루어지는 것을 지칭하며 국제간의 자본이동·무역거래·서비스·생산활동 등이 최적의 기회(optimum opportunity)를 제공하는 지역을 찾아 자유자재로 이동될 수 있다는 것을 의미한다.

2. 세계화의 특징

세계화의 과정은 단선적이고 일면적 과정이 아닌 중층적이고 복합적인 과정으로 이해될 수 있다. 즉, 세계화는 다양한 영역간·인종간·지역간에 상이한 전개과정 속에 진행된다. 이러한 전개과정 속에서 세계화의 특징은 다음 4가지 과정으로 파악해 볼 수 있다.[1)]

2.1 사회의 정보화·지식화

정보기술부문의 비약적 발전은 자본·자원에 기반한 문명에서 지식·정보에 기반한 문명으로의 전환을 가속화시키고 있다. 이 같은 지식기반문명(knowledge-based civilization)에서 인간의 생활은 크게 변화한다. 고도의 정보통신 네트워크를 통해

1) 신경환 외, 『세계화와 국제통상』, 도서출판 두남, 1997, pp. 251-255 참조

사회의 모든 관계가 혁신되고 있다. 정보통신혁명은 시간과 공간을 결정적으로 압축시키고 있어서 모든 분야의 사람들을 국경을 초월하여 직접 연결시키고 서로 대화할 수 있게 만드는 쌍방향적 통신시대를 가능하게 하고 있다. 정보의 양과 속도가 이전과는 비교할 수 없을 정도로 거대해지고 신속해지고 있다. 따라서 우리 생활의 모든 부분이 정보화에 의해 변화되고 있다고 할 수 있다.

지식정보화 사회에서는 정보통신부문의 기반구축이 사회의 가장 중요한 인프라스트럭처가 된다. 국가 행정 · 기업 경영 · 교육 · 환경 · 복지 · 문화, 그리고 개인생활의 모든 영역에서 정보시스템의 구축이 필수적인 과제가 된다. 이에 따라 정보를 효율적이면서도 저렴하게 구입 · 생산 · 이용할 수 있는지의 여부가 국가경쟁력의 척도가 되고 있다. 따라서 국가경쟁력의 제고 및 장기발전전략은 신사회간접자본으로서 정보통신 기반의 체계적 구축에 달려 있다고 볼 수 있다. 정보고속도로로 지칭되는 이러한 정보통신기반은 일국에만 국한되는 문제가 아니라 지구촌 전세계의 정보고속도로로 신속히 확장되어 지구촌 전체의 시간적 · 공간적 제한을 무너뜨릴 수 있는 전세계가 함께 해결해야 될 과제로 부상하고 있다.

2.2 경제 · 기술의 초국적화

세계가 시장경제로 통합되면서 기업들의 초국적화가 급속도로 진행되고 있다. 세계경영체제를 구축한 기업들은 기업의 조직을 고도로 분화시켜 최적의 투자지역을 찾아 전세계 곳곳에 진출하고 있다. 따라서 세계화 시대의 기업들에게 중요한 것은 국적이 아니라 수익성 · 성장성 · 안정성 측면에서의 최적의 투자지역이 된다. 상품에 있어서도 무국적 상품이 대세를 이루며 인력 · 정보 · 상품 · 자본이 최적의 조건을 찾아 전세계 각국을 자유로이 드나들고 있다. 과거에는 경제가 국제화한다고 하더라도 경제적 영토주권이 국가에 귀속되어 있었으나 세계화시대에는 이러한 개념이 크게 희석되고 있다. 이러한 추세는 개별 국민경제 상호간의 상호의존성과 통합성을 증대시키는 방향으로 진행된다.

예를 들면, EU · NAFTA · APEC 등이 지역적 수준의 상호의존성과 통합을 지칭한다면 WTO는 범세계적인 수준에서의 상호의존성을 나타낸다. 이러한 추세의 특징, 즉 상호의존성의 증대는 경쟁을 배제하는 것이 아니라 경쟁을 심화시키는 데 있다. 이러한 경쟁의 심화는 기업에 한정되지 않고 정부 · 지방행정 · 교육 · 개인 등의 거의 모든 분야에서 경쟁력을 자율적으로 제고시켜야 하는 시대가 되고 있다.

이러한 맥락에서 세계경제는 상호의존과 무한경쟁이라는 딜레마에 직면해 있는데 따라서 경쟁을 상호의존의 틀과 조화시킬 수 있는 새로운 규칙의 제정이 필요하다. 실제로 무역과 투자의 자유로운 이동을 저해하는 각국의 장벽이 상당 폭 제거됨에 따라 경쟁의 게임규칙에 대한 경제주체들간의 합의가 그 어느 때보다 중요하게 부각되고 있다. 이러한 게임규칙은 제로섬(zero-sum)이 아닌 포지티브 섬(positive-sum)의 원칙하에 설정되어야 한다는 데 각국은 대체적으로 인식을 같이 하고 있다.

2.3 지구환경의 중요성

지구온난화, 오존층의 파괴, 대기 및 수질의 악화, 토양오염, 생물종의 감소, 지구의 허파구실을 하는 열대우림의 파괴, 그리고 이상기후의 만연 등이 지구환경의 위기를 심화시키고 있는 주요 요인들로 지적할 수 있다. 이러한 지구환경의 위기는 인류의 생존에 대한 자각과 환경파괴에 대한 경각심을 불러일으키고 있다. 따라서 전지구적 환경위기의 극복은 더 이상 지체할 수 없는 중차대한 과제가 되고 있다.

그러나 이러한 환경위기의 극복은 일국 또는 일부 국가들의 노력만으로는 안 되며 전지구적 공동노력이 없이는 해결 불가능하다는데 문제의 심각성이 있다. 즉, '환경적으로 건전하고 지속가능한 발전'이 세계화시대의 전지구적 과제가 되고 있다. 이러한 과제를 달성하기 위해서는 각국의 생산시스템을 포함한 전반적인 경제시스템과 각자의 소비양식이 에너지를 효과적으로 소비하면서 환경친화적으로 전환되어야 한다. 이와 함께 지식정보문명의 성과를 환경문제의 해결에 폭넓게 이용하는 것이 중요하다. 예를 들면, 공해를 유발하지 않는 깨끗한 기술(clean technology), 녹색환경산업의 중요성이 부각되어야 하며 각국은 이의 장려를 위해 전력을 기울여야 한다.

한편, 전세계의 환경관련 상품제조와 관련한 국제기준의 강화 및 이러한 제품의 수요가 증대함에 따라 환경관련 산업의 부가가치(value added)는 점점 높아지고 있는데 이에 따라 각국은 정보기술혁명의 성과를 환경분야에 적용시키려는 노력이 광범위하게 이루어지고 있으며 이 분야의 국제경쟁도 심화되고 있다. 그린라운드

(Green Round)와 관련하여 환경이 새로운 국제경쟁의 무대가 되고 있다.

2.4 문화의 중요성

세계화 진전에 따라서 문화의 중요성이 더욱 커지고 있다. 근로시간의 단축에 따른 근로자의 여가시간이 증가하고 자아실현에 대한 개인적 욕구와 문화활동에 대한 욕구가 확대되면서 문화는 개인적 삶의 부차적 영역이 아닌 중심적 영역이 되어가고 있다. 즉, 문화생활의 영위가 개인적 삶의 질(quality of life)을 결정하는 핵심적 요소가 되고 있다고 할 수 있다.

문화는 환경과 마찬가지로 국가의 새로운 고부가가치 산업으로 변모하고 있다. 경제와 문화의 상호연관성은 해가 갈수록 더욱 커지고 있으며 대중매체·영상·음악·게임·디자인·문화적 유산 등을 포함한 문화산업은 국가의 경쟁력을 제고시키는 새로운 고부가가치 산업이 되고 있다. 이에 따라 지식정보문명시대에 부응하는 문화인프라스트럭처를 효율적으로 구축하는 것이 국가의 중요한 과제가 되고 있다.

한편, 정보통신혁명의 진전 및 교통수단의 비약적인 발전으로 국제교류가 급속도로 증가하고 있어서 미국을 중심으로 한 선진국의 생활양식·욕구·가치·규범 등이 전세계로 확산되고 있다. 이러한 선진국의 생활양식·가치·규범 등의 전파가 개도국·후진국들 시민들의 의식을 선진화시키는 등 긍정적인 측면도 있지만 서구의 바람직하지 못한 저질문화가 이들 국가의 청소년층들에게 급속도로 전파되고 있어서 부정적인 측면도 크다고 할 수 있다. 따라서 세계화는 이러한 이질적인 문화들을 서로 융합하면서 각 민족과 국가 또는 지역의 문화적 차이를 초월하는 통합적 기능을 하여야 된다.

이러한 맥락에서 세계문화(global culture)란 단편적·획일적인 문화를 의미하는 것이 아니라 다원적인 민족적·국지적 문화들의 조화가 이루어진 개방된 문화가 되어야 한다. 즉, 세계화시대에 세계문화, 특히 타 문화에 대한 이해에 있어서 중요한 것은 자기 문화의 고유성에 대한 관심과 자긍심은 가지되 타 문화에 대해서도 폐쇄적 태도에 빠지지 않고 열린 마음으로 이해할 수 있어야 한다는 점이다.

3. 세계화의 의의

1990년대 이후 국제간 자본 및 무역거래가 빈번해지고 정보통신기술이 비약적으로 발전하면서 세계화의 물결이 거세지고 있으나 경제사적 측면에서 보면 세계화는 인류의 창의적 발전과 기술혁신(technological innovation)에 의해 꾸준히 진행되어 온 역사적 과정으로 해석할 수 있다. 이러한 해석은 세계경제는 100년 전에도 지금과 같은 형태는 아니지만 세계화의 과정이 진행되고 있었으며 다만 1990년대 이후에는 인터넷을 비롯한 정보통신 기술의 급속한 발전으로 세계경제의 통합속도가 이전에 비해 훨씬 가속화되었다는 데 바탕을 두고 있다.

이러한 세계화가 국제무역 및 자본거래를 통해서 경제발전에 기여한다는 사실은 역사를 통해서 확인할 수 있다. 예를 들면, 세계각국은 무역을 통하여 비교우위 상품을 거래하게 되고 자본거래를 통하여 일국의 자본을 보다 수익률이 높은 곳에 투자할 수 있는 기회가 제공되면 해당국가의 경제적 효율성(economic efficiency)이 증대된다는 것인데 대부분의 선진국 및 일부 선진개도국들은 이러한 무역 및 자본자유화(trade and capital liberalization)에 의해, 즉 세계화 과정에서의 활발한 참여에 의해 경제성장을 성공적으로 이루었다.

이의 대표적 사례로는 수출을 통해 세계화의 과정에 적극 참여하여 외향적 발전전략을 추구하여 경제성장을 성공적으로 이룩한 한국을 비롯한 동아시아 국가들을 들 수 있으나 1997년 이들 국가가 외환위기를 겪으면서 세계화로 인한 빈부격차의 심화 및 금융불안 등 세계화의 위험성도 지적되고 있다. 반면에 경제개발에 따른 자국경제의 종속화를 우려하여 국내산업 육성을 통해 수입대체적 발전전략을 채택한 남미의 국가들은 경제발전에 실패하였다고 할 수 있다.

이제 세계화는 개별국가들이 원하든 원치 않든간에 각국 시민들의 경제생활에 지대한 영향을 미치게 되었다. 즉, 개별기업이나 개인들이 통합된 지구촌 사회에서 단일화된 세계시장을 상대로 경제활동을 영위하게 되었다고 볼 수 있다. 이러한 세계화의 의의는 다음 4가지 측면에서 파악할 수 있다.[2)]

2) 신경환 외, 전게서, p. 247 참조

3.1 단일세계체제의 형성

제2차 세계대전 이후 냉전체제하에서 동서 양 진영의 체제경쟁이 구소련의 붕괴와 독일통일로 종식되면서, 즉 자본주의와 사회주의 양 체제의 경쟁이 종료되면서 단일 세계체제(single global system)가 형성되고 있다. 각국간에 견고하게 존재하였던 이념적 벽은 이제 허물어졌으며 각 국가들의 관계는 경제적 이해관계에 따라 재정립되고 있다.

3.2 시장경제체제의 확산

세계화는 전세계를 시장경제체제(market economic system)로 형성시키고 있다. 이러한 시장경제의 확산은 전세계를 가난과 궁핍으로부터 벗어나게 하고 민주주의의 토대를 이루기도 하지만 전세계를 무한경쟁(unlimited competition)의 장으로 내몰고 있다. 이 과정에서 자본·기술·상품·서비스 등이 물리적인 국경의 제한이 없이 자유롭게 각국간에 이동하고 있으며 치열한 경쟁을 벌이고 있다.

3.3 단일생활권의 형성

정보통신기술과 교통수단의 발달로 세계는 하나의 생활단위가 되어가고 있다. 과거에 존재했었던 각 지역간의 시간적 격차와 공간적 거리는 급속도로 압축되고 있다. 즉, 인적·물적 자본의 이동 및 생활과 문화의 전파속도도 엄청나게 빨라지고 있으며 지구촌이 하나의 공동체가 되어가고 있다.

3.4 상호의존성의 심화

어느 일국 또는 한 지역의 문제가 아닌 지구촌 전체의 이익과 관련되는 문제들, 이를테면 환경·자원·에너지·빈곤·고용·인권·교육 등이 세계사회가 공동으로 해결해야 할 중요한 과제가 되고 있다. 따라서 각국간의 경제적·사회적·문화적·정치적 상호의존성(interdependence)이 심화되고 그에 따라 국제적 협력 및 조정이 그 어느 때보다 중요시되고 있다.

4. 세계화의 배경

세계화의 흐름은 자유민주주의가 기존의 자유민주주의 진영 외에 구소련 붕괴 후 동유럽을 중심으로 급속히 확산되고 시장경제체제에 대한 상호의존성이 증대되면서 세계경제의 통합이 급속도로 진행된 것과 인터넷으로 대변되는 정보통신 및 교통체계의 혁신적 발전으로 인한 세계경제의 단일경제권화, 그리고 국경없는 무한경쟁시대의 도래 등이 그 배경이 되었다고 할 수 있다.[3)]

4.1 신자유주의 이념의 대두

구소련 붕괴를 계기로 사회주의가 몰락하면서 제2차 세계대전 이후 50여년 이상 유지되어온 미소 냉전체제가 종식되었다. 따라서 세계 각국에 있어서 자본주의와 사회주의로 대변되는 이념적 대립은 그 의미를 상실하였다고 할 수 있다. 구소련을 비롯한 이들 동유럽 국가들은 서방의 경제적 지원을 받아 정치적으로는 민주주의, 경제적으로는 자본주의를 각국마다 전개방식 및 속도에 차이가 있기는 하나 나름대로 수행해 오고 있다. 지금 전세계는 신자유주의(neo-liberalism) 이념이 미국을 중심으로 한 서방세계의 지지를 바탕으로 전성기를 맞이하고 있다.

신자유주의 이념은 수요와 공급에 따른 시장원리가 준수되고 민간기업의 자유로운 경제활동이 보장되어야 경제성장과 복지증대를 이룰 수 있다고 주장하며 모든 국가에게 경제를 개방하고 자유시장질서를 준수할 것을 요구한다. 즉, 정부의 규제(regulation of government)가 없는 시장이 가장 효율적이기 때문에 국가가 민간의 경제활동에 간섭하는 것을 최소한으로 줄이고 시장경제의 질서를 유지하는 역할을 충실히 수행할 것(야경국가로서의 기능수행 강요)을 기대한다.

특히, 국제무역이나 자본이동에 대한 국가통제를 철폐하여 전세계가 하나의 경제권하에서 시장경쟁원리에 따라 움직이도록 해야 한다는 점을 강조하고 있다. 애덤 스미스(Adam Smith)로 대변되는 고전학파 경제학자들이 주장한 자유방임주의, 즉 고전적 자유주의가 시장경제의 우월성을 주장한 이후 시장의 자기조절 기능은 여러

3) 박유영 외, 『세계화와 현대경제』, 도서출판 두남, 1999, pp. 119-121 참조

측면에서 그 한계를 드러내고 비판을 받아왔다. 이러한 한계는 1929년 세계대공황(Great Depression)을 맞이하면서 케인즈(J. M. Keynes)가 주장한 유효수요의 증대를 통한 경기부양, 즉 경제에 대한 정부간섭의 증대(정부의 공공지출 증대를 통한 경기부양책)가 힘을 얻었으나 다시 1970년대 말 케인즈주의적 경제정책(경기침체를 극복하기 위해서는 정부가 공공사업 등의 재정지출 확대를 통해 유효수요를 증대시켜야 한다는 정책)이 실패하면서 자유시장원리는 다시 부각되기 시작하였다. 1979년 영국에서는 대처 수상이, 1980년 미국에서는 레이건 대통령이 신고전학파 경제학자들이 주창한 신자유주의를 경제정책 시행에 적극 수용하는 새로운 경제정책원리로 채택하였다.

1980년대 이후 전세계에는 경제개방화가 급속도로 확산되었으며 세계 각국은 이러한 신조류에 적응하기 위해 세계화를 추진하고 있다. 각국은 국가경쟁력 강화를 위해 각종 법규의 정비, 행정구조를 개편하는 개혁작업을 서두르고 있다. 이 같은 세계화 추세는 각국으로 하여금 자유무역・시장개방・규제완화(deregulation)・민영화(privatization)를 강력히 추진하게 만들었으며 따라서 각국은 더욱 치열한 경쟁상황에 직면하게 되었다.

4.2 WTO 체제의 출범

제2차 세계대전 이후 세계무역체제는 미국이 주도하는 관세 및 무역에 관한 일반협정(GATT : General Agreement on Tariffs and Trade)에 의해 발전되어 왔다. GATT의 기본내용은 한 회원국이 다른 나라에 무역상의 특혜를 주는 경우 이를 모든 회원국에게 적용해야 한다는 것과 과세・유통문제에서 국내에서 생산된 상품이나 용역(service)과 동일하게 대우하며 무역에 대한 수량제한(quota)을 완화하는 것들이었다. 그러나 전후 수십년간 국제무역질서를 주도했던 GATT체제는 1970년대 이후 신보호주의(neo-protectionism)의 대두로 인한 보호무역주의의 확산・배타적 지역주의(exclusive regionalism)의 등장・불공정무역(unfair trade)에 대한 국제적 차원에서의 제재의 한계성 등 새로운 국제무역의 구도변화에 효율적으로 대처하는데 한계성을 노출하였다.

이에 따라 전세계 각국은 GATT체제의 한계를 극복하고 변화된 국제무역질서에 효율적으로 대처할 수 있는 새로운 국제기구의 등장을 기대하게 되었으며 1986년부터 1994년 4월까지 7년 반 동안 우루과이라운드(UR : Uruguay Round) 협상을 벌인 끝에 1995년 세계무역기구(WTO : World Trade Organization) 체제를 출범시켰다.

WTO 체제의 목표는 국경을 초월한 국제무역 및 기업경영의 보장, 무역장벽(trade barrier)의 철폐, 각국 정부의 자국산업 지원에 대한 규제 등을 통하여 세계무역의 무한경쟁을 유도하고 자유무역을 확대하는 것으로 전세계는 단일경제권내에서 치열하게 경쟁해야 하는 세계화시대를 맞이하게 되었다.

4.3 정보통신기술의 발전

디지털혁명(digital revolution)으로 지칭되는 컴퓨터 기술의 비약적 발전과 인터넷의 등장으로 인한 정보통신기술의 혁명적 발달은 시간과 공간의 제약을 제거시키고 정보의 수집 · 처리비용을 저렴하게 하여 개인 및 기업 경제활동의 세계화를 촉진시키는 주된 역할을 담당하였다.

정보화는 산업사회가 정보화사회로 전환되게 하여 부(wealth)의 원천을 전통적인 생산요소인 자본 · 자원으로부터 정보 · 지식으로 전환되게 하였으며 개인 · 기업 · 국가 모두 정보가 가장 중요한 경쟁력의 원천이 되는 정보패권주의를 확산시키고 있다. 또한, 정보화는 기업운영에 있어서 모기업이 자회사 또는 지사들을 연결하는 네트워크 조직을 가능케 함으로써 이들 조직간의 자율성(autonomy)을 보장하면서 상호연계를 강화하여 통합으로 인한 장점을 크게 함과 동시에 시간 · 공간의 장벽을 허물어뜨려서 생산성을 향상시키고 기업활동 영역을 확대시켜서 기업의 세계화를 촉진시켰다.

한편, 정보화의 급속한 추진으로 각국의 초고속 통신망 구축사업 등이 활발하게 추진되고 있어 궁극적으로 전세계를 연결시킬 수 있는 지구촌 초고속정보네트워크가 이루어지면 세계화는 더욱 가속화될 것으로 전망된다.[4]

---

4) 정보화시대에 적응하기위해 세계 각국은 정보통신부문의 체계적 기반을 구축하는데 국가의 전역량을 결집시키고 있다. 미국의 국가정보기반(NII : National Information Infrastructure) 구축, 유럽연합(EU)의 회원국 행정기관을 연결하는 '고속행정통신망' 구축, 싱가포르의 'IT-2000 초고속광통신망구축사업' 등의 지역통신네트워크 구축은 전세계적으로 확대되어 GII(Global Information Infrastructure)로 지칭되는 초고속정보네트워크가 지구촌을 연결하

제2절 세계화 현황과 전개과정

1. 세계화 현황

1.1 Foreign Policy · AT Kearney의 평가

미국의 국제문제전문잡지 '포린 폴로시(Foreign Policy)'와 세계적인 미국계 컨설팅업체인 'AT Kearney'가 공동 조사해 2002년 1월 9일 발표한 '2002년 글로벌라이제이션 인덱스'에 따르면 한국의 세계화 수준은 조사대상 62개국 중 중간수준인 31위로 나타났다.

세계화지수(글로벌라이제이션 인덱스, globalization index)는 세계화의 수준을 계량화하기 위해 개발한 척도로 이번이 1998년 이후 2번째 발표된 것인데 이들 두 기관은 세계화 순위를 다음 4부문에 대해서 평가한 뒤 이를 종합하여 산출하고 있다.

① 세계경제와의 활발한 교역정도

무역, 외국인 투자, 자본유출입 등으로 평가한다.

② 국민의 해외접촉빈도

해외여행, 국제전화사용으로 평가한다.

③ 국제사회 참여도

유엔(UN) 등 국제기관에서의 활동으로 평가한다.

④ 인터넷 환경

네티즌 수 등으로 평가한다.

(1) 강소국

이번 62개국의 세계화지수 조사결과 강소국들이 세계화에 앞서 있는 것으로 나타났는데 아일랜드(1위), 스위스(2위), 싱가포르(3위), 네덜란드(4위), 스웨덴(5위),

면 세계화의 속도는 더욱 더 신속해진다.

핀란드(6위), 덴마크(8위), 오스트리아(9위) 등이 대거 상위권에 진입하였다. 이들 강소국들이 세계화에 앞선 배경을 아일랜드와 핀란드를 중심으로 간략히 살펴보고자 한다.

① 아일랜드

아일랜드는 영어사용국이라는 기본적인 이점(basic advantage)을 기업친화적 정책과 결합시키는데 있어서 성공했다는 평가를 받고 있다. 1980년대 초까지만 해도 서유럽의 한 소규모 국가에 불과했던 아일랜드는 해외투자의 적극적 유치가 자국 경제발전의 가장 핵심적 요소임을 인식하여 해외기업이 아일랜드에 진출하는데 있어서 유리한 조건을 제공하기 위한 법적, 제도적 장치의 마련에 전력을 기울였다.

아일랜드는 1980년대 초만 해도 실질국내총생산(real GDP)이 -1%대를 기록하여 유럽에서도 빈국(貧國)에 속하였는데 해외투자를 적극적으로 유치한 결과 1987년부터 연평균 6%가 넘는 고도성장을 지속하여 1인당 GDP가 세계 10위권에 드는 부국이 되었다.

이미 유럽에서 가장 낮은 수준이었던 법인세를 1998년에 더욱 인하하였으며 공기업의 민영화(privatization)에도 박차를 가하여 이동통신과 은행들을 민영화하였고 통신인프라를 확충하였다.

또한, 정보기술(IT) 산업화에 신속하게 대응하여 마이크로소프트(MS), 인텔(Intel), IBM 등 세계 일류 첨단기업들의 유럽본부들을 유치하여 미국의 실리콘 밸리(Silicon Valley)에 비교할 수 있는 '실리콘 아일'을 구축하였다.

〈표 6-1〉 외국기업의 아일랜드 선호 요인

순 위	주 요 요 인
1	통신망 발달
2	저렴한 법인세
3	노동시장의 유연성
4	임금수준
5	교육시스템
6	노동인력
7	교통 · 수송망
8	산업간 연계성
9	근로자 수준
10	물가안정

주 : 순위는 2001년 6월말 기준임
자료 : 아일랜드 경영연구소(IMI)

② 핀란드

세계경제포럼은 최근 발표한 '세계경쟁력보고서'에서 조사대상 75개국 중 가장 경쟁력 있는 국가로 핀란드를 꼽았다. 인구 520만명의 소국인 핀란드가 생산성, 잠재력과 향후 5년간 성장예상치에서 세계 주요 경제대국들을 밀어내고 가장 경쟁력 있는 국가로 평가되었고 세계화 순위에서도 6위에 선정된 핀란드의 경쟁력 원천은 다음 2가지 측면에서 살펴볼 수 있다.

가. 교육 · R&D 투자

파보 리포넨 핀란드 총리는 최근 뉴욕 '세계경제포럼 연례총회'에서 세계경쟁력에 관한 최신 보고서에 대해 핀란드의 경쟁력은 두뇌의 힘과 기술수준 제고를 위한 정부 및 기업의 폭넓은 투자와 포용력 있고 개방적인 사회를 창출한데 있다고 지적하였다. 리포넨 총리는 핀란드가 자원을 토대로 한 경제에서 지식에 기반을 둔 경제로 발전했으며 이는 교육의 결과이자 연구개발(R&D) 분야에 대한 투자의 결과라고 평가하였다.

핀란드는 신문독자와 공공도서관 사용인구 비율에서 세계최고 수준을 나타내고 있으며 교육과 더불어 연구개발 분야에서 정보교환이 원활히 이루어지고 있어 인적

자원(human resources)을 충분히 활용하고 있는데 이러한 것들이 경쟁력 및 세계화수준을 제고시키는데 크게 기여하고 있다.

이번 세계경제포럼의 '세계경쟁력보고서'의 감수를 맡은 하버드 대학의 제프리 삭스 교수는 핀란드의 세금부담률은 매우 높은 수준이지만 국민이 낸 세금의 상당부분을 연구개발에 투자하고 있기 때문에 두뇌의 국외유출이 없음을 지적하고 있다.

나. IT분야 집중육성

핀란드는 정보통신 등 하이테크 산업(high-tech industry)을 집중육성한 결과 노키아(NOKIA) 등 IT 분야의 세계적인 기업을 보유하게 되었으며 이를 바탕으로 세계적인 경쟁력을 확보할 수 있게 되었다. 이러한 IT분야의 오타니에미 과학단지(Otaniemi Science Park)의 역할이 중요하게 작용하고 있다.[5)]

ⓐ 오타니에미 과학단지

핀란드의 성장엔진인 오타니에미 과학단지는 헬싱키 근교의 소도시인 에스포에 소재해 있다. 이곳은 연구소, 기업, 대학이 한곳에 집결하여 협력하는 핀란드식 산학협동체제를 잘 보여주고 있다. 과학단지 안팎에 노키아 본사를 비롯하여 250여개의 대기업 및 중소기업과 핀란드기술연구센터(VTT), 헬싱키공과대학(HUT) 등이 입주해 있으며 3,000여명에 이르는 연구인력을 갖추고 있다.

과학단지 내에 위치하고 있는 벤처센터인 인노플리(Innopoli)는 새로운 사업 아이디어를 벤처기업들에 연결하고 경쟁력있는 기업으로 성장하도록 지원하는 역할을 담당하고 있다. 즉, 인노폴리는 벤처기업들에게 다양한 편의를 제공하는 것은 물론이고 경영관련 사항인 마케팅, 재무관리 등을 교육시키는 인큐베이터(incubator)의 역할을 수행한다.

오타니에미 과학단지내의 벤처센터에 창업과 함께 입주하는 기업은 평균 10년 이상 머무르고 있는데 이는 네트워크 형성에 유리하기 때문이다. 인노폴리의 벤처기업은 생존율이 무려 90%에 이르고 있는데 따라서 미국의 실리콘 밸리에 소재한 벤처기업들처럼 고위험을 수반하고 있는 진정한 의미의 벤처는 아닌 것으로 평가되고 있다. 인노폴리는 벤처기업의 선정부터 엄격하게 하고 있으며 보육과 지원시스템이

5) 동아, 2002. 4. 9. 참조

완벽해서 일단 창업한 기업이 퇴출당하는 경우는 매우 드물게 나타나고 있다. 인노폴리는 공익성이 강하지만 금융기관(47%), 노키아를 비롯한 주요 기업(37%)이 대부분의 지분을 소유하고 있어 정부의 간섭이 거의 없는 자율적인 경영을 하고 있다.

〈표 6-2〉 오타니에미 과학단지 현황

소재지	대 학	연구소	벤처센터	각종 지원단체
· 헬싱키 동쪽 30 km 에스포 소재 · 외곽에 노키아 본사 위치	· 헬싱키공과대학 (HUT) (대학생 : 15,000명) · HUT 부설 생명공학연구소	· 핀란드기술연구센터(VTT) · 제지연구소 (KCL) · 핀란드지질학연구소(GTK) · 과학기술정보 (CSC) · 연구원 3,000여 명에 이름	· 벤처기업 250여개 입주	· 핀란드 발명재단 · Culminatum (연구를 사업으로 전환하도록 지원)

ⓑ 효율적 과학기술정책

핀란드 정부는 기술정책의 효율화를 위해 총리 산하의 과학기술회의를 중심으로 교육과 과학기술을 일원화시키고 있다. 교육에 대한 지원은 과학기술 분야, 특히 정보기술에 집중되어 박사배출자의 10%는 IT관련 전공자이다. 또한, 연구개발에 대한 정부의 체계적이고도 전폭적인 지원정책도 핀란드의 국가경쟁력 및 세계화 수준의 업그레이드에 크게 기여하고 있는데 연구개발의 효과적 지원을 위해 국내총생산의 3.3%를 투입하고 있다.

③ 기타국

경제규모는 작지만 세계화 측면에서 경쟁력이 강한 나라들, 즉 강소국들이 대거 상위권에 랭크되었는데 상위 10개국 가운데 캐나다 · 영국을 제외한 8개국이 강소국으로 분류할 수 있다. 특히, 네덜란드 · 스웨덴 · 핀란드 · 덴마크 등 북유럽국가들은 통신인프라와 개방적인 투자환경으로 주목받고 있다.

(2) 대국

영국(10위), 미국(11위), 프랑스(13위), 독일(14위) 등 서구 강대국들은 경제규모에 비해 세계화의 수준이 낮은 것으로 평가되었다. 특히, 세계 최대경제국인 미국(12위)과 유럽 최대경제국인 독일(14위), 세계 2위의 경제대국인 일본(38위) 등은 10위권 밖에 처져 있어 충격을 주고 있다.

미국과 독일처럼 경제규모가 큰 나라들의 세계화수준이 상대적으로 저평가된 요인으로는 내수시장 규모가 커서 수출지향적인 국가들보다 수출비중이 비교적 작기 때문으로 지적되고 있다. 일본은 2년 전보다 세계화 순위가 크게 떨어졌는데 경제개방도와 인터넷 환경이 뒤졌으며 국제사회 참여도 미흡(未洽)하다는 평가를 받았다.

(3) 동아시아국

동아시아국가 중 세계화 수준이 가장 높은 국가는 싱가포르로 나타났다. 싱가포르는 전체 3위에 올라 동아시아국가 중 유일하게 10위내에 포함되었는데 싱가포르는 무역・투자・자본유출입 등 세계경제와의 활발한 교역정도와 인터넷 환경 등에서 높은 평가를 받았다. 말레이시아는 20위를 기록하여 싱가포르에 이어 동아시아국가 중 세계화수준이 높은 나라로 평가되었으며 2001년 말 WTO 가입으로 글로벌경제체제(global economic system)에 편입한 중국은 53위를 기록하였다. 한국은 인터넷 환경에서는 높은 평가를 받았지만 국민의 해외접촉빈도, 국제사회 참여도 등에서 좋은 평가를 받지 못하여 31위를 기록하였고 대만은 32위로 나타났다.

〈표 6-3〉 세계 주요 국가의 세계화 순위(AT Kearney)

순 위	국 가 명
1(6)	아일랜드
2(4)	스 위 스
3(1)	싱가포르
4(2)	네덜란드
5(3)	스 웨 덴
6(5)	핀 란 드
7(10)	캐 나 다
8(11)	덴 마 크
9(7)	오스트리아
10(8)	영 국
12(12)	미 국
13(16)	프 랑 스
14(14)	독 일
20(20)	말레이시아
31(31)	한 국
38(29)	일 본
39(45)	러 시 아
51(30)	태 국
53(48)	중 국

주 : ( )안은 2000년 순위임

1.2 일본경제연구센터의 평가

Foreign Policy와 AT Kearney의 세계화지수 발표와는 별도로 일본의 니혼게이자이신문(日本經濟新聞)부설 '일본경제연구센터'가 2002년 1월 15일 발표한 나라별 경제글로벌화 순위에서는 한국이 조사대상국(31개국 조사) 중 25위에 랭크되었으며 일본은 28위에 올랐다. 경제협력개발기구(OECD) 회원국 및 동아시아 주요국을 대상으로 한 조사에서 1위는 홍콩이 차지하였으며 싱가포르(2위), 아일랜드(3위), 스위스(4위) 등이 뒤를 이었다. 조사항목으로는 출국자수, 수출액, 대외투자액 등을 지표로 한 '대외글로벌도(度)'를 산출하였으며 입국자수, 수입액, 대내외국투자액 등을 감안한 '대내글로벌도'는 27위로 평가되었다.

〈표 6-4〉 세계 주요국의 글로벌화 순위(일본경제연구센터)

순 위	국 가 명
1(1)	홍 콩
2(2)	싱가포르
3(3)	아일랜드
4(5)	스 위 스
5(4)	벨 기 에
8(12)	말레이시아
10(7)	영 국
18(6)	미 국
21(14)	프 랑 스
25(25)	한 국
28(23)	일 본

주 : ( )안은 국내총생산(GDP) 요인을 감안해 조정한 순위임

1.3 한국에의 시사점

세계화는 이제 거스를 수 없는 대세임을 세계 각국은 공통으로 인식하고 있다. 특히, 우리와 같이 대외의존적인 경제구조를 가지고 있는 나라들에 있어서 세계화에의 적극적인 동참은 국가의 생존이 달려 있는 중차대한 과제가 되고 있으나 우리의 세계화 수준은 조사대상 62개국 중 31위를 차지하여 중위권으로 평가되고 있어서 세계화 수준이 여전히 기대 이하인 것으로 나타났다. 1997년 외환위기 이후 세계표준(global standard)에 의한 구조개혁이 강도높게 추진되고 있지만 우리의 세계화 수준이 세계 주요 조사기관에 의해서 낮게 평가되고 있어서 경제구조개혁의 추진실적이 여전히 미흡하다고 할 수 있다. 이번 AT Kearney 및 일본경제연구센터의 평가로 인해 그 동안 기업퇴출과 대량실업, 그리고 주요 기업 및 은행의 저평가에 의한 해외매각 등 국부유출 논란까지 감수하면서 강력히 추진해온 세계화 노력은 이제 그 추진방식 등을 전면 재검토해야 할 시점이 되었다고 지적할 수 있다.

특히, 유럽의 소국인 아일랜드가 세계화 1위에 평가된 것과 상위 10개국 가운데

8개국이 우리와 유사한 인구 및 국토조건을 가지고 있는 국가들이란 점에서 세계 어떤 나라든지 노력여하에 따라 수준높은 세계화가 가능하다는 것이 입증되었다고 할 수 있다.

세계화의 필수적인 요소로 외국기업에 대한 개방 이외에도 국민의 해외접촉 빈도나 국제사회 공헌도, 양호한 인터넷 환경 등이 지적될 수 있는데 결국 문제의 핵심은 외국기업이 한국의 경영환경에 대해 우호적인 시각을 가질 수 있도록 양호한 경영여건을 제공하고 세계화에 우호적인 기업환경을 지속적으로 개발하는데 있다. 예를 들면, 노동시장의 유연성(flexibility of labor market), 교통인프라스트럭처의 정비, 저렴한 법인세와 선진적 교육시스템 등이 효율적으로 구축되어야 한다. 한국의 경우 지난 수년간 물가수준이 안정되어 있어 상기한 부문에 있어서 경쟁력을 구비한다면 우리의 세계화 수준은 크게 제고될 것으로 기대된다.

결국 세계화의 성공적인 추진은 정부, 기업, 국민이 모두 세계화의 중요성을 인식하여 각자의 역할을 적극적으로 수행하고 미진한 부문을 지속적으로 개선시켜 나갈 때에만 가능하게 된다.

2. 세계화의 전개과정

세계화는 1993년 12월 우루과이라운드(UR) 협상이 타결되고 1995년 1월 세계무역기구(WTO) 체제가 출범함에 따라 그 확대속도가 가속화되기 시작하였다. 이러한 세계화 추세에 따라 세계 각국은 자국의 모든 경제정책을 무역자유화·서비스자유화·금융자유화 등을 지향하는 세계시장경제에 부합되도록 조정해 나가고 있다.

그러나 선진국 중심의 무분별한 세계화는 각국의 상이한 경제적 환경을 무시한 채 일률적으로 전개되어 그 부작용을 심각하게 드러내고 있어서 개도국을 중심으로 세계화에 대한 반성이 거세게 제기되고 있다.

각국에서 발생된 세계화의 역작용을 분야별로 간략히 지적하고자 한다.[6)]

6) 중앙, 1999. 3. 3. 참조

2.1 경제부문

1980년대 다국적기업(MNCs)의 주도로 이루어진 경제의 세계화는 국경없는 경제 전쟁을 초래시켰다. 당연히 다국적기업들이 주축이 된 각국간의 치열한 경쟁은 경제부문에서도 약육강식의 정글법칙이 적용되는 사례를 남기고 있다.

국제금융시장(international financial market)의 개방은 경제부문 세계화의 핵심인데 이는 미국주도하에 이루어졌다고 볼 수 있다. 1997년 7월 태국 바트화에 대한 국제단기성 투기자금(헤지펀드)의 공격은 궁극적으로 아시아의 경제위기를 초래시켰다. 이어 1998년 러시아 · 브라질 경제가 거의 파탄지경에 이르렀으며 동부유럽 일부국가와 터키경제도 악화되고 있어 유럽도 경제에 관한 한 더 이상 안전지대가 아님을 여실히 보여주고 있다.

마하티르 말레이시아 총리는 금융의 세계화, 즉 투기자본의 아시아 금융시장 공략이 아시아 경제위기(Asian Economic Crisis)의 주된 요인이라고 주장하며 헤지펀드(hedge fund)의 자국 외환시장 공략에 제동을 걸었으며 홍콩도 곧 이러한 조치를 뒤따랐다. 유럽은 1999년 유로화 출범으로 미국주도의 경제세계화(economic globalization)에 제동을 걸었고 일본도 엔화의 국제기축통화화를 추진하며 달러경제에 대항하고 있는 실정이다.

따라서 시장개방(market openness)과 자유무역(free trade)으로 대변되는 신자유주의 물결은 지구촌 곳곳에서 분쟁을 야기시키고 있다. 미국은 유럽과 통상 분쟁을 계속하고 있으며 일본은 자국산 철강에 대한 미국의 덤핑판정에 항의하여 세계무역기구에 미국의 반덤핑법을 제소한 바 있다. 지난 1998년에만 각국이 WTO에 제소한 건수는 무려 158건을 기록하였다.

2.2 사회 · 환경부문

세계화의 과정에서 전세계적으로 1억 4,000만명에 이르는 실업자가 양산되었으며 전세계 인구의 10%가 전세계 부(富)의 70%를 차지하는 빈익빈 부익부 현상이 심화되고 있다. 중국은 1998년 3월 주룽지(朱鎔基) 총리체제 출범이후 국영기업의 개혁 등 대대적인 경제구조조정을 시행 중에 있으며 이는 세계화에 대응하기 위한 불가피한 선택으로 인식되고 있다.

태국과 말레이시아도 실업에 따른 시위가 1998년에만 수십 건에 이르고 인도네시아에서는 1999년 5월 시위가 폭동으로 번져 100여명이 숨졌으며 이러한 사회불안은 이슬람과 기독교간 종교분쟁으로 비화되었다. 네덜란드 암스테르담에 본부를 둔 다국적 연구소의 수전 조지 부소장은 그의 저서 '외채부메랑'에서 제3세계의 외채부담은 아마존과 인도네시아 열대우림지역에 대한 남벌로 이어져 지구의 환경파괴를 가속화시키고 있다고 경고하였다.

2.3 문화부문

미국과 유럽의 문화전쟁이 해를 거듭할수록 격심해지고 있다. 거대자본을 앞세운 헐리우드(Hollywood)로 대변되는 미국영화는 유럽영화시장의 70%를 점유한 상태이고 유럽 TV 프로그램의 60%가 미국산이다. 역사와 전통을 자랑하는 유럽문화조차 세계화라는 자본의 힘 앞에 무너지고 있다. 유럽은 미국문화의 유럽침투에 대항하기 위해 1998년 10월 경제협력개발기구(OECD)의 다자간 투자협정(MAI) 논의에서 미국문화 개방을 둘러싸고 협상했으나 결렬된 상태이다.

한편, 미국은 문화도 경제와 마찬가지로 국경없는 세계화로 나아가야 한다는 입장을 고수하고 있으며 모든 종류의 문화개방을 유럽에 요구하고 있는데 일본 역시 문화에 관한 한 미국에 편승하여 유럽문화 개방을 강력히 요구하고 있는 실정이다.

제3절 반세계화운동의 대두

최근 들어 반(反)세계화(anti-globalization) 시위 움직임이 거세지고 있다. 세계화의 진전과정에서 경제성장과 효율성(economic growth and efficiency)의 문제에만 집중했던 1990년대 이후의 세계경제는 최근 다양한 세계화 저항세력의 강력한 반발에 직면해 있다. 세계화의 흐름은 분명 거스를 수 없는 하나의 추세이며, 세계화의 이익이 그 비용을 초과하는 것으로 평가되고 있는 것도 사실이다. 그러나 한편으로 세계 각지에서 최근 거세게 발생하고 있는 반세계화 운동을 간과할 경우 세계화의 효율적인 진행 자체가 어렵게 될 것이다. 따라서 반세계화 시위가 급속히 확산되고 있는 현 시점에서 세계화에 따른 이익을 극대화하면서 그 부작용과 비용을 최소화할 수 있는 제도적 장치를 마련해 나가는 것이 중요하다고 할 수 있다.

세계화의 문제점과 반세계화운동에 대해서 살펴보고자 한다.7)

1. 세계화의 문제점

선진국, 특히 미국이 중심이 된 세계화의 진전속도가 1990년대 후반 이후 급속히 진행되면서 세계화에 대한 비판이 거세지고 있다. 이러한 비판은 세계화의 가장 큰 피해자인 저개발국들뿐만 아니라 비정부기구(NGO), 미국이 주도하고 있는 세계금융기구들인 IMF · IBRD, 그리고 심지어는 미국내부에서도 제기되고 있다.

최근 국제통화기금(IMF)이 선진금융기관들의 무분별한 진출이 세계 각국, 특히 개도국들에게 적지 않은 부작용을 수반할 수 있다고 강조한데 이어 세계은행(IBRD)도 후진국 시장개방이 빈부격차를 해소하는데 도움이 되지 못하고 있다고 지적하였다. 세계은행은 2001년 9월 13일 60개 국가의 6만명을 대상으로 조사한 보고서를 발표하였는데 이 보고서에서 세계은행은 개도국과 후진국의 경제성장 촉진을 위해 시장경제와 자유무역이 필수적이라는 기존 명제에 반론을 제기하고 진보적 세제의 도입 · 토지개혁 · 공공교육의 확충 등 폭넓은 접근이 필요하다고 제시하였으며 개발도상국가에는 시장을 일시에 개방하는 것보다 점진적으로 선진기업들의 투자를 유도하는 것이 더욱 바람직하다고 제기하고 있다.

IMF도 아시아 · 남미 · 동유럽 국가들이 선진 외국은행의 진입을 유도하는 시장개방을 추진하고 있지만 선진금융기법을 앞세운 외국은행들이 수익성 높은 기업을 주고객으로 하고 있어 국내은행들은 상대적으로 위험성이 높은 대출을 할 수밖에 없어 부실이 증가될 수 있다고 경고하고 있다. 앨런 그린스펀 미 연방준비제도이사회(FRB) 의장, 스탠리 피셔 IMF 부총재 등 국제금융계의 거물들도 세계화의 부작용을 지적하는 발언을 잇달아 제기하고 있다.

7) 대외경제정책연구원, 세계경제, 2003. 3. pp. 6-13 요약 · 재구성

1.1 빈부격차의 심화

(1) 빈부격차의 실태

미국을 비롯한 주요 선진국들이 주도하고 있는 세계무역기구(WTO)는 IMF 등이 추진하는 세계화가 빈국들의 경제상황을 더욱 어렵게 하고 부국내의 빈부격차도 더욱 악화시키는 심각한 부작용을 초래하고 있다고 지적한 바 있다. 학계에 따르면 19세기의 자유방임주의(laissez-faire)가 시장메커니즘(market mechanism)만을 맹신한 나머지 경제적 약자들을 보호하지 못하면서 급진이데올로기가 발생했던 것처럼 요즘의 반세계화는 보호받지 못한 계층의 불만이자 자유방임주의의 재등장에 대한 경고라고 지적하고 있다.

세계은행의 자료에 따르면 지난 10여년간 세계화가 꾸준히 진행되었지만 전세계 인구의 절반 가량인 28억 명이 하루생활비 2달러(최빈국가 63개국의 1일 생활비 2달러 미만 인구 비율의 평균은 57%). 이 중 1억명은 1달러도 안 되는 극빈생활을 하고 있다고 밝혔다.

〈표 6-5〉 세계 각 지역의 빈곤실태

(단위 : %)

지 역		1일 생활비 2달러 미만 인구비율
아시아	인도	86.2
	네팔	82.5
	인도네시아	66.1
	중국	53.7
중남미	온두라스	68.8
	과테말라	64.3
	볼리비아	38.6
아프리카	잠비아	91.7
	나이지리아	90.8
	에티오피아	76.4
	레소토	65.7

자료 : 세계은행

세계화의 선봉인 미국 역시 건국 이래 최장기 호황을 구가하고 있는 가운데 부유층과 빈곤층의 격차가 갈수록 커지고 있어 세계화의 부작용에 미국 역시 예외가 아님을 보여주고 있다.[8] 미국 예산정책과제센터와 경제정책연구소가 최근 발표한 보고서에 따르면 미국내 최상위 소득계층 20% 그룹은 1988년과 1998년 사이의 10년 동안 소득이 15%나 증가한 반면 최하위 소득계층 20%의 소득증가율은 1%에도 못 미친 것으로 나타났다.

최하위 소득층의 가구당 소득은 이 기간에 겨우 110 달러 늘어 12,990 달러에 그친 반면 최상위 소득층의 가구당 소득은 17,870 달러 증가한 137,480 달러로 10배 이상의 격차를 보였다. 보고서는 이 같은 소득격차는 경제성장의 혜택이 전계층에 골고루 분배되지 않고 있다는 결정적 증거라고 분석하고 월가(Wall Street)의 장기 호황, 제조업종을 대체하고 있는 서비스 업종의 저임금, 교육수준이 낮은 근로자와 전문직종 종사자간 임금격차 확대 등을 주요 원인으로 지적하였다.

〈표 6-6〉 미국의 계층별 평균소득 증감액(1978~1998)

(단위 : 달러, %)

소 득 계 층	소 득 증 감	증 감 률
최상위 5%	84,760	55
상위	34,370	33
중상위	6,900	11
중위	2,250	5
중하위	-104	-1
하위	-900	-6

미국의 경우 계층간의 소득격차뿐만 아니라 주(州)별 소득격차도 심화되고 있는 양상을 보이고 있다. 주별 소득편차는 금융의 중심지 월가와 정보통신발달을 주도하는 첨단기술산업의 집산지 및 석유를 비롯한 에너지산업의 중심지역에서 특히 뚜렷하게 나타나고 있다. 뉴욕 · 애리조나 · 뉴멕시코 · 루이지애나 · 캘리포니아 · 텍사스 · 오리건 · 켄터키 주는 상위 20% 계층의 평균수익이 하위 20% 수익의 11배를 초과하였으며 뉴욕은 하위 20% 계층의 소득이 10년 전보다 오히려 1,970 달러 감소한 10,770 달러에 머문 반면 최상위 소득계층 20%는 19,680 달러 증가한 152,350

8) 매경, 2000. 2. 12. 참조

달러로 소득격차가 가장 컸다. 경제성장과 더불어 저임금 근로자의 임금도 상승하였지만 금융·인터넷·미디어·엔지니어 등 전문직 종사자의 소득증가에 비해 그 증가폭이 상대적으로 적었다고 할 수 있다. 월가 종사자의 보너스만 해도 지난 1994년 60억 달러였던 것이 1999년에는 120억 달러로 2배 증가하였다. 한편, 주별 소득편차 조사결과 소득격차가 가장 적은 지역은 유타주였고 인디애나·아이오와·노스다코타·콜로라도·알래스카·메인 주 등도 상·하위계층간의 소득격차가 적은 것으로 나타났다.

〈표 6-7〉 미국 주별 소득격차 수준

(단위 : %)

소득격차 상위 7개주		소득격차 하위 7개주	
주	상·하위간 소득비율	주	상·하위간 소득비율
뉴욕	14.1	유타	6.9
애리조나	13.1	인디애나	7.3
뉴멕시코	12.8	아이오와	7.4
루이지애나	12.0	노스다코타	7.9
캘리포니아	11.9	콜로라도	8.1
로드아일랜드	11.8	알래스카	8.1
텍사스	11.6	메인	8.1

자료 : 미국 경제정책연구원

(2) 빈부격차 심화의 원인

디지털 경제시대(era of digital economy)를 맞아 지역·계층간 빈부격차가 날로 심화되고 있다. 이는 정보의 활용 정도가 부(富)로 직결되면서 정보를 소유하고 있는 자와 소유하고 있지 못한 자간의 소득격차가 갈수록 커지고 있기 때문이다. 이러한 문제를 방치할 경우 정보화 시대가 인류의 생활을 편리하게 하고는 있지만 보다 중요한 문제인 심각한 빈부갈등을 야기시킬 수 있다는 점에서 빈부격차 심화의 문제는 일국만의 문제가 아닌 전세계가 합심하여 공동으로 해결해야 할 과제로 부상하고 있다.

특히, 인터넷이란 단어조차 생소한 아프리카를 비롯한 제3세계에서는 디지털 경제가 가져다주는 급격한 부의 확산이 환상에 불과하다. 정보화시대 도래와 함께 정보화에 앞선 선진국들이 사이버 세계에서 막대한 부를 축적하는 과정을 이들 국가들은 그냥 지켜볼 수밖에 없는 실정이다. 정보를 소유한 자가 세계경제를 지배하는 추세 속에 이들 국가의 낙후된 정보산업기반은 더욱 심각한 국가간의 부익부 빈익빈 현상을 초래할 수 있다.

이러한 선진국과 제3세계 국가간에 존재하는 디지털 격차(digital divide)가 빈부격차를 야기시키는 가장 중요한 요인으로 지적되고 있다. 즉, 정보·지식이 곧 부를 의미하는 세계화시대에 정보산업에서 낙오되면 영원히 후진국을 벗어나지 못하는 상황이 전개되고 있다. 이러한 현상은 국가뿐만 아니라 한 국가내의 정보를 가진 계층과 가지지 못한 계층간에도 동일하게 발생되고 있다.

정보력 차이로 인한 계층간의 소득격차를 미국과 일본의 경우에서 살펴보고자 한다.[9]

① 미국의 소득격차

정보화 사회로 본격 진입한 미국의 경우에도 인종·계층·지역간 빈부격차가 갈수록 커지고 있다. 1999년말 발표된 미 상무부 보고서에 따르면 1998년 고소득층과 저소득층간 소득격차가 전년 대비 29% 증가했는데 상무부는 인터넷 등 정보활용의 빈도차이에 따라 소득격차가 확대되었다고 설명하고 있다.

실제로 연봉 75,000 달러 이상의 고소득 가정이 10,000 달러 이하의 저소득 가정보다 컴퓨터를 보유하고 인터넷에 접속하는 비율이 7배나 되었으며 도농(都農)간 격차는 더욱 심해 도시지역 고소득층 가정의 62%가 컴퓨터를 보유하고 있는데 반해 농촌지역의 컴퓨터 보급률은 2.9%에 불과했다. 정보기술(IT) 산업 종사자와 비(非) IT 산업 종사자간의 소득격차도 갈수록 커지고 있다. 1998년 IT 산업 종사자의 평균 연소득은 1997년의 34,000 달러보다 52% 증가한 52,000 달러였으나 비(非) IT 산업종사자의 연소득은 29,000 달러에 불과하였다.

② 일본의 소득격차

일본의 경우도 미국과 유사한 상황을 보여주고 있다. 일본 경제기획청이 발표한 소비동향조사에 따르면 1999년 10~12월 PC를 구입한 세대(전체의 3.8%)의 대부분이 고소득층이었다. PC를 구입한 세대의 비율이 연소득 400만엔 미만에서는 1%에

9) 중앙, 2000. 2. 9. 참조

불과했으나 1,200만엔 이상의 세대에서는 8%였다.

PC를 많이 활용하는 직종의 근로자일수록 임금수준도 높은데 일본 노동성의 임금구조 기본통계에 따르면 PC를 자주 이용하는 서비스 업종의 30대 후반 이상 근로자의 중도채용임금이 전체산업 평균치에 비해 10만~30만엔이나 많은 것으로 나타나고 있어 정보력의 차이에 따른 소득격차가 선진국 내에서도 발생되고 있음을 보여주고 있다.

(3) 빈곤극복 방안의 모색

2000년 5월 아시아개발은행(ADB)이 ADB의 사명을 아시아 지역의 경제개발 촉진에서 이 지역의 빈곤퇴치로 전환한데 이어 9월엔 UN과 세계은행(IBRD)이 향후 중점 과제를 각각 빈곤퇴치로 결정하면서 세계화 진전에 따른 세계 각 지역의 빈부격차가 세계경제가 당면하고 있는 중차대한 과제가 되고 있다.[10)]

특히, 세계은행은 경제전문가들로부터 그동안 개도국내 경제 및 정치 엘리트들의 이익만 대변한다는 비난을 받아왔는데 2000년 9월 12일 발표한 연례 '세계개발보고서'에서 여태까지의 '경제성장제일주의'에서 탈피하여 새로운 빈곤극복전략이 필요함을 촉구하고 있어서 이례적인 일로 받아들여지고 있다.

이제 세계은행은 '지속가능한 세계화'의 가장 큰 장애요인으로 빈곤문제에 관심을 가지게 되었다고 볼 수 있는데 이는 최근 미국 아스펜 재단 창립 50주년 기념식에서 행한 제임스 울펜손 총재의 연설에서도 살펴볼 수 있다. 울펜손 총재는 세계화에 대해 수천년 전부터 지속되어 왔던 거스를 수 없는 대추세로 전제하고 있으며 우리가 염려해야 할 것은 세계화가 너무 진척되는 것이 아니라 세계화로부터 가장 큰 이익을 보는 선진국 국민들과 개도국 엘리트들이 세계화의 진전에 따른 피해자의 고통을 방치 또는 심화시킴으로써 세계화가 좌초되고 그 화가 결국 자신들에게까지 미치게 되는 가능성이라고 지적하고 있다.

세계은행은 세계화의 공적에 대해서 긍정적인 평가를 내리고 있다. 즉, 세계은행은 이번 연례보고서에서 1820년 세계전체 인구의 75%가 빈민이었던 반면 현재는 그 비중이 20%로 크게 개선되었음을 지적하며 그 공을 세계화에 돌리고 있다. 세계화는 특히 한국을 비롯한 동아시아 지역의 빈곤퇴치에 크게 기여하였다고 평가하

10) 한경, 2000. 9. 18. 참조

고 있다. 세계은행을 중심으로 모색되고 있는 주요 빈곤퇴치관련 방안들에 대해 간략히 살펴보고자 한다.

① 직접적 구제방식의 채택

실제로 세계은행은 창립 이래 개발도상국들의 빈곤문제 해소를 최대과제로 삼고 있다. 최근에는 세계화 추세와 관련하여 이들 국가의 빈곤문제 해결을 위해 전략을 다소 수정하고 있는데 대표적인 것이 직접적 구제방식의 채택이라 할 수 있다.

그 동안 세계은행의 빈곤퇴치 전략은 다음 2가지 방향에서 이루어져 왔다.

가. 노동집약적 산업 육성을 통한 고도경제성장을 통해서이다.

나. 보건 · 교육 · 사회 안전망 강화 등 사회적 자본(social capital)의 확충을 통한 전략이다.

그런데 최근에는 빈곤퇴치의 효율성을 제고하기 위해 빈민들에 대한 권능부여(empowerment)를 추가하였다. 이는 향후 이들 지역의 빈곤퇴치를 위해 해당정부와는 상관없이 국제기구가 직접 이들 지역의 빈민들을 구제하는 방식을 채택하겠다는 것이다. 이는 더 이상 이들 지역정부와 엘리트들에게 빈곤퇴치 사업을 일임할 수 없다는 정책상의 변화를 의미하는데 이는 그동안 국제기구의 지원이 해당지역의 빈민들에게 직접적으로 혜택이 돌아가는지에 대한 의문이 꾸준히 제기되고 있는데 따른 것이라 할 수 있다.

이러한 정책상의 변화는 해당지역의 인권보호 문제와 함께 이제는 빈부격차와 빈곤상황에 대해서도 해당 지역정부의 독점적 권한, 즉 주권을 인정하지 않을 수 있다는 의미를 내포하고 있다.

② 마이크로 대출제도

마이크로 대출제도의 선구자인 방글라데시의 무하마드 유너스 박사는 빈민이 되는 가장 중요한 요인이 '빈민을 등쳐먹는 고리대금 금융구조'라고 지적하고 있다. 즉, 빈민들은 정상적인 금융혜택을 받지 못하고 있는데 이것이 이들을 빈곤 상태에 있게 하는 가장 큰 요인이라는 것이다. 유너스 박사는 이들에게 일반대출금리보다는 높지만 고리대금보다는 낮은 자금을 빌려줄 때 많은 빈민들이 구제될 수 있다고 주장하고 실제로 이를 실천하여 입증해 보였다.

한편, 이러한 마이크로 대출제도도 대도시 지역에서는 효과를 발휘하지 못하는 것으로 나타나고 있다. 마이크로 대출제도가 공동체의 응집력과 견제력이 있는 시골지역에서만 성공할 수 있다는 가능성을 보이고 있고 또한 여성들에게만 실효가 있는 것으로 나타나고 있는 점 등이 이 제도의 한계성으로 지적되고 있다.

③ 정보화기반 구축

UN은 관련기관과 연계하여 아프리카 등지에서 인터넷 인프라스트럭처(internet infrastructure) 구축사업을 지원하며 디지털 경제확산에 적극적인 입장을 표명하고 있다. UN의 목적은 이들 국가를 정보화 물결에 동참시킴으로써 이들 국가의 국민들이 실질적으로 세계화의 혜택을 누리게 하자는데 집약되고 있다.

가난한 개도국과 NGO들의 세계화에 대한 비판에 대해 부분적으로는 동의할 수 있으나 개도국의 빈곤이 전적으로 국제금융기구의 실패와 하자 때문이라는 시각은 옳지 않다. 세계화는 세계 각국이 당면하고 있는 피할 수 없는 과제이다. 따라서 세계화를 선진국이 후진국을 착취한다는 19세기적 개념으로만 볼 수는 없다.

향후 세계화의 추진과정에서 닥쳐올지도 모를 세계경제의 위기에 대처하기 위해 IMF를 비롯한 국제금융기구의 진취적인 개혁이 필요하며 선진국의 후진국에 대한 보다 폭넓은 경제원조가 더욱 더 필요하다고 생각된다.

현 세계경제가 당면하고 있는 가장 중요한 문제들인 남북문제·빈부의 격차문제 등을 해결하기 위한 범세계적인 관심과 협력이 그 어느 때보다 긴요한 시점이다.

(4) 세계식량정상회의

국제연합(UN)의 식량농업기구(FAO)가 주최한 '제2차 세계식량정상회의'(WFS: World Food Summit)가 2002년 6월 10~13일간 이탈리아 로마에서 180여개국 정상 또는 정부고위관리 등이 참석한 가운데 개최되었다. 2001년 11월 개최예정이었으나 9·11 미 테러사태로 연기되었던 이번 회담에서는 기아(飢餓), 인구감소, 에이즈(AIDS: 후천성 면역결핍증), 농토의 염분증가, 도시인구집중 문제 등을 논의하였다.[11]

① 세계식량위기의 주요 요인

가. 기아인구의 급증

1996년 이탈리아 로마에서 개최된 '제1차 세계식량회의'에서는 2015년까지 세계의 기아 인구를 현재의 약 8억명(이 중 어린이는 3억여명에 달함)에서 50% 수준인 4억명으로 감소시킨다는 계획을 채택한 바 있다. 따라서 각국 대표들은 이번 회담에서 기아문제해결을 위해 구체적 지원 방안을 논의하였다.

이러한 계획이 실현되기 위해서는 매년 전세계의 기아인구를 2,200만명씩 줄여나가야 하지만 최근 수년간 실적을 살펴보면 연간 600여만명 밖에 줄이지 못해 현재 추세대로 진행될 경우 2015년에 가서도 기아인구는 6억명에 달하게 된다. 2015년에 목표를 달성하기 위해서는 매년 1,800억 달러의 자금이 투입되어야 할 것으로 분석된다.

세계식량계획(WFP)과 세계식량농업기구(FAO)의 조사결과에 따르면 아프리카 남부 6개국(잠비아, 모잠비크, 레소토, 말라위, 스와질랜드, 짐바브웨)에서만 1,280여만명이 아사위기에 직면해 있으며 당장의 아사위기를 벗어나기 위해서는 최소한 400만톤의 식량이 필요한 것으로 나타났다.

나. 에이즈의 확산

에이즈의 확산이 보건문제에 그치지 않고 전세계, 특히 빈곤국의 식량문제와 직결되어 있는 것으로 나타나고 있다. 에이즈가 빈곤지역의 농촌으로 확산되면서 이 지역의 식량생산을 크게 저하시킴에 따라 농촌지역의 생존을 위협하는 요인이 되고 있다. 특히, 전세계적으로 에이즈문제가 가장 심각하게 나타나고 있는 사하라 이남 아프리카의 경우에는 에이즈 감염자 2,800만명 중 50% 정도가 농촌에 거주하고 있어 향후 20년 내에 농촌노동력의 약 26%가 상실(喪失)될 것으로 예상되고 있다.

다. 인구의 도시집중

인구의 도시집중 문제도 세계식량위기의 주요한 요인이 되고 있다. FAO의 분석에 따르면 2005년엔 세계인구의 50% 이상이 도시 또는 근교에 거주할 것으로 예상되며 현재 인구 1,000만명 이상의 도시가 전세계에 20개나 되고 이들은 동일한 농

11) 조선, 2002. 6. 9. 참조

촌인구보다 식량을 30% 더 소비하는 것으로 나타났다. 도시화의 확대(expansion of urbanization)로 농토가 축소되고 식량생산지와 소비자들 간의 물리적 거리가 멀어져 생산·유통 단가가 상승하고 있다.

라. 농토의 염분화

관개(灌漑)시설이 구비된 세계농토의 약 10%가 염분화로 인해 훼손되고 있는데 이러한 농토의 염분화 심화현상은 세계식량위기를 초래하고 있는 요인으로 지적되고 있다. 전세계 농토 중 관개시설이 되어 있는 비율은 약 17%이며 세계식량생산의 40%를 담당하고 있는데 가뭄현상의 심화로 농업용수의 염분비율이 높아져 각종 농업생산의 생산성을 급격히 저하시키거나 토양을 훼손시키고 있다. 염분화 현상은 관개시설을 갖춘 전세계 토지를 매년 1~2%씩 훼손시키고 있어 이에 대한 대책이 시급한 것으로 나타나고 있다.

② 회담결산

이번 '제2차 세계식량정상회의'는 기아문제 해결에 있어서 큰 진전을 못 이루고 농가보조금 지급과 유전자변형(GM)농산물 등에 대한 선·후진국들간의 이견(異見)을 좁히지 못한 채 폐막되었다. 이번 회담의 참가국 대표들은 현재의 세계기아인구 8억명을 2015년까지 4억명 수준으로 감축시키기로 한 1996년의 '제1차 세계식량회의'의 합의사항을 신속히 이행한다는데 공통된 인식을 하였으나 세계적 환경단체인 그린피스(Greenpeace) 등은 1996년 이후 지난 6년간 세계의 기아인구수에는 커다란 변화가 없었으며 이번 회의에서도 선진국들의 무관심하에 실질적인 소득이 없었음을 지적하고 있다.

이번 2차회의를 조직한 자크 디우프 세계식량농업기구(FAO) 국장도 회의 결과에 대해 실망스러운 견해를 피력했으며 부국(富國)들의 빈곤(貧困)에 대한 관심수준이 여전히 미흡함을 지적하였다. 또한, 이번 2차회의는 1996년 1차회의 때와는 달리 선진국 정상들이 대거 불참석함으로써 애초부터 가시적인 성과를 도출하는데 난항이 예상되었다.

1996년 '제1차 세계식량정상회의'에서는 유럽의 선진국 정상들이 대부분 참석하였으나 이번 2차회의에서는 경제협력개발기구(OECD) 회원국 중에 개최국이자 의장

국인 이탈리아의 실비오 베를루스코니 총리와 스페인의 호세 마리아 아즈나르 총리만 참석하였다. 정상들의 저조한 참석률은 9·11 미 테러사태 이후 제기된 안전문제와 2002년 8월 남아프리카공화국의 요하네스버그에서 개최되는 '지속가능개발 정상회의' 등 정상외교행사의 중복이 지적되고 있다.

(5) 선진국의 빈국지원

경제협력개발기구(OECD) 개발위원회는 2002년 5월 13일 발표한 자료에서 선진국들이 장기적으로 개발원조 규모를 증가하겠다고 공언해온 것과는 달리 2001년 OECD 22개국의 정부개발원조(ODA)가 총 514억 달러로 2000년의 537억 달러보다 1.4% 감소하였다고 지적하였다. 따라서 이번 OECD 개발위원회의 조사자료는 빈국들에 대한 경제적 지원을 증가하겠다는 선진국들의 약속이 제대로 지켜지지 않고 있음을 여실히 드러내고 있다고 할 수 있다.

ODA 규모의 축소와 더불어 ODA가 이들 국가의 국내총생산(GDP)에서 차지하는 비중도 0.22%에 그친 것으로 나타났는데 이는 1990~1992년의 0.33%에 비하면 무려 33.3%나 감소한 것이다. 2001년에 OECD의 개발원조금액이 감소한 가장 주요한 요인은 일본이 경제침체의 장기화로 개발원조를 40억 달러나 감소시켰기 때문으로 분석되고 있다. 일본의 개발원조 감소로 2001년의 개발원조에서는 미국이 10년만에 최대지원국이 되었는데 미국은 2000년 99억 6,000만 달러에서 2001년에는 9.4% 증가한 109억 달러의 개발원조를 제공하였다.[12)]

한편, 2001년 미국은 ODA부문에 있어서 세계 최대의 지원국이 되었음에도 불구하고 ODA 지원금이 국내총생산에서 차지하는 비중은 0.11%에 불과하여 OECD 22개 국가 가운데 최하위를 기록하였다. 정부개발원조 제공액이 이처럼 감소한데 대해 미국은 2006년까지 개발원조제공액을 매년 50억 달러씩 증가시키겠다고 밝힌 바 있으며 유럽연합(EU) 역시 2006년까지 GDP 대비 개발원조 비중을 0.39%로 제고시킬 것임을 천명하였다.

OECD 국가 중 UN이 목표로 하고 있는 개발원조의 GDP 대비 비중 0.7%를 충

---

12) 2001년 미국의 개발원조금 109억 달러 중 테러와의 전쟁 수행을 위해 파키스탄에 6억 달러의 원조를 제공한 것이 지원확대(9억 4,000만 달러)의 절대부분을 차지하고 있다고 볼 수 있다.

족시키고 있는 국가는 덴마크, 노르웨이, 네덜란드, 룩셈부르크, 스웨덴 등 5개국에 불과한 것으로 나타나서 경제대국들의 GDP 대비 ODA의 비율 확충이 선진국의 빈국지원에 있어서 중차대한 과제가 되고 있다.

(6) 선진7개국 재무장관회의

선진7개국(G7) 재무장관들은 2002년 6월 15일 캐나다 핼리팩스에서 개최된 'G7 재무장관회의'에서 빈국지원방안, 금융위기 방지책 등을 논의하였다.[13]

개최국 캐나다의 재무장관 존 맨리는 미국과 주요 경제대국들이 2001년 9·11 테러사태로 인해 경기가 침체된 후 최근 들어 미국을 중심으로 경제회복세를 보이고 있으나 여전히 문제는 남아 있다고 언급하면서 농가보조금 지급 등 미국의 일부 무역정책이 타 국가의 경제개혁(economic reform)을 추진하는데 있어 장애요소가 되고 있다고 지적하였다.[14] 맨리장관은 또한 이번회의가 'G7정상회의'에서 캐나다의 장 크리티앙 총리가 제안할 '새로운 아프리카 개발계획'을 논의하는 준비회의임을 지적하여 빈곤문제가 세계경제가 안고 있는 최대이슈 중의 하나임을 분명히 하였다.

1.2 반(反)세계화 정서의 확산

구소련의 몰락으로 냉전종식과 함께 세계 각국의 이해관계의 중심은 이념적 대결에서 경제적 관계로 전환되었다. 이러한 이해관계 전환의 중요한 선봉에 세계화와 신경제가 앞장 서 있다. 그러나 최근 들어 개도국·제3세계를 중심으로 세계화의 부작용에 대한 심각한 우려가 제기되고 있다. 이들의 주장은 세계화와 신경제가 결국 인류 공통의 번영을 가져오는 것이 아니라 총체적 경제위기(economic crisis), 즉 1920년대 후반에 전세계를 강타했던 세계대공황(Great Depression)을 다시 야기시킬 수 있다는 것이다.

우선 세계화의 중심에 서 있는 미국과 유럽의 현실을 볼 때 세계인들은 세계화에 대해 의구심을 가지게 된다. 세계화의 핵심인 통일된 세계규범, 즉 계약주의와 법치

---

13) 2002년 6월 26~27일 캐나다 앨버타에서 개최될 G7 정상회의를 위해 열린 재무장관회의에서 각국 재무장관들은 빈국지원방안, 금융위기 방지책, 세계경제성장을 위한 정책, 개발도상국의 경제성장지원, 테러자금차단 등을 논의한 바 있다.

14) 이번 '선진7개국재무장관회의'에서도 어김없이 세계의 비정부기구회원 등 200여명이 "그들은 전세계 대다수의 시민들을 궁핍하게 만들고 있다"는 구호하에 반세계화 시위를 벌였다.

주의에 이들 국가 또는 기업들이 합당하게 운영되고 경영되는지에 대해 의문이 제기된다. 자신들의 국가운영 · 기업경영에서 이러한 원칙을 준수하지 않는 국가가 어떻게 타국 정부 또는 타국의 기업들에게 자신들이 제정한 범세계적 규범을 제시할 수 있는가에 대한 의구심이다.

또한, 지난 10여년간 미국경제를 호황으로 이끌어 온 신경제의 위력도 최근 들어 급격히 위축되고 있으며 특히 닷컴(.com) 기업들로 대변되는 신경제 기업들의 도산은 세계에서 유일한 신경제로 인식되어 오던 미국경제에 대한 신뢰를 저하시켰다. 유럽연합 역시 자국기업들에 매년 미국의 5.5배가 넘는 엄청난 직접보조금(OECD에 따르면 1999년 EU가 자국기업들에 지급한 직접보조금은 2,170억 달러에 이르고 있음)을 지원하면서도 미국의 역외기업에 대한 세금혜택, 즉 간접보조금에 대해서는 무역보복조치를 취하고 있는 것은 시장의 이름을 빌린 강대국의 경제패권주의(economic hegemonism)라고 하지 않을 수 없다.

2. 반세계화운동

세계화[15]의 도도한 흐름 속에서 성장과 효율의 문제에만 치중했던 1990년대 이후의 세계경제는 최근 주요 다양한 세계화 저항세력의 강력한 반발에 직면해 있다. 지난 1999년 미국 시애틀 세계무역기구(WTO) 회의에서부터 시작해 최근 국제회의가 개최될 때마다 세계 각국에서 모인 시위대가 어김없이 등장하고 있다. 소위 '시위대(the protesters)' 혹은 '반세계화 시위대(the anti-globalizationa protesters)'로 지칭되고 있는 이들은 세계화의 급속한 확산에 반발하고 있다.

세계화의 흐름은 거스를 수 없는 세계경제의 추세임에 분명하다. 또한, 다수의 연구보고서 결과는 세계화의 이익이 그 비용을 초과하는 것으로 나타나고 있어 쉽게 정당화되는 경향이 있는 것도 사실이다. 그러나 한편으로 세계 각처에서 최근 거세

15) 세계화(globalization)란 국가 및 지역간에 존재하던 상품, 서비스, 자본, 노동, 정보 등에 대한 인위적 장벽이 제거되어 세계가 일종의 거대한 단일시장으로 통합되어 나가는 추세를 의미한다. 세계화는 특히 1990년대 들어 가속화되고 있는데 그 배경으로는 신자유주의(neo-liberalism)의 확산, 정보통신기술(IT)의 발달, UR협상 타결에 따른 무역자유화(trade liberalization)의 확대, 금융시장의 자유화(liberalization of financial market)와 국내규제의 완화, 다국적기업의 확산 등을 지적할 수 있다.

게 일어나고 있는 반세계화 운동을 간과할 경우 심각한 사회문제를 야기할 소지가 있으며 세계화의 효율적인 진행 자체가 어렵게 된다.

2.1 반세계화운동의 확산

최근 반세계화 시위 움직임이 심각한 수준에 이르고 있다. 세계화에 저항하는 시민단체들의 반세계화운동이 해가 갈수록 거세지고 조직화되는 양상을 보이고 있다. 세계 각국의 시민단체들은 1999년 시애틀에서 개최된 WTO 각료회의를 계기로 대규모 반세계화 시위를 전개하기 시작하였으며, 이러한 시위는 최근 세계무역기구(WTO), 국제통화기금(IMF), 세계은행(IBRD) 등 국제경제기구의 행사, G7 정상회의, 다보스 세계경제포럼(WEF) 등 세계경제통합(global economic integration)을 논의하는 회합장소를 대상으로 더욱 더 격화되는 추세를 보이고 있다. 2000년 4월 워싱턴에서 개최된 세계은행·국제통화기금 춘계회의에는 15,000 명의 시위대가 전세계에서 모여 극렬한 시위를 전개한 바 있다. 2000년 9월 체코 프라하에서 열린 세계은행·IMF연차회의도 시위대의 격렬한 저항으로 '프라하의 봄 이후 최악의 사태'로 평가되었다. 또한, 2001년 4월 캐나다 퀘벡에서 개최된 미주정상회담, 6월 스웨덴 예테보리의 유럽연합정상회담 역시 세계화 반대론자들의 격렬한 시위가 발생한 바 있다. 더욱이 2001년 7월 이탈리아 제노바에서 개최된 G8 정상회담장에는 무려 30만 명에 이르는 반세계화 운동가들이 모여 격렬한 시위를 벌인 끝에 시위대 한 명이 숨지는 유혈사태까지 발생하였다.

특히, 2001년 1월 말 다보스포럼 개최시기에 맞추어 브라질 포르투 알레그레에서는 반세계화 모임인 '세계사회포럼(WSF : World Social Forum)'이 개최되었는데, 이는 반세계화가 이제는 단순히 일시적이고 간헐적인 시위 수준을 넘어 조직화된 운동으로 발전되었음을 의미한다. 향후 반세계화운동의 중심이 될 '세계사회포럼(WSF)'은 세계의 경제, 환경, 인권 관련 비정부단체(NGO), 비주류 학자 등이 중심이 되어 2001년 제1차 회의에 이어 다보스포럼과 동시에 개최되고 있다. 이들은 신자유주의(neoliberalism)와 자유방임적 자본에 의해 지배되는 세계를 거부하고 인류의 빈곤문제 해소, 환경의 개선, 인권신장에 보다 중점을 두는 새로운 세상을 구축해 나갈 것을 표방하고 있다. 아울러 신자유주의의 첨병 역할을 하고 있는 세계은행, IMF 등 국제경제기구의 활동을 비판하고 WTO 도하개발아젠다(DDA) 협상과 미국이 주도하고 있는 미주자유무역지대(FTAA) 추진에 반대하는 시위를 전개하고 있다.

2.2 반세계화 주장의 논리

세계 각처의 인권 및 환경운동가, 무정부주의자 및 공산주의자, 극우파 등 다양한 이념과 성향을 지닌 단체들이 결합되어 반세계화를 주장하고 있는 이들 시위대의 구체적인 주장점에 대해 살펴보고자 한다.

반세계화 주장에 따르면, 자유무역 옹호자들은 개도국들이 우루과이라운드(UR) 타결에 따른 이익을 얻게 될 것이라고 주장해 왔지만, 개도국들은 무역자유화 이후에 일차산품의 가격 하락에 따른 교역조건(terms of trade)의 악화를 경험하고 있는 등 무역자유화(trade liberalization)로 인한 혜택이 거의 전적으로 선진국에게 귀속되고 있다는 것이다. 또한, 선진국들은 정부 보조금 및 산업보호가 자유경쟁에 의해 시장에서 결정되어야 하는 가격을 왜곡하고 성장을 저해한다고 주장해 왔지만, 정작 선진국들은 농산물, 섬유, 의류, 가죽 및 신발 등 개도국들이 수출 잠재력을 보유하고 있는 품목들에 대해 상당한 보호장벽을 유지하고 있다는 것이다. 또한, 반덤핑(anti-dumping) 절차 및 보건 · 안전 기준 등의 남용은 개도국의 수출에 대한 선진국의 수입제한 수단이 되고 있다고 비판하고 있다.

해외직접투자(FDI)는 단기자본이동(short-term capital flows)에 비해 보다 덜 유동적(less volatile)이며, 유치국에 기술 및 경영기법을 이전하는 이외에도 고용 창출(employment creation) 및 수출증대를 발생시킨다는 점에서 유치국 경제에 상당한 기여를 하는 것으로 인식되고 있다. 그러나 반세계화 운동가들은 이러한 FDI의 대부분이 선진국들 가운데 발생하고 있으며 대(對)개도국 FDI 비중은 매우 적어 개도국들이 FDI로 인한 혜택을 별로 받지 못하고 있다고 주장하고 있다. 더욱이 최근 개도국으로의 FDI 증가는 신설투자(greenfield)가 아닌, 인수합병(M&A)의 형태를 띠고 있다는 점에서 문제를 제기하고 있다.

반세계화 주창자들은 지난 1997~1998년 발생한 동아시아외환위기(East Asian Foreign Exchange Crisis)가 세계 금융시장의 통합(integration of global financial market)에 따른 금융시장의 불안정 위험을 적나라하게 노출시켰다고 주장하고 있다. 또한, 선진국들은 이러한 위험으로부터 거의 영향을 받지 않았고, 심지어 일부 국가는 이로부터 이익을 본 반면, 개도국을 비롯한 체제전환경제국 등은 세계의 다수 국가들이 동 위기로부터 심각한 타격을 받았다는 것이다. 이는 국제통화기금(IMF) 및 세계은행의 조언 및 압력에 따라 개도국들이 금융시장을 개방하여 단기자본이동의 공격에 극도로 취약한데 원인이 있다는 것이다. 더욱이 국제통화기금(IMF)은 경제위기를 경험하고 있는 국가들로 하여금 그들의 자본시장을 추가 개방하도록 강요하였고, 심지어 국내 사회정책에까지 관여함으로써 동 국가들의 주권을 침해하였다고 비판한다. 더욱이 고금리 및 긴축재정정책 등 IMF의 처방책이 오히려 기업 도산과 실업 양산을 초래하여 위기를 더욱 악화시켰다고 주장하고 있다.

반세계화 운동가들은 세계화가 진전되면서 선진국과 개도국을 막론하고 임금감소, 실업증가 및 노동시장의 유연성(flexibility of labor market) 제고 등에 의해 노동자들이 고용 및 소득 안정성을 위협받고 있다고 주장 한다. 또한, 숙련 노동자와 비숙련 노동자간의 임금격차가 무역 및 투자자유화와 더불어 증대되고 있다는 것이다. 아울러 경쟁적인 FDI 및 기업인들의 국제적인 생산시설 이전 능력 등으로 인해 노동자들의 고용 안정성과 교섭력(collective bargaining)이 약화되고 있으며, 특히 M&A는 기업 구조조정 및 대량 실업을 수반하고 있다고 비판한다.

반세계화 시위대는 세계화가 진전되면서 국가간 및 국가내 빈곤, 소득 불평등(income inequality) 및 상대적 박탈감(relative deprivation)을 심화시키고 있다고 주장한다. 또한, 개도국뿐만 아니라 OECD 국가들의 경우에도 지난 1980년대 이후 소득불균형 현상이 심화되고 있다는 것이다. 아울러 다수의 개도국들은 지불불능의 대외부채를 떠안고 있는데 이는 이들 국가의 경제발전 및 빈곤퇴치의 주요한 장애요인이 되고 있다고 지적한다.

한편, 반세계화 운동가들은 무역 및 투자의 자유화로 인해, 또는 경제성장 그 자체로 인해 증대된 기업의 영업활동이 소비와 생산의 증대를 유발시키고 이에 따라 필연적으로 환경의 질(quality of environment)을 저하시키고 있다고 주장한다. 즉, 세계화는 지구 온난화에 영향을 미치는 등 상당한 환경파괴(environmental destruction)를 야기하고 있다는 것이다.

반세계화 시위대는 현재의 통치체제 및 기구가 국내적 또는 국제적 활동을 관리하기 위한 목적에서 창설되었기 때문에 현재 세계화의 급진전으로 이루어지고 있는 글로벌 경제활동을 관리하기에는 부적합하다고 주장하고 있다. 그들은 더욱이 주요 국제기구들의 관리체제가 매우 비민주적이며 불공정하다고 역설하고 있다. 빈곤국 및 빈곤자들은 국제정책 결정과정에 영향력을 거의 행사할 수 없으며, IMF와 세계은행의 주요 의사결정 메커니즘은 각국의 자본출자 규모에 비례하므로 주요 선진국들이 대부분의 의사결정권을 가지고 있는 것을 비판하고 있다.

2.3 반세계화 주장에 대한 평가

세계화는 세계단일시장(global single market)을 구축시킴으로써 재화와 용역, 생산요소들의 경쟁을 치열하게 만들고 있으며, 그 과정에서 세계경제는 성장의 원동력을 얻고 전세계의 후생(global welfare)도 증가한다. 즉, 세계화는 효율의 극대화(maximization of efficiency), 자원배분의 합리화(rationalization of resource allocation), 규모의 경제이익(benefit of economies of scale) 초래, 자유무역 이익(free trade advantage)의 실현 등 다수의 긍정적 효과를 파생시키게 된다. OECD 분석자료에 의하면 시장개방(market opening)이 1% 진전되면 국민소득증가율과 경제성장률이 각각 0.5%씩 증가하는 것으로 나타났다. 또한, UR에서 합의된 사항이 이행될 경우 이로 인한 선진국 및 개도국의 후생증가는 약 2,500억 달러에 이르는 것으로 분석되었다.

그러나 한편으로는 반세계화 운동가들의 주장대로 세계화로 인한 문제점과 비용도 발생하고 있는 것이 사실이다. 즉, 세계화의 과정은 순탄한 과정이 아니라 고통이 수반되는 과정이며 그 편익을 향유하는 집단 또는 국가가 있는가 하면 여기에서 소외되는 집단 또는 국가가 존재한다. 대체적으로 세계화는 불확실성(uncertainty)을 제고시키는 한편 경제활동에 수반되는 위험(risk)을 증대시켰다. 많은 정보를 보유함으로써 경제적 불확실성을 극복하고 이를 토대로 세계화 과정에 수반되는 위험을 적절히 관리할 수 있는 집단에 대해서는 세계화가 하나의 기회였지만 그렇지 못한 집단에 있어서는 극복하기 힘든 과제가 되었다고 평가할 수 있다. 예를 들면, 니제르에선 국민 85%가 문맹이고, 짐바브웨에선 잠재노동력의 60%가 실업상태이며,

에티오피아는 인구의 27%만이 식수를 구할 수 있으며, 북한은 식량문제가 심각한 것이 최빈국들의 일반적인 상황이라고 할 수 있다. 이들 최빈국의 공통점은 세계화를 하지 않은 폐쇄사회(closed society)라는 것이다.

그런데 반세계화 시위대들은 세계화의 긍정적인 측면 이면의 부작용만을 지나치게 강조하는 면이 없지 않다. 또한, 전술한 반세계화 운동가들의 주장은 일부 수용되어야 하는 점들도 있지만 반론의 여지가 있는 점들도 사실이다. 우선 개도국들이 무역자유화와 FDI의 혜택을 실질적으로 누리지 못하고 있다는 주장에 대해 살펴보면 제2차 세계대전 이후 30년간 OECD 국가들이 세계경제와 다자무역체제를 주도하여 왔다. 그러나 20세기 마지막 20년간은 비(非)OECD 국가들이 국내시장을 스스로 개방하고 세계시장으로 적극 진출하면서 세계 경제무대에서 주요한 역할을 수행하기 시작하였다. 이들 국가의 시장개방노력으로 인해 1981~1998년간 이들 국가의 국내총생산(GDP)에서 무역이 차지하는 비율은 연평균 4%, GDP에서 FDI가 차지하는 비율은 연평균 17%씩 성장하고 있는 등 개도국들은 무역 및 투자자유화의 이익을 더욱 더 많이 향유하고 있는 것으로 나타나고 있다.

공산품 관세만 하더라도 과거엔 선진국에만 이익이 되는 것으로 인식되었지만, 현재는 개도국에도 많은 이익을 가져다주는 것으로 인식되고 있다. 또한, 외국인투자와 관련, 신설투자와 M&A형 투자 모두 국내자산에 대한 취득의 대가로 외화가 유입되며, 단기적 자산 및 주식가격 상승에 따른 이익을 도모하는 M&A형 외국인투자에 따라 기업의 가치가 상승하면 나머지 국내투자가도 주식가치 상승에 따른 이익을 볼 수 있는 등의 이점이 있다는 것을 간과해서는 안 된다.

1997년 말 발생한 동아시아외환위기와 관련해서도 중요한 사실은 한국 등 이를 극복한 국가들은 비교적 세계화에 순응하는 경제체제를 갖고 있었다는 것이다. 세계화가 경제위기를 야기시킨 것이 아니라, 오히려 세계화가 잘 됐기 때문에 위기를 극복할 수 있었던 것이다. 또한, 당시 외환위기(foreign exchange crisis)를 경험했던 국가들의 문제는 세계화를 너무 많이 해서가 아니라 세계화를 편향적으로 했던 데 있다. 즉, IMF 경제위기는 해외로부터의 직접투자 환경을 건실하게 하지 않고 자본시장을 성급하게 개방한 것이 원인이었던 것으로 판단된다.

세계화가 노동자들의 고용불안정과 임금감소를 초래한다는 주장과 관련하여, 무역 및 투자자유화가 실업증가 및 고용감소를 초래할 수는 있다. 그러나 이는 일부 측면만을 인식한 것으로 무역 및 투자자유화는 일부 부문의 고용을 감소시키는 동시에 수출부문 및 연관 산업 등에서 신규 일자리를 창출하며, 성장을 통한 추가적인 고용 창출이 발생한다고 보아야 한다. 예를 들면, 한국의 경우 총고용의 약 20% 정도가 수출에 의해 창출되는 것으로 분석되고 있다. 외국인직접투자(FDI) 역시 1995년의 경우 54,000명의 고용창출효과를 나타낸 것으로 추정되고 있다. 또한, 노동자들의 임금수준은 개방여부와는 별로 관계가 없으며, 오히려 기업의 경영성과, 기업조직의 변화, 산업의 기술수준 발전 등의 요인에 의해 더욱 영향을 받는 것으로 나타나고 있다. 예를 들면, OECD의 선진국에 대한 분석결과 무역증가가 임금의 약 10~20% 정도만을 설명한다는 점이 제시되었다.

세계화가 소득불균형(income imbalance)을 심화시킨다는 측면은 어느 정도 인정되고 있다. 즉, 세계화가 숙련된 노동자들에 대한 임금 프리미엄(wage premium)을 증가시키고 미숙련 노동자에 대한 수요를 감소시키는 방향으로 작용하고 있다는 것이다. 그렇다고 보호주의를 통해 구조조정을 연기하는 것은 이론적으로 보나 경험적으로 보나 바람직하지 않은 일이다. 보호주의는 오히려 더욱 큰 부작용과 비용을 초래한다. 따라서 문제는 무역과 투자로 발생한 이득을 어떻게 하면 더욱 공평하게 분배되도록 할 수 있는가에 중점을 두어야 한다.

세계화가 환경파괴(environmental destruction)를 초래한다는 주장과 관련하여, 적절한 환경정책이 마련되지 않는 경우에는 세계화로 인한 경제활동의 증가가 환경악화를 초래할 수 있다는 것은 사실이다. 그러나 한편에서 세계화의 이익을 통해 소득수준이 향상됨에 따라 환경의 질에 대한 요구가 증가하여 환경개선 성과를 수반하는 적절한 환경정책들이 추진될 수도 있다. OECD의 연구결과에 따르면, 각국의 전반적인 환경개선 성과는 일인당 소득수준의 증가와 명백히 정(正)의 관계가 있는 것으로 조사되었다. 그러나 모든 형태의 환경오염이 경제성장과 더불어 감소하지 않으며 환경오염을 지속적으로 감소시킬 수 있는 기술의 존재여부도 주목해야 할 요소 중의 하나이다.

한편, 반세계화 운동가들의 국제기구에 대한 비판과 관련, 1999년 시애틀 반세계화 시위 이후 국제사회는 세계화의 도전에 대한 대응문제를 진지하게 협의하기 시작했다. 특히 G7, G20, IMF, 세계은행, OECD 등 국제기구는 이를 최우선 당면과제로 설정하여 지속적으로 논의를 진행하고 있다. 이러한 논의는 최빈국 및 개도국의 성장지원 강화, 경제성장과 환경보호를 결합한 지속가능발전(sustainable development) 전략 추진, 국제금융체제의 안정화(stabilization of international financial system), WTO 다자무역체제의 개선 등으로 집약할 수 있다. 지난 2001년 11월 출범한 WTO의 새로운 다자간무역협상을 '뉴라운드' 대신 '도하개발아젠다(DDA)'로 명명한 것도 이와 같은 맥락에서 이해될 수 있다.

2.4 한국에의 시사점

이제 세계화의 흐름은 거스를 수 없는 하나의 추세임이 분명하다. 이 같은 세계화 시대에 일국이 세계화를 지속적으로 추진할 것인가 추진하지 않을 것인가를 논하는 것은 무의미하며, 세계화의 장점이 크냐 단점이 크냐를 논쟁하는 것도 비생산적이라고 할 수 있다. 급속한 세계화의 진전 속에서 중요한 문제는 어떻게 하면 세계화에 따른 이익을 극대화하면서 그 부작용과 비용을 최소화할 수 있는 제도적 장치를 마련하는가에 있다. 이 같은 맥락에서 그 동안 적극적인 무역·투자자유화 등을 통해 세계화의 이익을 향유해 온 한국 경제의 향후 세계화 추진방향을 살펴보고자 한다.

우선 전술한 바와 같이 세계화는 전체적으로 성장의 원동력이 되지만 세계화의 과정에 편입되지 못한 일부 노동자 및 기업들은 고통을 경험하게 된다. 따라서 세계화의 편익을 적절한 정책을 통해 사회 전반에 공평하게 배분하려는 노력은 향후 효율적인 세계화 추진을 위해 무엇보다 중요하다고 할 수 있다. 세제개편 등 빈곤층의 소득증대를 위한 제반적인 정책적 배려가 필요하며, 미국의 무역조정지원(TAA)과 같이 경제개방으로 인해 피해를 보는 부문에 대한 보상방안 등이 실질적으로 선결되어야 한다. 또한, 노동시장의 유연화 또는 불안정화에 대비하여 고용창출을 위한 노력을 적극적으로 전개하고, 노동자의 능력개발을 위한 투자를 증대시켜야 한다.

향후의 시장개방에 있어서는 부문별 개방의 유기적 조정이 중요하다고 할 수 있다. 어느 한 부문만 신속히 개방한다고 해도 다른 부문의 개방속도가 지체되는 경우에는 경제전체에 부담이 될 수 있다. 다수의 경제전문가들은 1997년 말에 경험했던 경제위기도 개방속도가 신속했기 때문에 발생한 것이 아니라 오히려 실물부문과 금융부문의 시장개방 및 자유화 속도에 있어서 차이가 있었기 때문이라고 지적하고 있다. 일국의 경제는 살아있는 유기체로서 경제 각 부문의 균형적인 개방 및 자유화가 필요하다.

향후 세계화 추진과정에서는 정보를 투명하게 공개하고 국민의 동의를 얻는 과정이 수반되어야 한다. DDA와 FTA 등 관련 협상의 주요 내용과 동향에 대해 기업, 시민단체, 언론 및 일반국민들이 정확하게 이해할 수 있도록 정보를 공개하고, 공청회, 토론회 등을 통해 국민의 지지를 확산시킴으로써 세계화 추진과정의 정당성을 확보해야 한다. 왜냐하면 국민의 동의와 이해가 확보될 경우에만 효율적인 세계화 전략이 추진될 수 있기 때문이다.

또한, 정부로서는 국경을 초월하거나 국제적인 영향을 미칠 환경문제에 대해 국제적인 협조를 적극적으로 모색해야 한다. 무역 및 투자자유화 등 세계화 추진정책과 환경정책간의 상호연계성을 제고해 나갈 필요가 있다. 이밖에도 범지구적 경제통합(economic integration)이 진행되고 있는 현재, 치열해지는 국제경쟁에서 생존하기 위한 전략으로서 기업 및 금융기관의 투명한 경영혁신(business innovation), 전자상거래(EC) 확대추세에 대한 대응, 기술혁신을 위한 노력 등이 절실히 요구된다.

세계경제가 직면한 환경이 신속히 변화되고 사람들의 인식이 끊임없이 변화하며 과학기술이 새롭게 혁신되고 있는 이때에 국가정책도 이러한 상황에 대처하기 위하여 부단히 변화해야 한다.

제 4 절 세계화의 과제

세계화는 1990년대 이후 급속히 진행되고 있어 이미 되돌릴 수 없을 만큼 전세계 경제에 영향을 미치고 있다. 제한된 자원(limited resources)을 가장 효율적으로 사용한다는 점에서 세계화는 불가피한 추세라고 할 수 있다. 그러나 세계화의 진전과정에서 이러한 순기능과 함께 심각한 역기능도 나타나고 있다. 지역별로 상이한 관행과 의식·가치관 등이 충돌하여 지구촌 곳곳에서 심각한 마찰이 발생되고 있다. 빈부격차의 심화 및 당면한 세계경제의 위기도 심각한 도전이라 할 수 있다. 이에 대한 해결책으로 '인간의 얼굴을 한 세계화' 등이 제시되고 있으나 그것을 해결하기 위한 방법론에서는 상이한 처방을 내놓고 있다.

최근 세계화 또는 글로벌화(globalization)에 대한 논란이 거세지고 있는 상황하에서 세계화가 각 나라에 던지는 의미는 상이하다 할 수 있다. 예를 들면 한국, 대만, 싱가포르의 경우에는 세계화는 곧 경제적 번영(economic prosperity)으로 향하는 길인데 실제로 이들 국가는 지난 25년간 수출 및 글로벌 경제에의 적극적인 참여를 통해 괄목할 만한 경제성장을 이룩하여 왔으나 아프리카 국가의 경우 글로벌화는 이들 국가의 국제경쟁력을 더욱 약화시키는 결과를 초래하였다.[16)]

아프리카 국가들의 경우 국제통화기금(IMF)과 세계은행 (IBRD)이 지난 20여년간 이 지역의 경제개발을 위해 자금지원을 해 왔지만 아직도 빈곤상태를 벗어나지 못하고 있다. 따라서 글로벌화는 지역환경·국가에 따라 상이한 결과를 파생시키고 있다. 특히, 아프리카와 같이 자유무역 또는 시장개혁(market reform)만으로 경제위기를 해결할 수 없는 국가들에게는 세계화는 의미가 없는 것이 된다.

컬럼비아 대학의 제프리 삭스(Jeffrey Sachs) 교수는 그 이유에 대해 다음 2가지 요인으로 지적하고 있다.

① 글로벌화는 지역이라는 물리적 부담을 소멸시키지 않음

안데스산맥, 아프가니스탄, 아프리카 지역들은 국제무역과는 멀리 떨어져 있어 글로벌화의 혜택을 거의 받지 못하게 된다. 이들에 있어서 세계화는 빈곤과 고립의 해결책이 될 수 없다. 또한, 글로벌화는 기후와 관련된 질병을 해결할 수 없다. 아프리카지역에서는 연 5억건 정도의 말라리아 감염이 보고되고 있고 이로 인해 연간 200만명이 사망하고 있는데 이러한 말라리아와 같은 기후와 관련된 질병은 경제성장과 외국인투자를 방해하게 된다.

② 국가적 개발전략에 크게 영향을 미침

지난 20여년을 돌이켜 볼 때 보호주의하에 폐쇄적 성향을 유지해온 국가들은 대

---

16) 조선, 2000. 10. 25. 참조

부분 부진한 경제상태를 보여주고 있다. 또한, 사회주의(socialism)를 선택했던 국가들의 경제도 거의 파탄지경에 처해 있다. 반면에 수출지향적 경제개발 전략을 채택했던 국가들은 외국으로부터 첨단기술(high-tech)을 도입하여 그 기술을 이용한 제품을 제조하여 수출을 통해 이익을 남기는 과정을 통해 경제개발에 성공하였다. 그러나 자유무역만이 이들 국가의 경제개발에 기여한 것은 아니다. 오늘날과 같은 지식기반경제(knowledge-based economy) 시대에 있어서 경제개발에 성공한 국가들의 공통점은 과학, 기술 및 교육에 대한 적극적인 국가적 투자가 뒷받침되었다는 점이다. 따라서 경제개발전략이 성공하기 위해서는 글로벌화와 충분한 공공투자의 적절한 조합이 필요하다.

한편, WTO, IMF 총회장에서 세계화 반대론자들의 항의집회가 거세지고 있다. 이들은 많은 국가들이 글로벌화로 인해 이익을 얻기는커녕 오히려 치열한 국제경쟁에서 낙오되어 점점 더 가난해 지고 있다고 주장하면서 선진국은 물론 IMF와 IBRD가 후진국에 대해 금융지원 · 부채탕감 · 질병제거 등을 거듭 약속하기는 했지만 실제로 도와준 것은 거의 없다고 지적한다. 따라서 더 많은 국가와 국민들이 이익을 향유할 수 있는 전세계적인 글로벌화의 전략이 필요하다. 이러한 글로벌화 전략은 다음 2가지 측면에서 파악할 수 있다.

1. 후진국에 대한 지원확대

부유한 선진국들은 후진국들이 지리적 열세를 극복하기 위해 에이즈(AIDS), 말라리아 및 다른 열대병을 퇴치할 수 있도록 풍부한 자금을 지원해야 하며 후진국들의 과학자 및 대학에 대한 지원을 통해 후진국들이 정보기술의 혁신에 참여할 수 있도록 적극 유도해야 한다. 이를 통해 후진국들이 질병퇴치는 물론 낮은 농업생산성, 환경의 악화와 같은 문제에 대해 어느 정도 기술적 해결책을 찾을 수 있게 된다.

예를 들면, 선진국의 국민들이 한해에 1인당 수십 달러씩만 지원해도 후진국들은 수백억 달러를 더 지원받을 수 있게 되어 이들 국가의 경제성장 촉진으로 인한 삶의 질(quality of life) 개선 및 궁극적으로는 글로벌화의 혜택을 보다 빨리 누릴 수 있게 된다.

2001년 노벨경제학상 수상자인 조지프 스티글리츠(Joseph Stiglitz) 미 컬럼비아대학 교수는 2002년 6월 9일 그의 저서 『세계화에 대한 불만(*Globalization and Its Discontents*)』 발간에 앞서 뉴욕타임스 매거진과 가진 인터뷰에서 세계화와 관련하여 개발도상국들의 가장 큰 불만은 선진국들이 민주적 절차(democratic procedure)를 무시한 채 개발도상국들에 특정정책을 강요한다는데 있다고 강조하면서 이러한 정책의 대표적인 예로 지난 1998년 동아시아 외환위기 당시 한국정부에 대해 국제통화기금(IMF)이 강요한 정책을 지적하였다. 스티글리츠 교수는 IMF는 과거 한국에 구제금융을 지원하면서 한국이 선택의 여지가 없었던 상황하에서 더욱 신속한 시장개방을 요구하였는데 이 같이 중요한 정책은 해당국 스스로의 판단에 의해 이루어지는 것이 바람직하다고 밝히고 있다. 즉, 정책 강요는 민주주의와 투명성(democracy and transparency)을 훼손하여 결국 해당국의 경제위기에 대한 근본적인 처방책이 될 수 없다는 것이다.

스티글리츠 교수는 빈국들의 과중한 부채에 대해서도 언급하였는데 빈국들은 부채가 그들이 감당할 수 없을 만큼 많기 때문에 미국을 위시한 선진국들이 빚을 탕감해 주지 않으면 빈곤에서 영원히 벗어날 수 없음을 지적하고 있으며 빈국들의 외채 중 일부는 미·소 냉전시대(Cold War Era)의 산물이기도 하여 선진국에도 일부 책임이 있음을 강조하고 있다.[17)]

한편, 제임스 울펜손(James D. Wolfensohn) 세계은행 총재는 2000년 9월 체코 프라하에서 개최된 'IMF·IBRD 연차총회'에서 행한 연설에서 효율적인 경제원조의 필요성을 강조하였다.[18)] 울펜손 총재는 세계은행이 1998년 보고한 경제원조의 효율성에 대한 연구결과를 지적하면서 경제원조의 효율성은 원조를 제공받는 국가의 정책에 달려 있음을 상기시켰다. 바람직한 정책을 구사한 나라는 그렇지 않은 국가에 비해 원조의 효율성이 그만큼 높았다는 것이다.

---

17) 냉전시대에 선진국들이 공산주의의 확산을 저지하기 위해 빈국에 융자해준 자금 중 상당부분이 해당국 집권층들의 스위스은행 비밀계좌로 입금되어 그 결과 빈국의 국민들이 빚에 허덕이고 있다는 지적이다.

18) 한경, 2000. 11. 22. 참조

세계의 많은 원조국들이 이러한 정책을 바탕으로 성장해온 것이 사실이지만 아직까지도 지구상에는 경제원조가 필요한 나라가 많음을 지적하면서 상당수의 선진국들은 원조가 필요한 후진국들을 도와왔지만 일부 선진국들은 원조에 인색하였다며 세계 일부 극빈지역에 대한 경제지원이 시급하다고 강조하였다.

효율적인 경제원조를 위해 울펜손 총재는 다음 6가지 측면을 지적하였다.

① 상당수 선진국들은 국제적으로 인정되고 있는 원조목표치에 미달한 상태이다. 이들 선진국이 원조규모를 좀더 확대해야 한다.

② 선진국들은 극빈국들의 채무탕감을 위한 보다 폭넓은 조치를 서둘러야 한다. 극빈국의 채무탕감을 위해서는 선진국들의 재원부담이 불가피하다. 그러나 이것이 저소득국이나 중진국들에 부담을 떠넘기거나 지원을 축소하는 방식이어서는 안 된다.

③ 선진국들은 후진국에 대한 무역장벽을 제거해야 한다. 세계은행의 추정에 의하면 모든 선진국의 무역장벽에 따른 비용이 후진국들의 경제개발을 위해 지원되는 금액의 2배를 웃돌기 때문이다.

④ 에이즈・환경・교육・보건 등 현재 후진국들이 공통적으로 직면하고 있는 현안들에 효과적으로 대처하기 위해 지원방식도 다양화될 필요가 있으며 이를 위해 체계적인 국제기구를 설립할 필요성도 존재한다.

⑤ 각국별 또는 국제기구별 각종 원조는 지원절차 등을 간소화해 관련내용을 최소화할 필요가 있다.

⑥ 범지구차원에서 문제해결을 위한 조치가 필요한 사안들이 갈수록 늘어가고 있다는 사실도 명심해야 한다. 따라서 국제사회가 합심하여 극빈국의 경제성장을 위해 노력해야 한다.

울펜손 총재는 지금이야말로 모든 국가가 빈곤퇴치를 위해 새로운 공약을 제정해야 할 때라고 주장하고 있는데 그 근거로 인구통계학적 문제를 제시하고 있다. 향후 25년 후에는 지구 인구가 80억명으로 기대되고 있는데 유럽의 인구는 현 수준을 유지할 것으로 보이지만 개도국 인구가 50억명에서 70억명으로 증가할 것으로 추정되기 때문이다. 따라서 국제사회의 새로운 공약 없이는 인류는 조만간 절망과 상실에 휩싸이게 될 것이며 지구촌을 결코 공평한 사회로 만들 수 없을 것이고 평화와 아동보호라는 과제도 실현하기 어려울 것으로 지적하고 있다.

울펜손 총재는 향후 10년간이 국제사회가 빈곤퇴치를 위해 실질적인 노력을 펼치지 않으면 안 된다고 주장하면서 현재 세계가 직면하고 있는 세계화·정보화·수명연장·기술발전으로 집약되는 이러한 기회는 국제사회가 어떻게 하느냐에 달려 있다. 세계화에 따른 번영과 이익도 일부 국가들이 아닌 전세계 모든 국가들에 골고루 혜택이 돌아가야 한다고 지적하고 있다.

2. 세계화로 인한 피해계층에 대한 대책 강구

세계화에 의해 직장을 상실하는 등 불이익(disadvantage)을 당한 피해계층에 대해서는 단순히 기본적 생활을 보장한다는 의미의 '사회안전망(social safety net)'을 넘어 사회적 재도약을 보장하는 방안이 마련되어야 한다. 도널드 존스턴 경제협력개발기구(OECD) 사무총장은 유럽 각국의 문맹률과 교육수준에 대한 통계를 인용하면서 세계화에 밀려 사회적으로 배제당하는 세계화의 피해시민에 대해서는 재취업을 가능하게 하는 교육훈련(job training) 등 일종의 사회적 트램플린이 제공되어야 한다고 강조하고 있다.

따라서 사회적 트램플린은 세계화 조류 및 그에 따른 금융위기(financial crisis)로 피해를 보게 되는 근로자와 사회적 약자들에게 보다 적극적으로 사회에 참여할 수 있도록 사회정책을 펴야 한다는 것을 의미한다. 독일의 마이클 부르다 훔볼트대 교수와 말레이시아의 누르딘 소피에 전략 및 국제연구소 소장 등도 세계화로 인한 실업자들은 기초기술교육을 받을 권리가 있다는 주장을 강력하게 제기하고 있다. 코피 아난(Kofi Annan) 유엔 사무총장도 '인간의 얼굴을 한 세계화'를 강조했는데 인간적 가치를 포용하고 실천하는 세계화가 전제되어야 세계화는 진정으로 전세계인들에게 의미있는 것이 될 수 있다는 것으로 해석할 수 있다.

3. 한국의 소득격차 현황

한국보건사회연구원이 2002년 12월에 발표한 '빈곤 및 소득분배 동향'에 따르면 1997년 말 외환위기(foreign exchange crisis) 이후 심화된 소득분배의 불균형(imbalance of income distribution) 상태가 여전히 개선되지 않고 있는 것으로 나타났다. 빈곤층의 비율이 1998년에 높아져 1999년 최고치에 이른 뒤 점차 감소하였지만 2002년의 경우 외환위기 이전인 1997년보다 여전히 높은 수준을 나타내었다.

최저생계비 이하 절대적 빈곤층 비율은 1997년 2.8%에서 1998년 6.4%로 크게 증가하고 1999년 7.3%로 최고수준을 기록한 이후 2000년 5.4%, 2001년 4.4%, 2002년 3.5%로 낮아졌으나 여전히 1997년 수준보다 높다고 할 수 있다. 또한, 소득이 전체 평균의 40%에도 못 미치는 상대적 빈곤층도 1997년 6.6%, 1998년 9.2%, 1999년 9.4%로 높아진 뒤 2000년 8.7%, 2001년 8.7%, 2002년 8.0%로 감소하였지만 아직 1997년 수준을 회복하지 못하였다.[19] 이는 경제위기(economic crisis)를 계기로 확대된 상위계층과 중하위계층의 소득격차가 고착되면서 소득이 상위계층에 더욱 집중되는 현상을 보인 것으로 진단할 수 있다.

〈표 6-8〉 한국도시가구의 빈곤층 비율

(단위 : %)

	1997	1998	1999	2000	2001	2002
상대적 빈곤층	6.6	9.2	9.4	8.7	8.7	8.0
절대적 빈곤층	2.8	6.4	7.3	5.4	4.4	3.5

주 : 절대적 빈곤층은 소득이 최저생계비 이하를 의미하며 상대적 빈곤층은 소득이 전체 평균의 40% 이하를 나타냄

자료 : 한국보건사회연구원

19) 소득분배의 불평등상태를 나타내는 지니계수(1에 가까울수록 불평등이 심화되어 있음을 나타냄)의 경우 1997년 0.2995였으나 1998년 0.3191, 1999년 0.3260으로 높아지다가 2002년 2분기에는 0.3075로 낮아졌으나 여전히 0.3%를 초과하였다(동아, 2003. 1. 8. 참조).

제7장

신 경 영

제1절 지속가능경영

최근 들어 대내외적인 정책과 제도, 사회경제구조(socioeconomic structure), 시민의식 등 기업환경이 지구와 생태계의 보전, 자원의 절약, 인류사회의 공영 등 경제·환경·사회의 균형발전을 위한 패러다임으로 변화하고 있다.

경제의 글로벌화(economic globalization), 시장의 세분화(market segmentation), 사회구조의 다원화(diversification of social structure)가 급속히 이루어지고 있는 가운데 기업역할에 대한 기대도 단순한 경제적 차원을 넘어 사회적 책임(social responsibility)의 영역으로 광범위하게 확대되고 있다. 21세기 들어 양질의 제품과 서비스 제공은 필수적이고 시장규율의 준수, 투명하고 윤리적인 경영(transparent and ethical management), 사회정의(social justice)와 균형성장 등 사회의 지속가능발전(sustainable development)을 위한 기업의 역할이 강조되고 있으며 미래에는 그 기대가 더욱 증대될 것으로 예상된다.[1)]

1) 전국경제인연합회, 전경련, 2004. 1·11, 서울경제, 2004. 6. 참조

1. 개 념

지속가능경영(CSM: Corporate Sustainability Management)은 기업이 경제적 수익성, 환경적 건전성, 사회적 책임성 등을 3대 축으로 기업의 지속적인 성장을 추구하는 경영이다. 경제적 수익성(economic profitability)만 추구했던 기존 경영에서 사회적 책임을 동시에 강조한다는 점에서 획기적 발상의 전환으로 평가할 수 있다.

그러나 지속가능경영의 궁극적인 목표는 어디까지나 기업 경쟁력의 강화(intensification of corporate competitiveness)이다. 따라서 사회·경제·환경의 3가지 요소는 모든 경영과정에서 세제적인 기준(global stardard)과 규범을 '효율적'으로 준수하는 것이 핵심이다. 또한, 윤리경영·환경경영의 도덕적인 가치를 기업의 경쟁력으로 승화시켜 기업의 미래가치(future value)를 지속적으로 제고시켜 나가는 것이 중요하다.

지속가능경영을 성공적으로 운용하기 위해서는 경제적 수익성에 환경적 건전성, 사회적 책임성을 경영이념과 전략에 반영하고 이를 구체적으로 실천할 조직체계를 구축해야 하며 최고경영자(CEO)는 지속가능경영을 위해 지출한 금액이 비용(cost)이 아닌 투자(investment)로 인식해 기업과 이해관계자의 상호이해 관계를 잘 충족시키는데 힘써야 한다. 지속가능경영은 기업의 활동을 책임을 강조하는 '기업의 사회적 책임'(CSR: Corporate Social Responsibility), 기업 시민의 역할을 중시하는 '기업시민주의'(CCI: Corporate Citizenship Initiative) 등으로도 지칭되고 있다.

지속가능발전을 위한 기업경영, 즉 지속가능경영은 경제적 이익(economic benefit)을 추구하는 기업의 본질과 조화하기 쉽지 않아 비현실적인 수사(rhetoric)로 간주할 수 있으나 현상과 미래에 대한 예지는 경영환경이 지속가능발전을 위한 패러다임으로 새로운 양상을 나타내고 있음을 인식하게 한다. 이제는 단기적이고 수익지향적 경영방식에 치중해서는 미래의 생존을 보장할 수 없으며 사회적 역할(social role)과 같은 비경제적 부문(noneconomic sector)까지도 기업경영의 핵심요소로 체화하는 것이야말로 기업영속을 위한 관건이 되고 있다.

유엔경제발전위원회(UNCED: United Nations Commission for Economic Development)가 1987년 발표한 'Our Common Future'라는 보고서에서 공업화(industrialization), 도시화(urbanization), 인구증가(population increase), 사회경제의 불균형 발전 등으로 인한 지구환경의 파괴(destruction of global environment), 자원고갈, 빈곤문제 등 인류가 직면한 위기를 해결하기 위한 대안으로 제안한 개념이 바로 지속가능발전이다.

UNCED는 지속가능발전을 '미래세대의 욕구를 충족시킬 수 있는 능력을 훼손하지 않고 현재세대의 욕구를 충족하는 것(What meets the needs of the present without compromising the ability of future generations to meet their own needs)'으로 규정한 바 있다.

2. 필요성

산업계도 일찍이 지속가능발전을 위한 기업경영의 필요성을 인식하여 이윤추구의 차원을 넘어 자연환경 보전, 투명경영, 이해관계자의 권익 신장, 소외계층 지원 등 사회 및 환경과 조화하려는 노력을 기울여 왔다. 특히, 지난 1995년에는 이러한 지속가능경영을 세계 산업계에 폭넓게 확산시키기 위하여 세계적인 산업계 조직인 'WBCSD(World Business Council for Sustainable Development)'를 결성하였으며 현재 170여 개의 세계 유수 기업들이 여기에 참여하여 지속가능경영을 선도하고 있다.

세계적인 선진기업들은 경제적 역할만을 중시하지 않으며 고객, 주주, 근로자, 이웃과 사회의 신뢰를 획득하기 위하여 노력하고 있다. 이 같은 경영원칙에 따라 전개하는 지속가능경영 활동의 영역은 환경경영 체제의 구축과 같은 환경측면뿐만 아니라 근로자의 보건·안전 도모, 소비자 보호(consumer protection), 지역사회의 고용창출(job creation), 뇌물과 부패의 근절, 기업지배구조(corporate governance) 개선 등 매우 다양하게 나타나고 있다.

3. 지속가능경영 키워드

지속가능경영을 효과적으로 추진하기 위해서 기업은 지속적인 혁신, 미래기업 가치의 제고(increase of future corporate value) 등에 매진해야 한다. 다양한 이해관계자들과의 협력, 시장원칙(market principle)의 준수, 효율적인 의사결정 시스템 구축(establishment of efficient decision-making system)도 지속가능경영의 핵심 키워드이다.

3.1 지속적인 혁신

자원고갈, 오염규제, 새로운 산업의 출현 등 기술과 사회여건의 변화에 효과적으로 대응하기 위해 지속적인 기업혁신이 필요하다.

3.2 미래가치의 제고

경제적 수익성(economic profitability)과 환경적 건전성(environmental soundness)을 동시에 제고시키고 효과적인 사회적 활동을 위한 경영전략을 채택함으로써 원가절감, 새로운 수익창출, 기업의 미래가치 제고에 노력해야 한다.

3.3 파트너십 구축

다양한 이해 관계자의 알 권리 충족, 기업의 사회적 참여 강화 등을 제고하기 위해 이해관계자와 파트너십을 구축한다.

3.4 정보공개

다양한 선택기회를 보장할 때 소비자의 삶의 질(quality of life)은 향상될 수 있다. 따라서 기업은 상품과 서비스를 개발할 때 소비자의 삶의 질 관점에서 검토해야 하고 관련 정보를 충분히 제공해야 한다.

3.5 시장원칙

자유경쟁(free competition), 공정거래(fair trade), 투명성(transparency), 신뢰성(credibility) 등이 시장원칙이 될 때 기업의 가치창출 능력(value creation capacity)은 극대화될 수 있다. 따라서 기업은 건전한 시장원칙을 확립하기 위해 노력해야 한다.

3.6 업무체계화

지속가능경영을 추진하면서 얻게 되는 효과를 부문별 활동에 피드백(feedback)해 체계적으로 반영되도록 지속가능경영 관련 업무의 부문별 시스템화, 프로세스화를 지속적으로 추진해야 하며 이는 효율적인 의사결정을 위해서 반드시 필요하다.

3.7 사회공헌

기업의 지속가능성은 상품을 구매할 수 있는 개인의 경제적 여유와 시장이 존재하는가에 달려 있으며 이를 지속적으로 제공하는 것이 사회공헌(social contribution)과 관련한 기업의 역할로 인식되고 있다.

〈표 7-1〉 지속가능경영의 내용

분 야	주 요 내 용
환경적 측면	청정생산(청정에너지 사용 등) 전과정 관리(공급자 환경관리, 제품 책임주의 등) 기후변화 대응(에너지 효율성 제고 등) 리스크 관리, 생물다양성 보호 등
사회적 측면	사회공헌(소외계층 지원, 사회적 기부 등) 윤리경영(정치적 기부 금지 등) 인권경영(아동노동, 강제노동, 차별금지 등) 보건안전(근로자의 산재방지 등)
경제적 측면	지역사회 경제에 기여(고용창출, 세금납부, 공급업체와의 협력 등) 기업투명성(회계투명성, 정보제공 등) 혁신(경영혁신, 기술혁신 등) 공정경쟁 등

자료: KBCSD, 지속가능발전 실천과제 연구 W/G, 2003. 12.

4. 사례

4.1 국외

다국적기업인 셸(Shell)그룹은 지속가능경영이 사업성공의 관건이라는 신념을 갖고 이를 경영철칙으로 삼고 있다. 사업을 수행하는 방식에 이러한 원칙을 통합하고 있으며, 투명한 경영과 소비자의 기대에 부응하기 위하여 노력하고 있다. 급행료를 포함한 뇌물을 금지하는 것을 주요 원칙으로 삼고 있으며, 이러한 원칙은 계약업체가 지불하는 경우에도 적용되고 있다. 또한, 전통적으로 정치적 기부를 하지 않으며 부패가 만연한 국가에서 사업할 경우에도 이 원칙을 준수하기 위해 최선을 다하고 있다.

지속가능경영이 기업들의 장기적이고 필수적인 생존전략으로 인식되고 있는 것은 다수의 선진기업들이 GRI(Global Reporting Initiative)의 가이드라인에 따라 기업활동의 성과를 3가지 측면(경제, 환경, 사회)에서 '지속가능성 보고서'를 작성하고 있는 데서 인지할 수 있다. 자발적으로 작성하는 것을 원칙으로 하고 있지만 3M, GM, SONY, BP와 같은 다국적기업(MNCs)을 비롯하여 세계적으로 약 370개 기업이 작성하고 있다.

4.2 국내

국내 산업계도 지속가능경영 확산을 위한 세계 산업계의 노력에 동참하여 2002년 3월 전국경제인연합회가 중심이 되어 'KBCSD(Korea Business Council for Sustainable Development)'를 발족하였으며 다양한 지속가능경영 확산활동을 전개하고 있다. 그러나 국내 기업들의 지속가능경영 수준은 초보단계에 있다고 평가할 수 있다. 최근 들어 CEO의 마인드가 변화하면서 환경, 경제, 사회를 동시에 고려하는 지속가능경영이 확산되고 있으나 전반적으로 양과 질 모두 미약한 수준이다. 국내 유수의 대기업들도 청정생산, Eco-Efficiency 경영은 비교적 잘하고 있으나, 한 단계 높은 단계인 책임감 있는 기업가로서 생태보호, 사회정의, 경제번영을 균형있게 지향하는 면은 미흡하다. 전반적인 경영기반이 취약한 중소기업은 법규준수와 같은 매우 초보적 지속가능경영 단계에 머물고 있는 실정이다.

최근 유럽연합(EU), 중국 등의 환경규제(environmental regulation) 강화로 기업의 부담이 가중되고 있으며 지구온난화 방지를 위한 교토의정서에 대한 러시아의 비준으로 온실가스 저감 등을 위한 환경경영 체제 구축이 시급한 실정이다.

이러한 배경하에 전국경제인연합회와 지속가능발전기업협의회(KBCSD)는 2004년 10월 28일 중소기업협동조합중앙회와 공동으로 '지속가능경영을 통한 기업경쟁력 강화방안'을 주제로 제3차 기업경영 모범사례 설명회를 개최한 바 있다. 국내기업의 성공사례를 소개한다.[2)]

(1) 삼성전자

삼성전자의 녹색경영방침은 다음 6가지로 집약된다.

가. 환경안전경영 시스템을 운영한다.
나. 제품개발에서 폐기단계까지 각종 오염원이나 사고를 예방하는 데 적극적인 기술투자와 지속적인 개선노력을 한다.
다. 오염물질 배출을 최소화하는 청정생산활동을 한다.
라. 법규준수를 최우선으로 시행한다.
마. 제품으로 인한 환경오염(environmental pollution)을 방지하기 위해 노력한다.
바. 이러한 활동들을 주기적으로 공개한다.

① 리사이클링 운동

이러한 방침하에 삼성전자는 폐전자제품을 회수해서 처리하는 리사이클링 센터(recycling center)를 충남 아산에 건립하여 운영하고 있다. 1998년에 설립한 이 센터는 냉장고, 세탁기, 에어컨, 기타 소제품 등을 연간 20,000대 처리할 수 있다. 2005년에는 약 100억 원 정도 더 투자할 계획이다. 제품의 회수경로는 판매의 역경로로 절차를 밟고 있다. 지자체에서 회수한 가정용 폐기물은 바로 리사이클링 센터

2) 전국경제인연합회와 KBCSD는 2004년 11월 4일부터 10일까지 일본의 지속가능경영 우수기업과 에코타운 등 지속가능경영 우수시설을 국회·정부와 공동 방문하고, 2004년 11월 18~19일에는 CEO를 대상으로 지속가능경영 CEO 아카데미를 개최한 바 있다.

로 집결하고, 대리점을 통해서 오는 제품은 중간에 물류센터를 거쳐 리사이클링 센터로 들어온다.

전국 1,600여개 대리점과 28개 물류센터에서 제품을 회수하여 처리하고 있다. 2005년에는 EU, 미주, 중국지역 등에서 국제적인 회수체제를 구축할 예정이다. 재활용률은 기존제품을 포함해 신규개발 제품에 대해서도 최소 80%에서 90% 이상이 되도록 노력하고 있다. 사업장 폐기물도 2000년부터의 통계를 보면 13종에서 26종으로 재활용을 확대했고 오폐수 슬러지는 기존에 매립하던 것을 시멘트 원료로 만들었다. 폐용재는 분리해서 재사용하는 쪽으로 활용률을 제고시켜 2003년에는 폐기물 26만 톤 중 20만 톤을 재활용했다. 사업장 폐기물의 자체처리를 위해 1994년 수원과 구미에 소각로를 설치하여 1일 70톤을 처리하고 있다.

② 협력업체 지원

'나눔과 상생경영'의 일환으로 협력업체에 대한 지원을 지속해 오다가 2004년부터는 30개 업체를 지정해서 ISO14001 인증을 취득할 수 있도록 초기단계에서부터 인증서 취득시까지 기술지원을 하고 중소기업의 환경기술지도도 지속적으로 시행하고 있다. 또한, 해외사업장에 있는 27개 생산법인에 대해 우선적으로 ISO14001 인증을 취득하게 하고, 2005년까지 OHSAS18001 인증을 취득하는 것을 목표로 하고 있다. 해외에 각종 생산라인이 신설, 변경되고 있는데 9개 분야별로 95개의 항목에 걸쳐 안전성과 환경을 검토한 결과 70점 미만이면 가동일을 연기해서 문제점들을 보완한 후에 가동하고 있다.

③ 녹색경영운동

2004년 상반기 개선과제를 보면 1,060건을 발굴해서 개선하였는데, 에너지 절감을 위주로 약 10억 원의 비용을 절감하였다. 1992년 기흥사업장에서 환경안전 정보를 서로 공유하여 데이터를 좀더 신속하게 가공하고 관리하기 위해 '녹색경영정보시스템'을 만들었는데 2004년 들어 국내 8개 사업장으로 확산시켰다. 2005년부터는 해외사업장으로도 확산할 예정이다. 2002년에 시작한 환경회계시스템은 2004년 1개 사업장에 시범적용을 했는데 그 결과에 따라 2005년에는 전사업장으로 확산시킬 계획이다. 또한, 사원들의 건강을 위해 인간공학인증제도를 운영하여 인간공학적으로 작업하기에 편리한 생산라인을 연구하고 있다.

④ 자연보호부문

자연보호활동도 다방면에 걸쳐 시행하고 있다. 중국의 황사와 사막화 방지를 위해 한·중 미래숲 조성을 2003년부터 진행해 호응을 얻고 있으며 양국 대학생들이 참여해 나무를 심고 있다. 숲조성과 더불어 인적교류, 문화교류, 환경체험 등을 다양하게 경험할 수 있는 프로그램도 실시하고 있다. 이 밖에도 반교산 반딧불 살리기 운동을 실시하고 일반학교와 환경 자매결연을 맺어 매년 지원하는 한편, 회사로 초청해서 여러 가지 환경시설을 견학시키고 있다. 울릉도에서 가전제품을 회수해 무상수리 또는 처리해 주는 리사이클 활동도 활발하게 전개하고 있다.

삼성전자 수원사업장은 원천천이라는 하천을 끼고 있다. 고기가 살지 않던 원천천 생태복원을 위해 2002년 시민 네트워크 발대식을 가졌고 삼성전자와 정부, 환경 NGO 단체, 지역주민들이 생태복원 조인식을 가진 바 있다. 4개 단체가 역할분담을 해서 2003년에 생태계 복원을 완료하여 지금은 지역주민들의 휴식공간으로 이용되고 있다. 폐수의 최종 말단부에서 잉어를 기르고 일반 자연늪지를 조성하여 회사 방문객이나 지역주민들에게 공개하고 있으며 환경에 대한 중요성을 인식시키는 교육의 장으로도 활용하고 있다.

⑤ 사회복지부문

사회복지부문에서는 '작은 나눔 큰 사랑'이라는 운동을 1995년에 시작하면서 컴퓨터 무료교육을 실시하고 있으며 1997년부터는 시각장애인들을 위한 컴퓨터교실도 운영하고 있다. 무궁화전자라는 장애인 전용공장을 1994년에 건립·운영하고, 1998년부터 장애가 있는 가정의 대학생을 대상으로 디딤돌 장학생제도를 운영하고 있다. 각 사업장별로 사랑의 학교 글짓기대회 등을 매년 개최하고 있다. 무의탁노인을 위한 봉사, 사내에 헌혈버스를 상주시켜 헌혈 장려, 사랑의 김치 담그기 등 다양한 봉사활동도 지속적으로 실시하고 있다.

⑥ 문화예술부문

문화예술부문에서는 학생들의 창의력을 발굴하기 위해 올림피아드(Olympiad) 활동을 하고 있다. 그리고 초록동요가요제 개최도 지원하고 있다. 환경보존을 위해서는 청소년 환경체험교실을 2002년부터 시행하고 있다. 또한, 조류보호활동을 10여 년 이상 지속적으로 지원하고 있으며 '맑고 푸른 한강 우리 손으로 만들자'는 운동에도 참여하고 있다.

⑦ 국제교류부문

국제교류부문을 보면 알제리 지진시에 여러 가지 복구사업을 지원하는 한편, 베트남 심장병 어린이 돕기 운동을 적극적으로 전개하고 있다.

(2) 한국수자원공사

수자원공사는 세계 3대 물기업이 된다는 비전하에 3가지 경영방침(고객중심, 혁신지속, 세계를 지향하는 기업)을 수립한 바 있다. 수자원공사 하면 다수의 사람들이 댐 건설을 인식하고 있다. 실제로 수자원공사의 사업 중 많은 부분이 댐 건설과 관련이 있다고 할 수 있다. 이전에는 댐 건설은 환경보다는 당연히 개발이 우선시되었으나 국민의 삶의 질이 향상되고 환경의 가치가 중시되면서 1999년 동강댐을 중심으로 댐 건설 반대운동이 활발하게 일어났다. 더욱이 시화방조제 건설 이후 수질이 악화되면서 국민불신이 가중되었고 2002년 6월에는 동강댐 건설이 중단된 바 있다.

우리나라는 매년 기상이변으로 홍수가 빈발하고 물부족이 심각한 설정이다. 2011년에는 11억 톤 정도가 부족할 것으로 예상된다. 물 문제가 21세기 최대의 과제이며 미래세대를 위해 반드시 해결해야 할 과제임에도 불구하고 현 추진방법으로는 해결이 불가능했다. 따라서 새로운 물 관리법을 모색하게 되었다. 댐 건설 반대가 심하고 물 부족은 심화되고 있는 상황에서 물을 확보하는 방안은 시설과 시설운영 통합시스템이라고 할 수 있다. 다목적 댐을 통합하고 수도시설간 통합시스템을 구축함에 따라 신규시설 없이 추가공급이 가능해졌고 통합운영으로 무인화가 가능해져 인력운용도 효율적으로 이루어졌다.

한강을 보면 북한강 수위에 소양강댐이 있고 남한강 수위에 충주댐이 있는 이 댐들이 이전에는 개별적으로 운용되었다. 댐은 물 공급만 하는 것이 아니라 발전도 하고 생태하천을 보호하는 기능도 한다. 전에는 개별운영되었는데 이제는 수자원공사 통합운용센터에서 통합관리하고 있다 홍수조절, 물이용 등 각종 시스템들을 결합해서 수자원공사에서 직접 수문을 열고 방류하고 발전도 하는 시스템이다. 이렇게 하면 실제 용수 추가공급, 홍수조절 능력 등이 확대되어 실제로 댐 하나를 새로 건설하는 효과를 볼 수 있다. 의사결정이 수자원공사에서 이루어지고 댐과 댐을 서로 연결시켜 운영하기 때문에 유역관리가 가능해졌다는 것이 더 큰 효과라고 할 수 있다.

수도시설도 댐을 통합한 것처럼 수도관을 연계하고 운영부분을 통합센터로 연계시켰다. 3가지 기준(근접성, 인접가능성, 급수지역 중복여부)을 판단해서 전국을 12개의 권역으로 분류하였다. 물을 취수하는 취수장, 그 물을 정수장과 가정으로 보내는 가업시설, 물을 정수하는 정수장 등의 시설들을 통합운영센터에서 관리한다. 이에 따라 물이 남는 사업소의 물을 부족한 사업소로 보낼 수 있어 신규시설을 추가 건립할 필요가 없게 되었다. 현재 광역상수도만 운영하고 있는데 향후 지방상수도도 연결해서 전체 수도시설을 네트워크로 연결할 계획으로 있다.

① 경제성분야

경제성 부문에서 수자원공사가 중점적으로 추진하는 것이 인적자원 관리와 지식경영이다.

가. 인적자원 관리

인적자원 관리를 위해 채택한 전보심사제는 인사 때가 되면 전직원을 사내 인력시장에 내놓고 부서장이 선택하는 제도이다. 사내 인트라넷을 통해 모든 정보를 공개하고 있다. CRP시스템을 구축하고 전직원이 30여 개의 경로를 스스로 설정하고 교육을 받아서 전문성을 강화하고 보직관리를 스스로 하고 있다. 선택형 피크제는 퇴직 3년 전에 퇴직할 것인지, 다른 직무로 전환할 것인지를 선택하는 제도로 사내 인사순환과 정년을 보장해 준다.

나. 지식경영

지식경영은 수자원공사가 많은 상을 받은 부문인데 공공부문만이 아니라 민간기업에서도 벤치마킹(benchmarking)을 하고 있다. 인프라 구축에 가장 중점을 두었는데 지식경영시스템이 성공한 것은 각종 규정들을 하나로 통합했기 때문이다. 제안규정, 지식관리규정, 품질분임조 규정 등을 지식경영, 지식제안 규정으로 통합했다.

대내외적으로 큰 비용을 지불하지 않고도 잘 구축했다는 평가를 받고 있다. 이것을 바탕으로 각종 활성화 대책을 추진했고 고객들과 협력업체와 같이 교류할 수 있도록 사이트를 개방했다. 자체 분석 결과 엄청난 효과를 보고 있는 것으로 나타났다. 2003년 매경과 부즈알렌에서 지식경영대상을 수상했으며 2002년, 2003년 공공부문 경영혁신대회에서 2년 연속 1위를 차지한 바 있다.

② 환경분야

환경분야에서는 2002년 3월에 전문가들을 초빙하여 대내외에 환경경영을 선포한 이후 환경경영을 시작해서 2002년에는 ISO14001 인증을 받았다. 이는 환경경영시스템이나 품질경영시스템을 사규로 통합했기 때문에 가능했다. 또한, 교육을 강화하여 2002년에 기본과정을 전직원의 40%인 1,800명에게 교육시키고 심화과정으로 181명을 교육시킨 바 있다. 2004년에는 2,500명을 교육하고 있다. 이를 통해 환경심사원을 양성하여, 자체 심사체계를 구축하고 2002년에는 성과평가시스템을 마련했다. 수자원공사의 전업무를 6개 분야로 분류하여 40개에서 80개까지의 성과지표를 개발하고 이를 전부 계량화하여 내부평가에 직접 연계시키고 있다.

③ 사회공헌활동분야

수자원공사의 사회공헌활동 비전은 물에 관한 한 모든 국민이 고른 혜택을 받게 하자는 것이다. 이를 위해 우선 도서 해안지역에 물을 공급하는 사업을 실시하고 있다. 전국 초 · 중 · 고등학교 10,000여 개 중 부적합 판정을 받은 지하수를 먹는 학교가 약 1,000여 개인데, 새로 수돗물이 공급될 지역을 제외하고 500여 개 학교에 물을 제공할 계획이다. 2003년에 충남지역 3개 학교에 시범사업으로 물을 공급했고 2004년에 20여 개 학교에 공사를 했으며 2005년부터 2007년까지 단계적으로 200억원을 투입할 계획으로 있다.

또한, 도서 해안지역은 해수를 담수해서 먹기 때문에 도시보다 물값이 3배 이상 비싼 편이다. 환경부의 도움으로 도시와 동일한 가격에 물을 공급하고, 식수부족지역에는 대형 물차를 구입해서 물을 제공하고 있다. 한편, 경제적 제약을 많이 받아 낙후된 댐 주변지역에는 관련법을 개정해 판매수익의 6%, 용수 판매수익의 20%를 환원하고 있다. 사업장들이 대부분 산간 오지에 위치하고 있기 때문에 농촌 기술봉사, PC 보급사업, 기술이 열악한 지방자치단체에 기술지원 등을 활발히 전개하고 있다. 2004년 7월에는 '물 사랑 나눔단'이라는 사회봉사단을 창단하여 전국 80여 개 단체에서 3,000여 명, 전직원의 83%가 가입하여 활동하고 있다.

(3) 포스코

포스코(POSCO)는 지속가능경영이 세계적인 추세여서 동참해야 될 필요성을 국내 어느 기업보다 일찍 인식한 기업으로 평가되고 있다. 즉, 포스코는 기업의 가치가 이해관계자들에 의해 결정되는 상황에서 이해관계자들이 이런 흐름으로 가고 있다면 기업이 이에 적응할 수밖에 없다는 것을 인식한 것으로 해석할 수 있다. 여기서 중요한 개념이 Eco-Efficiency이다. 이는 기업활동의 경제적 · 환경적인 영향도를 동시에 측정할 수 있는 것으로 경제적인 가치와 환경적인 영향의 가치를 동등한 개념으로 보고 있다.

환경측면에서는 환경친화공정인 파이넥스가 있다. 포스코는 1년에 7,000~8,000만 톤의 원료를 사용하고 있어 환경부하를 피할 수 없다. 그렇다면 어떻게 이러한 부하를 감소시키는가가 포스코의 과제이다. 파이넥스는 쇳물을 생산하는 고로공정에서 포스코가 사운을 걸고 도입한 세계에서 유일한 공정으로 평가할 수 있다. 원료를 중간에 가공하는 과정을 모두 제거시키고 저렴한 원료를 이용해 바로 쇳물을 뽑아낼 수 있는 프로세스로 성공할 경우에는 철강산업의 역사를 새로 쓰게 될 획기적인 공정이다. 이것이 성공한다면 지속가능경영이 가능해진다고 할 수 있다.

지속가능경영을 위한 노력의 일환으로 포스코는 1994년부터 '환경보고서'를 발간했고 2004년에 '지속가능보고서'라는 새로운 명칭으로 보고서가 탄생했다. 지속가능보고서 여부는 이미 기업을 평가하는 아주 중요한 기준이 되어 이것이 없다면 15~20%까지 평가절하되었다. 이는 회사의 미래에 대한 비전을 보여주는 것이 지속가능보고서이기 때문이다.

지속가능경영을 통한 균형적인 발전을 모색하기 위해 포스코는 사회공헌활동을 활발히 전개하고 있다. 포스코는 사회공헌활동 자체가 자기가 속해 있는 기업 가치를 제고시키는 한 부분이라는 인식을 근로자들이 하지 않으면 지속가능경영에서 좋은 결과를 얻을 수 없다는 것을 인식하게 되었다. 그래서 피할 수 없으면 즐기라는 신념을 가지고 강력한 드라이브정책을 추진하고 있다. 경제적인 가치도 뛰어나고,

환경적인 측면에서도 무엇인가 하고 있고 사회공헌도 하고 있다면 이것을 어떻게 지속가능경영과 결합시킬 것인가가 관건이 된다.

포스코는 이런 일들을 어떻게 평가할 것인가를 가장 중점에 두고 있다. 포스코는 세계에서 유일하게 독자적으로 개발한 독특한 '환경개선지수'라는 것을 운영하고 있다. 경영성과지수라는 것은 환경분야에 R&D를 얼마를 투자했느냐, 매출액이나 영업이익의 얼마를 투자했느냐를 계량화해서 실질적으로 환경이 얼마나 개선되는지를 종합적으로 파악해 보는 지수이다. 이것은 어떻게 정량화를 하고 향후 얼마나 더 올려야 하는지를 측정할 수 있는 하나의 수단이다. 각 회사 나름대로 환경에서 이런 분야에 취약점이 있다면 대표지수를 한가지 개발해서 매년 어떻게 변동되었는지, 어떻게 개선이 되었는지 측정해야 한다.

지속가능경영을 하고 있는 증거를 찾기 위해 철강산업 부문에서 세계의 유수기업들이 모여서 '지수를 어떻게 개발할 것인가?'라는 프로젝트를 추진한 바 있는데 포스코는 이러한 프로젝트에서 많은 부분을 응용하고 있다. 회사마다 상이하지만 경제적인 관점(economic perspective)에서 투자비율, 영업이익률, 자기자본비율, 부가가치율 등 중요한 지표들을 설정할 수 있고, 환경적인 관점(environmental perspective)에서는 자기 회사가 과연 얼마만큼 노력했는가를 표시할 수 있는 지표를 구할 수 있다. 그래서 포스코는 온실가스 배출량, 리소스의 사용효율, 에너지 사용량, 환경개선 인정비율 등을 지표로 삼았고 사회적인 관점(social perspective)에서는 여러 분야가 있지만 교육시간 등을 지적할 수 있다. 이것은 세계 많은 전문가들이 모여서 가장 용이하고 객관화할 수 있는 지표라고 해서 구성하게 되었다.

지속가능경영은 피할 수 없는 추세이고 피할 수 없다면 즐길 수밖에 없다. 즐기려면 내가 하고 있는 일들을 다시 조직하고 이것을 어떻게 평가받을 것인가 하는 측면에서 접목하는 작업을 수행해 나가야 한다. 포스코의 경험을 토대로, 측정을 어떻게 하고 향후 비전을 어떻게 보여줄 것인가에 대해서 지수 개념을 도입하는 것이 필수적이다.

포스코는 앞으로도 지속가능경영이라는 세계적인 추세와 국내기업의 현실에 적합한 지속가능경영을 결합시키기 위한 노력을 지속해야 됨을 인식하고 있는 국내 대표적 기업으로 평가할 수 있다.

5. 과제

지속가능경영의 지속적 확산을 위해서는 KBCSD 같은 산업계 조직의 선도적인 역할, 정책적인 지원도 중요하지만, CEO 마인드의 근본적 변화가 관건이라고 할 수 있다. 지속가능경영은 연구개발(R&D), 디자인, 생산, 판매, 구매, 유통 등 기업의 가치사슬(value chain) 전과정에서 환경 · 사회 · 경제적 측면을 고려하는 것이 필요하다. 또한, 지속가능발전은 전략개발(strategy development), 예산편성, 교육, 보상시스템(reward system)과 같은 사업수행 과정에도 용해되어 있어야 한다. 예를 들면, 프로젝트 예산을 신청할 때 해당 사업부는 경쟁이 치열한 예산분배과정에서 경제성을 저해하지 않고 지속가능발전에 기여할 방법을 명시하는 것이 필요하다. 경쟁력 모색을 위한 사업혁신(business innovation)은 지속가능발전을 추구하는 데 있어 필수적이다. 이러한 혁신은 미래에 대한 변화의 가능성을 광범위하게 고려함으로써 가능하다.

WBCSD는 투명 · 공개적이고 경쟁적이며 다양한 구성원들이 사회 · 환경적 문제를 해결하기 위해 자발적이고 역동적으로 상호 작용하는 'Jazz' 세계야말로 가장 인간다우면서도 풍요로운 세계, 즉 지속가능한 발전을 지향하는 세계라고 강조한다. 향후 인류사회는 이러한 세계로 나아갈 것이며, 지속가능경영이 기업의 미래를 결정짓는 중요한 요소가 될 것임은 주지의 사실이다. 따라서 이제 기업들은 사업결정에 있어 3가지 측면(경제, 사회, 환경)을 고려하는 것이 사회발전(social development)과 기업자산(corporate asset)의 미래를 위해 매우 기본적인 경영요소라는 점을 인식해야 한다.

제 2 절 인재경영

1990년대 이후 세계화(globalization)가 급추진되면서 세계경제는 더욱 더 단일화되고 있다. 이러한 상황하에서 기업들의 경영환경은 무한경쟁시대로 접어들고 있다.

2000년 하반기 이후 IT산업을 중심으로 불황조짐이 나타나면서 그 동안 세계경제의 견인차 역할을 해온 미국 경제가 침체되고 일본과 독일 등 지난 20세기의 경제강국들도 불황에 직면해 있다. 이러한 국제경영환경의 변화 속에서 기업 등 경제단위의 경쟁력 원천도 급격히 변하고 있다.

20세기 까지는 산업생산의 시대로 노동생산성(labor productivity)과 함께 생산기술이 경쟁력의 원천이었다. 이 시기는 세계최고의 생산기술을 보유한 일본과 독일의 시대였고 세계 다수의 국가들은 이들 국가에서 생산기술이 체화된 기계류와 부품을 수입하였다. 이러한 생산기술 경쟁력시대에는 지역간 생산시설의 적절한 배치를 통해 국가균형발전을 도모하는 것이 가능한 전략이 될 수 있었으나 20세기말 도래한 정보기술(IT) 시대부터는 경쟁력의 원천에 본질적인 변화가 일어나고 있다.

본 절에서는 최근 들어 기업의 새로운 경영영역으로 부상하고 있는 인재경영과 관련하여 그 배경, 국내외 사례, 경영전략, 그리고 과제를 차례로 살펴보고자 한다.

1. 인재경영의 배경

최근 들어 기업을 둘러싼 경영환경은 급변하고 있다. 과거 '자원기반경제(resource-based economy)'에서는 토지와 지하자원, 자본 등이 핵심자원인 반면 '지식기반경제(knowledge-based economy)'에서는 우수한 인재들에 의해서 창출되는 지식과 정보, 창의성이 핵심자원(core resource)으로서 급부상하고 있다. 즉, 21세기 들어서서 생산기술의 중요성이 크게 낮아지고 창의적인 아이디어와 지식(creative idea and knowledge)이 경쟁력과 부가가치(value added)의 핵심으로 등장하고 있다.

이에 따라 세계경제의 주도권도 생산기술의 종주국인 일본과 독일에서 창의적인 인적자본에서 우위를 확보한 미국으로 전환되었다. 창의적인 인적자본(creative human capital)에서 창출되는 지식이 부가가치의 원천이 된 반면 생산은 부가가치가 낮거나 아웃소싱(outsourcing) 영역으로 전환되고 있다. 이러한 인적자본의 경쟁력 시대는 IT시대가 도래하면서 더욱 더 급속도로 진행되고 있다. 주요 선진국들이 차세대 성장동력산업으로 집중육성하고 있는 생명공학(Bio-Engineering) 등 미래성장산업분야들은 IT분야에 비해 창의적인 지식이 더욱 중요한 초인적(超人的) 자본형 산업의 성격이 더욱 강하다고 할 수 있다. 결국 향후 기업의 경쟁력은 세계일류 수준의 인적자본 양과 이를 육성할 수 있는 시스템 구축에 크게 좌우된다고 할 수 있다.

이러한 맥락하에서 기업의 생존은 바로 우수인재의 확보와 양성에 있으며 또한 모든 구성원들이 한 방향으로의 응집된 조직력을 바탕으로 성과를 창출해낼 수 있는가에 달려 있다. 소위 세계는 지금 '인재전쟁의 시대(The War for Talent)'에 돌입해 있다고 할 수 있다. 우수인재(core people)의 확보와 양성은 이제 기업의 경쟁력과 직결되는 자원이 아닌 자본의 시대가 도래한 것이다.

2. 국내외 사례

21세기 들어 세계 각국의 기업들은 경쟁기업을 물리쳐야 생존이 가능하기 때문에 '상시전쟁체제'에 돌입했다고 해도 과언이 아니다. 기업마다 핵심인재를 확보하기 위해 치열한 경쟁을 벌이고 있다. 서구의 다국적기업들(MNCs : Multinational Corporations)에 있어서 인재의 확보 및 육성은 일찍이 진행되어 왔지만 국내에서는 지난 1999년 이후 인재확보전쟁이 본격적으로 시작되었다고 할 수 있다.

기업경쟁력의 가장 중요한 요소로 부각되고 있는 인재경쟁의 국내외 사례를 살펴보고자 한다.[3)]

2.1 국외

(1) 미국

① 제너럴 일렉트릭

제너럴 일렉트릭(GE : General Electric) 인사관리의 핵심은 '세션 C(Session C)'라는 제도를 통해 이루어지고 있다. 세션 C는 임직원의 능력 및 업적을 통해 이들의 급여인상, 승진, 교육파견여부, 주요 직책 승계 가능성 등을 판단하는 과정이다. 사업부·직급별로 모든 임직원들이 A, B, C 세 등급으로 나뉘는 것도 이 과정을

3) 중앙·한경, 2003. 1·6월 각호 참조

통해서 이루어진다. A등급은 B등급에 비해 2배 이상의 급료와 스톡옵션(stock option), 승진기회를 제공받게 되며 하위 10%의 C등급을 받은 직원은 재교육을 통한 구제 가능성이 있긴 하지만 퇴사할 각오를 해야 한다. GE 회장은 매년 4, 7, 11월 3차례에 걸쳐 개최되는 세션 C 회의에 참여하여 사업부별 현안과 실천계획을 직접 점검한다.

'세션 C'는 GE의 차세대 리더를 선발하여 기르는 과정이기도 하다. 상위 500개 관리직은 소위 '체스판' 방법을 통해 배치된다. 체스판에 놓을 말들을 선택하듯 각각의 자리에 후보자 명부를 미리 결정한 뒤, 자리가 비게 되면 고용담당자가 최종 선발하게 된다. 회장은 세션 C를 통해 얻어진 인사정보를 활용하여 후보자 명부 작성에 직접 관여한다.

'세션 C'라는 명확한 절차가 있긴 하지만 GE의 인재 선발은 제도와 형식을 통해서만 이루어지는 것은 아니다. 모든 사업회의, 비공식적인 회합도 인사평가과정이 되고 있으며 이는 여러 환경에서 사람을 평가해야 제대로 된 인재선발이 이루어지는데 따른 것이다.

이러한 GE의 인재관리에는 잭 웰치(Jack Welch) 회장의 기여가 크게 작용했다. 웰치는 1981년 45세의 젊은 나이로 GE 회장에 취임한 이후 극적인 경영재편을 통해 시가총액 130억 달러에 불과했던 기업을 시가총액 4,700억 달러의 세계 최대기업으로 성장시켰다. 시장에서 1, 2위가 아닌 사업부는 폐쇄하거나 매각한다는 방침으로 취임 초기 170여개나 되었던 사업 중 110개 사업을 정리하는 결단을 보였다. 또한, 세계화 전략, 6시그마 운동, e비즈니스 전략 등 혁신적 아이디어(innovative idea)를 잇달아 내놓았는데 그의 공헌 중 가장 핵심적인 것으로 평가받는 것이 인사평가와 보상시스템 정립, 리더십 강조 등으로 요약되는 '인재정책'이라고 할 수 있다.

실제로 재직당시 잭 웰치 회장의 사무실에는 '전략보다 사람이 우선한다'(People First, Strategy Second)는 격언이 붙어있고 "내 업무의 70%를 인재에 사용한다"라고 밝히기도 하였다. GE내 각 사업부문 사장들의 가장 중요한 일도 인재관리라고 할 수 있다. 세션 C에서 A를 받은 직원이 퇴사하게 되면 사장은 곧바로 회장의 질책을 받게 된다. 이러한 인재관리로 인해 A고과를 받은 직원이 GE를 퇴사하는 비율은 1% 미만에 머무르고 있다.

〈표 7-2〉 GE 현황

설립연도	1892년
본 사	미국 코네티컷주 페어필드
사업분야	의료장비, 항공기, 엔진, 에너지, 송전 및 발전설비, 플라스틱, 기계, 방송, 금융, 자동차, 가전 등
총 자 산	4,950억 달러
매 출	1,259억 달러
이 익	141억 달러
종업원수	34만명

주 : 총자산, 매출, 이익은 2001년 기준임

〈표 7-3〉 GE의 핵심인재 관리 방식

정의 및 규모	· 경영프로, 차세대 리더, 창조적 소수를 의미 높은 성과를 내는 인재 중 잠재력이 높은 인재 전체 인력 중 상위 10~20% 이내
관리틀	· 역량 모델 확보 및 관리 모두에 적용
확보 및 선발	· 성과 평가 및 리더십 평가 결과에 따라 핵심인재군으로 편입 내지는 탈락 세션C(인사평가위원회)에서 최종 선정 리더십 평가는 매니저급 이상 간부와 임원층을 대상으로 실시 9가지 GE밸류(회사 가치관)에 대한 평가
육성	· 승계 플랜 주요 직책에 대해 3명의 후계자를 선정 사례연구 중심의 연수 프로그램 운영
동기 부여	· 금전적·비금전적 인센티브 부여 초기 승진 및 리더십 교육 등의 기회를 부여해 인정욕구 충족 멘터, 코칭 등 임원급 상사가 세심하게 관리
관리조직	· 세션C를 통한 프로세스 관리 상사와 인사부서에 의한 일상적 관리
기타	· 9밸류 성실, 성과, 고객, 실력주의, 성장지향, 인재중시, 도전, 스피드, 리더십

② 마이크로소프트

유능한 인재의 확보는 어느 기업에게나 중요한 일이지만 지적재산(intellectual

property)을 다루는 마이크로소프트(MS : Microsoft)의 경우 핵심인재의 확보 및 양성은 기업의 생존 및 성장에 필수적이라 할 수 있다. MS의 인재확보는 전세계를 통해서 이루어진다. MS는 미국내에서만 인재발굴을 하지 않고 유럽 · 아시아 등 전세계의 인재를 널리 구하는 기업으로 정평이 나 있다. 일례로 MS는 인재발굴을 위해 300여명의 팀원으로 구성된 '캔디디트 제너레이터(Candidate Generator)'라는 인재발굴팀을 운영하고 있는데 이들은 급여 · 평가 등 일반적인 인사업무는 전혀 하지 않고 오직 전세계적으로 유능한 인재발굴에만 전념하고 있다.

인재발굴팀은 인재선발을 위해 컴덱스 등의 각종 정보기술(IT) 전시회나 산업별 세미나에 참석하게 되는데 기술직 인재발굴팀의 멤버들은 기술분야의 사람들과 접촉하여 누가 재능이 있고 어느 회사에 근무하는지를 파악하여 필요한 인재 리스트를 작성하여 필요한 인재가 있다면 아예 그러한 인재가 속한 기업을 매입하는 경우도 발생한다.

인재발굴팀에 의해 확보된 직원후보는 면접을 통해 채용이 결정된다. 이때 면접은 함께 일할 동료들이 하는데 이는 함께 일할 동료와의 융합여부가 MS의 성공을 좌우한다고 판단하기 때문이다. 인재발굴에서 면접을 거쳐 최종 채용까지 소요되는 시간은 임원 이상의 경우 통상적으로 3~6개월 걸리며 매니저는 8주 내외, 사원급은 4~6주 정도로 다양하지만 인터뷰 과정은 거의 동일하다고 할 수 있다. 즉, 함께 근무하게 될 동료와 상급자 5~6명으로 구성된 인터뷰팀이 후보자의 기술력과 창의력, 인성 등을 파악할 수 있는 질문으로 최종 점검한다. 일례로 부사장급의 경우 함께 일할 부장급들과 CEO, 팀원급이라면 팀장과 팀원이 인터뷰 담당자가 된다.

마이크로소프트(MS)의 인터뷰는 미국기업 중에서도 독특한 것으로 정평이 나 있다. 미국의 경제전문지 포천(Fortune)은 2001년 초 MS의 인터뷰 질문을 별도 기사로 취급하기도 하였다. MS는 2002년 세계적인 인력컨설팅회사인 휴잇 어소시에이츠가 평가한 '인재양성 잘하는 미국 20대 기업' 중 IBM에 이어 2위에 랭크된 바 있다.

MS는 우수인재를 양성하기 위해 수시로 다양한 교육기회(educational opportunity)를 제공하고 있다. 업적이 뛰어난 직원 중 발전가능성이 큰 직원을 선발하여 리더십을 양성하는 '벤치 프로그램'이란 과정도 운영하고 있다. 우수직원이 대상이지만 될 수 있는 대로 여러 직원에게 기회를 주려고 노력하고 있는 대표적 기업으로 평가되고 있다.

〈표 7-4〉 MS 현황

설립연도	1975년
본 사	미국 워싱턴주 레드먼드
사업분야	개인·기업용 컴퓨터 소프트웨어, 디지털 기기, 게임기 등 엔터테인먼트, 포털 사이트
총 자 산	675억 달러(2002 회계연도)
매 출	283억 달러(2002 회계연도)
이 익	78억 달러(2002 회계연도)
종업원수	50,621명(2002년 7월 기준)

〈표 7-5〉 MS의 인재관리방식

확보 및 선발	·3백명 규모의 채용전담팀(candidate generator) 중심으로 확보 ·함께 일할 동료에 의한 인터뷰로 선발
요구하는 인재상	·5대 가치(창의력·열정·영민함·활기·임무완수) ·빌 게이츠가 채용시 중시하는 4대 기준(야망·IQ·기술적 전문성·사업판단력)
육성	·우수직원 선발해 리더십 양성하는 '벤치 프로그램' 운용 ·대규모 집체교육 없고 필요할 때 수시 교육
동기부여	·스톡옵션·현금보상 등 경제적 보상 ·자율성 최대한 보장해 '인정 욕구 충족' (1인 1사무실 제공, 출퇴근 점검 없고 업무배치는 본인 희망에 따라 이루어짐)
관리조직	·관리 담당 매니저를 통한 직원 평가, 지식수준 관리 ·직원들 지식수준은 기본, 현업적용가능, 리더십, 전문가 수준 등 4단계로 분류해 관리 ·매니저 관리를 위한 매니지먼트 교육과정 운영
평가	·업적·보상 평가 연 2회 ·2.5~5.0의 6단계별 평가(6단계별 인원은 정상분포곡선 구성)
승계플랜	·빌 게이츠, 스티브 발머 건재해 플랜 없음 ·최고 의사결정기구인 7인의 시니어 리더십팀 및 비즈니스 솔루션·윈도우즈 클라이언트 등 7개 부문별 대표가 차세대 CEO후보군

(2) 유럽

① 프루덴셜 금융그룹(영국)

영국의 프루덴셜 금융그룹(Prudential Financial Group)은 생명보험(life insurance)을 중심으로 연금(pension)・뮤추얼 펀드(mutual fund)・투자관리(investment management) 등 종합금융서비스를 제공하는 거대금융그룹이다. 2001년 매출은 215억 파운드로 포천(Fortune)지 조사에서 세계 생명보험회사 중 5위에 랭크되었다.[4)]

프루덴셜의 인재관은 '핵심인력은 하루아침에 만들어지지 않는다'인데 이러한 인재관에 따라 핵심인재를 조기에 선발하여 장기간에 걸쳐 글로벌 리더(global leader)로 양성하고 있다. 글로벌 리더로 양성하기 위한 교육프로그램으로 프루멘터(PRUMentor, 프루덴셜의 멘터제도)를 운영하고 있다.

프루멘터 교육 프로그램에 따르면 선발된 핵심인재들은 그룹의 최고경영진으로부터 1 대 1의 교육을 제공받게 된다. '멘터'란 말 그대로 상사가 부하를 1 대 1로 관리하는 것을 의미한다. 최고경영진들은 자신이 담당하고 있는 인재들과 개별면담을 해야 하고, 평가는 최고경영진들이 모이는 이사회에서 이루어지고 있다. 이러한 프로그램에 따라 핵심인재들은 3년간 세계 각지에 진출해 있는 경영조직을 순회하면서 현장을 파악하게 된다. 본사의 주요 프로젝트에 참여할 기회도 갖게 되며 마케팅・재무・영업 등 전통적인 업무뿐만 아니라 e비즈니스 등 첨단산업에 대한 미래지향적인 교육(future-oriented education)도 받게 된다.

핵심인재 교육과정에 대한 지원은 경영학석사(MBA) 과정을 마쳤고 영어 외에 제2외국어에 대한 구사능력이 뛰어날 경우 가능하다. 심사과정이 엄격하기 때문에 소수의 인원만 프루멘터를 받게 된다.

프루덴셜은 '항상 듣고 이해한다'는 사훈아래 사람을 중시하는 기업문화를 가지고 있다. 금융회사의 경우 사람이 재산이며 눈에 보이지도 않고 만기도 수십 년이나 되는 보험상품을 판매하기 위해서는 사람에 대한 신뢰가 절대적이라고 할 수 있다.

---

4) 영국의 프루덴셜 금융그룹은 2001년 10월 영풍생명을 인수하면서 한국에 진출했으며 2002년 10월에는 굿모닝투신운용을 인수하는 등 한국에서도 적극적인 투자활동을 벌이고 있다. 미국의 프루덴셜 생명(세계 8위)과 영문이름은 동일하지만 전혀 다른 회사이다. 한국에는 미국의 프루덴셜보다 늦게 진출했으며 한국에서는 PCA(Prudential Corporation Asia)라는 사명을 사용하고 있다.

이러한 기업문화는 핵심인력을 선발, 양성할 때 가급적 전직원에게 기회를 주려고 노력하고 있는데서 잘 나타나고 있다. 또한, 핵심 포스트가 공석일 경우 될 수 있는 대로 사내에서 인재를 찾는다. 이는 누구에게나 가능성이 있으므로 자기개발에 경주하라는 메시지를 주기 위해서라고 할 수 있다.

프루덴셜은 프루멘터뿐만 아니라 일반직원을 대상으로 한 교육프로그램도 다양하기로 정평이 나 있는데 대표적인 예가 사이버 대학인 프루유니버시티(PRUuniversity)이다. 직원들은 인터넷을 통해 세계의 석학들로부터 강의를 수강할 수 있다. 학비는 회사가 부담하며 교육과정을 이수하면 가상학위와 수료증을 준다. 이러한 교육과정에 대한 이수는 인사관리 때 중요한 참고자료가 되고 있다. 프루덴셜의 인재관리철학은 조직내에서 인정받고 성장하는 것 자체가 충분한 동기부여가 된다는 인식에 있다고 할 수 있다.

핵심인재와 관련한 프루덴셜의 인재관리철학을 간략히 살펴본다.

가. 핵심인재가 중요한 이유

글로벌화가 진전되면서 기업간 경쟁이 갈수록 치열해지고 있기 때문에 기업경영에 있어서 핵심인재가 중요하게 부각되고 있다. 금융업은 제조업과 달리 신상품·신기술 등이 나오더라도 경쟁기업들이 신속히 대치하게 된다. 따라서 진정한 의미의 경쟁력은 어느 기업이 우수인재를 많이 확보하고 제대로 관리하느냐에 달려 있다.

나. 프루덴셜이 핵심인재에게 가장 요구하는 능력

조직관리 능력과 리더십을 최우선으로 하고 있다. 조직원들에게 비전을 제시하고 긍지와 정열을 가지고 일하도록 만들 수 있어야 한다. 고객만족(customer satisfaction) 역시 중요한 분야이며 업무에 대한 기술적인 능력은 그 다음 문제로 인식되고 있다.

다. 인재채용시 우선적으로 고려하는 점

우선 개인적인 능력이 탁월해야 한다. 또한, 회사의 가치관과 개인의 생각이 일치해야 한다. 회사가 추구하는 기본적인 가치는 'RESPECT'이다. 즉 인간존중(respect), 격려(encourage), 봉사(support), 실천(practice), 즐거움(enjoy), 경청(commit to listening), 신뢰(trust)를 의미한다.

라. 외부인재 스카웃

인재의 발굴 · 양성은 가급적 회사내부에서 하고 외부채용은 신중을 기하고 있다. 스카웃 대상자가 결정되면 바로 데려오는 것이 아니라 일정기간 비공식적으로 다른 임직원들과 어울릴 기회를 준다. 회사의 문화와 가치관을 정확히 알고 입사를 결정하라는 취지에서 시행되고 있다. 이러한 방식은 당사자들이 결정을 내리는데 도움이 될 뿐만 아니라 회사로서도 가치관이 다른 인재가 입사하는 것을 방지하는 효과가 있다.

마. 교육시스템

직원마다 배경 · 지식 · 경험 등이 다양하기 때문에 개인별 발전계획을 수립하여 실행하고 있다. 이러한 계획에 따라 부서나 프로젝트를 순환근무하게 되며 세계 각국에 소재하고 있는 지사에 근무하기도 한다. 개인적으로 공부가 필요한 부분은 사이버 대학인 프로유니버시티를 통해 이루어지고 있다.

〈표 7-6〉 프루덴셜 금융그룹 현황

설 립	1848년
본 사	영국 런던
사업분야	생명보험, 연금, 뮤추얼 펀드, 은행, 투자관리, 종합보험, 사이버 금융 등 종합금융 서비스
총 자 산	1,570억 파운드(301조 4,000억원)
매 출	215억 파운드(41조 3,000억원)
영업이익	12억 파운드(2조 3,000억원)
종업원수	23,000여명(설계사 제외)

〈표 7-7〉 프루덴셜 금융그룹의 핵심 인재관리 방식

정 의	· 변화하는 금융환경 속에서 경쟁자를 압도할 수 있는 인재 · 자기 업무영역에서 핵심적인 역할을 하는 사람 (특별히 몇%를 핵심 인재로 규정하지는 않음)
관 리 틀	· 회사의 가치체계와 역량모델을 핵심인력 관리의 기준으로 활용
선 발	· 지원자 중에서 엄격한 심사를 거쳐 핵심 인재를 선발 · 모든 직원에게 공평한 기회를 제공. 외부 스카웃보다 가급적 내부에서 핵심인재 확보
육 성	· 1 대 1 교육 프로그램 운영 · 최고 경영진이 직접 면담, 조언 · 순환 보직으로 다양한 업무를 경험할 수 있도록 배려
동기부여	· 다양한 인센티브 부여 · 금전적 보상은 크게 활용하지 않음 · 조직내 성장 등 정서적 요소 중시
관리조직	· 이사회에서 핵심인력을 직접 관리
기 타	· 회사의 기본가치인 인간존중(Respect)에 맞는 인재개발을 지향

② 볼보(스웨덴)

핵심인력을 확보하기 위한 볼보(VOLVO)의 기본 전략은 '인재는 키우는 것'이다. 볼보의 경우 최고경영자로서 가장 중요한 일도 핵심인재를 키우는 것이다. 레이프 요한손 볼보 회장은 최근에 향후 10년간 볼보의 최대 현안이 핵심 인재의 확보라고 밝힌 바 있다. 볼보엔 '프레지던츠 리뷰(President's Review)'라는 비(秘)파일이 있는데 전체 임직원 70,920명 중 1%도 채 안 되는 '핵심 중 핵심 인재'인 500명의 신상자료가 자세히 담겨 있다. 이는 전체 임직원의 인력관리 데이터베이스(Employee Profile Database)에서 선택된 것으로 회장이 직접 관리하고 있다.[5)]

볼보는 핵심인력을 3그룹으로 나누어 관리하고 있다.

가. 최상위그룹

최상위그룹은 넓은 사장이 속한 핵심보직인력을 의미한다. 기업이익(corporate profit)에 직접적인 영향을 미치며 그룹의 장기적인 발전에 기여하는 임원들이 주로

5) 볼보의 최고경영진인 요한손 회장과 스벤손 부사장은 한 달간 지난 일년 동안 핵심인력들이 개인개발계획에 따라 어떠한 성과를 거두었는지를 점검하게 된다. 자질이 떨어지는 인력은 핵심인재군에서 탈락되며 탁월한 성과를 올린 인재는 새롭게 발탁된다.

이 그룹에 해당한다. 본사의 최고위 임원들과 해외법인 계열사 사장단, 사업부문장 등 225명이 이 그룹에 속한다.

나. 잠재력이 높은 그룹

잠재력이 높은 인력(high potentials)은 2년 이내에 승진하여 핵심보직을 수행할 수 있는 역량을 지닌 275명의 간부직원들이 해당된다.

다. 잠재력이 있는 그룹

잠재력이 있는 인력(potentials)은 5년내에 2단계 승진이 가능한 역량을 지닌 임직원 600명으로 구성되어 있다.

볼보는 핵심인재들에게 리더가 되기 위해서 '무엇을 더 개발해야 하며 어떤 일을 맡아야 할지, 무슨 교육을 받는 게 좋은지'를 관리해 주고 있다. 즉, 회사에 근무할 동안의 커리어(career)를 관리해 주고 있는 것이다. 이의 대표적인 예가 개인개발계획(Personal Development Plan)인데 회사가 일방적으로 하지 않고 당사자와 상사가 함께 의논하여 수립한다. 당연히 회사가 핵심인재의 능력과 발전가능성에 대해 세밀히 인지하고 있어야 한다. 이러한 과정을 통해 수립된 개인개발계획을 참조하여 회사는 교육프로그램을 만들고 순환배치도 하고 있다.

볼보는 핵심인재개발을 위한 별도 모임도 운영하고 있는데 핵심보직인력의 경우 매년 한 차례, 이틀에 걸쳐 그룹의 발전방안과 같은 장기적인 경영이슈를 논의한다. 잠재성이 높은 인재들은 '에지(The Edge)'라는 교육프로그램에 참여해야 한다. 연간 4번 열리는 이 프로그램은 한번 할 때마다 일주일간 열리는데 이 기간 중 회장이 직접 내준 경영과제를 해결해야 한다. 한번에 24명이 참석하며 2002년에는 영국과 중국, 스웨덴에서 열렸다. 이러한 교육과정은 지구촌 비즈니스 환경이 복잡하고 신속하게 변하고 있어서 핵심인재의 중요성이 더욱 강조되고 있는데 따른 것으로 이해할 수 있다.

볼보는 핵심인력의 선발, 양성시 성과위주의 능력만능주의는 경계하고 있다. 볼보의 경우 리더십을 가장 중요하게 생각하고 있는데 아무리 뛰어난 성과를 발휘해도 리더십이 결여되어 있다면 동료와 부하직원들의 협조를 얻을 수 없다. 볼보에는 '볼보의 길(Volvo Way)'이라 지칭되는 모든 임직원들이 준수해야 할 업무상의 기본지침이 있다. 이 기본지침에는 훌륭한 리더는 모범이 되어야 하며 일관된 업무수행을 통해 존경을 받아야 하며 종업원들과 양호한 관계를 형성해야 한다는 내용이 포함되어 있다. 핵심인재를 '톱 리더십(Top Leadership)'이라고 표현하는 것도 이러한 이유에서 연유한다. 톱리더가 되기 위해선 소프트밸류(soft value)와 하드밸류(hard value)의 2가지 자격조건을 갖추어야 한다.

소프트밸류란 에너지·열정·개인존중 등 3가지를, 하드밸류는 문제해결능력(problem-solving capacity)을 특히 강조하고 있다. 회사가 요구하는 것은 2가지 중 어느 한쪽에 치우치지 않는 균형감각을 지닌 리더십이며 양성 프로그램도 이러한 시각에 맞추어서 운영되고 있다.

리더십을 강조하는 데는 볼보가 다국적기업(MNCs : Multinational Corporations)인 점도 작용하고 있다. 세계 각국에서 선발된 직원들이 함께 근무하기 때문에 특정국가의 방식이 최선이라고 주장하게 되면 문제가 발생하게 된다. 이에 대해 요한손 회장은 다음 세대의 최고경영자(CEO)는 사람들을 선입견없이 만나는 것을 좋아해야 한다고 지적하면서 그렇게 할 때 문화적 차이(cultural difference)를 극복하고 더불어 살아가는 방법을 터득할 수 있다고 주장한 바 있다.

핵심인재와 관련한 볼보의 인재관리철학을 간략히 살펴본다.

가. 사내에서 핵심인재를 선발하는 방법

볼보는 사내의 모든 루트를 통해 핵심인력 정보를 얻고 있다. 각 사업본부 인사부에는 임직원 신상에 대한 상세한 데이터베이스를 갖추고 있다. 이러한 데이터베이스를 통해 에너지, 열정, 개인존중 등 소프트밸류와 문제해결 능력 등의 하드밸류를 겸비한 인재 중에서 성과가 탁월한 인재를 선발하여 인터뷰 등을 통해 선발하게 된다. 핵심인재로 선발되면 당사자에게 그 사실을 통보한 후 회사는 선발된 직원과 상의하여 개인개발계획을 수립하고 인력양성프로그램을 통해 리더가 되기 위한 트레이닝을 받게 한다.

핵심인력을 관리하기 위한 별도의 사내조직은 없으며 각 계열사나 그룹의 인사담당 부서가 담당업무의 일부분으로 핵심인력을 관리하고 있다.

나. 핵심인재에 대한 대우

금전적으로 기본연봉 이외에 회사전체의 실적과 개인의 업무성과를 감안하여 인센티브(incentive)를 주고 있다. 핵심보직을 담당하고 있는 100여명에게는 스톡옵션(stock option)도 주고 있다. 그러나 볼보가 중시하는 것은 비금전적인 보상이다. 개인개발계획을 수립하여 체계적으로 커리어 관리를 해주고 각종 인력양성 프로그램에 참여할 수 있는 기회를 제공하고 있다.

다. 핵심인력 양성 프로그램의 운영 시기

요한손 회장이 부임한 이후 본격적으로 시행되었다. 2002년 기준 만 4년째를 맞고 있는데 자체적으로 평가할 때 성공적으로 운영되고 있다고 보고 있다.

라. 차세대 CEO 승계 플랜

핵심보직자에 대한 승계프로그램은 있으나 그룹회장직에 대한 승계 플랜은 아직 없다. 그룹의 사장급 경영진은 전임자 추천에 따라 후보들을 정하고 있으며 이 중에서 최적임자를 그룹회장이 사장으로 선발하고 있다.

〈표 7-8〉 볼보 현황

설립년도	1927년
본 사	스웨덴 예테보리
사업분야	트럭, 버스, 항공, 엔진, 건설기계, 파이낸스
총 자 산	12조 2,613억원(2001 회계연도)
매 출	24조 5,636억원(2001 회계연도)
생산기지	전세계 60여개 지역
종업원수	70,920명(2001년 기준)

〈표 7-9〉 볼보의 핵심인재 관리 방식

<table>
<tr><td>확보 및 선발</td><td>· 공식 · 비공식 루트 통한 인재관련 정보 수집
· 사내 인력 데이터베이스에서 대상 후보군을 골라 인터뷰 통해 선발</td><td>육성</td><td>· 개인개발계획 수립
· 인력양성 프로그램을 통한 정기적인 트레이닝</td><td>관리 조직</td><td>· 회장과 인사담당 최고임원이 프레지던츠리뷰(President's Review)라는 비(秘)파일을 만들어 관리</td><td rowspan="2">승계 플랜</td><td rowspan="2">· 회장승계플랜은 아직 없음
· 사장급 경영진의 선임은 전임자의 추천에 따라 CEO가 후보군중에서 선발
· 핵심보직자에 대한 승계프로그램은 있음</td></tr>
<tr><td>요구하는 인재상</td><td>· 소프트밸류(에너지 · 열정 · 개인존중)와 하드밸류(정량화 · 평가 · 실천력) 등 12가지</td><td>동기 부여</td><td>· 스톡옵션, 인센티브 등 경제적 보상
· 체계적 경력관리, 각종 인력양성프로그램 제공</td><td>평가</td><td>· 업적 · 보상 평가 면담 연 1회</td></tr>
</table>

③ 일렉트로룩스(스웨덴)

일렉트로룩스(Electrolux)는 장기적인 안목을 갖고 인재를 선발하고 있다. 회사에 장기간 근무한 사람을 가장 우선순위로 하고 있다. 아무리 유능하더라도 잠시 머무르는 철새 인력은 선발하지 않는다. 일렉트로룩스는 현재의 직무만 보고 인재를 선발하지 않으며 이들을 어떻게 육성할 수 있을지, 회사로서 충분히 가능할지를 고려하여 선발하고 있다. 즉, 새로운 인재에게 투자하면 향후 어떠한 결과를 창출해 낼지를 충분히 검토한 후 선발하고 있다.

일렉트로룩스는 인재를 선발할 때, 3가지 능력을 중시하고 있다. 3가지 능력이란 '업무수행능력', '세계 적응능력', '소비재산업경험 여부'를 말한다. 세계적응능력을 중시하는 이유는 동 사가 세계 150여개국에 제품을 판매하고 있기 때문이다. 따라서 세계 어디에 내놓아도 생존경쟁력이 있을 정도로 글로벌화된 인력을 확보해야 한다는 것이다. 또한, 가전산업은 대표적인 소비재산업에 속하기 때문에 소비자가 무엇을 원하는지 제대로 파악할 수 있는 능력이 가장 중요하다. 소비재산업에 근무한 경험을 중시하는 것도 이러한 이유에서다.

일렉트로룩스 인사담당자들은 '인재들을 어떻게 유치하는가?'라는 질문에 대해 돈을 강조하지 않으며 돈은 No 3라고 답하고 있다. 일렉트로룩스의 경우 돈은 기본이며 직원들의 성과가 좋을 경우 스톡옵션이나 보너스를 충분히 지급하고 있다. 그러나 이러한 형태의 보상은 다른 대부분의 다국적기업들도 하고 있으며 더욱이 핵심인재의 경우 경제적인 측면에서는 문제가 없기 때문에 이들에게 더욱 중요한 것은 기회와 도전(opportunity and challenge), 그리고 이를 통한 성취욕구의 충족(fulfillment of achievement desire)이다. 즉, 일렉트로룩스는 인재들에게 더욱 많은 기회를 제공하고 이들이 점진적으로 성장해 갈 수 있도록 도와주는 역할을 하고 있다. 인재를 유치할 때 회사의 장래성을 강조하는 것도 이와 같은 이유에서이다. 일렉트로룩스는 주지하는 바와 같이 냉동 · 냉장고 세계시장 점유율 1위일 뿐만 아니라 가스레인지 · 오븐에서도 세계시장 점유율이 1위에 랭크되어 있는 세계적인 다국적기업이다.

동 사는 인재를 유치할 때 회사의 이러한 점유율을 강조하지 않고 회사가 향후 어떻게 성장해 나갈지, 그리고 인재들이 회사에서 어떠한 역할을 담당하게 될지를 상세하게 설명한다. 이는 장래의 비전있는 기업이야말로 인재들을 매혹시킬 수 있기 때문이다.

일렉트로룩스의 핵심인재는 임직원(87,000여명)의 1%가 조금 넘는 1,000여명에 불과하다. 이들을 본격적으로 육성하기 시작한 것은 2년 정도 밖에 되지 않았다. 당시 'Talent Review Process'라는 프로그램을 만들어 선발된 1,000여명의 실적과 잠재력을 도표로 만들었다. 이후 이들의 사업실적과 잠재력을 매년 점검 · 평가하고 있다. 평가할 때 가장 중요시되는 것은 인재선발시와 동일하게 인재가 회사에 얼마나 오래 근무할 수 있는가 하는 점이다. 전세계를 돌아다니며 근무할 수 있는 능력이나 열의가 있는가도 중요한 기준이 된다. 특정지역만 선호하는 인재는 낮은 평가를 받게 된다. 잠재력에 대한 평가는 상위그룹으로 올라갈수록 리더십(leadership)이 중요한 항목이 된다.

평가방식은 독특하게 이루어져 있다. 여러 사람이 모여서 평가하게 되는데 평가그룹 최상위에 최고경영자(CEO)가 있고 이 아래에 고위임원 12명이 2번째 평가그룹을 형성한다. 고위임원당 3~6명의 간부가 일하고 있어 3번째 평가그룹은 80여명에 이르고 있다. 이들을 모두 합쳐 전체 93명이 1,000여명의 핵심인재를 평가하고 관리한다. 평가절차(evaluation procedure)는 우선 80명의 간부가 1,000여명과 토론한 결과를 평가한다. 그런 후에 이를 2번째 평가그룹에 보고한다. 12명으로 구성된 이 그룹은 이틀 동안 80명의 간부그룹을 만나 토론을 벌여 1,000여명을 평가하고 이를 사장에게 보고한다.

평가를 받은 이들 1,000여명은 각자 실력과 잠재력에서 핵심인재그룹 중 어느 정도의 위치에 있는지 모른다. 다만 핵심인재그룹안에 포함되어 있다는 것만 알고 있을 뿐이다. 회사측은 개인의 능력에 대한 평가는 고정되어 있는 것이 아니라 매년 계속해서 바뀌고 있다고 말하고 있다. 'Talent Review Process Program'은 핵심인재 평가 및 육성뿐만 아니라 주요 보직에 대한 승계프로그램으로도 활용되고 있다. 주요 직책이 공석이 되면 이 자료를 토대로 인재를 선발하게 된다.

핵심인재와 관련한 일렉트로룩스의 인재관리철학을 간략히 살펴본다.

가. 인재육성 프로그램

일렉트로룩스는 핵심인재를 지칭하는 '엘리트 퍼스널(Elite Personal)'이라는 용어를 잘 사용하지 않고 있다. 그러나 인재육성 프로그램은 활발하게 운용하고 있다. 부장급이상 관리자들을 관리하는 'Talent Review Process Program'이 대표적인 예에 속하며 2년여 전부터 실시해 오고 있다. 대부분의 내용은 훨씬 이전부터 운용해 왔지만 2년 전부터 본격적으로 시스템화하고 있다.

나. 인재선발비율(내부인사 대 외부인사)

인재선발비율은 상황에 따라 변화한다. 최근에는 외부와 내부의 비율이 4 : 6을 나타내고 있어서 내부인사를 선호하는 경향을 보이고 있다. 인재선발비율에 대한 권한은 이사회에 속한다.

다. 인력공백시 승계원칙

주요 직책의 경우 후보를 미리 결정해 놓고 있어서 승계시 업무에 공백이 없게 하는 '석세션 플랜(Succession Plan)'을 가지고 있다. 즉, 관리자가 자신의 후임을 누구로 할 것인가를 정해 놓은 파일을 가지고 있다.

라. 외국현지 법인의 인재육성 프로그램

일렉트로룩스의 경우 외국에서 근무하는 임직원이 압도적으로 많은 편인데 87,000여명의 임직원 중 스웨덴에서 근무하는 인력은 8%에 불과한 실정이다. 본사가 스웨덴에 소재할 뿐 90%가 넘는 임직원들이 세계 150여개국에서 근무하고 있다. 따라서 외국현지법인에도 인재육성프로그램이 그대로 적용되고 있다. 대부분의 경우 본사 방식대로 운용되지만 현지 사정에 맞춰 수정하기도 한다.

마. 세계 각국의 인력채용

본사의 '개방노동시장 프로그램'과 '현지채용'을 병행해서 실시하고 있다. 우선 본사 프로그램에 따라 사내전산망에 그룹전체의 해당 포지션을 공고하여 각 나라에서 지원할 수 있는 기회를 제공하고 있다. 그 다음에 적절한 인력이 없을 경우 현지에서 채용한다.

〈표 7-10〉 일렉트로룩스 현황(2002년말 기준)

설립연도	1891년 설립(당시 회사명 룩스, 1919년 일렉트로룩스로 바꿈)
본 사	스웨덴 스톡홀름
사업분야	세탁기, 냉동·냉장고, 식기세척기, 가스레인지, 가스오븐, 진공청소기, 공기정화기 등
해외진출국	150여개국(현지법인 40여개국)
주요 브랜드	일렉트로룩스(스웨덴), 유레카(미국), AEG(독일), 자누시(이탈리아), 프레지데어(미국), 이메일(호주)
매 출 액	127억 달러(15조 2,000억원)
영업이익	7억 3,000만 달러(8,700억원)
종업원수	87,000명

〈표 7-11〉 일렉트로룩스의 핵심인재관리 방식

핵심인재의 정의	·부장급이상으로 실적과 잠재력이 높은 인재(1,000여명 가량) ·직무능력과 세계시장 적응력이 크고 소비재산업 경험이 풍부한 사람
확보·선발	·회사에 얼마나 오래 근무할 수 있는가를 가장 중시함 ·CEO를 포함한 93명의 간부진이 토론 등을 통해 핵심인재를 평가·관리
육성·동기부여	·탤런트 리뷰 프로세스를 통해 실적관리 ·기회와 도전, 그리고 이를 통한 성취욕 충족 ·다양한 일을 경험하게 함
관리조직	·탤런트 매니지먼트 팀

(3) 일본

① 도요타

도요타(TOYOTA)는 세계 3위의 자동차메이커에 적합하지 않게 지나치게 '일본적'이라는 평가를 받아왔다. 이러한 도요타가 글로벌 핵심인재 육성에 나선 것은 해외생산 · 판매가 지속적으로 증가한데다 해가 갈수록 치열해지는 경쟁에 대응하기 위해서였다. 도요타는 자동차생산의 1/3, 판매의 2/3가 해외에서 이루어지고 있다. 해외근무 종업원만 해도 5만명에 이르고 있어서 글로벌 인재의 체계적인 육성 및 관리가 경쟁력 제고에 중요한 과제가 되고 있다. 즉, 글로벌화와 경쟁구조 및 기술 등 외부환경의 급변으로 차세대 인재의 육성 · 강화가 회사의 핵심전략(core strategy)이 되고 있다.

인사의 글로벌화가 중요한 과제로 부각되면서 도요타는 현지에서 채용된 우수한 인재들에게 도요타 기업철학을 전수시키기 위해 2002년 1월 '도요타 인스티튜트(Toyota Institute)'를 설립한 바 있다.

도요타 인스티튜트에는 '글로벌 리더 육성 프로그램(Global Leadership School)'과 '중간관리자 육성 프로그램(Middle Management Development School)'이 운영되고 있다. 글로벌리더 육성 프로그램은 고급 · 중급 · 초급 간부 개발과정의 3개 프로그램으로 구성되어 있으며 매년 부사장급 이상의 추천을 받아 선발된 180명(본사 90명, 해외법인 90명)이 교육대상이다. 또한, 도요타는 세계적으로 300개의 주요 직책을 정해 차기후보자를 미리 선발하여 관리하는 '글로벌 승계계획'도 시행하고 있다. 후보자들은 매년 조정되며 외국인은 임원이상, 일본인은 부장급 이상으로 국한되어 있다. 도요타는 글로벌 리더 육성 프로그램과 글로벌 승계계획을 연계해서 운영하고 있으며 간부 후보들이 전세계 생산 · 판매 현장에서 리더십을 발휘할 수 있도록 육성하고 있다.

도요타는 2001년 전세계에 있는 인재육성에 대한 책임을 지겠다는 조 후지오(張富士夫)사장의 방침에 따라 설립되었으며 사장이 학장을 겸하고 있다. 도요타는 2002년 본사 및 전세계 154개국에 있는 해외지사의 임직원 67,000명 중 선발된 차세대 글로벌 인재 180명을 2주간의 합숙기간 동안 조 후지오 사장 등 16명의 본사 임원들로부터 도요타의 독특한 경영철학인 '도요타 방식(Toyota Way)'에 대해 집중적으로 공부했다. 세계 각지에서 모인 이들 인재는 수업이 끝난 후 함께 어울리면서 도요타방식을 각 지역의 상이한 경영환경에 어떻게 적용할 수 있는지에 대해 토론하여 보고서를 작성하였다. 21세기 도요타 인재 육성의 핵심은 글로벌화인데 이를 위해 전세계 도요타 직원들이 'Toyota Way'를 자연스럽게 받아들여 동일한 이념과 가치관하에 근무하도록 만들고 있다.

도요타는 2002년부터 과장급의 인사고과점수를 매길 때 부하지도 항목을 추가하였으며 비중도 40%를 차지하고 있다. 이전의 인사고과는 전문성과 관리능력이 각각 50%였다. 그러다 보니 간부들이 자신들의 전문성을 키우는데 매진하게 되어 후배를 육성하는데 소홀해지는 문제가 발생하여 전문성은 20%로 줄이고 대신 부하지도 등 관리능력을 80%로 증가시켰다. 이 때문에 도요타 본사 과장들은 부하의 능력개발과 지도에 열정을 쏟고 있다. 이러한 제도의 도입으로 이제 도요타에서 말하는 기능이란 단지 작업에 대한 숙련만을 지칭하는 것이 아니라 후계자 육성 · 후배지도 등 사람을 만드는 힘을 포함하고 있다. 핵심인재와 관련한 도요타의 인재관리 철학을 간략히 살펴본다.

가. 도요타 방식의 중요성

도요타는 사람을 평가할 때(미국처럼) 결과만 중시하지 않고 있다. 이는 결과가 좋았다는 것을 그다지 중시하지 않고 있다는 의미이다. 대신 안정적이고 반복적으로 높은 성과를 내는 과정을 중시하고 있다. 따라서 도요타는 인재에 대한 평가나 고과기준도 지혜와 개성, 인간성 존중 등을 핵심으로 하는 '도요타 방식'을 얼마나 이해하고 있는지를 중요시하고 있다.

나. 미국식경영과의 차이성

도요타는 주가(stock price)나 주주이익(shareholder profit)을 가장 중요한 경영기준으로 여기지 않는다. 현대기업에 있어서 주주이익은 매우 중요해졌지만 '도요타 방식'이 더욱 중요하다고 판단하고 있다. 도요타는 지난 50년간 한번도 인력구조조정을 하지 않았는데 이는 노사가 인원정리를 하지 않는다는 각서를 교환했기 때문이다. 이로 인해 세계적 신용평가기관인 무디스(Moody's Investors Service)로부터 신용등급을 강등당하기도 했으나 이를 유지하고 있다. 오쿠다 히로시(奧田碩) 회장의 경영철학은 주가를 높이기 위해 안이하게 직원을 해고시켜서는 안 되며 능력에 따른 차등은 인정하되 인간을 소중히 여기는 자본주의가 필요함을 강조하고 있다.

다. 노사협력

도요타의 경우 단체행동은 1937년 창사 이후 인력구조조정을 단행했던 1950년의 파업이 유일하다. 그러나 이러한 체험이 노사간 상호신뢰(mutual confidence)와 상호의존(interdependence)의 원칙을 더욱 강하게 만들었다. 노조도 무리한 임금인상을 요구한 적이 없으며 대부분의 사원들은 60세 정년까지 근무한다는 의식을 가지고 있다.

라. 인재양성에 있어서 도요타 방식의 의미

조 후지오 사장은 구미식 글로벌 스탠더드(global standard)에 따라가게 되면 일본식 인재육성의 장점이 소멸될 수 있다며 인재육성의 핵심은 가치관의 전승임을 강조하고 있다. 글로벌 핵심인재의 관리도 이러한 맥락하에서 이루어지고 있다.

〈표 7-12〉 도요타 현황(2002년 3월 기준)

설립연도	1937년 8월
본 사	일본 아이치현 도요타시
사업분야	자동차 생산 및 판매, 주택분양사업, 소비자금융사업 등
총 자 산	3,970억엔(3조 9,118억원)
매 출	15조 1,062억엔(148조 6,860억원)
영업이익	1조 1,135억엔(10조 9,599억원)
종업원수	66,800명 (해외지사인력 49,000명 포함)

〈표 7-13〉 도요타의 인재관리 방식

정 의	· 반복적으로 높은 성과를 내는 인재(과장급 10%, 차장급 3%, 부장급 1.5% 정도) · 전세계 3백개 주요 포스트 대상으로 후계자 승계 플랜 시행
확보 및 선 발	· 각 직급 상위 우수자 중에서 부사장급 추천 받아 도요타 인스티튜트 글로벌양성과정(GLS) 입과 · 매년 15명의 부장급 이상 우수자를 시니어 이그제큐티브 개발프로그램 대상자로 선발 · 외국인을 CEO로 등용해 우수인력 확보 노력
육성 및 동기부여	· 도요타 인스티튜트에서 교육프로그램 시행 · 글로벌 리더의 자격과 기회를 부여하는 이상의 차별적 처우 및 보상은 없음
관리조직	· 도요타 인스티튜트

② 소니

소니는 1992년부터 대졸신입사원 입사지원 서류에서 출신대학을 기입하지 않도록 하는 '오픈 엔트리(Open Entry)' 채용제도를 채택하고 있다. 이렇게 학벌을 따지지 않는 풍토는 이미 1966년 공동창업자인 모리타 아키오(盛田昭夫)가 개성이 풍부한 인재를 찾기 위해 '학력무용론'을 펼친 이후부터 확립되기 시작했다. 이에 따라 소니에는 다양한 사고를 가진 인재들이 모여들었고 사내에는 학벌문화가 존재하지 않고 있다. 소니의 인재상은 한마디로 독특한 발상을 할 수 있는 창의성(creativity)을 지닌 사람이다. 즉, 소니는 도전적인 창조자집단(challenging creator group)을 추구하고 있다고 할 수 있다. 개인을 누르고 조직을 받드는 멸사봉공(滅私奉公) 유형이 아니라 회사에 도전하는 사람을 중시하고 있다. 따라서 소니가 추구하는 인재는 비연속적 사고력을 지닌 사람이라 할 수 있는데 이는 소니그룹의 사업영역이 급속도로 확대되면서 기존의 사고방식으로는 소니다운 제안을 할 수 없는데 연유하고 있다.

소니는 창립직후부터 외부에서 인력을 스카우트하여 사업을 확장시켜 왔기 때문에 임직원들은 입사 당일부터 바로 일을 시작한다는 특징을 가지고 있다. 창업자들이 외부에서 인재를 스카우트하여 회사의 체질을 강화하고 기업문화를 발전시켜 왔기 때문에 다른 일본의 기업들보다 한발 앞서 세계화되었다고 할 수 있다. 소니는 1960년대부터 외국인을 현지법인 최고경영자(CEO)에 임명했으며 1989년에는 일본 본사의 임원으로도 임명한 바 있다. 현재 소니의 미국, 유럽 현지 법인의 CEO는 대부분이 현지인으로 구성되어 있다.

가. 소니대학의 운영

소니대학(Sony University)은 소니가 2000년 10월 '10년후 사장'을 육성시키기 위해 도쿄 시나가와(品川)의 본사 건물 근처에 설립한 임직원 교육시설이다. 소니는 이곳에서 전세계 법인에서 근무하는 16만명의 임직원 중 선발한 차세대 및 차차세대 간부후보들을 경영자로 양성하고 있다.

가전에서 음악, 영상, 게임, 금융 등으로 사업을 다각화해온 소니는 이처럼 과거의 지식이 통하지 않는 완전히 새로운 비즈니스를 창조할 수 있는 인재를 육성하고 있다. 소니대학은 글로벌차원에서 차세대리더를 발굴하여 육성하고 있으며, 특히 소니 개혁의 핵심이 될 인재를 키우는데 주력하고 있다.[6)]

소니대학은 2001년부터 '소니의 미래전략'을 주제로 한 사내논문공모를 통해 인재를 발굴하는 프로그램도 운영하고 있다. '소니 2010'으로 명명된 이 프로그램은 '10년 후인 2010년에 소니에 어떤 비즈니스가 필요한가?'를 사원들에게 생각하도록 하면서 동시에 '숨어 있는 인재'를 발굴하기 위한 취지로 시행되었다. 우수한 논문을 작성한 임직원들은 차세대 후보군에 들어가게 되는데 이러한 제도의 목적은 우수한 제안을 통한 사업화에도 있지만 기본적으로는 리더가 될 수 있는 인재발굴이라고 할 수 있다.

나. 인재선발 과정

일 중심의 소니는 전세계적으로 어느 자리가 중요한지를 미리 결정해 놓고 있다. '글로벌 핵심보직(SGKP : Sony Global Key Position)'으로 불리는 핵심포스트는 대략 100~150개이며 이 중 해외법인의 주요 포스트는 30~40개이다. 이렇게 자리를 결정해 놓고 여기에 적합한 사람을 핵심인재로 선정하게 된다. 3년 후에 이 자리를 차지하기에 적합한 '차세대 후보군'을 우선 선정한다.

이어 5년 후 이 자리에 앉을 수 있는 '차차세대 후보군(Young High Potential)'도

---

6) SONY는 '10년후 사장'을 의식적으로 육성하지 않으면 강력한 리더십(powerful leadership)을 가진 후계자가 계속해서 배출되기는 힘들다고 판단하고 있으며 '준비된 인재'만이 기업의 성공을 보장한다는 확고한 신념을 가지고 있다.

결정한다. 이는 '10년 후 사장'이 될 수 있는 핵심인재를 미리 선정해서 체계적으로 양성하기 위해서이다. 각 후보군에는 4~5명씩이 있어 차세대 · 차차세대 후보군은 각각 500여명에 이르고 있다. 한번 차세대 후보가 되었다고 해서 영원히 핵심인재인 것은 아니며 후보들의 성과나 성장도 등을 평가해서 매년 후보군을 교체한다. 이는 끝없는 경쟁과 자기계발을 통해 최종적으로 유능한 경영자를 육성하기 위해서이다.

선발 방식은 다양한데 소속부서나 부서장이 지명하기도 하고 주변 부서장이나 인사부서 추천 등으로 선발되기도 하며 공모도 이용되고 있다. 최종결정은 이데이 노부유키(出井伸之)회장 등 최고경영층 3인이 담당하게 된다.

차세대 후보를 제대로 관리하기 위해 소니가 2001년 3월 만든 시스템이 '경영인적자원위원회(EHRC : Executive Human Resource Committee)'이다. 이데이 회장과 안도 구니타케(安藤國威) 사장 겸 최고운영책임자(COO), 도쿠나카 데루히사(德中暉久) 부사장 겸 최고재무책임자(CFO) 등 3명으로 구성되어 있다. 여기서는 밑에서 올라온 리스트를 보고 차세대 후보를 최종확정한다. 후보의 경력 · 실적 · 역량을 보고 차세대 후보가 할 일을 바꿔주기도 한다. 일례로 영업은 매우 잘 하지만 재무일을 담당해 본 적이 없다면 재무일을 배울 수 있도록 관련부서로 배치한다.7)

이렇게 선발된 차세대 후보들은 '소니대학'에서 연수시키면서 '차세대 경영자재목'으로 육성시킨다. 연수프로그램 중 핵심은 봄, 가을로 연 2회 실시되는 2주간의 단기집중식 과정인 '소니 글로벌 리더십 세미나(Sony Global Leadership Seminar)'이다. 매회 참가인원이 20명 정도인 이 과정에는 이데이 회장이 반드시 참여한다. 회장은 후보들과 직접토론하면서 이들을 평가하게 된다. 후보들은 개인 또는 그룹별로 부여받은 경영과제에 대해 이데이 회장 앞에서 발표하기도 한다.8) 또한, 후보들은 미국 UCLA 등 명문대학에서 이들을 위해 만든 맞춤강의를 수강하기도 하고 도쿄 본사에서 개최되는 그룹 전략회의에 참석하여 경영감각을 습득할 기회를 가지게 된다.

---

7) SONY는 차세대 후보가 매너리즘에 빠지지 않도록 한 가지 일을 오래 담당하도록 하지 않는다. 인재를 신규사업분야 등으로 과감히 배치한 후 도전하도록 키우고 있다.

8) 이데이 회장은 이런 토론을 통해 차세대들과 그룹의 경영전략(management strategy)을 공유할 수 있고 조직전체를 파악하는데 도움이 되고 있다고 지적한 바 있다.

〈표 7-14〉 소니현황

설립연도	1946년
본 사	일본 도쿄 시나가와
사업분야	오디오, 비디오, TV, 정보산업, 게임, 영화, 음악, 엔터테인먼트, 금융 등
총 자 산	3조 3,400억엔(33조원) (2002년 3월말 기준)
매 출	7조 600억엔(70조원) (2002년 3월말 기준)
영업이익	1,350억엔(1조 3,000억원) (2002년 3월말 기준)
종업원수	168,000명

〈표 7-15〉 소니의 핵심인재 관리방식

정 의	비연속적 발상을 할 수 있는 창조성을 지닌 사람
관리틀	· 사람이 아닌 핵심보직을 정하고 이에 맞는 인재 양성 · 전세계적으로 중요하다고 생각되는 100~150개의 핵심직책(SGKP)별로 4~5명씩의 차세대 및 차차세대 후보자(각 500명씩)를 관리
선 발	· SGKP에 요구되는 역량(지식 · 스킬 · 경험 · 인성)을 기준으로 선발 · 소속부서 및 부서장 지명, 주변 부서장 · 인사부 추천, 공모 등에 의해 선발되며 최종결정은 CEO가 함 · 매년 평가 통해 후보군 조정
육 성	· 소니대학에서 연수, 차세대 육성 프로그램은 연 2회 집합교육 실시 · CEO와의 전략 공유 및 핵심인재 평가를 위한 소니 글로벌 리더십 세미나 실시 · 후보자 경력이나 실적을 기초로 도전적인 배치전환
보 상	별도의 인센티브나 처우는 없음
관리조직	회장과 COO, CFO 등 3인으로 구성되는 'EHRC'
기 타	· 제도 자체가 일반사원에게는 비밀로 되어 있음 · 외국인 · 여성 · 연령별 차별 대우 없음

2.2 국내

대내외적인 기업환경이 급변하면서 국내기업들은 치열한 경쟁에서 생존하기 위해 '핵심인재 확보전쟁(War for Talents)'을 전개하고 있다. 이 전쟁은 국내 4대그룹(삼성, LG, 현대 · 기아차, SK)이 활발히 전개하고 있으며 중견 · 중소기업들도 이의 심각성을 인식하고 있다.

국내에서 인재확보경쟁이 이슈가 된 것은 지난 1999년부터라고 할 수 있는데 21세기 새로운 성장동력을 찾아야 하는 시점에서 기업들은 인재육성에 주목하기 시작하였다.

〈표 7-16〉 핵심인재의 요건

	질적 측면	실천 측면
업 무	· 전문능력 - 제품 · 기술 · 시장 관련 전문지식 보유	· 변화주도 - 조직의 관성 타파 - 열정 · 에너지 등 신가치 창출
인 성	· 도덕성 - 올바른 가치관 확립 - 조직 · 고객에 대한 사명감	· 인간미 - 사람과 운이 따르는 인재

전국경제인연합회가 2003년 7월 3일 삼성전자, LG전자, 포스코, SK텔레콤 등 11개 대기업의 인사담당자를 대상으로 '바람직한 인재상'을 조사한 결과 국내 대기업들은 전문지식과 도전정신을 겸비한 국제화된 인재를 원하는 것으로 나타났다. 전국경제인연합회는 국내 대기업들이 외국어 구사능력, 폭넓은 교양, 올바른 가치관을 갖춘 신입사원을 선발하기를 원하지만 우리의 대학교육은 전공지식 습득에 주력하여 수요자와 공급자간 심각한 괴리를 보이고 있다고 지적하였다.

전국경제인연합회는 이 같은 판단에 따라 기업이 원하는 인재의 양성을 위해 대학의 '올바른 기업관 확립'과 '기업실무과정' 개설을 지원하고 기업최고경영자(CEO)와 실무전문가를 대학에 보내 강의하기도 하였다. 또한, 대학생의 인턴 및 연수 프로그램 활성화를 위해 장기 산업체 연수 프로그램의 도입을 적극적으로 검토하기도 하였다.

한편, 국내 11개 대기업은 신입사원 채용 때 서류전형, 인성과 적성검사, 면접 등을 거치고 있으며 면접을 가장 중요시하는 것으로 나타났다. 기업들은 대부분 2차례에 걸쳐 면접시험을 실시하며 인성, 자질, 창의성, 조직과의 융화, 업무능력 등을 측정하는 것으로 나타났다. 특히, 최근에는 해결해야 할 과제를 미리 주고 도출된 결론을 면접관 앞에서 발표하게 하는 'Presentation Interview'를 주로 실시하고 있는 것으로 밝혀졌다.

〈표 7-17〉 주요그룹별 인재상

회사	개인능력 전문성	Global Capability	조직·대인관계	개인의 태도·가치관	기타
삼성	전문지식, 폭넓은 교양, 끊임없는 학습	국제감각 능력	협력 에티켓	열린 마음, 유연한 사고 창의력, 자기표현능력 진취성 및 목표지향 인간미, 도덕성	자본주의 시장경제에 긍정적 시각
LG	기본에 충실	폭넓은 시야 외국어실력	협조와 양보	창의력, 개성, 도전정신 올바른 가치관	-
SK	경영관련지식, 기획력, 과학적 분석	국제감각	사교자세	패기(적극성, 진취성) 도전정신	가정 및 건강관
현대자동차	학습하는 전문인	국제감각	더불어 사는 사회구성원	창의력과 유연한 사고, 도전정신, 진취성, 인간미, 도덕성	-
현대	자기계발 세계적 전문인	폭넓은 시야 국제감각	-	창조성, 도전정신, 혁신적 업무자세, 책임정신	정직, 근면, 검소
현대중공업	기본에 충실, 최고지향	국제화 능력	상호존중 시민의식	유연한 사고, 미래지향적 사고, 도전정신, 책임정신	정직, 근면, 성실
포스코	프로정신 IT능력	국제감각 국제 언어구사	-	창의력	-
한진	자기계발 프로자세	국제화 능력	예의, 신용 책임	창조인, 도전정신, 계획성과 성취의지	근검, 정직
롯데	자기계발	국제화 능력	협력과 양보	패기와 투지, 도전정신, 인내와 노력	-
한화	자기계발	국제화 능력	신용, 의리	도전정신, 창조인	-
두산	프로자세 자기계발	국제화 능력	예절, 긍지	열정, 진취적 기상 도전의식	-

자료 : 전국경제인연합회

우리의 주요 기업들이 대졸 출신자에게 갖는 가장 큰 불만 중 하나는 대학을 졸업했어도 입사후 현업에서 필요한 인력으로 양성하기 위해 거액을 들여 다시 수습과정이란 재교육(reeducation)을 시켜야 한다는 점을 지적할 수 있다.[9]

조사결과 우리나라 주요 그룹의 표준 인재상은 '글로벌 환경하에서 전문지식과

9) 대다수 기업들은 학생들이 사람들과 어울려서 원만히 문제를 해결하고 목표를 성취해 나가는데 필요한 능력을 대학에서 가르치면 기업은 채용과 동시에 효율적으로 활용할 수 있음을 지적하고 있다(전국경제인연합회, 전경련, 2003. 8. 참조).

프로근성을 가지고 올바른 가치관, 창의와 도전정신으로 조직구성원과 상호협력하여 주어진 임무를 완수하는 국제화된 인재'로 귀결될 수 있다.

우리의 대학교육이 전공지식 습득에 주력하고 있는데 반해 기업은 세계화가 급추진되는 국제경영환경하에서 적응할 수 있는 외국어 구사능력과 폭넓은 교양 등 국제감각과 다양한 경험을 갖추기를 원하고 있다. 또한 창의력, 책임감, 인간미와 예의 등 올바른 가치관과 대인관계 등을 강조하고 있어 공급자(대학)와 수요자(기업) 간 기대수준에 현저한 차이가 있음을 보여주고 있다. 따라서 기업이 원하는 인재가 되기 위해서는 전공지식에 대한 습득뿐만 아니라 교양, 경험 등 개인역량 강화와 외국어 구사능력, 상호협력을 통한 목표지향의 성취자세, 올바른 가치관과 예의바른 자세 등 기업이 제시한 '대학생의 행동지침'을 숙지할 필요가 있다.

〈표 7-18〉 국내 주요 대기업이 원하는 인재의 조건

개인역량	기본에 충실하되 폭넓은 교양과 끊임없는 자기개발 노력을 하며 변화를 리드하는 프로페셔널
Global Capability	국제감각과 영어 및 중국어 등 외국어 구사능력을 갖춘 세계인
조직역량(대인관계 등)	상호존중, 깨끗한 매너로 신용을 지키고 책임을 다하는 예의바른 협력자
태도 및 가치관	인간적이며 올바른 가치관에 중심을 두되 유연한 사고, 창의력, 도전정신과 열정을 가진 성취인

국내 주요 그룹의 인재채용도 이에 부합하는 인력확보에 초점이 맞추어져 있다. 대부분의 기업은 인력채용을 위해 서류전형, 인성과 적성검사, 면접을 거치는데 그 중에서도 면접을 가장 중요시하고 있다. 다수의 기업이 서류전형합격자에 대해서는 서류전형시 고려하였던 어학성적, 전공성적 등을 다음 단계평가에서 전혀 반영하지 않는 다단계허들(Multi-step Huddle) 방식을 채택함으로써 학벌주의의 폐단을 최소화하려고 노력하고 있다.[10)]

모든 기업에서 가장 중요시하고 있는 면접시험은 개인의 인성, 자질, 창의성, 적극성, 조직과의 융화, 업무수행능력 등을 판단하며 다수의 기업이 팀장, 임원 면접과 기업의 최고경영자(CEO) 면접 등 2차례의 면접을 실시하고 있다. 최근에는 해

10) 인성이나 적성검사는 개인의 가치관, 인성, 창의력, 지각력, 직무태도 등을 자체 개발하거나 전문기관에 의뢰한 질문서를 통해 검사하게 된다. 일부 기업은 특정유형의 인성보유자, 일정점수 이하의 적성결과에 대해서는 채용대상에서 배제시키고 있다.

결해야 할 과제를 사전에 나누어 주고 응시자들이 나름대로 도출한 결론을 면접관 앞에서 발표하게 하는 'Presentation Interview'가 도입되고 있다.

프리젠테이션 면접의 예를 들면, 마케팅 부서에 지원한 응시생들을 대상으로 'VIP Marketing에 대해 설명하고 우리 기업에 적용하는 방안을 설명하라', 통신서비스 회사나 전자회사의 경우 '2.5세대와 3세대 이동통신 서비스의 시장상황에 대한 본인의 의견을 제시하라'와 같이 프리젠테이션 면접은 문제에 대한 핵심을 파악하고 자신의 창의력, 전문지식을 활용하고 다른 응시생들과 토론과 설득, 협상을 통해 합리적 결론을 도출하고 이를 다른 사람(면접관)에게 설득하는 과정을 종합적으로 평가할 수 있어 이를 도입하는 기업이 점차 증가하고 있다.

이러한 과정을 거쳐 인재를 채용했다고 하더라도 신입사원을 현장에 바로 투입하기에는 다수의 문제점이 발생되고 있다. 대졸인력이 현장에 투입되기 위해서는 기업문화, 커뮤니케이션 능력, 기업경영 기초교육 등으로 약 5개월을 재교육해야 되고 실무수행을 위한 자질과 지식을 갖추는데 약 2년이 소요되어 현재의 대학교육과 기업에서 필요로 하는 교육에는 상당한 괴리가 발생되고 있다.

국내 주요 그룹의 인사담당 임원들은 인재상과 인력채용기준에 부합하는 인재양성이 이루어질 수 있도록 수요자인 기업이 필요로 하는 인재상과 인재의 자질 등을 인력공급자인 대학과 대학생에게 적극적으로 알릴 필요가 있고 동시에 산업계와 대학이 협력하여 실천운동을 전개키로 하였다.

〈표 7-19〉 기업이 원하는 인재가 되기 위한 10대 소양과 자질

인재가 갖추어야 할 10대 소양과 자질	대학생의 행동지침
· 전문지식과 폭넓은 교양으로 무장된 사람 · 국제감각과 외국어 구사능력을 가진 사람 · 진취적인 사람 · 도전과 성취의식이 있는 사람 · 유연한 사고와 창의력을 가진 사람 · 올바른 가치관을 가진 사람 · 인간미 있는 사람 · 책임감 있는 사람 · 협력하는 사람 · 예의바른 사람	· 전공실력을 쌓아라 · 경제, 경영뿐 아니라 다양한 교양을 익혀라 · 외국어 구사능력을 키워라 · 해외견문을 넓혀라 · '해 보자', '해 내자'는 마음 자세를 갖추어라 · 수시로 토론하고 상호 협력하여 결론을 내려라 · 자신의 소신을 확실히 밝히되 상대방의 의사도 존중하라 · 자신의 말에 책임을 지고 예의바르고 올바르게 행동하라 · 튀는 생각, 엉뚱한 생각을 체화시키는 연습을 하라 · 결정된 일에는 적극 협력하고 최선을 다해 성취하라

3. 인재경영전략

기업의 인재경영전략이 바뀌고 있다. '바이(buy : 외부영입)' 일변도에서 탈피하여 '메이크(make : 내부육성)' 병행 전략으로 전환되고 있다. 실적이 탁월하고 경험이 풍부한 고학력 인재들을 스카우트하는 활동을 지속하되 사내 인적자원의 가치를 제고시키고 활용도를 극대화하는 교육훈련 및 연수활동에도 주력하고 있다.

이러한 전략활용에 삼성, LG, 현대·기아자동차, SK 등 상위 그룹들이 앞서 나가고 있다. 이들 대기업 그룹은 사내 연수원 프로그램을 대폭 확충하면서 임직원들의 가치를 제고시키는데 역량을 집중하고 있다. 사원에서 임원에 이르기까지 전(全)임직원이 교육대상이 된다. 승진을 위해 반드시 거쳐야 하는 교육과정을 연이어 개설하는 한편 경영학석사(MBA : Master of Business Administration) 과정 등 국내외 연수의 경우도 보다 내실있게 운영하고 있다.

승진·승급교육도 단순직무연수 이상의 프로그램을 연이어 개설하고 있다. 해외 오지에 지역전문가로 파견하기도 하며 정신역량 강화를 위해 군 교육기관에 연수를 보내기도 한다. 예절 및 친절교육도 새롭게 생겨난 연수프로그램이다. 차세대 경영

자풀(pool)을 구성하여 장기적인 관점에서 차세대 핵심인재를 양성하는 그룹들도 점차 증가하고 있다. 예비사원들에게도 '인재를 키워주는 회사', '근무하게 되면 평생 성장할 수 있는 기업'이라는 이미지를 홍보하는데 전력을 기울이고 있다. 자체적으로 연수프로그램을 마련하기 힘든 중견·중소기업의 경우에는 외부강사를 초청해 새로운 추세를 따라잡는 데 최선을 다하고 있다.

〈그림 7-1〉 기업성장주기별 핵심인력의 유출

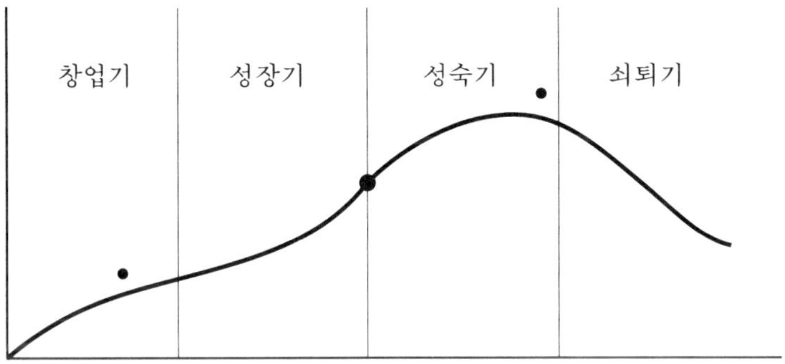

주 : 핵심인재 유출이 집중적으로 발생하는 시기

그 동안 우리기업들의 인재확보 시스템은 내부에서 키워가며 하나씩 탈락시켜가는 '깔때기 모형'이었다. 그러나 대내외 경영환경이 급변하면서 2002년 이후에는 '낚시' 혹은 '그물형' 채용전략으로 당장 활용가능한 인재들을 스카우트하는 방식이 유행하기 시작했다. 최근에는 한 단계 더욱 발전하여 내·외부에서 고루 선발하고 특히 육성에 초점을 맞추며 미래전문경영자풀을 만드는 '로터리 모형'으로 전환하고 있다.

기업들이 이처럼 인재경영전략을 바꾸는 이유는 무엇보다 외부영입중심전략이 기존 사원들의 사기저하라는 결과를 초래하는 부작용이 나타나고 있기 때문이다. 무리한 외부인력의 스카우트는 기존핵심사원들의 이직을 야기시켰다. 일부 기업에서는 기존 핵심인재들이 외국계 회사로 이직하는 일이 발생하여 한동안 업무에 공백이 발생하기도 하였다. 바이전략은 특히 활용할 수 있는 인재를 확보하는 측면에서는 유용하지만 기업문화를 훼손시키고 정체성(identity)을 상실할 가능성이 크다고 할 수 있다. 2번째 이유로 외부인재를 제대로 스카우트하기 위해서라도 사내교육시스템을 완비해야 한다는 판단을 기업들이 하고 있다는 점을 지적할 수 있다. '맥킨지 보고서(McKinsey Quarterly, November 2000)'에 따르면 기업이 필요로 하는 핵심인재를 스스로 양성하지 않는 경우 외부로부터 인재를 채용하려 해도 우수한 인재가 모이지 않을 가능성이 높다. 우수인재는 채용당시의 보상수준뿐만 아니라 향후 해당기업에서의 가치 향상을 위한 기회나 지원업무, 그리고 기존 우수인재들이 얼마나 남아 있는지에 관심을 갖는다는 점에 유의해야 한다고 지적하고 있다. 3번째 이유로 경영자원을 집중할 미래형 사업을 아직 찾지 못했다는 사실도 기업들이 사원들의 경쟁력 제고에 관심을 갖게 만든다. 미래에 무엇으로 수익을 낼지 결정하지 못한 시점에서는 그 미래형 수익사업을 발굴하고 직접 이끌어 나갈 인재를 찾는 것이 먼저라는 판단이 작용하게 된다.

고도성장을 경험한 국가들의 사례를 보면 국민소득이 1인당 10,000 달러에 달할 때 새로운 도약을 위해 인재에 관심을 가지게 되며 도약의 견인차 역할을 하게 될 인재육성이 기업에게는 가장 중요한 핵심사안이 되고 있음을 알 수 있다.

〈표 7-20〉 핵심인재 확보·육성전략

인재관리 / 인재특성	확보 (recruit)	배치 및 활용 (right job)	육성 (upgrade)
도덕성	분명한 대의 명분	-	성장비전 제시
전문능력	전문역량 포착·선별능력	적재적소 배치	부단한 교육
변화주도역량	다양성 이질요인 포용	정성과 후원	도전기회 제공
인간미	운(運)이 따르는 인재 확보	-	인재간 상생(相生) 풍토 조성

자료 : 삼성경제연구소

4. 과제

다수의 경영전문가들은 21세기는 3년만 지나면 전혀 새로운 경영환경이 되는 시대이며 기업들은 단순한 지식의 습득이 아니라 어떠한 환경에서도 스스로 발전시켜 나갈 수 있는 평생학습의 능력을 갖춘 인재를 필요로 하고 있음을 지적하고 있다. 이전에는 기업들이 상사의 지시에 순종하는 단답형(單答型) 사고를 하는 사람들을 원했으나 지금은 선입관이나 전례에 구속되지 않고 다양한 상황에 따른 시나리오에 맞춰 주관적(主觀的)으로 사고할 수 있는 인재를 핵심인력으로 키우고 있다.

다시 말해, 자본주의체제하에서 기업은 환경적응업으로 규정할 수 있으며 치열한 경쟁과 변화 속에서 나름대로 생존전략을 구사하는 게 기업속성이며 기업들이 전문성을 가지고 급변하는 환경에 적응력이 뛰어난 인재를 원하는 것은 당연하다고 할 수 있다. 따라서 21세기를 살아가는 개인들은 지식·정보화시대에 고급정보를 습득하여 가공 및 활용할 수 있는 능력을 갖추고 있어야 하며 이를 위해 영어와 제2외국어, 그리고 인터넷 활용능력은 제1의 필요조건이 되고 있다.

인재경영과 관련하여 우리가 해결해야 할 과제를 간략히 살펴보고자 한다.

4.1 산학협력체제의 구축

기업이 바라는 인재양성을 위해 기업과 대학이 협력하여 추진해야 될 과제는 3가지 측면에서 정리될 수 있다.

(1) '올바른 기업관 확립'을 위한 강좌와 '기업실무과정' 개설지원사업

이를 위해 기업의 CEO, 실무전문가 등을 강사로 원하는 대학에 소개하고 대학생에게 기업 및 산업에 대한 바른 이해와 리더십, 창의성, 진취성 등을 고취할 수 있는 기회를 제공하기 위한 사업을 추진해야 한다.

(2) 산업현장 교육의 활성화 및 한국실정에 맞는 산학협동모델의 개발

산업현장교육을 활성화시키기 위해 기업의 인턴 및 연수성공사례를 발굴하여 기업에 전파시키는 한편 국내외 다양한 산학협동모델을 개발·보급해야 한다. 또한, 대학생의 인턴 및 연수프로그램을 활성화시키기 위해 희망 기업과 희망 대학을 연계시키는 한편 북미의 일부 대학에서 실시하고 있는 장기 산업체 연수프로그램의 도입방안을 강구해야 한다.

북미대학 중·장기 산업체 연수프로그램을 가장 모범적으로 실시하고 있는 학교로 캐나다의 워털루대학(Waterloo University)을 지적할 수 있다. 워털루대학이 시행 중인 프로그램은 컴퓨터 사이언스 프로그램 등 산 · 학 협동과정 프로그램으로 1만명 이상의 학생들과 약 3,000명의 고용자들이 동 프로그램에 참여하고 있으며 거의 매일 약 100명의 고용자들이 학교를 직접 방문해서 학생들을 고용하고 있다. 또한, 이 프로그램에 등록한 학생들은 공식적으로 학점을 인정받고 있으며 마이크로소프트(MS)사의 빌게이츠(Bill Gates) 회장도 동 대학의 프로그램에 대해 높이 평가한 바 있다(동 대학은 캐나다 대학평가에서 10년 연속 1위를 차지하고 있음).

(3) 외국어 구사능력 공인시험제도 도입 방안

대학내의 외국어 구사능력을 제고시키기 위해 외국어 구사능력 공인시험제도를 도입하는 방안을 적극적으로 검토해야 한다.

국내 제조업체들이 생산거점을 중국을 비롯한 해외로 이전시키고 기업은 신규채용을 축소시키면서 청년실업문제가 갈수록 심각해지고 있다. 기업은 필요로 하는 인재를 적기에 구하지 못하고, 대학교육을 마친 많은 졸업생들은 직장을 찾지 못하는 악순환(vicious circle)을 타파하기 위해 기업은 기업이 원하는 인재의 자격요건을 지속적으로 사회에 알리고, 대학은 기업이 필요로 하는 인재가 배출될 수 있도록 교육시스템을 개선하는 등 기업과 학교가 상호협력해야 하며 이를 위해 상시적 대화채널을 비롯한 협조체제를 구축해야 한다.

4.2 과학기술인재의 양성

과학기술인재는 기업과 국가가 성공하는데 동력이자 부의 원천이라고 할 수 있다. 기업이 비약적으로 성장하는데 있어서 경영혁신 및 획기적인 마케팅 관리기법의 개발도 필요하지만 더욱 중요한 것은 과학기술인재의 양성이라고 할 수 있다.

인텔(Intel)을 1990년대 반도체 최강자로 만든 것도 조직관리나 특별한 경영비법이 아닌 플래시 메모리를 개발한 후지오 마쓰오카(富士雄) 연구원의 덕택이었다고 할 수 있다. 전자메이커의 대명사로 자리잡은 소니(SONY)의 경우에도 기하라 노부토시(木原信敏)라는 탁월한 기술인재가 있었기에 가능할 수 있었다. 기하라 노부토시로 인해 소니는 자기테이프를 시작으로 테이프레코더, 트랜지스터 라디오를 잇달아 시장에 출시했고 세계 최초로 방송용과 가정용 VTR과 8mm 캠코더, 컬러비디오 프린터 등을 시장에 내놓을 수 있었다.

한국의 경우 그 동안 연구풍토가 과학기술인재들이 충분히 역량을 발휘하기에 부족한 점이 않았지만 최근에는 국가경쟁력 강화를 위해 '신성장 엔진론'이 급부상하면서 연구분위기를 활성화시키기 위한 노력이 활발히 진행되고 있어 고무적이라고 할 수 있다. 그동안 정부가 주도하는 양적 성장에서 민간이 주도하는 질적 성장으로 전환하기 위해서는 과학인재가 주도해야 한다는데 대해 공감대를 형성하고 있다.

21세기 국가경쟁력은 과학기술 중심사회 구축을 통해서 이루어질 수 있는데 과학기술혁신의 주체인 인재발굴과 양성부터 굳건한 토대를 확립해야 한다. 이는 우수한 과학인재에서 IT, BT, NT 등을 비롯한 신산업과 고용도 창출될 수 있기 때문이다. 과학인재의 확보가 기업경영의 핵심사안이 되면서 최근 들어 국내기업들도 인재확보에 나서고 있다.

〈표 7-21〉 한·일 연구원 1인당 연구개발비 추이

(단위 : 천 달러)

	1996	1997	1998	1999	2000	2001	2002
한 국	136.9	124.8	87.6	100	113	91.5	117
일 본	227	211	195	177	200	219	-

자료 : 과학기술부

영국의 경제지 파이낸셜타임스(FT : Financial Times)가 2002년에 분석한 세계 90대 기업에 국내기업으로는 처음으로 삼성이 42위에 올랐다. 특히, 삼성은 전기·전자분야에서는 3위에 랭크되었다. 경제규모로 세계 12위권인 한국이 2002년에야 세계 90대 기업에 포함되었다는 것은 분명 문제가 있다고 할 수 있다. FT가 선정한 세계 90대 기업을 자세히 살펴보면 유통이나 금융 등 서비스 기업을 제외하고는 거의 모두 과학기술을 기반으로 하고 있다는 것을 쉽게 알 수 있다. 상위 기업으로 갈수록 이러한 과학기술의존도는 더욱 높아진다. 제너럴 일렉트릭(GE), 마이크로소프트(MS), IBM, 도요타(Toyota), 소니(SONY), 3M, 시스코 시스템스(Cisco Systems) 등 세계 최고 수준의 기업들은 대부분 그 핵심역량을 과학기술에 두고 있다.

〈표 7-22〉 세상을 바꿀 10대기술 개발 현황

기술	대표과학자(국가, 소속)	경쟁과학자 수와 소속
나노태양전지	폴 아리바사토스(미국, 대학)	미국(대학2) 스위스(정부연1, 대학1)
주입가능한 조직공학	제니퍼 엘라세프(미국, 대학)	미국(대학3, 기업1)
자동차 엔진모델링 및 제어시스템	롤프 이저맨(미국, 대학)	스위스(정부연1) 미국(대학2) 스웨덴(대학1)
그리드 컴퓨팅	칼 케슬맨, 이안포스터(미국, 대학)	미국(기업1, 대학3)
분자 이미징	우마 마호모드(미국, 병원)	미국(연1, 대학4)
나노 각인 리소그라피	스테판 초우(미국, 대학)	미국(기업2, 대학2)
소프트웨어 보증	낸시 린치, 스테판 가랜드(미국, 대학)	미국(기업2, 대학2)
글러코믹스	제임스 폴슨(미국, 기업연)	미국(대학3, 대학과 기업2)
퀀텀 암호작성	니컬러스 기신(스위스, 대학)	미국(기업5)
무선 센서망	데이비드 컬러(미국, 대학)	미국(대학2, 기업2)

자료 : MIT Technology Review, 2003. 2.

세계 주요 기업들이 과학기술에 바탕을 두고 있는 이러한 상황에도 불구하고 한국기업들이 연구개발(R&D) 부문 대비 세계 150대 기술기업(미국 MIT에서 선정)에 포함되는 기업은 없는 실정이다. 우리가 그나마 경쟁력을 보유하고 있다고 평가하는 반도체 산업의 경우 이 분야에는 연구비 40억 달러의 인텔(Intel), 16억 달러의 텍사스 인스트루먼트(TI : Texas Instrument) 등 14개 미국기업과 11억 달러의 독일 인피니온 테크놀로지, 약 4억 달러의 네덜란드 ASML이 있다. 이들 기업의 매출액 대비 연구개발비는 인텔이 15.1%, 텍사스 인스트루먼트 19.5%, 인피니온 테크놀로지 21.5% 등 평균 20%에 이르고 있다.

결국 과학기술인재의 확보와 육성이 기업과 국가의 경쟁력 제고에 필수적임은 자명한 사실이다.

〈표 7-23〉 세계 반도체기업 연구개발비 투자순위

(단위 : 백만 달러, %)

기 업	연구비	비중
인텔(미국)	3,944	15.1
텍사스 인스트루먼트(미국)	1,598	19.5
어플라이드 머티리얼(미국)	1,209	16.5
인피니온 테크놀로지(독일)	1,057	21.5
ST마이크로일렉트로닉스(스위스)	978	15.5
LSI 로직(미국)	678	38.0
삼성전자(한국)	670	6.7
어드밴스트 마이크로디바이스(미국)	651	16.7
마이크론 테크놀로지(미국)	490	12.4

주 : 2002년 기준임. (비중 = 연구비 ÷ 매출액)
자료 : MIT Technology Review, 2002.

기업이 요구하는 인재상은 경영환경의 변화에 따라 달라지고 있으나 대체로 다음 5가지로 요약해 볼 수 있다.11)

① 글로벌 능력(globalization)

이미 세계는 국제화 시대를 넘어 세계화가 지구촌 곳곳에 광범위하게 확산되고 있는 시점에 있다. 이러한 상황에서 우선 외국어 능력을 강화해야 한다. 사실상 국제공용어인 영어뿐만 아니라 최근에는 중국어, 일본어 등 보다 다양한 언어구사 능력이 요구되고 있다. 과거보다 영어능력이 향상되고 있으나 보다 더 절실하게 인식하고 준비해야 한다. 외국어 구사능력을 바탕으로 국제화 감각을 갖추어야 하며 비즈니스 상대국의 상관습, 매너, 문화 등을 충분히 숙지하고 있어야 한다.

② 디지털 능력(digital literacy)

인터넷 등 첨단 테크놀로지의 발전은 새로운 경영환경을 제공하고 있다. 따라서 지식과 정보의 소유와 독점이 아닌 활용(access)과 공유(networking)의 마인드를 갖춘 인재가 요구된다. 지식과 정보가 73일마다 2배로 증가하는 시대에는 얼마나

11) 송영수, 인재전쟁의 시대에 기업이 요구하는 인재상, 자유기업원, 2003. 9. 참조.

많은 정보를 갖고 있는가 보다는 얼마나 신속하게 변화에 대응해 나갈 수 있는가 하는 '경영의 속도(speed of management)'가 경쟁력의 원천이 된다.

③ 창의성(creativity)

산업사회에서는 '양과 규모'를 중시하는 사회였기 때문에 창의적인 아이디어보다는 조직에 순응하고 협조적인 매뉴얼형 인재가 필요했으나 디지털 시대는 새로운 아이디어가 경쟁력(competitiveness)으로 직결된다. 신속한 변화, 네트워킹, 글로벌 시대에 높은 수준의 고객요구(customer needs)를 대응해 가려면 새로운 창의적 접근은 선택이 아닌 필수사항이 되고 있다. 따라서 기업은 상이한 관점, 상이한 생각을 갖고 있는 이재(異材)가 필요하다.

④ 학습능력(learning ability)

여기서 말하는 학습(learning)이란 변화에 대응하는 능력(change)을 말한다. 즉, 스스로 문제해결을 주도해 나가는 자기주도형 학습자(self-directed learner)가 절실히 요구된다. 이러한 학습능력을 갖춘 인재들이 모인 조직이 곧 학습조직(learning organization)을 구축해 나갈 수 있다. 과거의 성공적인 경험이 새로운 시대에 장애요인이 되는 시대인 만큼 새로움에 도전을 즐기는 자기주도형리더(self-leader)가 필요하다.

⑤ 도덕성(ethics)

올바른 생각과 건전한 윤리의식이 요구된다. 디지털시대에 부족하기 쉬운 따뜻한 인간미와 도덕성, 그리고 타인을 배려할 줄 아는 예의범절, 그리고 체화된 매너, 에티켓 등이 더욱 중요시되고 있다. 이를 바탕으로 해당기업이 공유하고 중시하는 조직 내 가치관(values)을 받아들이고 실천할 수 있어야 한다. 구미의 선진기업들은 근로자가 아무리 높은 성과를 창출해도 그 기업이 요구하는 가치관과 일치하지 않을 때 인재로 인정하지 않는 것이 보편화되어 있다.

위에서 지적한 핵심역량들의 함수관계는 한 가지라도 부족하면 결국 전체적인 경쟁력에 영향을 준다는 점에서 '더하기' 또는 '평균'의 관계가 아니라 '곱하기'의 관계라고 할 수 있다. 시대가 바뀌면 경영환경도 바뀌고 전략도 바뀌며 결국 필요로 하는 인재의 모습도 변화하게 된다. 새로운 인재상을 통해 기업들은 글로벌 경쟁력 확보와 세계 초일류기업으로의 진입에 보다 더 가까이 가야 한다.

제3절 윤리경영

글로벌경제체제에서 윤리경영은 기업의 선택사항이 아니라 필수사항이 되고 있다. 즉, 기업윤리(business ethics)와 윤리경영이 기업들의 새로운 경영영역으로 부각되면서 기업이 시장의 신뢰를 획득하여 생존하면서 지속적으로 발전하기 위해서는 경영 및 회계의 투명성(transparency of business and accounting)이 필수적이라는 인식이 확산되면서 그 대안으로 윤리경영이 새로운 경영이슈로 떠오르고 있다.

본 절에서는 윤리경영의 개념 및 도입필요성, 윤리경영 실천을 위한 경영시스템, 윤리준법 프로그램, 국내외 주요 기업사례 그리고 윤리경영 활성화를 위한 과제를 차례로 살펴보고자 한다.

1. 윤리경영의 개념 및 도입필요성

1.1 윤리경영의 개념

윤리경영의 개념은 2가지 측면에서 살펴볼 수 있다. 즉 협의의 측면과 광의의 측면으로 분류하여 정의를 내릴 수 있다.

(1) 협의의 개념

기업이 스스로 윤리경영을 결정하고 이를 준수하기 위해 정진하는 자기규제(self regulation)의 노력을 의미한다.

(2) 광의의 개념

정보의 비(非)대칭성(asymmetry of information) 등에 따른 시장의 실패(market failure)를 개선하려는 기업의 노력이 광의의 윤리경영 범주에 속한다.

1.2 윤리경영의 도입 필요성

미국의 주요 대기업들이 지난 10여년간 사회적으로 공헌한 기여도(social contribution)와 재무적 성취도(financial achievement)를 분석해 보면 양자간의 상관관계(interrelationship)가 매우 높은 것으로 밝혀지고 있다. 다시 말하면, 기업윤리를 준수하는 기업일수록 그 기업의 재무상태가 건전하다는 것을 의미한다. 이에 전세계를 무대로 활동하는 기업들은 윤리경영이 대표적인 글로벌 스탠더드(global standard)라는 점과 기업윤리를 무시하는 기업은 세계시장으로부터 외면받게 될 것이라는 것을 분명히 인식하고 있다.

선진국들뿐만 아니라 한국을 비롯한 동아시아지역에서도 윤리경영의 중요성이 부각되고 있다. 특히, 1997년 말 외환위기 이후 기존의 아시아적 가치(Asian Value)만 고수해서는 물리적 국경의 의미가 상실된 글로벌경제체제에서 생존하기 힘들다는 인식이 확산되고 있다. 이와 관련하여 최근 경제정의실천연합의 조사에 의하면 한국에서는 경제정의(economic justice)와 관련한 상을 받은 기업이 동종업종의 경쟁기업보다 재무측면의 성과가 탁월한 것으로 나타나고 있다.

한편, 전국경제인연합회의 최근 조사결과도 경제정의실천연합의 조사결과를 뒷받침하고 있는데 전국경제인연합회가 자산 5,000억원 이상의 회원사 및 상장기업 60개를 대상으로 실시한 '기업윤리와 기업성과간의 상관관계 조사'에 의하면 기업윤리를 제정한 기업은 1997년부터 2000년까지 4년간 영업이익률이 평균 7.7%에 달한 반면 기업윤리를 제정하지 않은 기업의 영업이익률은 평균 5.54%로 기업윤리를 제정한 기업이 그렇지 않은 기업보다 경영성과가 월등히 높은 것으로 나타났다.

윤리경영이 기업수익성에 영향을 미치는 경로나 인과관계(causal relationship)는 아직 정확히 밝혀지지 않았지만 전국경제인연합회의 이번 조사로 윤리경영을 하는 기업이 일반적으로 경영성과와 사회적 평판도(social reputation)가 높다는 것이 사실로 나타났다.

〈표 7-24〉 윤리헌장 보유 · 미보유 기업의 영업이익률 추이

(단위 : %)

연도	윤리헌장 보유기업	윤리헌장 미보유기업
1997	9.45	6.90
1998	7.50	5.83
1999	6.55	4.70
2000	7.35	6.62
평균	7.71	5.549.45

자료 : 전국경제인연합회

해외기업의 경우에도 2001년 초에 미국의 포천(Fortune)지가 실시한 조사에서 존경받는 10대 기업들의 1995~2000년 평균주가상승률이 41.4%로 나타나 Standard & Poor's 500대 기업의 16.5%를 크게 앞서고 있어 기업가치와 윤리경영간에 관계가 밀접한 것으로 나타나고 있다.

2. 윤리경영실천을 위한 경영시스템

윤리경영이 추상적인 개념에서 벗어나 실제 경영진의 의사결정이나 직원들의 행태에 영향을 미치는 경영과정의 일부로 정착되기 위해서 어떠한 제도가 필요한가에 대해서 구미의 선진기업들은 일반적으로 '3C'로 표현되는 윤리경영시스템을 구비하고 있다.12)

2.1 윤리강령

윤리경영실천시스템의 첫 번째 구성요소는 윤리강령(code of ethics)이다. 윤리강령은 기업윤리준수를 위한 직원들의 행동지침을 성문화한 기업과 직원들과의 약속을 의미한다. 윤리강령이 실제로 기업구성원들의 행동에 구체적인 변화를 수반할 수 있는지에 대해서는 상반된 의견이 존재하지만 윤리강령의 첫 번째 단계로 해당 기업의 특성에 적합한 윤리강령을 제정하는 일은 전세계적으로 보편화된 현상이라

12) 전국은행연합회, 금융, 2003. 2. 참조

고 할 수 있다. 미국의 경우 대기업의 약 90%, 영국은 약 57%, 독일은 약 51%가 독자적인 윤리강령을 보유하고 있는 것으로 조사되고 있다.

기업의 윤리강령은 대체적으로 임직원들이 반드시 준수해야 할 규칙과 금기되는 행동을 기록하는 방법과 기업의 가치관으로서 직원들이 추구해야 할 윤리적인 목표와 책임을 강조하는 내용을 간단히 기록하는 2가지 형식이 있다. 일반적으로 기업윤리는 개인의 재량과 사고가 작용하는 복합적인 성격을 지니고 있으므로 모든 내용을 성문화하는 것은 불가능하며 바람직스럽지도 않은 것으로 평가할 수 있다. 대신에 경영자와 직원들이 의사결정을 하기 전에 반드시 고려해야 될 원칙과 요소들을 명확히 규정함으로써 윤리적 의사결정의 가이드라인(guideline of ethical decision-making) 역할을 수행할 수 있는 윤리강령이 바람직하다고 할 수 있다.

2.2 감독조직의 운영

윤리경영실천시스템의 두 번째 요소는 윤리경영 전담임원을 선임하고 내부고발제도와 교육 등을 담당하는 일상적인 감독조직(compliance check organization)을 운영하는 것이다. 윤리경영 전담임원은 정보공유 및 자원이동을 가능하게 하는 영향력을 갖춘 인사가 선임되며 대체적으로 이사회에 직접 보고할 수 있는 권한을 가지고 있다.

최근 들어 미국의 경우에는 윤리담당임원을 풀타임이 아닌 파트타임으로 선임하는 경우도 증가하고 있지만 이러한 경향이 윤리경영 실천에 대한 기업의 경영의지의 약화를 반영하는 것은 아니며 오히려 기업의 윤리경영실천에 긍정적인 역할을 하고 있다고 할 수 있다. 즉, 파트타임의 윤리경영 담당자는 조직내에 특별한 이해관계가 없기 때문에 보다 엄격한 심사와 자문활동을 할 수 있으며 지원조직이 충분하다면 윤리담당임원을 반드시 정규직으로 선임할 필요는 없다고 할 수 있다.

2.3 교육을 통한 임직원들 간의 공감대 형성

기업윤리 준수를 위해 임직원들에게 반복적인 교육을 실시함으로써 임직원들 간에 공감대를 형성하는 것이 중요하다. 교육은 기업윤리에 대한 비전과 가치관 형성에 기여하기 때문에 임직원들이 준수해야 할 세세한 행위규정과 벌칙조항을 강조하는 것보다 훨씬 좋은 효과를 파생시킬 수 있다.

교육의 효율성(educational efficiency)을 제고시키기 위해 선진기업들은 사례개발, 기준이 명확하지 않은 문제에 대한 공개토론 등 가능한 모든 커뮤니케이션 수단을 동원하여 윤리교육에 정성을 다하고 있다. 다시 말해, 경영자들의 경영의사결정과 윤리적인 문제의 상충 가능성에 대해 심도 있는 문제 해결 과정이 필수적이라고 할 수 있다. 이는 과감하고 신속하면서도 윤리적인 기준을 고려한 차원높은 경영의사결정을 이루기 위해서이다.

〈표 7-25〉 윤리경영 실천을 위한 경영시스템으로서의 '3C'

구 분	주 요 내 용
기업윤리강령 (code of conduct)	· 기업윤리의 준수가 구체적이고 명문화된 형태로 직원들의 행동지침으로 제시되고 있는지의 여부
준수여부 감독 조직 (compliance check organization)	· 윤리경영을 실현하기 위한 조직과 제도의 구축 - 윤리경영 전담부서 및 임원, 내부보고(고발)시스템, 감사 및 평가시스템 등
교육에 의한 공감대 조성 (consensus by ethic education)	· 기업윤리 준수를 위해 반복적이고 일상적인 교육의 제공여부

자료 : 전국은행연합회, 금융, 2003. 2.

미국에서는 상기한 '3C'를 구비하고 있는 기업의 경우 연방법을 위반해도 법원이 면책 또는 징계수준을 감면해 줄 수 있는 '미국 연방법원 판결지침(FSG : Federal Sentencing Guideline)'을 운영하고 있다.

실제로 지난 1996년에 미국 연방법원은 직원들의 감독부재로 보험사기사건에 연루되어 기소된 케어마크(Caremark)사의 이사진에 대해 동 사가 오래 전부터 윤리경영을 실천하기 위한 제도를 성실히 운영하고 있었다는 점을 근거로 무죄를 선고한 바 있다.

반면에 윤리경영시스템이 구비되어 있지 않거나 윤리경영시스템이 갖추어져 있지만 형식적으로 운영되고 있다고 판단되면 법원은 통상적인 과징금의 수 배를 중과하는 판결을 내릴 수도 있는 시스템을 운영하고 있다.

3. 윤리준법 프로그램

3.1 미국의 윤리준법 프로그램

(1) 도입과정

기업윤리는 1990년대 초반 이후 미국에서 본격적으로 도입되어 세계시장에 진출하기 위한 필수요소로 인식되고 있다. 미국의 윤리준법 프로그램은 정부부처에서 먼저 '윤리준법 프로그램(Ethics & Compliance Program)'을 마련하고 산하기관과 기업 등에게 통일된 '법규준수체계'를 제시하여 이를 갖추도록 하고 있다.

미국에서는 1978년 '정부윤리법(The Ethics in Government Act of 1978)'을 제정한 바 있으며 동 법에 의해 '정부윤리국(The Office of Government Ethics)'이 설치되었다. 정부윤리국에서는 14개항의 '공직윤리관리원칙'을 제정하여 모든 정부부처에 '공직윤리시스템'을 구축하였다. 또한, 1991년에는 '미국연방조직범죄판결지침(US Federal Sentencing Guidelines for Organizations)'을 제정하여 정부기관, 기업 등의 조직이 직원의 범죄행위를 방지하기 위하여 합당한 노력을 한 것이 입증될 경우 양형량을 감해 주는 제도에 의해 '준법프로그램'을 갖추기 시작하였다. 동 판결지침에서는 효과적인 준법프로그램의 필수구성요소의 8단계를 제시하였다.

① 준법기준(Code of Conduct)의 마련
② 방침 및 업무절차(Policy & Procedures) 제정
③ 준법담당 고위직 직원 임명 및 책임 할당
④ 임직원 감독체계 구축
⑤ 준법교육프로그램의 실시
⑥ 감시 · 감사체계 및 법규준수자 보호장치 구축
⑦ 위반자 처벌체계 구축
⑧ 제도개선체계 구축

1992년에는 법규위반을 중요한 위험으로 간주하고 통제대상으로 하는 '신내부통제제도(In-Control)'가 개발되어 도입되었는데 이는 직원에 의한 법규위반이 통제하기 매우 어려우며 기업과 경영진에게 막대한 피해를 입히게 되어 위험으로 관리하지 않을 수 없는 상황이 되었기 때문이다.

미국의 윤리준법프로그램의 도입과정을 정리하면 〈그림 7-2〉와 같이 나타낼 수 있다.

〈그림 7-2〉 미국의 윤리준법프로그램의 도입 과정

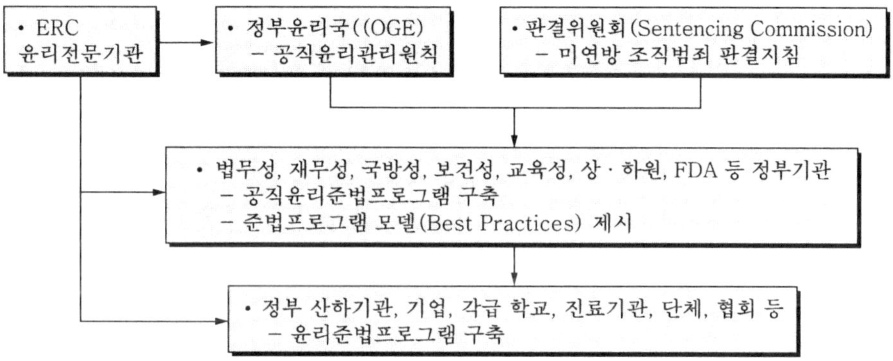

(2) 특성

미국의 윤리준법 프로그램의 특징은 다음 3가지로 요약될 수 있다.

① 기업 등 조직 임직원의 위법행위를 조직범죄와 사무직 근로자 범죄로 다루고 있음

미국은 조직구성원의 범법행위에 대해 2가지 형태(조직범죄와 근로자범죄)로 구분하여 취급하고 있다. 특히, 법규위반을 합리적으로 방지할 수 있는 준법기준, 방침 및 업무절차를 구축하도록 하여 이사회, 감사위원회, 준법감시인, 외부감사, 내부감사, 인사교육 등의 부서가 유기적으로 연계하여 경영진과 직원들의 법규준수를 감독, 감시, 협조하는 기능이 작동되고 있다.

② '미국연방조직범죄 판결지침'에서 제시한 필수구성요소 8단계에 의해 모든 정부부처가 법규준수체계를 구비하고 법규를 적용받거나 감독하에 있는 기업 등의 조직에게 최선의 모델(best practices)을 제시하여 주요 국가구성조직들이 통일된 윤리준법 프로그램을 도입하였음

미국에서는 기업뿐만 아니라 공직사회, 각급 학교, 병원 등 주요 국가구성조직들이 해외부패방지법, 독점금지법, 수출통제법, 남녀차별금지법, 금융관련 법규 등 조직에게 위험을 주는 주요 법규를 준수하기 위해 준법프로그램을 구축하여 운영하고 있으며 현재 이러한 프로그램은 전세계로 확산되고 있어 세계적인 표준(Global Standard)이 되고 있다.

③ 조직기능을 중심으로 부서의 역할과 책임을 명확히 하여 전반적인 내부통제시스템으로 법규준수체계를 구축하였음

미국의 법규준수체계가 조직기능을 중심으로 한 유기적인 연계체계를 구축할 수 있는 핵심은 '방침 및 업무절차(Policy & Procedure)'에 있다고 할 수 있다. 방침체계는 내부통제를 위한 교육, 감독, 감시, 견제, 감사, 처벌, 평가, 개선 등의 기능이 조직내에서 효율적으로 기능하도록 통합된 체계를 갖추는 것을 의미한다.

준법프로그램은 이사회가 제정하는 '준법방침'에 의해 전개되는데 준법방침에서는 이사회가 경영진에 대해 '합법적 경영활동'과 이를 통제관리하기 위한 '내부통제체제'와 '위험관리체제'를 구축하여 운영할 것을 요청하는 내용이 포함되어 있다. 그리고 이를 위한 구체적인 실행체계와 역할 및 책임을 명시하고 있다.

〈그림 7-3〉 방침 및 업무절차의 구성요소

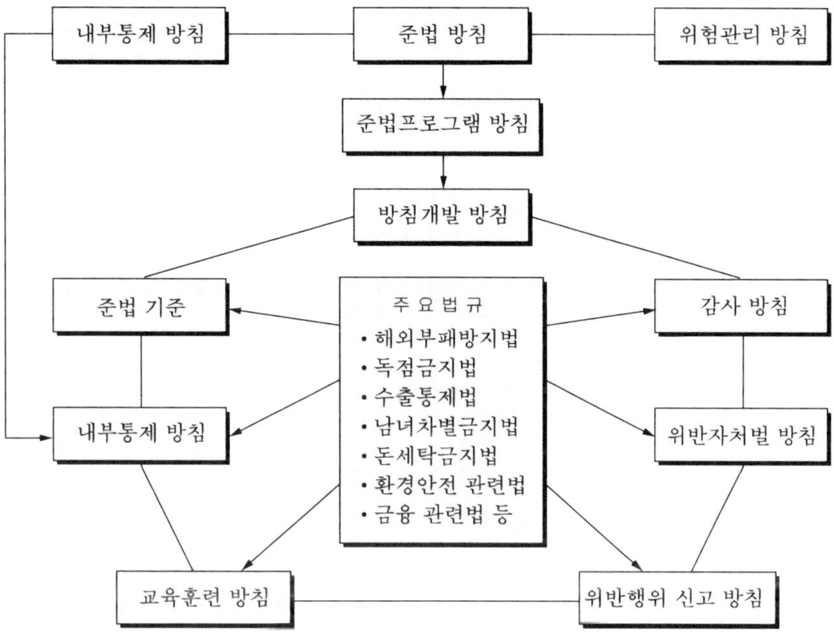

가. 준법프로그램 방침

이는 조직이 효과적으로 법규를 준수하기 위하여 구축해야 하는 '법규준수체계'를 설정하고 이에 대한 해석을 내리고 있다.

나. 방침개발 방침

이는 법규준수체계에 필요한 방침과 주요 법규를 준수하기 위한 방침을 개발하는 내용과 절차를 의미한다.

다. 준법기준

이는 임직원의 법규준수를 위한 구체적 행동기준을 명시하고 있다.

라. 내부통제 방침

이는 새로운 내부통제체제에 의해 조직전반적으로 구축하는 통제체제를 포함한다.

마. 교육훈련 방침

이는 전직원에 대한 구체적인 법규준수교육 프로그램을 의미한다.

바. 위반행위신고 방침

이는 주요 법규위반자 또는 타인의 위반행위에 대한 신고의무와 절차를 포함한다.

사. 위반자처벌 방침

이는 주요 법규를 열거하고 법규 위반자에 대한 처벌을 명시하고 있다.

아. 감사방침

이는 법규준수체계에서 감사위원회, 내외부감사의 역할과 책임을 제시하고 있다.

일례로 '돈세탁금지법'과 같은 새로운 법규가 제정되면 정부부처는 법제정으로 업무가 완료되는 것이 아니라 동 법규를 준수하기 위한 '법규준수체계'를 안내하고 동 법규를 적용받는 기관은 '돈세탁방지 방침'을 제정하고 각 '준법프로그램 방침'에 그 내용을 반영하여 기관전체가 법규준수를 위한 시스템이 운영되도록 한다. 또한, '교육훈련방침'에 새로운 법규가 반영되면 교육훈련 부서장은 교육훈련여부에 대한 의사결정권을 가지는 것이 아니라 교육훈련 실행에 대한 책임을 지게 된다.

따라서 법규위반행위가 발생되면 어느 부서에서 역할과 책임을 수행하지 못한 것이 명확하게 나타나게 되고 이에 대한 책임소재와 개선활동이 가능하게 된다.

3.2 국내외 윤리준법 프로그램

국내에서도 정부기관의 '청렴계약제', 공정위원회의 '공정거래 자율준수규범', 금융회사의 '준법감시인제도' 도입에 의해 정부조달구매 입찰기업, 공정거래 법규적용기업, 금융회사들이 '준법프로그램' 또는 '윤리프로그램'을 도입하고 있으나 준법감시인 관련 법규와 자율준수규범에서 요구하는 법규준수체계 구성요소 그리고 청렴계약제에서 요구하는 윤리프로그램의 내용상 상이점에 의해 이를 동시에 충족시켜야 하는 금융회사, 기업의 윤리준법업무에 혼선이 발생하고 있는 실정이다.

이러한 문제점을 개선하고 윤리준법체계를 효과적으로 도입하기 위해서는 미국의

'준법프로그램' 도입과정에서 살펴보았듯이 부패방지위원회, 산업자원부, 공정거래위원회, 조달청, 금융감독원 등 기업의 윤리법규 체계 도입정책을 주관하는 부처가 '공동추진팀(Fellow Group)'을 구성하여 윤리준법 프로그램 구성요소 표준을 마련하고 정부부처가 먼저 '윤리준법 프로그램'을 갖추어 이를 모델로 하여 기업 등 조직에 확산시켜야 한다.

감독기관을 비롯한 기업의 효율적인 윤리준법체계 도입과 타 기관으로의 윤리경영의 확산은 해당기업 및 조직뿐만 아니라 우리경제의 대외신인도와 경쟁력을 제고시키는 기반이 된다.

4. 국내의 주요 기업사례

4.1 국외사례

영국의 파이낸셜 타임스(Financial Times)가 최근 발표한 자료에 따르면 세계에서 가장 존경받는 기업으로 미국의 제너럴 일렉트릭(GE)이 1위, 마이크로소프트가 2위, IBM이 3위, 일본의 소니가 4위로 나타났지만 한국은 50위 안에 단 한 기업도 들지 못하였다.

아시아에서 50위안에 포함된 업체는 일본의 3개 기업과 싱가포르의 1개 기업뿐이었다.

〈표 7-26〉 세계에서 존경받는 기업현황

순위	기업	국가
1	제너럴 일렉트릭	미국
2	마이크로소프트	미국
3	IBM	미국
4	소니	일본
5	코카콜라	미국
6	도요타 자동차	일본
7	노키아	핀란드
8	월마트	미국
9	인텔	미국
10	시티그룹	미국

자료 : Financial Times

전국경제인연합회는 윤리경영의 모범업체로 미국의 3M과 존슨 앤드 존슨(Johnson & Johnson)을 1차 벤치마킹업체로 선정하였다. 최근 미국에선 엔론(Enron) 스캔들 같은 기업비리사건이 발생하여 다수의 미국 기업들은 회계조작 혐의를 받고 있기는 하나 전반적으로 미 기업들은 비교적 타국 기업들에 비해 기업윤리를 잘 지키는 것으로 평가받고 있다.

(1) 3M

미국의 대표적인 종합제조업체인 3M은 엄격한 윤리경영실천으로 정평이 나 있는 기업이다. 3M은 정교한 윤리경영 매뉴얼을 가지고 있는데 전세계 3M 근로자들은 2001년 12월 14일부터 보름동안 회사의 윤리규정을 준수하겠다는 서명을 한 바 있다. 3M의 윤리규정에는 정부관료에 대한 접대 · 선물은 지위고하나 횟수, 양에 관계없이 금지되고 있으며 직원이 직무와 관련하여 부당취득을 하였을 경우 부당취득액의 3배에 해당하는 벌금을 부과시키고 있다. 또한, 직무와 관련하여 상대방에게 연간 50달러 이상의 금품이나 향응을 제공할 수 없게 되어 있다.

(2) 존슨 앤드 존슨

미국의 생활용품 제조기업인 존슨 앤드 존슨은 세계적인 윤리경영의 선두기업으로 평가받고 있다. 존슨 앤드 존슨은 지난 1943년 미국 기업윤리강령의 표본으로 평가받고 있는 '우리의 신조(Our Credo)'를 제정한 바 있다.

우리의 신조는 미국 뉴브런즈윅 본사는 물론 세계 각국에 소재하고 있는 현지법인에도 석판이나 목판에 내용을 새겨놓고 근로자들에게 숙지시키고 있다. 우리의 신조의 내용은 4가지 책임사항으로 요약될 수 있는데 첫째는 소비자에 대한 책임이며, 둘째는 직원에 대한 기업의 책임, 셋째는 사회공동체에 대한 책임, 넷째는 회사주주들에 대한 책임이다.

존슨 앤드 존슨은 근로자들의 윤리의식 고취를 위해 근로자들이 내린 결정이나 행동이 자신의 가족들에게 얼굴을 붉히지 않고 설명할 수 있을 만큼 윤리에 어긋나지 않았는지 스스로 자문해 보도록 하는 '레드 페이스 테스트(Red Face Test)' 제도를 운영하고 있다.

4.2 국내 사례

최근 들어 국내기업에도 윤리경영이 확산되고 있는 추세를 보이고 있다. 지난 1997년말 국제통화기금(IMF) 관리체제 이후 우리기업들은 모럴 헤저드(moral hazard, 도덕적 해이)로 인해 직·간접적으로 초래되는 비용을 축소시키기 위해 윤리경영을 기업의 핵심경영 전략의 하나로 채택하고 있다. 즉, 우리기업들은 IMF관리체제 이후 윤리경영의 지속적인 추진이 궁극적으로 기업의 경쟁력을 제고시키는 첩경으로 작용한다는 것을 인식하기 시작하였다고 평가할 수 있다.

상기(上記)한 바와 같이 윤리경영은 기업의 이익과도 직결되고 있다. 기업경영이 윤리성을 상실하게 되면 대외신용도가 저하되고 이는 곧 매출과 이익의 감소를 가져오며 결국 근로자들의 기업에 대한 충성심과 의욕을 떨어뜨려 생산성의 하락을 발생시키는 악순환을 초래한다. 이와는 반대로 기업이 투명경영을 지속적으로 추진하고 공익사업의 확대 등 사회공헌도가 커지게 되면 해당기업에 대한 사회의 신뢰감을 제고시켜 결국 기업의 매출 및 수익증대로 이어지는 선순환을 발생시키게 된다.

이 같은 사실은 전국경제인연합회가 최근 회원기업 및 상장기업 500개를 대상으로 조사한 결과에서도 뒷받침되고 있다. 윤리경영의 필요성에 대해 '수익성'을 지적한 기업들의 비중이 14.2%로 나타나 2년전 조사에서의 4.4%에 비해 크게 높아졌으며 '생존전략'이라고 응답한 기업들도 14.2%로 나타나 2년 전의 2.4%보다 크게 늘어났다.

우리기업들의 윤리경영 강화와 관련하여 전국경제인연합회는 지난 1980년 7월 '기업윤리강령'을 채택한 바 있으며 1981년에는 '새기업사회'를 선포하였다. 또한, 1996년 2월에는 '기업윤리헌장'을 제정하였고 1997년 말 외환위기 이후 IMF 관리체제로 접어들면서 1999년 2월에 '기업윤리헌장'을 개정하고 전국경제인연합회 산하에 '기업윤리위원회'를 신설한 바 있다.

국내 주요 기업들의 윤리경영 실천사례는 〈표 7-27〉과 같이 정리될 수 있다.

〈표 7-27〉 국내 주요 기업의 윤리경영 실천사례

회 사 명	주 요 내 용
삼성전자	· 전세계 9백여사와 연간 93억 달러 규모 인터넷 구매 거래, 구매과정 투명화
LG상사	· 1995년 윤리경영 시스템 도입 · 모든 임직원 입사시 윤리규범 준수서양서 작성
SK(주)	· 실행지침으로 △금품수수 및 향응, 접대에 관한 규정 △국제상거래와 관련 외국공무원에 대한 규정 명시
기아자동차	· 2001년 1월 임직원 및 협력업체 대표, 윤리실천강령 선언 · 거래업체와 원자재 구매시 인터넷 구매시스템 활용, 구매비리 근절
신 세 계	· 대표이사 직속으로 '기업윤리실천사무국' 설치 운영, 기업윤리 관련 사안 접수 및 금품수수 고발 · 협력사와 금품 및 향응 수수 금지 협조체제 구축
롯데삼강	· 협력업체 자율경쟁실시, 금품 향응 요구시 대표전용 e메일신고 시스템 구축
코 오 롱	· 실행지침으로 △접대는 1인당 2만원, 총액 5만원 △일반적인 규모의 경조사비 허용, 단, 반드시 상급자에게 사후 보고하도록 규정
포 철	· 인재개발원 직원능력향상 교육에 '기업윤리' 추가 · 1999년 글로벌 전문경영체제 도입
(주)한전	· 1991년부터 친환경경영의 하나로 '에코-2000' 운동전개 · '환경안전보건 방침' 선포
동부제강	· 임직원 윤리규범 운영 · 지속적이고 체계적인 환경관리를 위한 '환경방침' 운영

5. 윤리경영 활성화를 위한 과제

5.1 정부

정부가 기업의 윤리경영 활성화를 위해 해야 할 중요한 과제는 3가지로 분류될 수 있다.

(1) 기업들이 윤리경영을 적극적으로 도입하기 위한 제도적 장치의 마련

여기에는 금융·세제면에서 다양한 인센티브(incentive)를 제공해 주는 것이 고려될 수 있다.[13)]

(2) 기업경영에 대한 정부의 대폭적인 규제완화(deregulation)의 실행

실제로 기업인이 업무와 관련하여 뇌물을 주거나 부패행위를 저지르는 요인 중의 하나는 정부의 개별기업경영에 대한 다양한 명목의 규제와 관여가 크기 때문이다. 따라서 윤리경영을 정착시키기 위해서는 규제완화의 폭넓은 시행 및 행정절차의 간소화를 통해 기업의 부패행위를 유발시키는 구조를 개선해야 한다.

(3) 윤리경영의 확산을 위해 기업에 대한 정부의 직접적인 지원도 중요하지만 그에 못지않게 부패구조를 시정하기 위한 정부의 엄격한 법집행도 무엇보다 긴요함

윤리경영의 실효성과 기업윤리에 대한 경각심을 제고시키기 위해 관련법을 엄격히 집행하여야 한다.

5.2 기업

한국기업의 윤리경영실태와 관련한 전국경제인연합회의 최근 조사결과에 따르면 500대 기업 중 45%가 윤리강령을 제정하였으며 윤리담당임원을 선임하는 기업도

13) 윤리경영 우수 실천기업에 대해 인센티브 제공과 관련하여 윤리경영의 성과를 객관적이고도 과학적으로 평가할 수 있는 기준을 시급히 마련하여야 한다.

증가하고 있는 것으로 나타나서 우리기업들도 윤리경영에 대한 인식이 제고되고 있음을 보여주고 있다.

전국경제인연합회는 우리기업들의 윤리경영을 제고시키기 위해 현재 23.4%에 불과한 기업의 윤리담당부서의 설치를 확산시키고 기업윤리헌장의 제정과 실천프로그램을 적극적으로 추진할 것을 제안하고 있다. 이를 위해 전국경제인연합회는 '기업윤리지원센터'를 통해 윤리헌장 제정 지원 및 실천 프로그램 제공을 적극적으로 추진하여 현재 42.3%를 나타내고 있는 기업의 윤리헌장보유비율을 2002년에는 70%로 크게 증대시킬 계획이다.

결국 윤리경영의 주체가 기업인만큼 윤리경영이 효과를 거두기 위해서는 윤리강령 내용에 대한 기업구성원 등의 합의가 전제되어야 하며 윤리담당 임원에게 소신을 가지고 윤리경영을 시행할 수 있는 실질적인 권한을 부여해야 한다. 또한, 윤리경영의 추진이 대기업 중심이 되지 않도록 전국경제인연합회를 비롯한 대기업의 중소기업에 대한 지도와 배려도 수반되어야 한다.

한편, 기업의 투명성을 확보하기 위한 방안으로 사외이사제 및 대표소송제 등 기업지배구조 개선책이 추진되고 있는데 기업지배구조(corporate governance)는 개별기업이 처한 상황에 의해 크게 좌우되는 만큼 의사결정과정 및 정책추진의 투명성을 재고하기 위해 기업들이 자율적으로 노력하여야 한다. 국내기업의 윤리경영 활성화를 위한 과제를 기업측면에서 살펴보고자 한다.

(1) 기업의 이미지제고 차원에서 윤리강령을 제정하는 차원을 넘어 내부제보, 인사평가, 교육 등을 수행할 실천시스템을 세밀하게 설계해야 함

이를 위해 내부고발제도와 기업윤리의 준수여부를 인사고과에 반영하는 방안이 고려될 수 있다.

① 내부고발제도 : 내부고발제도는 허위제보의 가능성은 있지만 익명성을 보장하고 제보자 및 조사대상자의 권리를 보호하는 보완장치를 마련할 경우 비윤리적 행위로 인한 손실을 사전에 방지하는 조기경보장치로 활용될 수 있다.

② 인사고과반영방안 : 기업윤리의 준수여부를 인사고과에 반영하는 방안으로 평가근거의 구체적인 기록, 근로자 설문조사 등을 병행하여 자의적인 평가

(arbitrary evaluation)를 최소화하도록 보완할 필요가 있다. 실제로 존슨 앤드 존슨(Johnson & Johnson)은 불분명한 지시로 직원을 윤리적인 혼란에 처하게 하는 임원은 반드시 경고하는 인사원칙을 지키고 있는데 이는 윤리경영시스템의 실천이 단순히 기술적인 문제가 아니라 임직원들의 실천의지에 좌우됨을 의미한다고 할 수 있다.

(2) 윤리경영시스템의 실효성있는 운영을 위해서 최고경영층의 의지가 선행되어야 함

벨 아틀렌틱(Bell Atlantic)에서는 최고경영자(CEO : Chief Executive Officer)가 윤리담당임원을 겸직하면서 윤리경영을 실행하고 있다. 최고경영층의 관심이 저하되거나 CEO의 교체에 따른 기업윤리에 대한 태도가 변화하는 경우에 대한 대안으로 이사회(Board of Directors)내에 '윤리위원회'를 설치하거나 이사회에서 윤리담당임원을 선임하는 등 기업윤리담당조직을 이사회와 연계시켜 제도화하는 방안이 고려될 수 있다.[14]

또한, 윤리담당임원의 이사회 보고의무와 조사권한을 명기하고 공표함으로써 윤리전담조직의 정보접근 및 협조를 보장해 주는 방안도 고려될 수 있다. 윤리경영의 추진이 하향식으로 전개되는 것을 방지하기 위해서 임직원들의 반응을 정기적인 설문조사 등을 통해 파악하고 이를 바탕으로 윤리강령과 행위준칙 등을 개선해 나가는 노력도 수반되어야 한다.

(3) 윤리경영을 인사, 재무 등 경영과정과 연결시켜 기업가치 제고에 기여하도록 활용해야 함

윤리경영의 도입이 기업성과에 직결된다는 점을 강조함으로써 직원들의 참여를 이끌어내는 선순환과정을 구축해야 한다. 미국의 컨설팅기업인 Walker Information이 미국기업을 대상으로 실시한 조사에 따르면 임직원들의 윤리의식이 높은 기업일수록 직무만족도가 높고 이직률도 낮은 것으로 나타났다. 이는 윤리경영이 인력관

14) 미국 윤리담당임원협의회(EOA)의 조사에 의하면 2000년 기준으로 213개 대기업 중 약 25%가 이사회 산하에 '윤리위원회'를 설치하여 운영하고 있는 것으로 나타났다.

리와 동기부여의 전략적인 수단으로 활용될 수 있음을 보여준다고 할 수 있다.

또한, 거래기업과 공동으로 '윤리경영평가모델'을 구축하고 이를 실제로 활용함으로써 거래부정이나 돌발사태 등에 대비하는 것도 윤리경영의 가치창조기능을 제고시키는 방안이 될 수 있다. 대체적으로 다수의 기업들은 거래기업의 재무적인 정보(financial information)에만 관심을 집중하고 있는 경우가 많으나, 실제 다수의 대형사고는 거래상대방의 비윤리적 행위에 기인하고 있다.

이러한 상황에서 특정기업의 윤리적 태도에 대한 정보는 협력업체 선정이나 대규모거래에 수반될 수 있는 법률분쟁과 비윤리적 행위를 사전에 통제하는 유효한 수단이 될 수 있다.

(4) 사회전반의 투명성 제고

윤리경영의 성공적인 정착을 위해 사회의 전반적인 투명성(transparency)이 보장되어야 한다. 특히, 자의성이 높은 정부규제(government regulation)가 지속되는 경영환경일수록 비윤리적인 경영행태가 발생할 가능성이 높다. 사회의 투명성이 전제되지 않은 상황에서 직원들에게 비현실적인 윤리규정의 준수를 강요할 경우 직원들의 참여저조로 인해 윤리경영의 실천은 효과를 발휘하기가 어렵게 된다.

따라서 사회 각 분야의 투명성을 제고시켜 나가면서 윤리경영을 실천하는 기업이 불이익을 경험하지 않도록 제도적인 장치를 구축하여야 한다.

(5) 윤리경영의 조기확산을 위해 국제적인 기준이 허용되는 범위내에서 인센티브를 부여하는 방안이 강구되어야 함

윤리경영은 기업의 경쟁력 제고를 위해 자발적으로 추진해야 할 과제이지만 국내기업의 윤리경영 정착을 촉진시키기 위해서는 윤리경영 실천기업에게 인센티브를 주는 방안을 고려할 수 있다. 예를 들면, 미국 연방법원 판결지침처럼 윤리경영을 실천하는 기업의 노력을 법적 소송에서 충분히 고려해 주는 방안, 윤리경영을 실천하는 기업에게 신용평가시 가산점을 부여하는 방안 등을 지적할 수 있다.

제4절 브랜드경영

샤넬(Chanel), 크리스찬 디올(Christian Dior), 나이키(Nike), 소니(SONY), 프라다(PRADA), 구찌(GUCCI), 발리(BALLY), 코카콜라(Coca Cola), 버버리(Burberry) 등 글로벌 브랜드(global brand)는 이미 우리 일상생활의 일부가 되고 있다.

상기(上記)한 브랜드는 독특한 인상과 이미지로 세계 소비자들의 가슴깊이 인식되어 있다. 브랜드는 무한한 잠재력을 가지고 있으며 소비자가 원하는 제품의 성능과 품질은 물론 상표에 대한 충성심까지도 담아내는 기업의 가장 중요한 자원이 되고 있다.

이제 현대인은 브랜드의 영향에서 벗어날 수 없는 시대에 살고 있다. 파이낸셜 타임스(Finanical Times)는 브랜드에 대해 '현대를 밝혀주는 상징물'이라고 평하고 있는데 브랜드의 중요성에 대한 적설한 표현으로 평가할 수 있다. 세계화의 급속한 진전에 힘입어 한 지역에서 판매되던 제품의 브랜드는 이제 전세계를 대상으로 활동영역이 확대되고 있어 이제 세계는 글로벌 브랜드의 시대가 되어가고 있다.

본 절에서는 브랜드의 중요성, 브랜드관리, 브랜드 가치현황, 그리고 브랜드 가치 제고를 위한 과제를 차례로 살펴보고자 한다.

1. 브랜드의 중요성

브랜드는 경제적 가치를 지닌 자산(equity with economic value)으로 인식되고 있으며 강력한 브랜드는 고객의 브랜드충성도(brand loyalty)를 크게 하여 기업의 매출과 이익을 증대시키는 주요 요인이 되고 있다. 최근 들어 기업의 인수합병(M&A)때나 제품의 매매시 브랜드가치는 가장 중요하게 평가되는 항목 중의 하나로 확고하게 자리잡고 있다.

경제가 고도화되면서 인간 지향적 경제로의 전환, 소비자 욕구의 다원화, 가치지향적 패러다임이 강화되고 있다. 즉, 현대사회가 발전하면서 인간의 소비생활은 가치지향적인 특성(value-oriented characteristics)이 강화되면서 양적인 측면보다는 질적인 면을 추구하게 되는데 상품의 생명력인 브랜드가치의 창출이 그만큼 기업들에게 중요하게 부각되고 있다. 즉, 소비가 고도화될수록 브랜드와 소비자가 가치동일체(identified value)가 되어가고 있다.

이러한 경제환경의 변화와 함께 브랜드이미지는 현대 소비시장에서 가장 중요하게 부각되고 있는 부문으로 등장하고 있으며 따라서 현대기업들은 자사의 생산제품 중 파워브랜드를 구축하기 위해 수많은 에너지와 마케팅 비용을 지불하고 있다.

한 기업의 가치를 평가할 때 설비, 부동산 등 장부가치와 경영자의 경영능력, 근로자의 교육수준, 브랜드 등 눈에 보이지 않는 비(非)장부가치의 비중은 30 대 70 정도로 비장부가치가 훨씬 커지는 추세를 보이고 있다. 특히, 소비가 고도화되고 전문화되는 현대사회에서는 브랜드가치의 중요성이 더욱 커지고 있다. 일례로 세계최고의 브랜드인 코카콜라의 경우 2000년 기준 기업가치는 총 1,440억 달러로 추산되고 있으며 이 가운데 장부가치는 95억 달러에 불과한 반면 브랜드가치는 장부가치의 7배가 넘는 700억 달러에 이르는 것으로 평가되고 있다.

2. 브랜드관리

21세기 들어 기업간의 경쟁이 더욱 더 치열해지고 있는데 이러한 변화하는 경영환경하에서 성공적인 브랜드관리가 기업의 사활을 좌우한다고 해도 과언이 아닐 정도로 그 중요성이 부각되고 있다. 따라서 브랜드관리의 문제는 브랜드를 직접 관리하는 부서나 최고경영자에게만 국한된 과제가 아니라 마케팅업무 담당자, 궁극적으로는 기업의 전직원이 공동으로 추구해야 하는 목표라고 할 수 있다. 브랜드관리는 브랜드 요소개발(또는 브랜드 개발)과 이를 이용한 브랜드 구축으로 구분해 볼 수 있다. 실무에서는 브랜드요소의 개발을 브랜드 네이밍 혹은 브랜딩 등으로 지칭한다. 이 경우 브랜드하면 브랜드이름뿐만 아니라 기타 다양한 브랜드요소를 포함한다. 브랜드구축은 아이덴티티 개발과 고객에 대한 커뮤니케이션(communication)을 통한 인지도와 이미지 구축의 과정을 포함한다.

〈그림 7-4〉 브랜드관리의 두 축

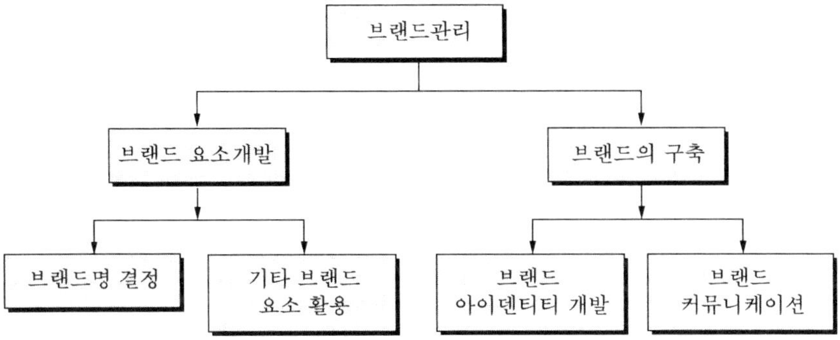

브랜드관리를 효과적으로 수행하기 위해서 기업이 구체적으로 어떠한 과정을 수행해야 하는가를 살펴보고자 한다.15)

2.1 브랜드 요소개발

(1) 브랜드명 결정

일반적으로 브랜드요소 중에서 브랜드명이 가장 핵심적인 역할을 수행하는 것으로 인식되고 있다. 브랜드명의 결정은 단순하게 이루어지지 않는다. 브랜드명의 결정은 새로운 이름을 결정하는 것 뿐만 아니라 기존 브랜드를 계속 사용할 것인가 아니면 새로운 브랜드를 선택할 것인가의 브랜드 확장여부, 그리고 기업전체의 브랜드 전략의 선택 등을 모두 포함하는 광범위한 선택 과정이라고 할 수 있다.

기업은 먼저 전체적인 브랜드전략의 방향을 결정해야 하는데 이에는 3가지 유형이 있다.

① 공동브랜드 전략

기업명 또는 다양한 제품에 동일한 가족군 브랜드를 사용하는 것을 의미한다. 이의 예로 과거 국내 맥주시장을 들 수 있는데 하이트맥주가 등장하기 이전까지 국내 맥주시장은 OB와 크라운 등 기업명을 중심으로 하는 공동브랜드 전략이 보편적이

15) 한국산업경제연구원, 신용경제, 2003년 각월호 참조

었다고 할 수 있다. 그러나 하이트가 회사명 변경을 통해 기업브랜드로 변모하고 OB맥주도 아이스, 넥스 등 개별브랜드들을 사용하지 않음으로써 국내 맥주시장은 다시 공동브랜드로 환원되었다.

② 개별브랜드 전략

각 제품에 대해서 각각의 이름을 선택하는 것을 의미한다. 하이트맥주가 국내 시장에서 강력한 개별브랜드로 등장하면서 OB맥주도 아이스, 넥스, OB라거 등 다수의 브랜드로 대응하였다.

③ 혼합브랜드전략

이는 공동브랜드 전략과 개별브랜드 전략 모두를 포함하는 것으로 이해할 수 있다. 예를 들면, 개개의 제품에 대한 브랜드 이름 결정에서도 2가지 방안을 모색할 수 있다.

가. 브랜드확장

브랜드확장이란 기존 브랜드를 활용하는 것을 의미하는데 개별브랜드 전략을 활용하면서 신제품에 대해서 거의 예외 없이 신브랜드명을 개발하여 사용하던 대표적인 기업인 프록터 앤드 갬블(P&G)도 최근에는 비누브랜드를 이용한 아이보리 샴푸, 화장품 브랜드를 이용한 올레이 미용비누, 남성취향의 강한 향으로 유명한 올드스파이스 애프터 쉐이브 크림 브랜드를 사용한 남성 방취용 비누 등 브랜드 확장을 자사의 여러 제품에서 사용해서 성공을 거둔 바 있다.

이전에는 개별브랜드 전략을 사용하는 기업들이 항상 새로운 브랜드명을 선택하는 순수 개별브랜드 전략을 구사하였으나 최근에는 개별브랜드 전략을 위주로 하는 기업들도 브랜드 확장을 병행하는 하이브리드형(hybrid, 복합형) 브랜드 전략을 사용하는 추세가 증가하고 있다.

나. 혼합브랜드

브랜드확장을 수행하지 않고 새로운 제품에 새로운 브랜드(또는 혼합브랜드)를 선택하거나 새로운 기업명 또는 가족군 브랜드를 개발하는 것을 의미한다. 최근에는 국내 아파트업계는 과거 자사명을 사용하던 관행에서 벗어나 I Park, 래미안, e편한세상, 자이 등을 탄생시켜 기업명과 함께 혼합브랜드 전략을 사용하고 있다.

(2) 기타 브랜드요소의 활용

미국 마케팅학회는 브랜드의 정의를 다음과 같이 나타내고 있다.

> 한 기업의 제품이나 서비스가 타 기업의 제품이나 서비스와 상이한 것으로 구별할 수 있는 이름, 용어, 디자인, 상징물이나 기타의 특징(A name, term, design, symbol or any other feature that identifies on seller's good or service as distinct from those of other sellers)

이러한 정의는 주로 브랜드에 대한 법적 권리에 대한 해석에 초점을 두면서 브랜드명뿐만 아니라 슬로건과 같은 마케팅 커뮤니케이션(marketing communication)에 사용하는 여러 가지 언어표현, 로고, 상징물, 캐릭터 등 다양한 브랜드 요소(brand element)를 모두 브랜드의 범주에 포함시키고 있다. 물론 기업들이 브랜드 요소 중에서 가장 중점을 두는 부분은 브랜드명이라고 할 수 있다.

〈표 7-28〉 브랜드 요소(혹은 광의의 브랜드)의 종류와 사례

	종 류	사 례
브랜드명	기업브랜드, 가족군 브랜드, 개별브랜드	국민은행, 신한은행, 삼성증권, fnhonors
기타 언어적 표현	슬로건, 태그라인	Just Do It(Nike), Ultimate Driving Machine(BMW)
디자인	로고, 캐릭터, 패키지 디자인	국민은행의 스타, 조흥은행의 호랑이
음악적 표현방식	로고송(jingle), 배경음악	나의 LG카드야, 현대드림론 로고송

2.2 브랜드의 구축

(1) 브랜드 아이덴티티 개발

강력한 브랜드의 구축은 브랜드 요소의 개발과 함께 가장 중요한 브랜드관리의 과정이다. 브랜드구축을 위해서는 높은 인지도와 호의적인 이미지(favorable image)를 구축하고 소비자들로부터 강력한 로열티(powerful loyalty)를 형성해야 한다. 브랜드 요소 개발이 브랜드명, 로고 등 외적인 요소에 대한 관리에 중점을 두고 있는

데 비해 브랜드 구축은 제품 자체를 주 대상으로 삼아 그 이미지를 전달하는 것을 목표로 삼는다.

기업이 소비자들에게 강력한 이미지를 전달하기 위해서는 브랜드 이미지의 내용을 결정할 필요가 있는데 이를 브랜드 아이덴티티(brand identity) 개발이라고 한다. 목표시장(target market)에 적합한 아이덴티티를 선정하고 커뮤니케이션을 잘 수행하여 강력한 브랜드를 구축한 대표적인 예로 나이키(Nike), 스타벅스(Starbucks), CJ를 들 수 있다.

① 나이키

나이키는 최고의 스포츠맨, 최고의 성능 및 품질이라는 아이덴티티를 개발하고 마이클 조던(Micheal Jordan), 타이거 우즈(Tiger Woods) 등 각 스포츠 종목의 대표적인 선수를 모델로 삼아 에어 시리즈 제품 등을 이용하여 커뮤니케이션을 수행함으로써 소비자들에게 이러한 이미지를 전달하는 데에 성공했다.

② 스타벅스

스타벅스는 단순한 커피만이 아닌 스타벅스만의 독특한 분위기와 문화를 제공하는 것을 브랜드 아이덴티티로 삼아 프리미엄 커피(premium coffee)로 업계의 선두자리를 차지하였다.

③ CJ

CJ는 게토레이의 이미지를 소비자에게 전달하는데 있어서 흡수가 빠르다는 아이덴티티를 이용하여 스포츠 음료 시장에서 확고한 위치를 확보하게 되었다.

(2) 브랜드 커뮤니케이션

브랜드 아이덴티티가 결정된 후 기업이 해야 할 주요 사항은 이를 효과적이고도 효율적인 방법으로 고객에게 커뮤니케이션하는 것이다. 이 경우 일반적으로 기업이 직면하게 되는 문제는 다수의 경쟁기업들이 유사한 브랜드 아이덴티티를 구축하여 소비자들에게 비슷한 메시지를 전달하려고 한다는 것이다. 이러한 상황에서는 기업들이 서로 유사한 메시지를 가지고 있기 때문에 소비자들이 각 기업의 브랜드에 대해 혼동하기 쉬워 자사의 브랜드 아이덴티티를 제대로 전달하기 어려운 경우가 종종 발생하게 된다.

따라서 성공적인 커뮤니케이션을 수행하기 위해서는 소비자들의 관심을 사로잡아 큰 영향력을 미칠 수 있는 메시지 개발이 필요하다. 국내기업 중 경쟁기업과 비교하여 나름대로 성공적인 브랜드 커뮤니케이션을 수행한 대표적인 기업으로 삼성전자(애니콜)와 대우전자(탱크주의)를 지적할 수 있다.

① 삼성전자

삼성전자는 애니콜을 휴대폰(cellular phone) 시장의 최강자로 만들었는데 애니콜은 휴대폰 시장에서 통화성공률이 가장 중요한 선택기준으로 작용할 때 '한국지형에 강하다'라는 효과적인 메시지로 경쟁사들을 앞서가는 성과를 거둔 바 있다.

② 대우전자

대우전자는 냉장고, TV 등 자사제품에 대해 '탱크주의'를 일관성있게 추진하여 대우제품이 튼튼한 제품이라는 이미지를 전달하여 소비자들로부터 호평을 받은 바 있다.

한편, 그 동안 커뮤니케이션 미디어로 전통적인 대중매체들(TV, 신문, 라디오, 잡지 등)이 주종을 이루었으나 최근 들어 인터넷의 등장으로 스포츠 마케팅, PR event 등이 크게 부상하고 있다. 인터넷이 미디어 중에서 차지하는 비중은 해가 갈수록 지속적으로 증가하고 있는데 기업들은 단순히 인터넷 사이트를 개설하는데 그치지 않고 원하는 고객에게 정기적인 e-Mail이나 뉴스레터를 보내거나 동호인 클럽에 광고를 게재하는 등 메시지 전달 방법이 갈수록 다양해지고 있다.

2.3 실행방안

성공적인 브랜드관리를 위한 실행방안으로 다음 4가지 측면을 지적하고자 한다.

(1) 브랜드 요소관리와 브랜드 구축을 연결하여 일관성있게 추진해야 함

브랜드 구축을 위해 브랜드요소들이 핵심적인 브랜드 이미지와 연결되거나 커뮤니케이션의 효율성을 보장하도록 하는 것이 필요하다. 예를 들면, 코카콜라의 경우 '상이하고 시원한 맛의 이미지'를 구축하기 위해 그 이미지를 빨간색 캔 코카콜라

로고 등과 연결하고 있으며 식물나라 비누는 소비자들에게 '청결한 이미지'를 전달하기 위해 브랜드명을 식물성을 강조할 수 있는 것으로 선택하였으며 비누의 색상은 흰색을 사용하여 깨끗한 이미지를 보전하고 있다.

(2) 브랜드요소의 개발과 관련하여 다양한 브랜드요소의 사용가능성 검토와 더불어 브랜드요소들의 남용성 여부를 점검해야 함

① 다양한 브랜드요소의 사용가능성 검토

디자인, 언어적 · 청각적 표현을 모두 활용할 필요는 없으나 다양한 브랜드요소들이 이미지를 구축하는 데에 기여를 할 수 있는지를 검토하여야 한다. 최근 들어 다수의 브랜드들이 로고나 패키지 등 디자인요소 개발에 상당한 투자를 하고 있으며 로고송이나 분위기를 살린 배경음악 등 청각적 요소를 감안한 방법들이 활용되고 있다.

② 브랜드요소들의 남용여부에 대한 점검

개별 브랜드요소들이 명확한 목적을 가지고 있고 이를 제대로 달성하고 있는지를 살펴보아야 한다. 예를 들면, 명확한 목적없이 사용하는 브랜드요소가 있거나 브랜드명의 단계가 지나치게 많은 것 등은 커뮤니케이션의 효율성을 저하시키는 요인으로 작용하게 된다.

(3) 목표고객의 욕구(needs of target customer)를 명확하게 파악하고 이를 브랜드 아이덴티티의 핵심요인으로 고려해야 함

강력한 브랜드를 구축하기 위해서는 목표고객의 욕구에 대한 철저한 파악 및 이러한 욕구를 근거로 브랜드 아이덴티티를 결정하여야 한다.

(4) 독창적이고 차별화된 커뮤니케이션의 수행

목표고객의 욕구를 충족시킬 수 있는 아이덴티티의 개발만으로는 충분하지 않다. 브랜드관리가 성공하기 위해서는 이러한 브랜드 아이덴티티를 소비자들에게 명확하게 전달하여야만 한다. 경쟁브랜드에 비해 독창성있고 차별적인 커뮤니케이션이 수행되지 않는다면 소비자들은 다수의 경쟁제품이 제공하는 이미지와 혼동되어 해당

기업의 제품에 대한 명확한 브랜드 이미지를 형성시키지 못하게 된다.

따라서 강력한 브랜드를 구축하기 위해서 마케팅 담당자들은 소비자욕구의 철저한 분석 및 파악과 더불어 창의적인 아이디어를 개발하여 소비자에 대한 효과적인 커뮤니케이션을 수행함으로써 경쟁기업의 브랜드에 비해 명확하면서도 독창적이고 차별적인 브랜드 이미지를 갖도록 대비해야 한다.

3. 브랜드가치현황

3.1 세계

영국의 브랜드관련 전문 컨설팅 기업인 인터브랜드에 따르면 2001년 전세계기업 가운데 브랜드가치가 가장 높은 기업은 코카콜라로 브랜드가치가 689억 5,000만 달러(약 89조 3,700억원)에 달하였으며 2위는 마이크로소프트(650억 7,000만 달러), 3위는 IBM(527억 5,000만 달러)이 뽑혔다. 국내기업 중에서는 삼성브랜드가 42위로 100위안에 들었는데 삼성의 브랜드 가치는 64억 달러(2000년에는 52억 달러였음)로 조사되었다.

인터브랜드는 매년 전세계에 근무하는 자사직원들이 추천한 1,200개 기업의 리스트에서 100개 업체를 선정하여 4가지 항목으로 점수를 매기고 있다. 평가항목은 각 브랜드의 시장점유율(가중치 35%), 연령·국적을 초월한 호소력(30%), 신뢰도(20%), 성장성(15%)이다. 2001년 조사에서는 닷컴(.com) 기업들의 브랜드가치가 크게 하락한 것이 특징인데 2001년 브랜드가치 76위를 기록한 아마존 닷컴의 브랜드가치는 2000년의 45억 달러에서 31억 달러로 58위를 기록하였고 야후는 2000년 63억 달러에서 2001년에는 44위로 하락하였다.

브랜드는 기업의 생명과 같은 것이며 상표에는 기업의 사회적 책임감(social responsibility)이 깃들어 있는 것으로 인식되고 있다.

〈표 7-29〉 세계 10대 상표의 가치

(단위 : 억 달러)

순위	상 표 명	브랜드가치
1	코카콜라(Coca Cola)	689.5
2	마이크로소프트(Microsoft)	650.7
3	IBM	527.5
4	제너럴 일렉트릭(General Electric)	424.0
5	노키아(NOKIA)	350.4
6	인텔(Intel)	346.7
7	디즈니(Disney)	325.9
8	포드(Ford)	300.9
9	맥도널드(McDonald's)	252.9
10	AT&T	228.3

자료 : 인터브랜드

3.2 한국

(1) 한국기업의 브랜드가치 및 브랜드파워 현황

① 브랜드가치 현황

한국경제신문사와 산업정책연구원(IPS)이 2001년 12월 4일 공동발표한 '2001 브랜드자산가치'에 따르면 국내기업의 브랜드가치가 코카콜라, 마이크로소프트 등 세계적인 기업들과 현격한 격차를 보이고 있는 것으로 나타났다.16)

코카콜라의 브랜드가치는 약 690억 달러(89조원 이상)에 달하는 반면 국내 최고의 브랜드가치 기업인 삼성전자의 경우에는 8조원으로 나타나 코카콜라의 10%에도 못 미치고 있다.

이번 '2001 브랜드자산가치' 조사에 따르면 국내 브랜드자산가치 1위 기업인 삼성전자(8조 8,200억원) 2위 LG전자(3조 6,725억원)의 가치차이가 5조원 이상이 되는데 국내 1위인 삼성전자의 경우에도 세계순위는 42위에 불과한 실정이어서 국내기업의 브랜드가치는 그 양적인 면(국내기업 중 브랜드가치가 1조원이 넘는 기업은 6

16) 한경, 2001. 12. 5. 참조

개에 불과함)에서도 세계 수준과는 큰 격차를 보이고 있을 뿐만 아니라 국내기업간에도 기업별 편차가 큰 것으로 나타나고 있어 기업가치의 핵심적 요소로 부각되고 있는 브랜드가치를 획기적으로 제고시키기 위한 기업의 노력이 절실히 요구되고 있다.

〈표 7-30〉 국내기업의 브랜드가치 현황

(단위 : 억원)

순위	기업명	브랜드가치
1	삼성전자	88,002
2	LG전자	36,725
3	SK텔레콤	24,127
4	한국통신	16,581
5	포스코	11,005
6	현대자동차	10,687
7	KT프리텔	9,800
8	롯데쇼핑	9,463
9	삼성SDI	7,977
10	SK(주)	7,743
11	제일제당	7,527
12	대우전자	7,442
13	LG텔레콤	6,904
14	삼성전기	6,580
15	신한은행	6,508
16	현대중공업	5,620
17	기아자동차	5,270
18	삼성생명	5,175
19	현대상선	4,912
20	LG칼텍스정유	4,853

주 : 합병국민은행은 순위산정에서 제외되었음
브랜드가치는 브랜드파워에 회계상 브랜드가치를 더한 것임
자료 : 산업정책연구원

② 브랜드파워 현황

산업정책연구원이 소비자 설문조사를 통해 해당브랜드의 인지도와 품질만족도 등

을 조사한 결과 삼성전자(77.98)와 LG전자(75.74)는 브랜드 자산가치 순위에서와 동일하게 1위와 2위를 차지하는 것으로 나타났다.

〈표 7-31〉 브랜드파워 순위

순위	기업명	브랜드가치[1]
1	삼성전자	77.98
2	LG전자	75.74
3	현대자동차	72.09
4	SK텔레콤	66.26
5	롯데쇼핑	64.51
6	기아자동차	62.42
7	제일제당	61.73
8	농심	61.18
9	LG텔레콤	58.97
10	국민은행[2]	58.74
11	대한항공	57.51
12	포항제철	57.40
13	현대정유	56.41
14	KTF	55.89
15	주택은행[2]	55.73
16	삼성SDI	53.89
17	한국통신	53.56
18	대우전자	53.43
19	LG-필립스LCD	53.39
20	신한은행	53.20

주 : 1) 브랜드가치는 100점 만점임
2) 주택 · 국민은행은 합병전 순위임
자료 : 산업정책연구원

그러나 현대자동차의 경우 브랜드인지도 순위는 자산가치순위(6위)보다도 3단계나 높은 3위를 차지하였다. 기아자동차의 경우에도 브랜드자산가치는 17위이나 브랜드파워(62.42) 순위는 6위로 나타나 소비자인지도 및 품질만족도 등이 높은 것으로 나타났다. 브랜드파워와 브랜드자산가치가 상이한 것은 해당기업의 제품을 사용함으로써 소비자들이 느끼는 인지도가 크게 차이가 나기 때문인 것으로 분석된다.

사실상 소비자들이 자주 사용하는 제품을 만드는 기업에 대한 인지도가 그렇지 않은 경우보다 높게 나타나는 것은 당연하다고 할 수 있다. 대체적으로 자동차, 백화점, 식음료 등 소비자관련 산업에 속한 기업들이 브랜드자산 가치보다 소비자들의 브랜드인지도 순위가 높은 것으로 나타났다.

(2) 한국기업의 브랜드 경영실태

한국생산성본부 브랜드경영센터는 국내기업, 특히 중소기업의 브랜드경영 현황 실태, 그리고 브랜드경영과 관련된 기업들의 고충 및 요구사항을 파악하여 정책적 차원에서 국내기업들이 브랜드경영을 원활히 수행할 수 있도록 중장기적인 정책을 수립할 수 있는 방안을 제시하기 위하여 2002년 9월 24일~10월 31일간 국내기업을 대상으로 무작위추출방법(random sampling)으로 일 대 일 면접 및 우편조사를 실시하여 총 511개 기업을 조사한 바 있다. 한국생산성본부가 조사한 국내기업의 브랜드경영실태를 자세히 살펴보고자 한다.[17)]

① 조사대상기업의 현황

가. 업종현황

조사대상기업은 화학 · 플라스틱류(18.4%), 음식료품류(17.2%), 섬유 · 의복 · 피혁류(14.3%), 컴퓨터 · 정밀기기류(10.6%) 등 10개 업종으로 분류하였다. 업종현황은 2001년 5월에 344개 기업을 대상으로 한 일본의 대표적 연구소 중의 하나인 일경산업소비연구소(日經産業消費硏究所)의 '일본기업의 브랜드매니지먼트 : 유력기업의 실태와 동향', 그리고 일본경제산업성이 2002년 6월에 999개 기업을 대상으로 한 '브랜드가치평가연구회 보고서'의 결과와 거의 비슷하다고 할 수 있다.

17) 국내기업의 브랜드경영실태를 조사하기 위해 한국생산성본부는 1,140개 기업에 설문지를 배포하였으나 응답기업은 511개로 응답률은 44.9%를 기록하였다(무역일보, Tradenews, 2003. 2. 3. pp. 89-94 요약 및 재구성).

〈표 7-32〉 업종현황

(단위 : %)

업종	응답자수	응답비율	비고
음식료품류	88	17.2	소비재/비내구재
섬유/의복/피혁류	73	14.3	소비재/비내구재
종이/펄프/인쇄류	14	2.7	소비재/비내구재
화학/플라스틱류	94	18.4	중간재/비내구재
제철/제강/금속류	37	7.2	중간재/내구재
기계장비류	36	7.1	중간재/내구재
컴퓨터/정밀기기류	54	10.6	중간재/내구재
자동차/운송장비류	17	3.3	중간재/내구재
가구/완구류	45	8.8	소비재/비내구재
기타서비스	53	10.4	소비재/비내구재
전 체	511	100.0	

나. 근로자 수

중소기업에 대한 정의가 300명 이하의 근로자로 구성된 기업이라고 할 때 중소기업의 표본비율(71.5%)이 대기업(28.5%)에 비해 매우 높다고 할 수 있다. 업종별 근로자수를 살펴보면 중간재 및 비내구재 산업을 구성하는 제철 · 제강 · 금속업종, 기계 · 장비류 업종의 근로자 수가 타 업종에 비해 상대적으로 낮은 편이다.

〈표 7-33〉 근로자수 현황

(단위 : %)

구 분	음식료품	섬유/의복	종이/펄프/인쇄	화학/플라스틱	제철/제강/금속	기계/장비류	컴퓨터/영상기기	자동차/운송장비	가구/완구	기타서비스	전체
중소기업	61.3	76.8	78.6	73.4	78.3	83.3	72.3	76.4	71.1	60.4	71.5
대기업	38.7	23.2	21.4	26.6	21.7	16.7	27.7	23.6	28.9	39.6	28.5

다. 근무부서 현황

전체 511개 표본 중에서 경영기획, 상품기획, 재무팀 등 경영일반을 기획하고 지원하는 부서인 기획 · 지원 부서의 비율이 43.2%로 가장 높은 비중을 차지하고 있으며 24.9%의 마케팅부서, 14.9%의 영업부서, 5.5%의 광고 · 홍보부서, 11.5%의 기타부서(기타부서는 연구실, 전산팀, 개발팀 등의 부서를 의미함)의 비율을 나타내고 있다.

기업내 브랜드를 전담하는 부서현황과 비교할 때 브랜드 전담부서가 있는 대부분의 기업에서는 마케팅부서가 브랜드관리를 전담하고 있는 것으로 나타났다.

② 분석결과

가. 브랜드관리 현황

ⓐ 브랜드전담부서 구축현황

브랜드관리를 전담하는 부서의 구축현황에 대해 현재 구축되어 있는 기업은 28.4%(145개), 구축되어 있지 않은 기업은 65.0%(322개), 구축예정인 기업은 6.6%(34개)로 나타났다. 브랜드전담조직의 담당인원은 1~3명 이하가 49.7%, 4~6명 이하가 24.1%로 나타났다.[18]

〈표 7-34〉 기업규모별 브랜드전담조직 구축현황

(단위 : %)

구분	대기업	중소기업
구축되어 있음	43.8	22.2
구축되어있지 않음	48.6	71.5
구축 예정임	7.6	6.3

업종별 구축현황을 살펴보면 소비자와의 접촉이 빈번한 음식료품류, 컴퓨터 및 음향기기류 업종에서 전담부서 구축비율이 타 업종에 비해 높은 편이며 기업규모별로는 대기업이 43.8%, 중소기업은 22.2%로 약 2배 정도 높게 나타났다.

18) 일본경제산업성이 2002년 6월 조사한 바에 따르면 브랜드 전담부서가 구축되어 있다고 응답한 기업 비율은 42.2%로 나타나 국내기업과는 큰 차이를 보이고 있다.

〈표 7-35〉 업종별 브랜드전담조직 구축 현황

(단위 : %)

구 분	음식료품	섬유/의복	종이/펄프/인쇄	화학/플라스틱	제철/제강/금속	기계/장비류	컴퓨터/영상기기	자동차/운송장비	가구/완구	기타서비스	전체
구축되어 있음	42.0	19.2	28.6	27.7	27.0	19.4	33.3	11.7	24.4	30.2	28.4
구축되어 있지 않음	52.3	75.3	64.3	70.2	59.5	77.8	66.7	82.4	57.8	56.6	65.0
구축 예정임	5.7	5.5	7.1	2.1	13.5	2.8	0.0	5.9	17.8	13.2	6.6

〈표 7-36〉 업종별 브랜드전담조직 인원현황

(단위 : %)

구 분	음식료품	섬유/의복	종이/펄프/인쇄	화학/플라스틱	제철/제강/금속	기계/장비류	컴퓨터/영상기기	자동차/운송장비	가구/완구	기타서비스	전체
1~3명	56.8	71.4	25.0	23.1	80.0	57.1	44.4	50.0	27.3	62.5	49.7
4~6명	16.2	0.0	50.0	42.3	10.0	28.6	22.3	0.0	36.3	31.3	24.1
7명 이상	27.0	28.6	25.0	34.6	10.0	14.3	33.3	50.0	36.4	6.2	26.2

주 : 브랜드 전담조직이 있는 145개 기업을 대상으로 함

ⓑ 브랜드 구조현황

고유브랜드가 있는 기업의 브랜드 구조현황을 살펴보면 기업브랜드명(corporate brand name)과 제품브랜드명(product brand name)이 일치하는 기업은 32.3%(133개), 기업브랜드명과 제품브랜드명을 적절하게 구분한 기업은 65.5%(270개)로 나타나 다양한 제품군을 제조하여 판매하는 국내기업의 특성상 후자의 비율이 높은 편이라고 할 수 있다.

일본산업소비연구소의 조사결과와 비교하면 일본의 경우 전자와 후자의 비율은 각각 49.7%, 44.6%로 거의 비슷한 수준을 보이고 있으나 점차로 기업브랜드명과 제품브랜드명이 동일한 비율로 높아지는 추세를 보이고 있다.

ⓒ 브랜드구축을 위한 기업마인드 현황

기업의 브랜드이미지를 좋게 유지해 준다고 생각하는 요인에 대한 응답결과 제

조·기술력요인이 68.4%로 타 요인보다 상대적으로 높은 비율을 보였는데 타 요인의 응답비율은 광고선전(33.0%), 연구개발(26.9%), 서비스(23.3%), 경영능력(10.4%) 등으로 나타났다.

이번 조사결과는 일본경제산업성의 조사결과와 비슷하지만 한 가지 차이점은 기업 또는 제품인지도 향상, 낮은 투자비용 대비 고객만족도 및 고객충성도 증대 등 기업성과에 높은 영향을 미치는 서비스에 대해 일본기업들은 중요성(10점 만점 중 7점 기록)을 크게 인식하고 있으나 국내기업들은 브랜드이미지를 제고시키는 요인 중 서비스에 대한 응답비율이 23%로 나타나 타 요인에 비해 상대적으로 낮은 수준을 보였다.

국내기업들은 이번 조사에서 브랜드 이미지를 제고시키는 요인으로 제조기술력(68.4%), 광고선전(33.0%), 연구개발(26.9%), 상품권(20.9%) 등으로 응답하였다. 한편, 일본자료는 개별요인에 대한 10점 만점에 의한 점수로 나타났으나 이번 조사는 복수응답에 의한 비율이므로 절대적인 비교는 불가능하다고 할 수 있다.

나. 브랜드전략 현황

ⓐ 브랜드관리 중요성에 대한 기업의 인식

경영전략적차원에서 브랜드 관리의 중요성에 대한 응답 결과 조사대상기업 중 79.8%가 브랜드 관리의 중요성을 인식하고 있는 것으로 나타났다. 이번 국내기업에 대한 조사결과는 2000년 스페인의 기업을 대상으로 조사한 ESADE(2000년 11월 조사)의 'Branding Management Status in Spanish Corporations'의 분석결과 및 미국의 PROPHET(2002년 8월 조사)사가 발표한 'Operationalizing the Brand : A Survey of Brand Management Practice Today'의 분석결과와 유사하다고 볼 수 있는데 이는 결국 전세계적으로 기업경영에 있어 브랜드관리가 매우 중요하게 부각되고 있음을 보여주는 것이라 할 수 있다.

업종별로 세분화해서 살펴보면 다소 상이한 결과가 나타나는데 음식료품류, 종이·펄프류, 컴퓨터·영상기기류, 기타 서비스류 등 고객과의 접촉이 타 업종에 비해 빈번한 업종의 경우 브랜드 관리의 중요성을 높게 인식하고 있으나 중간재를 생산·판매하는 제철·제강, 기계장비업종은 상대적으로 낮은 것으로 나타났다.

〈표 7-37〉 업종별 브랜드관리 중요도

(단위 : 점)

음식료품	섬유/의복	종이/펄프/인쇄	화학/플라스틱	제철/제강/금속	기계/장비류	컴퓨터/영상기기	자동차/운송장비	가구/완구	기타서비스
83.7	74.7	79.4	77.5	77.2	68.8	85.6	64.2	73.1	82.1

브랜드가치 제고를 위한 기업들의 노력정도는 대기업(79점)이 중소기업(66점) 보다 다소 높게 나타났으며 top manager가 브랜드에 대한 관심이 클수록 브랜드가치 제고를 위한 노력을 많이 기울이는 것으로 조사되었다. 기업의 최고경영자(CEO : Chief Executive Officer)를 비롯한 이사진들의 경영마인드에 따라 브랜드경영이 좌우되는 만큼 최고경영진의 브랜드에 대한 관심을 제고시킬 수 있는 방안의 모색이 필요하다.

〈표 7-38〉 경영전략적 차원에서의 브랜드관리 중요성

중요도	한국(%)	스페인(%)
매우 중요하지 않음	3.9	0.0
약간 중요하지 않음	3.8	1.5
보통임	12.5	13.0
약간 중요함	27.8	50.0
매우 중요함	52.0	35.5

주 : 스페인 자료는 ESADE(2000. 11)의 'Branding Management Status in Spanish Corporations' 분석 결과를 참조하였음

브랜드가치제고를 위한 기업의 노력정도가 낮은 요인으로는 브랜드가치제고를 위한 방법론의 부재(28%), 브랜드구축결과에 대한 성과측정의 어려움(27%), 경영진의 관심부족(21%), 경영진의 단기적 성과중시(15%)로 나타났는데 이 중에서 높은 응답률을 보인 방법론의 부재 및 성과측정의 어려움 문제를 해결하기 위해서는 국가정책적차원에서 국내기업의 브랜드가치제고를 위해 기업들이 용이하게 활용할 수 있는 방법론, 예를 들면 브랜드경쟁력모델, 자가진단모델 등을 개발하여 기업들에 제공해 줄 필요성이 있다.

〈표 7-39〉 브랜드가치제고노력의 저조요인

구 분	응답비율(%)
브랜드 가치상승을 위한 방법론 부재	28
경영진의 관심부족 및 단기적 성과 중시	36
투자지원 부족	9
브랜드 구축결과에 대한 성과측정의 어려움	27

ⓑ 톱 매니저(top manager)의 브랜드관심 유무

기업의 최고경영자(CEO)를 비롯한 top manager의 68%(347개)가 브랜드에 대해 관심이 있다고 답했는데 관심정도는 69.5점으로 나타났다. 이를 다시 대기업과 중소기업으로 구분하여 살펴보면 대기업의 관심정도는 72점, 중소기업은 67점으로 대기업 top manager의 브랜드에 대한 관심정도가 중소기업보다 높은 것으로 조사되었다.

〈표 7-40〉 업종별 CEO의 브랜드 관심현황

(단위 : 점)

음식료품	섬유/의복	종이/펄프/인쇄	화학/플라스틱	제철/제강/금속	기계/장비류	컴퓨터/영상기기	자동차/운송장비	가구/완구	기타서비스	전체
79.2	65.8	76.2	65.2	68.8	67.3	76.3	54.9	62.2	70.5	69.5

브랜드관리의 최종권한에 대한 조사에 있어서는 톱 매니저에게 있다는 비율이 66.2%, 브랜드전담부서에 있다는 비율이 30.3%로 브랜드관리의 최종권한이 주로 톱 매니저에게 있는 것으로 나타났는데 이러한 현상은 대기업이나 중소기업 모두 유사한 것으로 조사되었다.

일본경제산업성의 분석결과를 보면 톱 매니저(top manager)에게는 52.2%, 전담부서에는 39.9%의 비율을 보였는데 이는 효율적인 브랜드관리를 위해서는 브랜드 전담조직에 더욱 많은 권한이 부여되어야 한다는 것을 시사하고 있다.

〈표 7-41〉 업종별 브랜드권한 현황

(단위 : %)

구 분	음식료품	섬유/의복	종이/펄프/인쇄	화학/플라스틱	제철/제강/금속	기계/장비류	컴퓨터/영상기기	자동차/운송장비	가구/완구	기타서비스	전체
TOP 매니저	70.3	71.4	25.0	65.4	60.0	85.7	55.6	100.0	72.7	62.5	66.2
전담조직	24.3	21.4	75.0	34.6	30.0	14.3	44.4	0.0	18.2	37.5	30.3
기 타	5.4	7.2	0.0	0.0	0.0	0.0	0.0	0.0	9.1	0.0	3.5

〈표 7-42〉 브랜드전략 경영현황

구 분	실행비율(%)	수행방법(%)			필요정도(점)
		담당부서에서 모두 수행	담당부서 기획 · 외부기관 위탁	외부기관에 전적으로 위탁	
브랜드개발 전략수립	48.3	62.4	32.0	5.6	84.3
브랜드시장 및 수요조사	57.7	62.0	31.2	6.8	81.9
경쟁브랜드에 대한 조사	69.3	69.5	26.6	3.9	79.1
브랜드 아이덴티티 개발	50.3	63.0	32.7	4.3	81.1
브랜드에 대한 고객만족도 조사	46.6	54.2	37.8	8.0	81.8
장기적 브랜드상품관리	37.8	70.5	25.9	3.6	81.8
국내외 선진기업 벤치마킹	37.4	67.5	26.2	6.3	75.4
브랜드자산의 주기적 평가	23.3	55.5	36.1	8.4	77.8
이미지를 통합하는 광고수립	44.4	52.0	42.7	5.3	79.7
신규 브랜드 출시광고	43.4	47.7	44.6	7.7	80.0
소비자 이미지/ 충성도 제고	39.9	62.1	31.4	6.5	79.5
해외수출을 위한 공고컨셉	20.7	50.0	38.7	11.3	74.0
브랜드에 대한 네이밍 작업	46.8	58.1	33.5	8.4	80.2
해외수출브랜드에 대한 네이밍	22.7	60.4	32.8	6.8	79.1
브랜드에 대한 소비자 반응	42.5	49.3	41.0	9.7	81.4
기업/제품브랜드 로고 작업	61.8	48.1	38.6	13.3	79.5
상품포장 디자인	60.5	57.0	35.6	7.04	79.5
브로셔 · 캘린더 · 홍보책자	76.1	42.9	46.8	10.3	78.8

ⓒ 전반적 브랜드전략 경영현황

브랜드관리에 있어서 가장 핵심적인 요소들인 브랜드전략수립, 장기적인 브랜드상품관리, 브랜드자산평가관리, 수출브랜드관리 등과 관련된 항목에 대한 실행비율은 낮지만 브랜드관리에 있어서 보다 덜 중요하다고 간주되는 브랜드 아이덴티티(BI : Brand Identity), 로고, 포장디자인 등에 대한 실행비율은 상대적으로 높은 것으로 나타났다.

〈표 7-43〉 기업규모별 브랜드경영 실행현황

(단위 : %)

구 분	대기업	중소기업
브랜드개발전략 수립	59.7	35.6
브랜드시장 및 수요조사	64.7	50.6
경쟁브랜드에 대한 조사	73.1	64.0
브랜드 아이덴티티(BI) 개발	56.7	43.1
브랜드에 대한 고객만족도 조사	53.8	37.7
장기적 브랜드상품관리	41.6	32.2
국내외 선진기업 벤치마킹	46.6	25.9
브랜드자산의 주기적 평가	26.5	18.4
이미지를 통합하는 광고수립	55.0	33.5
신규 브랜드 출시광고	52.5	31.4
소비자 이미지/ 충성도 제고	45.4	33.1
해외수출을 위한 광고컨셉	22.3	19.2
브랜드에 대한 네이밍 작업	58.8	33.9
해외수출브랜드에 대한 네이밍	27.7	16.7
브랜드에 대한 소비자 반응	48.7	34.7
기업/제품브랜드 로고 작업	68.9	53.6
상품포장 디자인	66.0	54.4
브로셔 · 캘린더 · 홍보책자	82.8	69.5

기업규모에 따른 브랜드전략경영 현황을 살펴보면 중소기업과 대기업간의 실행비율에서 차별성을 보여주고 있는데 특히, 앞에서 언급한 브랜드 관리의 가장 핵심적 요소들(브랜드전략수립, 장기적 브랜드 상품관리, 브랜드자산평가관리, 수출브랜드 관리 등)에서 차이가 있어 중소기업의 브랜드관리는 다소 문제점이 있는 것으로 파

악된다.

중소기업의 브랜드 관리 문제점의 원인으로는 브랜드 경영을 위한 인력 및 자금 부족, 장기적 관점에 의한 경영전략수립의 어려움, 브랜드수출을 위한 해외시장정보 수집의 어려움 등 대기업에 비해 중소기업이 지니고 있는 내생적 한계에서 비롯된 것으로 분석된다.

③ 브랜드평가 현황

가. 브랜드가치 평가 현황

자사 브랜드의 브랜드가치 평가를 실시하고 있는 기업은 조사대상기업의 21%(107개)로 나타났는데 업종별로는 음식료품류(31.1%), 섬유 · 의복류(27.3%), 가구 · 완구류(30.8%) 등 최종소비재를 판매하는 업종에서 브랜드가치 평가를 시행하는 비율이 높은 편으로 조사되었다.

나. 브랜드가치 평가의 장애요인

기업이 브랜드가치를 평가할 때 직면하게 되는 장애요인으로는 적절한 평가모형의 부재(40.2%), 평가항목에 대한 정보부족(34.6%) 등이 지적될 수 있다. 중소기업의 경우에는 평가항목에 대한 정보부족(43.2%)과 전문적 지식부족(35%)이 브랜드가치를 평가하는데 있어 장애요인이 되고 있다.

〈표 7-44〉 브랜드가치 평가의 장애요인

(단위 : %)

구 분	전 체 응답비율	대 기 업 응답비율	중소기업 응답비율
적절한 평가모델의 부재	40.2	40.4	43.2
전문적인 지식 요구	27.1	26.3	35.1
평가항목의 정보부족	34.6	31.6	43.2
평가비용의 과다	26.2	31.6	21.6
평가결과 활용의 어려움	30.8	38.6	24.3

브랜드가치를 평가하는데 있어서 중소기업이 겪는 어려움을 해결하기 위해서는

국가정책적 차원에서 기업들이 브랜드가치를 제고할 수 있도록 국내 중소기업의 실정에 적합한, 즉 중소기업의 실정에 맞는 이해하기 쉽고 활용성이 높은 평가모델을 개발할 필요가 있다.

다. 개별제품 브랜드에 대한 브랜드가치 평가의 필요성

개별제품 브랜드에 대한 브랜드가치 평가의 필요성은 70점으로 나타났는데 기업브랜드(corporate brand)에 대한 가치평가는 브랜드경영을 위한 세부적인 방안을 제시하지 못하는 한계점이 있는데 비해 개별브랜드(individual brand)에 대한 가치평가는 브랜드와 관련한 제반요소의 현재 경쟁력과 경쟁사 대비 요소별 역량을 파악할 수 있어서 브랜드가치를 제고시키기 위한 세부적 방법론을 제시할 수 있다.

④ 브랜드정보획득 현황

가. 브랜드전략 정보획득 현황

브랜드전략을 수립할 때 기업이 직면하게 되는 문제는 여러 가지 어려움에 처할 수 있다는 것인데 실제 어려움에 처한 경험이 있다는 기업은 36.4%(186개), 어려움에 처한 경험이 없었던 기업은 16.8%(86개)로 나타났으며 브랜드전략을 수립한 경험이 전혀 없는 기업도 46.8%(235개)로 조사되었다.

브랜드전략을 수립한 경험이 있었던 기업(272개)이 브랜드전략을 수립하기 위해 관련자료를 수집하려는 욕구가 있었던 기업은 228개(83.8%)로 높은 편이나 관련정보를 취득한 비율은 111개(48.7%)로 나타나 국내 기업들이 브랜드전략 수립을 위한 정보를 수집하는데 다소 어려움에 직면해 있는 것으로 파악된다.

나. 정보제공사이트 이용현황

경영 및 브랜드전략 수립에 도움이 되는 벤치마킹 사이트(benchmarking site)의 인지도에 대한 응답결과 24.3%(124개)만이 알고 있다고 응답했으며 이들 기업 중 66.9%는 해당사이트를 이용한 경험이 있는 것으로 나타났다. 나머지 33.1%(41개)의 기업들은 필요정보의 부재(43.9%), 정보검색의 어려움(31.7%), 정보 업데이트의 지체(22.0%) 등의 이유로 해당사이트를 이용하지 않는 것으로 조사되었다.

브랜드와 관련된 통합 데이터베이스(integrated database)를 국가 정책적차원에서 구축해야 할 때 필요한 컨텐츠에 대한 복수응답결과는 국내 브랜드별 시장점유율

동향(65.9%), 국내경쟁사 브랜드별 동향(60.3%), 국내외 브랜드 성공사례(47.7%)로 나타났다.

브랜드의 통합 데이터베이스(integrated database)와 관련한 설문조사결과 고유브랜드수출동향, 브랜드경영 베스트프랙티스 등 브랜드 통합 데이터베이스를 구축할 때 기업들의 브랜드경영에 있어서 실질적으로 필요하고 이용하기 편리한 구조로 구축해야 할 과제를 안고 있다고 할 수 있다.

〈표 7-45〉 국가정책적 차원에서 구축해야 할 통합 DB컨텐츠 현황

(단위 : %)

구 분	응답비율
국내 브랜드별 시장점유율 동향	65.9
국내 경쟁사 브랜드별 동향	60.3
국내외 브랜드 성공사례	47.7
국내 브랜드별 경쟁력 지수	37.6
해외의 문화적 배경에 따른 브랜드 선호경향	35.0
해외에서 국내브랜드의 이미지	34.4
국내외 브랜드 관련 법률	28.4
국내 브랜드의 해외국가별 수출액	20.9
기타	1.8

다. 수출국 시장정보관리 현황

수출현황, 수출제도 및 법규 등 수출국에 대한 시장정보를 수집 및 관리하고 있는 기업은 199개(63.6%)이며 시장정보 수집관리의 중요성은 평균 78점으로 나타났다.

수출국에 대한 시장정보의 database화의 중요성에 대한 응답은 73점으로 높은 편이지만 실제로 이를 실행하고 있는 기업은 35.8%(112개)로 database화 작업의 실행비율은 낮은 것으로 나타났다.

라. 해외수출지역과 관련된 시장정보 수집현황

수출지역에 대한 법규 및 제도, 수출지역의 경제적 · 문화적 상황, 인구통계학적

환경 등에 대한 시장정보수집 실태를 파악한 결과 대부분의 항목에 대한 필요성은 70점 이상으로 조사되었으나 문화적 상황과 인구통계학적 환경에 대한 실제 실행 비율은 각각 53.4%와 39.9%로 나타났다.

해외정보를 수집하는 경로에 대해서는 기업 대내외 자료, KOTRA와 무역협회 등 유관기관 자료, 해외시장 정보를 제공하는 인터넷 사이트 등을 통해 수집하는 것으로 나타났는데 국내 기업들은 수출주력시장의 소비자에 대한 감성관련정보를 수집하는데 큰 어려움을 경험하고 있으며 유관기관이 제공하는 정보가 불충분하다는 인식을 하고 있는 것으로 조사되었다.

결국 국내기업들의 해외정보 습득에 대한 고충을 해결하고 경쟁력을 제고시키기 위해서는 대규모 조사 및 많은 비용이 소요되는 해외시장동향 데이터베이스를 국가 정책적 차원에서 제공해야 한다.

〈표 7-46〉 해외 수출지역 시장정보수집 현황

구 분	필요정도 (점)	실행경험 (%)	자료수집경로	자료수집 애로사항
브렌드개발전략 수립	48.3	62.4	· 기입내외부 사료 · KOTRA와 무역협회 등 유관기관을 통한 자료 수집 · 해외시장정보를 제공하는 사이트를 통한 자료 수집	· 수출주력시장의 현지소비자 감성 관련 정보수집 어려움 · 유관기관의 제공정보 불충분성
수출지역의 경제적 상황	7.59	70.9		
수출지역의 문화적 상황	7.92	53.4		
수출지역의 인구통계학적 환경	8.01	39.9		
수출지역의 경쟁상황	7.52	65.1		
수출지역의 시장규모	8.03	74.4		
수출지역의 시장잠재력	7.90	67.9		

주 : 자료수집경로와 애로사항은 응답비율이 상대적으로 높은 항목만을 언급하였음

4. 브랜드가치 제고를 위한 과제

국내기업의 생산제품에 따라 브랜드가치를 높이기 위한 과제를 국가 및 기업차원에서 살펴보고자 한다.

4.1 국가차원의 과제

(1) 국가이미지의 제고

국가이미지는 해당국 기업들의 공통적인 브랜드라고 할 수 있다. 국가경영전략연구소의 최근 설문조사에 의하면 한국의 이미지로 '88올림픽'이나 '경제발전'을 선택한 소비자의 70%가 한국산 제품을 구입한 반면에 '한국전쟁' 등의 부정적 이미지(negative image)를 가지고 있는 소자들의 55%가 한국산 제품을 구매한 것으로 나타났다. 이는 한국에 대해 긍정적인 이미지(positive image)를 가진 소비자일수록 한국산 제품을 더욱 많이 소비하고 있다는 의미로 해석할 수 있다.

따라서 정부는 국가차원에서 국가이미지를 제고시키기 위해 노력해야 하며 브랜드 중요성에 대한 대내외홍보도 강화해야 한다. 국가차원에서의 이미지를 제고하기 위해 노력하는 대표적 국가로 이탈리아와 대만을 지적할 수 있다. 이탈리아의 경우 'Made in Italy'라는 행사를 통해 이탈리아의 산업 · 기술 · 무역에 대한 긍정적 이미지를 세계에 알리는 프로그램을 운영하고 있으며 대만의 경우에도 저가 및 OEM(주문자 상표 부착방식) 상품 이미지에서 탈피하기 위해 대만제품의 이미지 강화를 위한 5개년 계획을 추진하고 있다.

(2) 글로벌 브랜드 육성전략의 수립

우리가 대외에 홍보할 수 있는 우리의 장점으로 몇 가지 측면을 지적할 수 있는데 이를테면 지난 20여년간 아시아국가 가운데 경제성장률 1위국, 세계 1위의 D램 반도체 생산국, 세계 5위의 자동차 생산국, 그리고 경제협력개발기구(OECD)의 회원국 등이다.

정부는 이러한 국가브랜드를 육성하기 위해 '국가이미지 관리위원회'의 설치 등 제도적 장치를 마련해야 하며 국가브랜드가치 뿐만 아니라 브랜드 관련 산업인 디자인산업, 마케팅산업 등의 인프라 확충에도 집중적인 지원을 하여야 한다.

국가브랜드 인지도 제고와 관련하여 정부는 정부부처 국장급으로 구성되어 있는 '대외홍보실무협의회'를 차관급으로 이루어진 '대외홍보위원회'로 격상시키는 방안을 검토 중이며 초고속 경제성장과 하이테크 제품의 이미지를 강조한 'Dynamic Korea'를 국가브랜드로 홍보하는 방안을 추진 중에 있다.

4.2 기업차원의 과제

(1) 기업마케팅조직의 강화

정부뿐만 아니라 기업차원에서도 브랜드가치를 제고시키는 경영을 강화해야 한다. 이를 위해 기업 마케팅조직은 제품관리방식에서 브랜드관리방식으로 전환하고 소비자에게 브랜드이미지를 지속적으로 알려야 한다. '2006 월드컵'은 우리 기업의 브랜드가치를 높이기 위한 절호의 기회인만큼 월드컵 마케팅과 관계기업의 브랜드가치 높이기 작업을 병행하여 시너지효과(synergy effect)를 창출해야 한다.

(2) 기업차원에서의 브랜드가치 제고 전략 수립

우리기업들은 글로벌경영환경의 급격한 변화, 즉 기술개발의 수명이 단축되고 제품기능의 차별화가 지속될 수 없는 시장상황 하에서 세계 각국 기업들의 세계적 명품들과 치열한 경쟁을 벌이게 되면서 브랜드 가치문제를 기업의 생존문제와 직결시켜야 되는 상황에 직면하게 되었다. 브랜드가치문제를 기업전략적 차원에서 효과적으로 다루기 위해서는 조직적 측면에서 접근해야 하는데 이와 관련하여 전문가 집단의 양성과 독립부서의 신설이 시급한 과제가 되고 있다.

예를 들면, 프록터 앤드 갬블(P&G)은 브랜드가치문제의 중요성을 일찍이 인식한 대표적인 기업으로 평가되고 있다. 1990년대부터 세계 유수의 다국적기업들은 대부분이 재무담당임원(CFO)이나 정보담당임원(CIO) 외에 자사제품의 브랜드 이미지제고를 위해 브랜드 담당임원(CBO)을 두어 관리하고 있다.

제8장

신 경 제

1990년대 중반 이후 선진국들은 지식과 정보의 생산, 유통 및 활용에 기반을 둔 경제, 즉 지식기반경제(knowledge-based economy)를 심화(深化)시키기 위한 노력을 강화하고 있다. 지식기반산업의 포괄범위에 대해서는 현재까지 학자들간에 일치된 견해가 없으나 1998년 OECD(경제협력개발기구)에서 기술과 지식의 집약도를 기초로 지식기반산업의 포괄범위를 정한 바 있다. 지식기반산업은 3가지로 구분할 수 있다.

① 첨단(high-tech) 제조업으로서 그 세부산업으로는 항공기제조업, 사무 · 계산 · 회계용기기제조업, 의약품제조업, 영상 · 음향 및 통신장비 등이 있다.
② 통신서비스업인데 세부산업으로는 전신 · 전화 · 우편 · 방송 등이 있다.
③ 금융 · 보험 및 사업서비스업이다.

본 장에서는 지식기반경제의 범위를 축소하여 1990년대 초반이후 미국을 중심으로 나타나고 있는 새로운 경제현상, 즉 신경제에 대해서 자세히 살펴보고자 한다.

제1절 신경제의 개념

신경제(New Economy)는 고성장·저물가라는 2가지 문제를 해결하기 어렵다는 전통적인 경제이론과는 달리 미국이 사상최대의 호황과 물가안정을 동시에 이룩하면서 등장하였다. 컴퓨터·인터넷 등 정보통신기술(IT : Information Technology)의 발달로 인해 생산성의 증가율이 임금인상률을 지속적으로 초과하고 새로운 일자리도 계속 창출되는 새로운 경제현상을 의미한다. 즉, 미국에서 1991년 이후 장기호황과 실업률 감소에도 불구하고 물가상승률이 낮아서 전통적인 경제학 이론(conventional economic theory)이 더 이상 적용되지 않는 새로운 경제현상이 나타나고 있는데 이러한 새로운 경제현상을 지칭한다.

신경제에 대한 개념은 최근 마이크로소프트(MS)의 분할 명령, 비자·마스터카드의 반독점법 위반 재판, 자동차업계의 전자상거래(B2B) 부품 공동구매결정 등으로 독점문제가 본격적으로 이슈화되고 있는 상황하에서 독점에 대한 구경제와 신경제의 인식 차이에서 보다 잘 이해될 수 있다고 본다. 기존 경제학에서 제시하는 독점에 대한 개념은 독점은 기업간 경쟁을 제한하여 상품·서비스 가격을 불합리하게 인상시켜서 경제전반 및 소비자에 악영향을 미친다고 보고 있다.

애덤 스미스(Adam Smith)로 대표되는 고전학파에 따르면 소비자에게 저렴한 제품의 공급은 생산자들의 치열한 경쟁을 통해서 가능하다고 보고 있다. 따라서 경쟁이 제한되면 제품의 가격은 상승하게 되어서 독점은 금지되어야 한다고 지적하고 있다.

한편, 정보기술이 주도하는 신경제에서는 독점이 불가피하며 오히려 경쟁을 촉진하게 되어 결국 소비자에게도 유리하다고 보고 있다. 신경제론자들은 정보통신사회에서는 모든 사람이 동일한 네트워크(network)에 참여하려는 욕구가 커지게 되며 이러한 네트워크의 발달로 독점은 자연적으로 발생하게 된다고 지적한다. 포드자동차의 브리안 켈리 전자비즈니스 대표는 최근 GM 등 4개 자동차업체와 B2B로 부품을 공동구매키로 결정하였는데 B2B는 독점이 아니라 부품의 표준화를 촉진시켜

규모의 경제(economies of scale)가 발생하게 되어 오히려 경제에 효율적이라고 보고 있으며 캘리포니아 버클리 대학의 할 배리언 교수는 신경제에서의 독점은 경쟁을 촉발한다고 보고 있다. 그에 따르면 신경제하에서 기업들은 승자가 모든 것을 가진다는 것을 알고 있기 때문에 기업들은 더욱 치열하게 경쟁하게 된다는 것이다.

한편, 로렌스 서머스 미 재무장관도 2000년 5월 샌프란시스코에서 '국가의 새로운 부(富)'란 주제로 행한 연설에서 정보기반사회에서 일시 독점은 신경제를 이끌어가는 원동력이며 자연독점은 해악보다 이득이 많다고 말한 바 있으며 독점이 없으면 상품가격이 한계생산비용이하로 하락하여 기업의 존립근거가 위협받는다고 지적하였다. 또한, 기술발전 주기가 짧아진데다 정보 및 소비자 선택권이 확산됨에 따라 특정기업의 독점은 단기간에 종식(終熄)될 가능성이 높아서 기업은 다시 치열한 경쟁상태에 직면하게 된다고 보고 있다.

〈표 8-1〉 신 · 구경제론자들의 독점에 대한 개념비교

구 분	구경제	신경제
형성과정	예외적임	자연발생이며 불가피함
독점기간	장기적	일시적
기업간경쟁	비경쟁	과다 경쟁
경제원칙	희소성의 원칙	규모의 경제 원칙
상품가격	상승	하락
소비자 입장	불리	유리

자료 : Asian Wall Street Journal, 2000. 6. 13.

경제협력개발기구(OECD)는 2000년 5월 11일 미국 신경제의 실체를 공식적으로 인정하였는데 OECD는 이날 미 경제에 관한 보고서에서 미 경제의 장기호황이 정보통신기술(IT)의 발전에 따른 생산성 증가와 시의적절한 경제정책에 기인한 것이라고 지적하였다. OECD는 지금까지 근거자료가 부족하다는 등의 이유로 일부 경제학자들이 주장하고 있는 IT의 발전이 신경제의 원동력이라는 사실을 공식적으로 인정하지 않고 있었다.

그러나 OECD는 이번 보고서에서 하이테크 분야의 투자증가가 노동생산성(labor productivity)의 증가를 가져왔으며 이 같은 현상이 전(全)산업으로 파급되어 신경

제를 가능케 했다고 설명하였다. 이의 근거로 지난 10년 동안의 생산성 증가율이 1970년대와 1980년대에 비해 2배 가량 높다는 점을 들고 있다. OECD는 IT 발전과 투자가 지속(持續)될 경우 신경제 현상은 사라지지 않을 것으로 전망하였다.

OECD는 이 같은 IT 부문의 투자증대에 힘입은 경제성장이 빈곤층·실업자 감소 등과 같은 긍정적 효과를 가져다 주고는 있지만 물가상승 압력과 이로 인한 고금리의 가능성을 증폭시키고 있다고 지적하였다. 또한, 에너지가격 인상분을 제외하면 아직은 미 경제가 안정적인 물가상승을 유지하고 있지만 수요초과 현상이 심화되면서 노동시장의 경직성(rigidity of labor market)에 따른 물가상승 압력이 상존하고 있다고 전망하였다. OECD는 미 경제가 물가안정을 이루기 위해서는 경제성장률을 3%대 이하로 잡아야 하며 단기금리의 추가인상도 필요하다고 지적하였다.

〈표 8-2〉 미경제의 신경제 관련 주요지표

(단위 : %)

시간당 생산성 증가율	1.43(1973-1995)	2.90(1995-1999)
IT 산업의 생산성 기여도	0.34(1985-1990)	0.42(1990-1996)
GDP 증가율	3.1(1999)	4.5(2000 전망치)

자료 : 중앙, 2000. 5. 13.

제2절 신경제지수

미국 민주당의 두뇌집단(think tank)인 진보정책연구소(PPI)는 2002년 6월 10일 '2002년 주 신경제지수' 보고서를 통해 미국 50개주의 신경제지수를 계산한 결과 매사추세츠, 워싱턴, 캘리포니아, 콜로라도, 메릴랜드, 뉴저지, 코네티컷, 버지니아, 델라웨어, 뉴욕 등의 주가 정보기술, 유연성, 국제무역 등으로 특정지어지는 미국 신경제의 산실 역할을 하는 대표적인 지역으로 나타났다고 밝혔다.[1)]

신경제지수는 높은 교육 수준이 필요한 지식형 일자리, 세계화, 경제적 역동성과

1) 한경, 한겨레, 2002. 6. 12. 참조

경쟁, 디지털경제로의 이행, 기술혁신 능력 등 5개 부문 21개 변수들로 계산되었으며 1999년에 첫 결과가 발표된 바 있다.

주별 현황을 살펴보면 하드웨어와 소프트웨어 기업을 골고루 갖춘 매사추세츠주가 가장 높은 90점(100점 만점 기준)을 얻어 지수를 처음 산출한 1999년에 이어 연속 1위를 차지했으며 1999년 2위였던 캘리포니아주는 실리콘 밸리 닷컴(.com) 기업들의 몰락으로 3위로 처졌으며 위싱턴주가 1999년 4위에서 2위로 상승하였는데 위싱턴주는 기업가를 적극적으로 육성하고 있는데다 마이크로소프트(MS) 본사가 소재하고 있는 것 등이 높은 점수를 획득한 요인이 되었다. 웨스트 버지니아, 미시시피, 아칸소, 앨라바마, 와이오밍주 등은 신경제가 가장 부진한 주로 평가되었다.

신경제지수 상위주들의 공통적인 특징으로는 이들 주에 단순히 첨단기업이 많이 소재해 있다는 요인보다는 많은 지식형 일자리수, 적극적인 수출 및 해외직접투자(FDI), 고도의 정보기술 활용도, 탄탄한 기술혁신 하부구조, 다수의 지식노동자 유입 등을 지적할 수 있다.

한편, 미국 전체 주의 신경제지수 평균은 1999년 48.1점에서 2002년에는 60.3점으로 높아진 것으로 나타났으며 신경제시대에 경제성장의 핵심은 신경제기업을 유치하는 것보다는 모든 분야의 기업이 첨단기술을 개발하고 지식화된 노동자를 육성함과 더불어 수출을 증가시켜 신경제기업이 되는 것이라고 할 수 있다.

제 3 절 신경제의 배경

신경제라는 개념이 새롭게 등장한 데에는 1990년대 초반이후 고성장, 저물가의 호황을 누리고 있는 미 경제가 큰 역할을 하였음은 부인할 수 없는 사실이다. 사실 미국 경제는 지난 1960년대 베트남전 특수로 전후 최장기 호황이었던 106개월 기록을 경신하였으며 일부 경제학자들은 미국 경제의 경착륙(hard landing)을 염려하고 있으나 이 같은 사상 최장의 미 경제호황이 가까운 시일내에 끝날 것 같지는 않다고 보는 것이 지배적인 시각이다. 미 정부가 발표한 여러 통계수치를 살펴보면 미 경제가 탄탄한 성장기반 위에서 움직이고 있음을 나타내고 있다.

우선 국내총생산(GDP)을 살펴보면 1999년 4분기 미경제는 7.3%로 고도의 성장률을 기록하여 16년 만에 가장 높은 신장세를 나타내었다. 미국의 1999년 연평균 성장률도 4.2%로 1995년 이래 4%를 초과하는 타 선진국에 비해 월등한 고속성장세를 지속하였으며 이러한 성장세는 당분간 지속적으로 이어질 것으로 전망되고 있다.

노동생산성에 있어서는 2000년 2분기 노동생산성이 전년동기 대비로 17년 만에 최대로 증가한데다 노동비용도 16년 만에 처음으로 감소세로 돌아섰다.

특히, 내구재 제조업의 생산성이 9.6%의 증가율을 보이는 등 제조업부문의 증가세가 두드러졌다. 생산성이 크게 증가하면서 산출물 한 단위를 생산하는데 드는 단위노동비용(시간당 명목임금 ÷ 노동생산성)도 전년동기 대비 0.4% 하락한 것으로 나타났는데 1984년 이후 첫 감소세라 할 수 있다. 생산비용 가운데 단위노동비용이 가장 큰 비중을 차지하고 있음을 볼 때 최근의 미국 경제가 단위노동비용의 감소추세를 보인다는 것은 물가압박 요인이 크게 감소되어 인플레 없는 안정성장이 가능하다는 신호(signal)가 될 수 있음을 알 수 있다.

현재의 미국경제가 이러한 높은 생산성을 이룩하게 된 이유로 정보기술분야를 중심으로 한 활발한 투자와 잘 구축되어 있는 설비 인프라, 그리고 숙련된 풍부한 인력 등을 들 수 있다.

〈표 8-3〉 미국의 노동생산성 증가율(농업부문제외)

	연도·분기	증가율
연도별 증가율 (전년도 대비, %)	1995	0.9
	1996	2.5
	1997	1.8
	1998	2.6
	1999	2.9
분기별 증가율 (전분기 대비, %)	1999년 1분기	2.6
	2분기	0.6
	3분기	5.2
	4분기	8.0
	2000년 1분기	1.9
	2분기	5.3

자료 : 미국 노동부, 1999.

실업률에 있어서도 미국은 현재 사상최저치를 기록하고 있다. 2000년 7월의 실업률은 전월과 동일한 수준인 4%를 유지하고 있어 지난 30년래 가장 낮은 수준을 나타내고 있다. 미 경제는 이러한 고성장과 저실업률 상태하에서도 물가는 3%도 안 되는 낮은 수준에 머물고 있다. 1999년 소비자물가 상승률은 2.5%에 불과하고 보다 광범위한 물가지수를 나타내는 GNP deflator는 2%에 그치고 있어 미국 경제의 고도성장이 저물가 상태의 안정된 바탕위에서 이루어지고 있음을 보여주고 있다. 정보통신산업을 중심으로 한 미국 경제의 높은 생산성 증가가 이러한 저물가를 유지시키고 있다고 분석할 수 있다.

미 상무부가 2000년 6월 5일 발표한 정보통신산업의 경제에 대한 영향에 관한 세 번째 연례보고서인 'Digital Economy 2000'에 따르면 1999년 정보통신산업이 국민총생산(GNP)에서 차지하는 비중은 8%에 불과하지만 경제성장률에는 32%를 기여하여 미국경제의 활황을 주도하고 있는 것으로 나타났다. 또한, 정보통신산업은 물가억제에도 크게 기여하여 1994~1998년까지 연간 0.5%의 물가하락을 가져온 것으로 분석되었으며 연평균 생산성 증가율에 있어서도 1973~1995년까지 1.4%에 불과하였으나 1996~1999년 사이에는 2.8%로 급상승하였는데 이 같은 생산성증가율의 급상승도 정보통신혁명(IT revolution)에 기인한 것으로 지적하였다.

한편, 컴퓨터 가격은 1987~1994년간에는 연평균 12%가 하락하였으나 1995~1999년 사이에는 연평균 26%가 급락하였는데 이러한 컴퓨터 · 통신장비 가격의 급격한 하락과 유관분야에 대한 파급적 투자효과(통신장비와 software에 대한 사업투자는 1995년 2,430억 달러에서 1999년에는 5,100억 달러로 2배 이상 증가하였음)로 인해 미국의 신경제는 가능하였다고 보고 있다.

또한, 상무부는 사람들의 생활형태가 오프라인(off-line)에서 점차 온라인(on-line)으로 이동됨에 따라 전체 소매거래에서 전자소매거래가 차지하는 비중(2000년 3월 기준 전체소매거래에서 전자거래가 차지하는 비중은 0.64%인 53억 달러로 나타남)도 점차 증대할 것으로 전망하고 있으며 정보통신분야의 종사자에 있어서도 1998년에는 전체 근로자의 6.1%인 740만명이었으나 성장률은 5년 사이에 2배가 될 것으로 기대하고 있다.

수십 년간 만성적자를 기록했던 정부재정도 1998년 이후 흑자를 나타내고 있고 주식투자 자금과 투자인구도 급증하고 있어 미국 경제는 당분간 인플레 우려없이 안정적인 성장기조를 이어갈 것으로 전망된다. 10년째 이어지고 있는 사상최장의 경기호황에 힘입어 미국의 2000 회계연도 재정흑자규모가 사상 최대를 기록하였다.

미 정부 발표에 따르면 2001년 9월말 종료된 2000 회계연도의 재정은 세입이 1999년에 비해 10.8% 증가하여 2조 300억 달러를 기록한 반면 지출은 5%만 증가한 1조 7900억 달러를 기록하여 재정흑자가 2,370억 달러에 달해 지난 1998년 이래 3년 연속 흑자를 나타내며 사상최대를 기록하였다. 미국이 3년 연속 재정흑자를 달성한 것은 지난 1949~1951년 이래 2번째인데 2000년의 재정흑자 규모는 1999년의 2배에 가까운 규모인데 이는 1991년부터 이어져 온 미국의 사상 최장기 경기호황에 힘입은 바 크다고 할 수 있다.

즉, 경기호황으로 실업률이 30년 만에 최저를 기록함에 따라 빈곤층에 지급하는 사회복지부문 지출이 크게 감소한 반면 법인세 등 세입은 크게 증가하였기 때문이다. 또한, 재정흑자를 바탕으로 정부부채를 상환할 수 있는 여력이 생긴 것도 재정흑자 규모를 증대시킨 요인으로 지적될 수 있다.

제4절 신경제의 특징

신경제는 학자들간의 논란에도 불구하고 경제성장과 인플레이션간의 상관관계에 대한 전통적인 경제적 사고의 틀을 변화시켰다고 할 수 있다. 신경제의 특징은 다음 3가지로 요약될 수 있다.

① 정부규제완화(deregulation of government)와 기술의 발전으로 국내외적인 경쟁환경의 변화가 초래되었음

② 인터넷으로 특징지어지는 정보통신기술로 인해 세계경제는 급속도로 변하고 있음

B2B(business to business) 전자상거래는 기업의 사활(死活)을 좌우할 정도로 기업경영에 있어서 중요하게 부각(浮刻)되었다. 신경제 하에서 경쟁의 의미도 새롭게 인식되고 있는데 소위 정보재(情報財 : information goods)는 공공재(公共財)의 성

격을 지니고 있기 때문에 전통적인 경쟁의 틀을 변화시키고 있다.

신경제 하에서 경쟁은 창조적인 파괴(creative destruction)와 독점(monopoly)의 순환과정으로 인식되어야 한다. 또한 기업들, 특히 시장 선도기업들의 신제품 개발에 대한 보상(reward)이 그 어느 때보다 증대되었다고 할 수 있다.

③ 금융부문의 혁신(innovation of financial sector)임

다양한 파생상품(derivatives)의 등장으로 인한 금융부문의 혁신은 기존의 금융거래 관행을 크게 변화시켰다고 할 수 있다. 즉, 새로운 위험자본이 금융시장에 다양하게 등장하게 되었고 시장참여자들은 새로운 방식으로 금융거래 및 기존 금융자본을 재구성하게 되었다.

따라서 신경제 하에서는 시장개방의 확대와 함께 자본과 인력의 보다 자유로운 국가간 이동이 가능해지게 되며 이로 인해 전세계적으로는 인플레이션의 감소가 초래되는 가운데 근로자들의 생산성(生產性)은 제고되고 주식시장은 첨단기술주를 중심으로 상승하는 경향을 보인다. 또한, 금융자산의 해외투자 증대도 그 종류와 규모가 훨씬 더 다양해지며 확대된다.

디지털혁명(digital revolution)으로 대변되는 신경제체제 하에서 전개되는 새로운 경제환경을 기업측면에서 보면 다음 5가지 특징을 가지고 있다.[2)]

① 수직계열화의 해체현상이 초래됨

고객의 요구(customer needs)를 충족시키기 위해 기여를 하는 모든 중간가치 생산자들, 즉 시장조사 · 생산 · 유통 · 수송 · 마케팅 · 애프터 서비스 업체들은 정보통신 기술의 발전으로 인해 손쉽게 통합할 수 있게 된다. 향후 특정부문에서 최고의 경쟁력을 구비한 기업들이 서로 통합하게 되면 기존의 수직계열화된 기업 시스템은 해체되게 된다.

2) 한경, 2000. 7. 31

② 기업의 주요 자산가치로 무형자산이 등장하게 됨

신경제체제하에서 실물자산의 가치는 상대적으로 중요성이 하락하게 된다. 그동안 기업의 주요 자산이었던 금융·토지·건물·장비 등이 브랜드·기술혁신·능력·고객관계(customer relation) 등과 같은 무형자산보다 기업의 경쟁력에 대한 기여도(寄與度)가 떨어지게 되고 기업의 경쟁우위에 크게 기여하지 못하는 일부 실물자산은 오히려 기업의 제품생산에 있어서 원가부담 요인으로 작용하게 된다.

③ 특화된 분야에 있어서 최고의 경쟁력을 갖춘 소수의 기업이 전세계 시장을 장악하는 현상이 발생됨

④ 시장에 참여하는 수요자와 공급자는 모두 상대방에 대한 충분한 정보(sufficient information)를 가지게 됨

⑤ 단기간에 하나의 기업이 전세계 시장을 장악하는 현상이 발생될 수도 있음

신경제체제하에서는 브랜드의 신뢰도가 구축되면 인터넷 등을 통해 순식간에 새로운 시장이 개척된다.

제5절 신신경제 시대의 도래

2000년 하반기 이후 정보기술(IT) 산업의 성장둔화 및 2001년 발생한 9·11 미 테러사태에도 불구하고 2002년 1분기 미국의 경제성장은 5.8%에 달하였다. 이에 대해 미국의 USA Today는 신신경제(New New Eonomy) 시대가 도래하고 있음을 지적하여 세계경제계의 주목을 끌고 있다.[3]

1990년대 미국경제의 장기호황을 주도하였던 신경제(New Economy)는 업무효율성 증대를 위한 세계 주요 기업의 IT부문에 대한 투자가 그 성장을 주도하였다고 평가할 수 있으나 신신경제에서는 각 기업의 보안강화(security intensification)에 대한 투자가 주도적인 역할을 하고 있다. 실제 9·11 테러사태 이후 공항, 기업을 비롯한 각 기관들이 보안 강화에 적극적인 투자를 하고 있으며 이에 따라 보안관련

3) 서경, 2002. 5. 8. 참조

산업의 매출이 급증하고 있고 보안관련 벤처기업들도 증가하고 있다.

신신경제 시대의 도래가 경제에 미치는 영향에 있어서 긍정적인 시각을 가지고 있는 USA Today와 부정적 시각을 가지고 있는 스탠더드 앤드 푸어스(Standard & Poor's)의 경제학자 데이비드 워스 및 일부 시민단체의 입장을 간략히 살펴보면 다음과 같다.

〈표 8-4〉 신경제와 신신경제의 비교

	신경제	신신경제
특 징	· 업무 효율성 증대 위한 IT산업에 대한 투자가 경제성장 주도 · 마이크로소프트 등 성공한 벤처기업을 다수 창출해냄	· 보안 강화와 대(對) 테러전 수행에 따른 정부 및 민간부문의 지출이 경제성장 주도 · 2차 세계대전 등 과거 큰 전쟁이 경제회복에 기여한 사례 많음
주도산업	· 정보기술 · 통신 · 인터넷	· 국방 · 보안
정부 지원방식	· 통신 인프라 구축을 통한 지원	· 국방비 지출을 통한 지원

1. USA Today의 시각

USA Today는 신경제체제하에서 정부는 정보통신 인프라 구축을 통해 경제성장을 주도한 반면 신신경제에서는 국방비지출이 주도적인 역할을 하고 있다고 보고 있다. 실제 9·11 테러사태 이후 미국의 국방비 지출은 증가세에 있는데 2003년에는 무려 4,000억 달러에 육박하였다. 이는 2000년에 비해 약 33% 정도 증가한 수치인데 이 같은 국방비지출이 다양한 방식으로 미국인의 일자리를 창출해내는 등 미 경제에 긍정적인 영향을 미치고 있다고 보고 있다.

또한, USA Today는 군수산업의 호황이 침체된 경제에 긍정적 영향을 미친 사례를 역사를 통해 제시하고 있는데 첫 번째 예로 '제2차 세계대전'을 들고 있다. 1920~1930년대 대공황(Great Depression)하에서 침체된 미국경제는 제2차 세계대전을 기점으로 회복세를 보이면서 세계 최강의 경제대국이 되었다고 보고 있다. 두 번째 예는 '베트남전쟁'을 들고 있는데 베트남전쟁 역시 당시 미국경제에 만연되었던 스태

그플레이션(stagflation : stagnation + inflation)을 극복하는데 큰 기여를 했다고 평가하고 있다.

따라서 현재 조지 W. 부시 미국 대통령이 선언한 대테러전쟁이 수년간 지속될 경우 경제에 대한 영향성은 IT산업이 기여했던 것보다 훨씬 클 것으로 전망하고 있다.

2. 반론

이러한 USA Today의 시각에 대해 경제계 일각에서는 이에 대한 반론도 제기하고 있다. 반론의 대표적인 경제학자로 S&P의 데이비드 워스를 들 수 있는데 워스는 과다한 국방비 지출에 따른 재정적자가 결국 금리인상을 야기시켜 국방 이외의 산업부문에 대한 투자위축을 초래할 가능성이 있음을 제시하고 있으며 일부 시민단체는 국방비의 과다한 지출이 타 국가들을 자극하여 미국에 대한 반감을 확산시키고 전세계적인 군비경쟁을 촉발시킬 가능성이 있음을 지적하고 있다.

제6절 포위경제 및 우회경제의 대두

미국이 주도하는 대(對)테러전쟁의 여파로 세계경제의 패러다임(paradigm of global economy)이 신경제(New Economy)에서 포위경제(Siege Economy)로 급속히 이행되고 있다는 주장이 제기되고 있어 학계의 비상한 관심을 끌고 있다.

제프리 가튼 예일대 경영대학장은 세계적 컨설팅회사인 부즈앨런 앤드 해밀턴사가 분기별로 발간하는 'Strategy + Business'지 최신호에 기고한 글에서 세계경제의 포위경제로의 급속한 이행을 주장한 바 있다.

1. 포위경제의 대두

1.1 포위경제의 개념

제프리 가튼 예일대학 교수는 포위경제를 상시테러시대에 미국의 군사적 이익(military interest)을 감안하여 보안문제 등 경제체제의 안정성(stability of economic system)과 정치적 요인(political factor)을 중시하는 새로운 형태의 경제 패러다임으로 설명하고 있다. 이는 자유무역과 금융시장의 개방 등 경제적 요인(economic factor)만을 강조하는 신경제와 뚜렷이 구별되고 있다.

향후 미국이 포위경제를 추구할 경우 미국의 군비강화 등 재(再)군사화에 따른 국제적 반발과 유럽 등 우방국간 통상마찰이 점증할 것으로 우려되고 있다.

1.2 포위경제의 특징

(1) 신유형의 세계화 추진

2001년 9월 11일 발생된 미 테러사태 이후 대테러 전쟁이 수행되면서 미국은 군사적 이해관계를 중시하면서 개방경제의 취약점을 보완하는 새로운 형태의 세계화를 추진하고 있다. 가튼 학장은 이러한 경제현상을 포위경제로 설명하면서 포위경제는 제2차 세계대전 이후 가장 폐쇄적인 경제체제임을 지적하고 있다.

이러한 포위경제의 등장으로 경제자유화(economic liberalization) 대신 정부규제(government regulation)와 안보(security)가 더욱 중요하게 부각될 것으로 전망되고 있다. 즉, 미국의 대테러전쟁의 선포가 시장확대 및 무역 · 금융의 자유화로 집약되던 신경제에서 보안 등 경제체제의 안정성을 중시하는 포위경제로의 전환을 유도하고 있다.

미국은 지난 10여년 동안 북미자유무역협정(NAFTA)의 체결, 세계무역기구(WTO)의 설립, 아시아 · 중남미 · 동유럽 등 신흥시장에의 투자 및 경제적 유대강화 등 세계화를 적극적으로 추진하여 왔다고 평가할 수 있으며 경제개혁(economic reform) 및 개방을 유도하기 위해 대외원조도 나름대로 활발히 수행하여 왔다.

(2) 신냉전시대의 도래

포위경제시대의 도래를 지적하고 있는 가튼 예일대 경영대학장은 향후 국제경제 상황은 과거의 냉전(Cold War) 시대와 유사할 것으로 보고 있으며 군사적 연계가 경제적 이해관계보다 중요해질 수 있음을 주장하고 있어 국제경제계의 주목을 받고 있다. 즉, 세계경제여건이 경제적 요인보다 정치적 요인에 의해 더욱 많은 영향을 받게 된다는 것으로 이해할 수 있다.

미국은 대테러정책의 수행을 위해 국민에 억압적인 정치체제와 제휴하고 이들 국가와 긴밀한 관계를 유지하기 위해 더욱 많은 경제적 혜택(economic benefit)을 주게 된다는 것이다. 실제로 미국은 대아프가니스탄 전쟁에서 미국의 정책에 협조한 파키스탄과 우즈베키스탄, 그리고 마약과의 전쟁에 협력한 콜롬비아 등에 대규모 경제지원을 실행한 바 있으며 대테러전쟁의 전면에 있지 않았던 신흥경제권 국가들(브라질, 아르헨티나 등)은 경제지원과 관련하여 미국으로부터 혜택을 받지 못하고 있다. 따라서 경제적인 측면에서 미국의 이해관계에 따라 지원과 제재조치가 이루어지게 되면서 세계경제의 패러다임에 변화가 생겨 신냉전(New Cold War) 시대가 도래할 것으로 전망하고 있다.

냉전시대에는 미국과 소련, 양 진영으로 나뉘어 대립하게 되어 정치적 동맹관계가 경제논리를 압도하였으나 동구권이 몰락하고 세계화가 급추진되면서 세계는 이윤극대화(profit maximization)라는 경제논리만이 지배하게 되었으나 9·11 미 테러사태 이후 미국정부의 정책목표와 기업의 이해관계(1990년대에는 전세계를 시장으로 확대하려는 미국정부와 기업들의 이해가 일치하였음)가 일치하지 않을 수도 있는 시대가 도래하면서 경제논리가 지배하던 시대에서 경제와 정치논리가 혼용되는 시대로 전환되고 있다는 인식이 제기되고 있다.

(3) 무역분쟁의 격화

향후 미국의 이란, 이라크 등에 대한 대테러전쟁의 수행으로 특정국가에 제재조치가 취해질 경우 다국적기업들의 시장은 더욱 축소될 수 있다. 즉, 미국 외교정책의 재군사화(remilitarization)에 대한 국제적 반발이 거세져 다국적기업의 활동이 크게 위축될 수 있다. 또한, 보안비용(기업의 생산설비 및 근로자 보호 등에 소요되는 비용)이 기업의 생산비용에서 차지하는 비중이 증대되면서 결국에는 미국의 다국적 기업들의 대외경쟁력 약화로 이어질 수 있으며 더욱이 대테러전쟁 수행과 관련하여 동맹국들에 대해 전쟁비용 분담을 요구하는 미국과 이를 거부하는 유럽 등 우방국 간의 무역분쟁(trade conflict)의 가능성도 커질 수 있다.

〈표 8-5〉 신경제와 포위경제의 비교

사항 / 주요비교	신 경 제	포 위 경 제
핵심논리	· 시장확대 및 규제완화(deregulation) 등 경제자유화의 신장	· 보안(security)문제와 정부규제 등 경제체제의 안정성 확보
정책결정 변수	· 경제적 논리에 치중	· 경제논리 외에 정치 · 군사적 요인을 참작함
대외정책의 특징	· 개방적 · 대외지향적 정책의 추구	· 폐쇄적, 국내지향적 정책추구
대외정책의 구체적 사례	· 미주자유무역지대 추진 · 세계무역기구 설립 · 아시아 신흥시장(emerging market)에 대한 투자확대	· 대테러전쟁 협력국에 대한 지원 강화 · 아시아 등 신흥시장 경시

2. 우회경제의 대두

미국의 경제전문지 포브스(Forbes)는 2002년 2월 18일자에서 다국적기업들이 9 · 11 테러사태 이후 보안강화에 따른 물류비용 증가를 상쇄(相殺)시키기 위해 우회하는 전략을 사용하고 있다고 지적하였는데 포브스는 기업의 이러한 우회전략을 우회경제(Detour Economy)의 등장으로 보고 있다. 실제로 미 테러사태 이후 다수국가의 공항과 국경에서 승객 및 수하물에 대한 보안검색이 강화되면서 국제적 생산물류체계를 구축한 기업들이 운송지연 및 운송료 증가 등으로 비용부담이 크게 증가하고 있는 실정이다.[4)]

한편, 일부 기업은 이 같은 상황을 오히려 시장선점 및 확대의 기회로 적극적으

4) 9 · 11 테러사태 이후 물류비용의 증가로 미국과 캐나다 국경간 물류량은 1년 전에 비해 40% 가까이 감소한 것으로 나타났다.

로 활용하고 있다. 즉, 일부 기업은 인건비가 상대적으로 저렴한 동유럽, 중남미, 중국 등으로 생산설비를 이전하여 국경간 물류이동 횟수를 감소시킴으로써 매출증대 및 수익개선효과를 누리고 있다.

우회경제현상을 적극적으로 활용한 대표적 기업의 사례로 플렉스트로닉스사를 들 수 있다. 동 사는 휴렛팩커드, 에릭슨, 코닥 등 세계적 다국적기업에 부품을 납품하고 있는데 그 동안 28개국에 수백 개의 생산공장을 가지고 있었으나 9·11 미 테러 사태 이후 인건비가 상대적으로 저렴한 중국·멕시코, 헝가리 등 9개국에 생산공장을 집결시켜 국경간 물류이동의 효율성을 증대시킨 결과 운송비용을 획기적으로 감소시킬 수 있었다.

3. 한국에의 시사점

2001년 9월 11일 미국에서 발생한 테러사태는 세계경제의 흐름을 전환시키는 계기가 되었다. 미국은 테러와의 전쟁을 수행하면서 세계 각국에 대해 미국의 정책에 대한 분명한 입장을 표명할 것을 요구하고 있으며 이러한 입장표명에 따라 우방과 적을 구분짓고 있다. 즉, 미국측의 입장에 동조하면 우방이고, 동조하지 않으면 적국으로 보겠다는 것이다. 미국은 냉전시대 종식 이후 유일무이의 초강대국으로 등장하면서 이처럼 강한 메시지를 세계에 던질 수 있게 되었다. 그러한 힘의 원천이었던 신경제는 미국의 이익을 더욱 강화하는 새로운 신경제시대의 도래를 예고하고 있다.

미국경제의 회복에 대해서는 아직도 경제전문가들 사이에 일치된 의견을 보이고 있지는 않으나 조만간 회복될 것으로 보는 시각이 지배적이다. 그러나 9·11 테러 사태 이후 미국의 주도로 세계경제의 패러다임이 급변하고 있는 현재와 같은 상황이 얼마나 지속될지는 의문이다. 즉, 향후 소규모 개방경제(small open economy)체제인 한국은 현재 전개되고 있는 경제냉전시대에 어떻게 적응해 나가느냐에 따라 선진권 경제로의 진입에 대한 성패가 달려있다고 할 수 있다. 이러한 변화흐름에 효율적으로 대응하기 위해서는 개인 및 기업의 경쟁력을 바탕으로 한 국가경쟁력 제고에 모든 경제주체가 역량을 결집해야 할 때이다.

제7절 신경제의 평가

영국 주간지 이코노미스트(*Economist*)는 2000년 9월 29일자에서 인터넷 등 정보기술의 신경제가 경제법칙을 무효화하고 있다는 일부 주장은 환상이며 신경제하에서도 전통 경제학은 여전히 유효하다고 지적하였다. 즉, *Economist*지는 최근 일각에서 제기하고 있는 '신경제하에서 전통경제학 이론의 무용론'에 대해 반론을 제기하면서 신경제가 경제학 법칙을 바꾸지 못한다는 것을 주장하고 있는 것이다.

*Economist*지에 따르면 신경제에 대한 극단적 낙관론자들은 정보기술이 경제를 급속도로 성장시키고 인플레이션과 경기순환(business cycle)이 초래됨이 없이 경제를 움직이고 있으며 이에 따라 경제학의 법칙들과 전통적인 주가의 평가방법은 더 이상 현실경제를 설명하지 못하고 있다고 주장하고 있다. 또한, 1990년대 미국경제의 경우에서 알 수 있듯이 적어도 미 경제에서는 고성장과 저인플레이션이 동시에 달성되고 있는데 이러한 놀라운 성과의 일부는 분명 정보기술에 의한 것이라고 인정하고 있다. 그러나 이 같은 미국 신경제의 성과가 전통경제학과 무관한 것은 아니라는 지적도 함께 하고 있다.

*Economist*지는 인터넷이 정보흐름의 속도와 효율을 크게 개선하고 전반적인 기업의 구조조정을 초래했지만 혁명적인 경제혜택을 가져온 것은 아니며 인터넷은 지난 200년간 있었던 기술혁명의 연장선에 있고 인터넷 개발 이전에도 철도, 전화, 전기가 등장하여 인류의 생활에 급격한 변화를 가져왔다는 점을 지적하고 있다. 따라서 인플레이션과 경기순환 등 경제법칙은 여전히 유효하며 현재 미국 첨단기술주의 주가는 투기적 거품이 가미된 것이라고 평가하고 있다. 칼 사피로(Carl Shapiro)와 할 배리안(Hal Varian)이 『정보법칙(*Information Rules : A Strategic Guide to Network Economy*)』이란 저서에서 지적하였듯이 기술은 변하나 경제법칙은 변하지 않는다는 점을 강조하고 있다. 즉, 아직도 경기순환은 발생될 수 있으며 미 경제가 지나치게 빠른 속도로 성장하여 인플레이션이 생기고 주가는 향후 불투명한 수익전망이 지나치게 반영되지 않은 정상적인 기업실적에 바탕을 두며 정부는 마이크

로소프트(MS)의 경우에서 보듯이 거대기업의 독점력 남용에 대한 제재조치를 취하여야만 한다.

미국 증권시장에서 첨단기술주에 대한 낙관론자인 제임스 크래머는 기술주에 대한 환멸을 선언한 바 있다. 크래머는 2000년 10월 초에 발간된 *Business Week*지 인터넷판에 실린 글에서 그간 첨단주의 4대 기수로 꼽았던 델, 마이크로소프트, 인텔, 시스코 시스템스를 오라클, EMC, 선 마이크로 시스템스, 시스코 시스템스로 교체하였다. 크래머가 새로 추천한 유망기술주들이 주로 개인용 컴퓨터(PC)와 컴퓨터 네트워크에 관련된 회사들이라는 점이 흥미로우며 이는 크래머가 그 동안의 신념을 버렸다는 사실 외에도 투자자들의 첨단주에 대한 평가가 달라지고 있음을 나타내는 것이라 할 수 있다.

이러한 변화는 나스닥지수를 불과 몇 개월만에 20%나 폭락시키는 결과를 초래하였다. 한편, 프린스턴 대학의 폴 크루그먼 교수에 따르면 신경제론자들은 '신기술은 창조와 파괴를 반복하며 구기술의 가치를 잠식한다'는 슘페터의 이론을 실물경제의 미래를 부풀리고 주식시장의 불규칙성을 옹호하기 위한 수단으로 잘못 인용해 왔다고 지적한다. 또한, 투자자들과 분석가들은 몇 날 전만 하더라도 슘페터 이론의 진정한 의미를 이해하지 못했으며 이들은 창조에만 집착했고 파괴는 구경제에만 국한된 것으로 생각했다.

결국 최근의 첨단기술주의 급락은 투자자들이 창조적 파괴(creative destruction)가 구경제에 한정된 것이 아니라는 점을 인식하였다는 것이다. 광섬유나 무선네트워크 같은 첨단기술을 보유한 중소기업이 제2의 인텔(Intel)로 될 수 있지만 반대로 인텔이 신기술의 등장으로 쇠퇴 중인 제2의 IBM이 될 수도 있는 것이다. 즉, 부단한 기술의 진보가 역으로 신경제 기업의 수명을 단축시키는 결과를 초래할 수 있다는 것을 인식해야만 한다.

미국이 1990년대에 장기호황을 보인 이유는 정보기술에 바탕을 둔 신기술이 일조를 담당하였지만 더욱 안정된 재정·통화정책과 기업에 대한 규제완화(deregulation), WTO체제 등장에 따른 자유무역의 신장 등이 조화를 이루었기 때문이며 1980년대 이후 지속되어온 기업의 구조조정의 효과도 큰 구실을 했다고 볼 수 있다. 따라서 현재의 정보통신의 발달은 기술혁명의 초기 파급단계이므로 장기적인 영향은 좀더 지켜보아야만 할 것이다.

제8절 신경제의 과제

자크 아탈리 전(前) 유럽부흥개발은행(EBRD) 총재는 2000년 5월 5일 인터넷이 주도하는 신경제로 인해 세계는 이미 '신중세시대'로 접어들고 있다고 경고한 바 있다. 아탈리 전 총재는 프랑스 일간지 리베라시옹과의 인터뷰에서 국가는 외부자본에 의해 조종되는 자국내 기업들조차 통제할 수 없을 만큼 존재성을 상실했으며 초강대국 미국 역시 예외일 수 없다고 지적하였다. 아탈리는 급속도로 진행되는 세계화 과정에서 국가는 사냥꾼이 아니라 먹이일 뿐이며 새롭게 등장하는 각종 세력들이 자신들만의 영역을 요새처럼 구축하고 있는 상황에서 국가나 개인들이 잘못 적응하면 결국 그들에게 잡아먹히게 될 것이라고 경고하고 있다.

아탈리 전 EBRD총재는 인터넷이 지배하는 신중세 시대를 평생직장과 고정적 거주지의 의미가 희박해져 가는 도시 유목민 사회에 비유하면서 사람들이 3부류(최고 유목민, 버추얼 유목민, 하층 유목민)로 분류될 것이라고 지적하였다.

그에 따르면 최고 유목민은 인간계층의 피라미드에 있으며 정보를 창출하고 운용하는 신기술을 능숙하게 다룰 수 있는 계층으로 전세계 인구의 4~5%인 2~3억명 정도가 해당된다고 보고 있으며 피라미드의 바닥에는 사회와 기술로부터 소외된 계층인 하층 유목민이 자리잡고 있으며 30년 뒤 90억명에 이를 세계인구 중 약 50% 정도인 40억명이 이에 포함된다고 지적하고 있다. 한편, 중간계층인 버추얼 유목민은 신기술에 의해 고양된 여가와 오락 속에서 사고하거나 저항할 필요성을 느끼지 못하는 대리적인 삶을 영위하게 될 것이라고 주장하고 있다.

또한, 아탈리 전 EBRD총재는 신기술이 창조하는 투명성(透明性)과 정보에의 접근 용이성은 결국 부유한 자들이 숨기기 위해 노력하는 불평등을 적나라하게 노출시켜 소외계층의 혁명을 필연적으로 유발(誘發)할 것으로 전망하고 있다.

한편, 1999년 9월 4일 워싱턴 소재 비영리 연구기관인 '예산-정책 우선순위를 위한 센터'는 1977~1999년 미국내 소득분포를 발표하였는데 지난 20년간 미국내 소득(세후소득) 분포가 사상최악의 '부익부 빈익빈' 사태로 치달아 미국내 상위소득 1%(270만명)의 총소득액(6,200억 달러)이 하위 38%(1억명)의 전체 소득과 비슷한 것으로 나타났다. 부의 상위 1% 집중현상은 1977년에 하위 4,900만명 전체의 소득에 해당하던 것에서 더욱 확대된 것이다. 상위 1%의 평균소득은 1977년의 23만 4,700달러에서 1999년 말에는 51만 5,600달러로 119.7%가 증가하게 되며 반면 하위 20%는 동 기간에 평균 1만 달러에서 8,800달러로 12%가 감소하는 등 전체인구의 하위 60%는 인플레이션을 감안할 때 소득이 오히려 감소하였다.

특히, 20여년간 커진 전체 소득 파이(income pie)의 과실(果實)은 상위 20%(소득 43% 증가)에 몰려 이들이 차지하는 부의 파이는 1977년 44.2%에서 1999년에는 50.4%로 추산되고 있다. 즉, 나머지 80%의 인구가 절반도 안 되는 소득파이를 나누게 되는 셈이다. 이 같은 소득불평등(income inequality)의 가장 큰 요인은 고소득층의 연방소득세율(federal income tax rate)이 그동안 지속적(持續的)으로 감소하였기 때문이다.

〈표 8-6〉 미국의 계층별 소득비교*(1977~1999년)

(단위 : %)

	하위 20%	중하위 20%	중간 20%	중상위 20%	상위 20%
1977년	5.7	11.5	16.4	22.8	44.2
1999년	4.2	9.7	14.7	21.3	50.4

주 : * 전체소득에서 각 계층이 차지하는 비율

1990년대에 지속된 미국 경제의 장기호황은 분명 일정부분이 정보통신기술로 대변되는 신경제의 영향에 의한 것이었다. 그러나 신경제가 당면하고 있는 가장 중요한 과제는 부(wealth)의 창출 자체가 아니라 신경제가 가져오는 새로운 부의 창출을 고무·격려함과 더불어 한편으로는 그러한 부를 보다 정의롭게 분배하고 새로운 지식과 정보에 누구나 접근할 수 있도록 길을 열어주어야 하는데 있다.

제4부

글로벌기업의 이해

제9장

글로벌기업의 기초

제 1 절 글로벌기업의 개념

1. 다국적기업의 정의와 내용

1.1 다국적기업의 정의

다국적기업(MNCs : Multinational Corporations)[1]은 일반적으로 '다수국에 직접투자를 행하는 모회사와 자회사로 구성된 기업집단'이라고 정의되고 있다. 그러나 이 같은 정의에 관해서는 결정적인 합의가 이루어지지 않아 일률적으로 규정하기가 매우 어려운 실정이다.

이 문제에 관한 연구 가운데 UN의 '다국적 기업연구 그룹' 보고서에는 '다국적기

1) 다국적기업에는 Multinational Corporations 이외에도 Multinational Enterprises, International Corporations, Transnational Corporations 등의 용어도 함께 사용되고 있다. 해외에서 Multinational Corporations이라는 용어가 사용된 것은 1960년 이후라고 할 수 있다. 이는 1960년에 미국의 초대원자력 위원장이었던 D. E. Lilienthal가 처음으로 사용하였다.

업은 2개국 또는 그 이상의 나라에서 공장·광산·판매 그 밖의 영업소 등을 지배하는 모든 기업'이라고 지적하고 있다.[2)]

그밖에 보다 한정적이고 상식적인 개념규정으로서 버논(R. Vernon)의 정의가 널리 사용되고 있다.

버논은 다국적기업으로서 다음과 같은 것을 들고 있다.

① 제조업 또는 광업분야에서의 거대한 기업

② 수개국에서 판매 혹은 기술의 특허사용을 계약한 기업

③ 해외사업활동의 비중이 커서 자산·종업원·부가가치의 해외부분이 일정비율(이를테면 1/4 또는 1/5)을 초과하는 기업

그러나 이상과 같은 버논의 정의를 정태적이라고 하여 동태적인 입장에서 다국적기업을 파악해야 한다는 주장이 있다. 즉, 해외직접투자가 전개되는 과정에서 다국적기업이 어떻게 변모하고 있는가에 주목하여 다국적기업을 국제적 사업형태의 발전단계 중의 한 단계로서 파악하려는 동태적 입장에서의 주장이다.

다국적기업을 동태적으로 파악하려는 학자로는 로빈슨(R. D. Robinson), 킨들버거(C. P. Kindleberger), 펄뮤터(H. V. Perlmutter) 등을 지적할 수 있다.

로빈슨은 다국적기업을 다음 4단계로 구분하고 있다.

① 1단계

국제기업(International Firm) 단계이며 국제적인 경영은 각 사업부문별로 이루어지며 회사의 경영정책으로서 해외진출을 중시하고 있다.

② 2단계

다국적기업(Multinational Firm) 단계이며 구조적으로 국내와 국외사업을 구별하지 않고 국경을 무시하며 그 회사에 가장 유리한 자금배분을 하는 것을 경영전략으로 하고 있다.

③ 3단계

준초국가기업(Transnational Firm) 단계이며 국적을 달리하는 사람들에 의해서

2) 황삼생, 『국제경영학』, 명경사, 2001. pp. 23-45, 227-260, 261-293 요약·재구성

관리 또는 소유되며 회사의 경영이 특정한 나라의 영향을 받지 않는다.

④ 4단계

초국가기업(Super-national Firm) 단계이며 법률적으로 국적은 없고 등기·과세 등에 대해서도 특정국만으로서 정할 수 없다.

킨들버거는 기업의 국제화의 정도에 따라 다음 3가지 단계로 구분하고 있다.

① 국내기업(National Firm with Foreign Corporation)이 해외에서 기업활동을 하고 있는 경우이다.
② 다국적기업이다.
③ 국제기업이다. 특히, 진출국과 본국과 구별이 되지 않을 정도로 고도로 국제화된 기업은 국제기업이며 이 전단계 기업을 다국적기업이라 한다.

펄뮤터는 해외활동의 패턴에 따라 다국적기업을 다음 3가지로 유형화하고 있다.

① 국내지향형(ethnocentric)기업

주요한 의사결정을 본사 수뇌부가 담당하며, 자회사에는 재량권이 없다. 이것은 본국지상주의에서 나온 것이며 현 단계의 대다수의 다국적기업이 이 유형에 속한다.

② 현지지향형(Polcentric)기업

자회사가 대부분의 경우 의사결정을 할 수 있고 다만 기술개발, 재무관리, 간부인사 등에 관해서는 본사가 결정한다.

③ 세계지향형(geocentric)기업

자회사와 모회사가 유기적으로 결합하여 국제적인 활동을 하는 국제적기업 형태를 의미한다.

이상과 같은 다양한 정의는 다국적기업에 대한 다양한 가치판단(value judgement)과 관련이 있다. 이는 또한 다국적기업을 어떻게 평가하고 또 어떻게 규제할 것인가 하는 정책적·실천적 문제와도 관련이 있다고 할 수 있다.

1.2 다국적기업의 내용

다국적기업은 미국·일본·유럽 등 선진제국간에 상품·기술·플랜트 수출과 병행하여 기업수출을 수행하는 단기투자가 아닌 민간장기직접투자(private long-term direct investment)라고 말할 수 있다.

그러나 선진국의 개발도상국에 대한 직접투자는 처음 경제협력의 일환으로 시작된 후 1960년대에 와서는 민간직접투자로 전환되었다.

오늘날 다국적기업의 해외진출은 상품의 국제적 이동인 수출마케팅의 영역을 초월해서 민간에 의한 자본과 경영자원[3]의 국제적 이동이라고 말할 수 있다. 자본의 경영자원의 종류로서는 ① 경영관리상의 지식과 경험, ② Knowhow·특허권 등 각종 기술적 전문지식, ③ 판매·원료구입·자금조달을 위한 수직적 지위향상, ④ 상표의 이용 ⑤ 정보 및 연구 개발을 위한 조직화 등을 지적할 수 있다.

다음에는 맥도널드(J. G. Macdonald)와 로빈슨(Robinson)의 다국적기업에 대한 4단계 발전과정을 보면 ① 상품수출활동, ② 기술수출활동, ③ 해외사업활동, ④ 국제기업활동으로 발전하고 있는데, 2단계부터는 국제마케팅의 범주에 해당된다고 할 수 있다. 1972년에 이미 세계전체의 다국적기업의 해외직접투자잔고가 800억 달러이었으며 향후 2000년대에는 수 천억 달러를 상회할 것으로 추정되고 있다.

이와 같은 다국적기업의 발전에 따라 유로달러시장이 번성하게 되었다.

2. 다국적기업의 생성

2.1 역사적 배경

오늘날의 다국적기업은 과거 유럽제국이 식민지에서 사업활동을 지배해 왔던 식민지회사와는 근본적으로 상이하다고 할 수 있다.

식민지시대에 해외기업 활동은 앞에서 논한 바와 같이 주로 자원개발의 분야에서만 전개되었으며 그 밖에 무역·금융면에서도 볼 수는 있었다. 그러나 다국적기업

---

3) 경영자원은 천연자원과는 다른 기술능력, 경영능력, 기업가능력 등을 포함하고 있다.

의 효시는 1860년대의 제조부문에서 비롯되며 세계적 시각에서 기업경영을 가능케 한 것은 교통 및 통신의 발전이었다. 그리고 본격적인 해외기업 진출은 20세기에 들어서서 시작되었다.[4)]

제2차 세계대전 이후, 특히 1950~1970년대 거대기업의 해외기업수출패턴에서 1960~1970년대는 중소규모의 기업에까지 확산됨으로써 세계경제와 세계무역의 성장패턴에 광범위하고도 심각한 영향을 미치고 있다.

이와 같이 다국적기업의 개화를 맞게 된 요인으로는 1958년부터 실시된 유럽 각국의 통화교환성(currency convertibility)이 회복되어 외환관리와 무역규제가 크게 완화된 점과 EEC 발족으로 시장지향적 직접투자가 유리하게 되어 미국계 기업의 대유럽투자를 촉진시킨 점을 지적할 수 있다.

1960년대 미국기업의 유럽진출은 두드러진 것이었다. 전자·전기기계·정밀기계·자동차·석유화학 등의 중화학 공업분야를 비롯하여 슈퍼마켓·광고업·은행·보험·해운 등의 서비스부문에까지 미쳤다. 이와 같은 미국기업의 유럽진출은 유럽제국에 커다란 충격을 주었다. 프랑스의 셀방 슈레비(Servan Schreiber)의 저서 『미국의 도전』도 그러한 충격의 산물이라고 할 수 있을 것이다.[5)]

2.2 다국적기업의 생성동기

1국적기업이 다국적기업으로 성장 발전하게 되는 동기는 직접투자동기의 연장으로 생각되지만 1국적기업과는 다른 다음과 같은 동기를 들 수 있다.

기업의 생산내용에 따라서 다르기는 하지만 일반적으로 다국적기업이 해외에서 이윤극대화(profit maximization)를 추구하려는 동기 내지는 의도가 있는 것이다. 따라서 다국적기업의 해외진출은 그 모국보다 경제성장이 빠른 나라에 많이 진출하고 있으며, 이러한 다국적기업의 성장을 가능케 한 주체적 조건으로서 기술·경영·시장개척·자금조달 등 제 능력의 발전을 들 수 있다.

다국적기업의 해외진출의 동기는 다음과 같은 요인들이 작용함으로써 이루어진다.

---

4) 20세기 초에 넷슬 회사가 유럽과 미국에 진출했으며, 영국과 네덜란드에 각각 본사를 두게 된 로얄 더취 쉘사가 탄생한 것은 1907년이었다.

5) J. F. Servan Schreiber, *The American Challenge*, New York, 1968.

(1) 시장의 확보 및 확대의 동기

다국적기업은 해외시장을 확대시키고 그 시장을 확보하기 위하여 외국으로 진출한다. 그 과정을 살펴보면 해외수요의 증대(increase of foreign demand)로 생산제품의 수출량이 증대함에 따라 마케팅의 개척과 애프터서비스를 위하여 먼저 해외에 판매대리점을 설치하고, 그 다음에 단독 혹은 합작으로 현지에 자회사를 설립하여 생산 및 판매거점을 확보함으로써 시장기반을 조직적으로 확대해 가고 있다.

(2) 무역장벽의 회피

현지국들이 명목상으로 자유무역정책을 실시하는 경우에도 실질적으로는 자국산업을 보호하기 위하여 엄밀히 보호무역정책을 실시하게 되므로 이러한 현지국의 무역규제조치를 피하기 위해서는 현지국에서의 생산활동이 필요하게 된다.

(3) 생산요소의 저코스트 이용

다국적기업은 자원 및 노동의 저코스트를 이용하기 위하여 해외로 진출한다. 선진국에서는 희소자원 및 임금수준이 높기 때문에 제품코스트에 압력을 준다. 그러나 자원이 풍부하고 저임금의 외국에서 생산한다면 제품코스트의 압력을 피할 수 있으므로 당해제품의 비교우위(comparative advantage)를 가지게 된다.

(4) 각국 간의 경제발전 수준의 격차

다국적기업은 각국 간의 경제발전 수준의 차이(different level of economic development)를 이용하여 이윤을 극대화시키기 위하여 외국으로 진출한다. 일반적으로 자본의 한계생산성(marginal productivity of capital)은 경제발전 단계가 높은 나라에 비하여 낮은 나라에서 큰 경우가 있다. 그러므로 기업이 개발도상국으로 진출하면 이윤극대화(profit maximization)를 추구할 수 있다. 그러나 다국적기업이 선진국에 집중되어 있는 점을 유의해야 한다. 선진국 간에도 특정산업부문 간에 발전상의 격차가 존재한다.

(5) 조세상의 혜택

다국적기업은 외국에서 일정한 기간 동안 조세상의 혜택을 받을 수 있게 때문에 이 혜택을 얻기 위하여 외국으로 진출한다. 일반적으로 일부 개발도상국에서는 외국의 기업을 유치하기 위하여 일정한 기간 동안 외국기업에 대하여 조세상의 특전을 부여한다. 따라서 다국적기업의 진출동기는 조세상의 특혜에서도 찾아볼 수 있다.

(6) 현지국 정부의 장려정책

다국적기업은 관련정부의 요청에 의하여 해외로 진출한다. 개도국들은 만성적인 자본부족(chronic shortage of capital)과 낙후된 기술수준 등에 의해 경제개발을 자립적으로 달성하기 어려우므로 그들 정부는 다국적기업을 유치하여 경제개발을 추진하려는 경향이 있다.

이외에도 다국적기업의 해외진출동기로서 해외시장에 대한 상품의 운송비 절약, 공장건설비용의 절약, 원자재의 확보, 자사제품에 대한 현지 국민의 저항배제, 해외시장조사의 용역, 재고의 축소, 조세회피 등 전략상의 이점 등을 지적할 수 있다.

3. 다국적기업의 행동양식

하이머(S. H. Hymer)는 다국적기업이 세계시장에서 시장분할적 과점기업의 성격을 가진다고 주장한 바 있다. 이 같이 다국적기업의 직접투자는 일시적으로는 현지국시장에서 경쟁을 하게 되지만, 장기적으로는 동일시장 내부의 합병 등을 촉진하여, 결국 기업의 수를 감소시켜 시장구조의 과점화를 강화시키는 경향을 가지게 된다.

이것은 다국적기업이 기술·생산·판매 등에 관해서 항상 세계적 시각을 가지고 의사결정을 할 수 있는 관리구조가 되어 있어 주권국가가 부과하는 여러 가지 제약을 벗어날 수 있는 조직의 유연성(organizational flexibility)을 가지거나 또는 일종의 치외법권적인 활동이 가능하기 때문이다.

다국적기업은 그 해외사업을 원활히 합리적으로 추진하기 위하여 해외자회사의 관리, 생산거점의 배치, 판매정책, 재무정책, 고용·노무정책, 연구개발, 특허·라이센스 정책 등을 수행하는데 있어서 단순한 직접투자의 행동양식과는 다른 특이한 점이 있다. 그 중요한 것을 살펴보면 다음과 같다.

3.1 이체가격조작

다국적기업은 기업집단 전체로서의 이윤을 장기적인 관점에서 극대화하기 위하여 수익이 높고 안전성이 높은 위치에 자회사를 배치한다. 이와 같이 기업집단 전체의 이윤극대화를 위하여 기업 내부에서 기업간 거래가격을 의식적으로 조작하는 일을 하는데, 이를 이체가격조작(transfer pricing)이라고 한다. 즉, 각국의 법인세율에 차이가 있다면 법인세율이 높은 나라에 있는 자회사의 수익을 인위적으로 조작하여 압축하고 반면에 세율이 낮은 나라의 자회사의 수익을 올려 조세상의 이익을 얻게 한다.[6)]

이러한 이체가격조작은 각국의 세율의 차이를 이용하여 조세상의 이익을 얻을 수 있을 뿐만 아니라, 자회사의 부품·원료 등을 저렴한 가격으로 공급하여 자회사의 제품코스트를 인위적으로 인하시키는 경우 현지기업과 경쟁하는 자회사의 경쟁력을 강화시킬 수 있게 되고 나아가서 시장을 지배할 수 있는 기반을 공고히 구축할 수 있게 한다.

또한, 이체가격조작은 과세상의 이유만이 아니라 이윤을 합법적으로 국외(세금회피국, Tax Haven)에 송금하기 위해서도 이루어진다.

3.2 경쟁제한

다국적기업이 반드시 독점 혹은 과점기업인 것은 아니지만 각 사업분야에서 독점이나 과점에 가까운 기업이 많다. 다국적기업은 기업집단 내의 기업간의 경쟁, 즉 모회사와 자회사 간 또는 자회사 상호 간의 경쟁을 제한하는 수단으로서 생산제한, 판매제한, 시장분할 등을 실시하는 경우가 많다.

이를테면 다국적기업은 때때로 외국자회사의 제품을 본국 혹은 다른 특정국에 수출하는 것을 금지 또는 제한한다. 이것은 자회사와 모회사 간 또는 자회사 상호 간의 경쟁을 배제하거나 억제하기 위해서 이루어진다. 이와 같은 수출의 지역제한은

6) 다국적기업의 법인세율이 50%, 자회사 소재국의 세율이 30%라고 한다면, 모·자회사간의 거래에 있어서 본사로부터 자회사에 수출할 때에 원래 가격보다 비싼 가격(overinvoicing)으로, 자회사에서 본사에 수출할 때에는 낮은 가격(underinvoicing)으로 하여, 본사 이윤을 작게 하고자 회사의 이윤을 크게 하여 이전된 이윤에 대한 법인세 차액만큼 다국적기업의 조세부담은 경감된다.

자회사가 규모의 경제(economies of scale)를 실현하여 생산하는 것을 규제하고 당해국의 수출증대를 방해하며 나아가서는 국제수지개선책에 악영향을 미칠 우려가 있다.

또한, 다국적기업은 시장을 독점 또는 과점하기 위하여 수출지역을 제한하여 시장분할(market allocation)을 도모하는 경우가 많다. 특히 노하우 등의 사용계약이 결부되지 않은 경우의 시장분할 역시 일종의 카르텔(Cartel) 행위임에는 틀림없으나 기업집단 내부에서 이루어진 경쟁제한적 조치이기 때문에 각국의 독점금지법에 의해서 규제한다는 것은 사실상 어려운 일이라고 할 수 있다.

3.3 국제적 합병

다국적기업은 직접투자에 의해서 기업의 새로운 생산·판매거점을 확보하는 경우도 있지만, 보다 일반적인 것은 현지기업의 주식취득, 기업매입 등으로 합병하는 일이며, 이러한 것은 특히 대선진국기업의 진출에서 현저하게 나타난다.

이와 같은 국제적 합병이 이루어지면 생산 또는 연구개발의 합리화, 수출능력의 증대, 노동조건의 개선 등과 같이 바람직한 목적을 위한 경우를 제외하면 내부분의 경우에 시장의 잠재적 경쟁력(potential competitiveness)을 약화시켜 합병기업으로 하여금 독점(monopoly)을 형성하게 된다.

한편, 다국적기업에 의하여 형성되는 시장지배력은 이체가격조작을 통해서 자금과 제품가격을 조작할 수 있게 하며, 또한 각국의 시장조건에 따라 가장 효과적으로 변화될 수 있는 국제적 복합력이다. 따라서 국제적 합병 등에 관해서 각국의 독점금지법 적용이 어느 범위까지 인정되느냐에 대한 국제적 합의(international consensus)를 추구하는 것이 오늘날 다국적기업의 독점적 행동에 대처하는 가장 긴급한 과제라 할 수 있다.

제2절 다국적기업의 효과

1. 다국적기업의 긍정적 효과

저개발국에서 원료, 자원개발과 노동력이용이 촉진되면 경제성장의 촉진, 고용수준의 향상, 근로자의 기술향상, 유통구조의 개선, 수출증대에 의한 국제수지개선, 자원배분, 경영능률, 지역개발 등의 경제적 효과를 가져오게 되고 나아가서 현지민의 생활수준의 제고에 기여하게 된다.

1.1 경제성장에 미치는 효과

다국적기업은 규모의 경제성, 풍부한 자본, 기술혁신을 수반하게 되므로 생산량의 확대를 초래하게 된다. 생산량의 확대에 의하여 현지국의 경제는 성장될 가능성은 있으나, 다국적기업에 의하여 현지국의 산업이 상대적으로 위축되는 단점도 야기시키게 된다.

로빈슨(R. D. Robinson)은 투자공여국의 투자수입국에 대한 경제성장 기여를 부정하고 있다. 단기적으로는 경제성장에 도움이 되겠지만은 장기적으로 투자국은 비교우위의 부존자원의 효율화를 통하여 투자자원의 배분을 평준화시킴으로써, 기술 및 제품에 따른 시장독점 및 상대국의 산업지배를 수반하기 때문이다.

1.2 기술파급효과

다국적기업은 현지국에 대하여 우수한 기술혁신을 파급시킨다. 다국적기업의 자회사는 근대적인 생산방법을 채택하기 위하여 혁신된 기술을 이용할 수 있을 뿐만 아니라, 기업본부에서 집중적으로 개발된 신기술을 도입하여 이를 활용하므로 현지국은 혁신된 기술에 상당한 영향을 받게 된다. 그러나 다국적기업이 산업기밀의 보전을 구실로 혁신된 기술의 공개를 꺼린다면 기술파급의 효과는 발생하지 않는다.

1.3 국제수지개선효과

다국적기업이 주로 수출산업에 특화하여 그 제품을 수출함으로써 외화를 획득한다면 현지국의 국제수지는 개선되며. 또한 그 제품은 수입대체 효과(import substitution effect)도 있기 때문에 대외지급 준비자산의 지출억제에 의하여 국제수지가 개선되는 효과가 발생한다.

그러나 다국적기업이 현지국의 수출확대에 기여하지 못하거나 또는 현지국에서 획득한 막대한 이윤을 재투자하지 않고 이를 기업본부로 계속 송금한다면 현지국의 국제수지는 더욱 더 악화된다.

1.4 고용창출효과

다국적기업은 현지국에 있어서 고용기회를 창출한다. 다국적기업은 현지국의 국민을 고용할 뿐만 아니라 그 국민을 기업경영에 직접 참여시키기 때문에 현지국에 고용기회가 창출된다. 다국적기업은 현지국의 저항을 피하고 또 현지국과 융화를 도모하기 위하여 현지국민을 경영신에 참여시키게 됨으로 고용기회가 확대되는 경향이 있다.

1.5 경영능률개선에 미치는 효과

다국적기업은 경영조직, 경영능력면에서 높이 평가되고 있다. 다국적기업은 국제기업환경의 변화 및 치열한 국제경쟁에 능동적으로 적응할 수 있는 강력한 능력을 갖추고 있다. 따라서 다국적기업에서 얻은 경영기술과 경영지식으로 현지국의 젊은 엘리트 경영자가 배출되어 국내 타 기업으로 파급효과를 발휘하게 되면 현지국의 경영능력은 향상된다.

또한, 국내기업은 다국적기업의 강력한 경쟁에 직면하여 경영능력을 개선하게 된다.

1.6 지역사회개발에 미치는 효과

다국적기업이 진출하게 되면 현지국의 지역개발의 확대(expansion of regional development)와 더불어 고용기회(employment opportunity)가 마련되는 등 유리한 영향을 받는다. 현지국은 국내 저개발지역을 개발하려면 입지조건의 충족, 원료, 저렴한 노동공급, 각종 사회간접자본(SOC)의 확대 등 유리한 여건을 참작하여 다국적기업을 유치하여야 한다.

그러나 역설적으로 다국적기업의 설립에 의하여 미개발된 사회간접자본인 전기, 수도, 도로, 항만 등이 개발됨으로써 해당 지역사회의 개발은 더욱 촉진되는 계기가 되기도 한다.

지역개발의 효과는 일반적으로 선진국의 자본이 개발도상국의 저개발지역에 투자될 때에 더욱 큰 효과를 나타낼 수 있다.

1.7 자원분배에 미치는 효과

다국적기업의 해외진출이 이루어지면 신기술의 국제적 파급이 급속히 진행되고 현지국의 기술혁신이나 자원유통구조에 기여하게 된다. 특히, 자원배분(resource allocation)의 경우를 보면 다국적기업은 현지국의 낙후된 기업생산물의 독점시장을 경쟁시장으로 전환시키는 효과를 가져온다. 따라서 한정된 자원(limited resources)의 수급질서에 활력을 불어넣어 국제간에 자원을 효율적으로 배분하는 동시에 그 유통구조를 크게 개선하게 된다.

1.8 자본부족완화 효과

다국적기업은 현지국의 자본부족을 완화시키는 경향이 있다. 기업설립에는 막대한 자본이 소요된다. 따라서 자본이 부족할 경우에는 기업의 설립이 어렵게 된다. 다국적기업은 주로 그 기업본부의 자본에 의하여 설립됨으로써 현지국의 부족자본은 해결될 수 있다. 다국적기업의 설립에 의한 현지국의 자본부족완화의 효과는 개발도상국일수록 비교적 크게 나타난다.

2. 다국적기업의 부정적 효과

다국적기업의 활동은 저개발국에 대한 경제개발효과를 가져올 수 있는 반면 다수의 폐해발생 가능성을 내포하고 있다.

① 다국적기업이 저개발국에 투자를 함으로써 양국간에 분쟁이 발생할 가능성이 있고 투자이권을 둘러싼 이해관계 등으로 국제관계가 긴장되는 등의 정치적 압박 및 경제적 침략을 받을 우려가 있다.

② 투자수익의 불공평한 분배, 불필요한 기술 및 제품의 도입, 국제수지상의 부담, 다국적기업에 의한 시장분해, 수출제한, 공장폐쇄, 노동문제 등 경제적 측면에서 폐해가 일어날 수 있다.

③ 다국적기업에 의하여 현지국의 산업이 도산될 가능성도 있다. 다국적기업은 세계를 연결하는 강력한 경영조직, 거대한 생산시설, 광범위한 판매망, 풍부한 자본, 우수한 기술, 강력한 모국을 배경으로 이윤극대화를 위하여 사업활동을 광범위하게 전개하므로 이런 조건이 갖추어지지 못한 현지국의 기업은 그 강력한 경쟁에 부딪쳐 도산될 가능성이 커지게 된다.

④ 선진국에서는 자연환경을 보호하기 위하여 공해유발산업을 규제하려고 강력한 조치를 취하기 때문에 공해산업의 해외진출이 추진된다.

⑤ 다국적기업이 현지국의 자원채취산업에 집중적으로 몰려 그 기업 본부로 송금한다면 현지국의 국제수지는 악화된다.

⑥ 다국적기업이 현지국의 자원채취산업에 집중적으로 몰린다면 해당국의 부존자원이 고갈될 가능성이 크다. 특히, 재생불능자원인 석유, 광물이 그 대표적 예라고 할 수 있다. 오늘날 국제경제 하에서 국내자원의 보전은 매우 중대한 문제로 대두되고 있다. 각국에서는 자국의 천연자원(natural resources)을 보호하기 위한 자원내셔널리즘이 점진적으로 고조되고 있다.

⑦ 다국적기업은 생산활동에 필요한 자본, 기술을 주로 모국에서 도입함으로써 현지국의 경제에 얽매이게 되므로 현지국의 외국의존도가 심화될 우려성이 있다. 외국의존도가 심화되면 자국경제의 자주적 성장이 저해된다.

⑧ 국내에 있는 다국적기업에서 우수한 제품이 출현하면 현지국의 국민은 이에 대한 강력한 소비활동을 전개하게 되고 결국 소비행동의 왜곡(extortion of consumption behavior)을 가져와 국내저축의 형성을 저해하게 되며 이는 국내산업에도 심각한 영향을 미치게 된다.

제3절 다국적기업의 일반적인 전략

기업의 국제화를 목표로 할 때 어떠한 연구방법을 통하여 목표에 효과적으로 도달할 수 있을 것인가가 문제된다. 일반적으로 기업국제화에 있어 고려되는 전략으로서는 다음 5가지(자금조달전략, 연구개발전략, 인사관리전략, 마케팅전략, 기타 전략)를 고찰할 수 있다.

1. 자금조달전략

다국적기업의 급속한 성장과 영역의 확대에 있어서 중요한 것은 국제기업의 막강한 자금조달능력과 고도의 관리기술에서 찾아볼 수 있다. 다국적기업의 장점은 무엇보다도 다면적인 광범한 자금조달과 관리를 행할 수 있다는 것인데 이들은 급속히 증가하는 국제기업 자체의 자금수요와 불안전한 국제통화체제(international monetary system)에 연유한 환리스크의 발생 가능성 및 해외자산의 신속한 해지(hedge)의 필요성에 대처하기 위하여, 국제적인 자금조달과 관리를 행함에 있어서 국제기업으로서는 이용불가능한 다양한 대책을 강구하게 된다.

이러한 다국적기업의 자금조달형태를 보면 사내유보, 감가상각 등 내부자금조달(internal financing) 뿐만 아니라 현지금융차입, 유로본드(Eurobond)의 발행 등 다양한 원천으로부터 자금을 조달한다.

이러한 원인은 미국정부가 1965년 2월 이후 국제수지개선을 위하여 대외투・융자규제를 실시하고 영국에서는 국제수지상의 이유로 해외직접투자(FDI)의 2/3는 본국에 송금을 해야 한다는 가이드라인을 만들었으며 근래에는 네덜란드를 비롯한 각국 정부가 인플레이션을 방지하고 자유통화를 지지하기 위하여 다국적기업의 현지송금조달을 요망하고 있는데 있다.

미국에 있어서도 본국에 송금되지 않는 다국적기업의 해외수익은 과세대상으로 되지 않기 때문에 미국보다도 법인세율이 낮은 나라에 재투자하는 것이 유리하며,

특히 진출국이 세금회피국(Tax Haven Country)인 경우에는 커다란 이익을 가져온다. 그러나 근래에 와서는 다국적기업이 해외수익을 현지유보하는 것이 제약을 받게 되고 그 이익도 감소하고 있으며 세금회피국 법인의 역할도 변화되고 있다.

이를테면 미국은 대외직접투자의 규제조치에 의하여 다국적기업의 자회사의 수익의 상당부분을 본국에 송금할 것을 의무화하였고, 영국은 대외직접투자수익의 2/3를 본국에 송금해야 한다는 규제를 실행하였다.

해외수익의 공식적인 본국송금은 로열티·라이센스 수수료·이자배당의 형태를 취하는데 이러한 해외송금은 로열티·라이센스 수수료 형식의 수익송금이 배당형식보다도 증가되는 추세에 있다. 이러한 사실은 로열티·라이센스 수수료는 해외자회사의 회계처리상 손실로 되어 있는 데 반해 배당금은 이익처분으로 되어 있으므로 세제상 전자가 유리하기 때문이라고 할 수 있다.

이밖에 특히 현지국이 엄격한 송금규제를 하고 있는 경우에는 비공식적 송금방법으로서 흔히 이전가격제도가 이용되고 있는데 이것에 관한 실태파악은 현재로서는 매우 어려운 편이다. 또한, 다국적기업의 해외수익에 대하여는 현지국과 모국에서 이중과세를 부과하게 되는 것을 회피하기 위하여 대부분의 본국에서는 외국의 과세액을 공제하는 크레디트 시스템(credit system)과 외국소득을 면제하는 면제방법(exemption system)을 채택하며 외국에서 받은 송금을 전액 면세하는 제도를 사용하고 있다.

2. 연구개발전략

대부분의 다국적기업은 연구개발(R&D)을 위한 시설을 설립하는데 있어서 모기업의 소유국에 위치하여 왔다. 일부 다국적기업은 해외에다 연구소를 개설했는데 연구보다는 개발활동에 더욱 치중하여 왔다. 그러나 고객의 연구비용 때문에 모기업의 자회사에 의한 노력의 중복은 회피되어야 한다.

해외연구사업 또는 계획이 설정되면 그들은 모기업의 제 계획과 긴밀하게 연결된다. 대체로 순수연구는 모기업에 의하여 수행된다. 다국적기업이 진출하는 나라에는 모국시장에 비하여 높은 성장을 하는 나라이고, 특히 성장산업부문에 많이 진출하고 있는데 이러한 진출을 가능하게 한 것은 고도로 발달된 노하우를 가지고 있기 때문이다.

여기서 말하는 노하우는 기술・경영・판매・재무・회계 등 기업활동(business activities)에 필요한 모든 것을 총칭하는 것인데 이러한 종합화된 모든 것에서 가장 기본적인 것이 기술적 노하우(technological knowhow)이다.

기술적 노하우를 향상시키는 방안으로는 기업의 매수나 라이센스의 취득 등이 있으나 가장 중요한 것은 기업내에서 독자적으로 기술향상을 도모하는 연구개발이라 할 수 있다. 이와 같이 기술력을 제고시키는 연구개발은 다국적기업의 해외활동을 좌우하는 중요한 기능이기 때문에 대다수의 다국적기업은 연구활동을 위한 예산의 통제나 연구 목적의 선정을 모기업에서 관리하고 있다.

전술한 바와 같이 일부 다국적기업은 현지국에도 소규모의 연구소를 설치하기도 하지만 이런 곳에서는 현지인의 기호에 맞는 제품의 응용연구나 기술적 서비스 등 부분적인 것에 국한되고 있다. 해외에 자회사를 가지고 있는 대부분의 유럽 다국적기업들은 미국의 다국적기업보다 더욱 빈틈없는 연구개발에 치중하고 있다.

이와 같이 모국 본사에서는 그 기업집단 전체에 공통되는 기초연구를, 현지국에서는 현지상황에 적응시키기 위한 응용연구나 현지의 판매활동지원을 위한 연구를 하는 것이 다국적기업이 연구개발을 운영하는 전형적 형태라 할 수 있다.

이러한 연구개발을 위한 비용은 모기업과 자회사가 분담하게 되는데 그 분담방법은 당해 기업의 방침, 업종 또는 다국적기업으로서의 발전정도에 따라 상이하다. 그러나 근본적으로 다음 2가지 방법으로 요약할 수 있다.

① 본국의 모기업이 연구개발비의 일부를 서비스 수수료 또는 관리수수회사로부터 수취한다. 본국 모기업의 조직이 완전한 지역별 조직으로 되어 있는 경우에는 각 사업부가 분담케 된다.

② 일반적으로 연구분담금을 부과하지는 않으나 특정한 공업소유권이나 중요한 노하우를 실시하는 경우에 한하여 라이센스 수수료나 로열티를 요구한다.

3. 인사관리전략

다국적기업의 해외경영활동에 있어서 기업 내의 모든 인적자원(human resources)의 효율적인 조달·이용·개발 등 인사관리는 아주 중요한 역할을 한다. 다국적기업이 그의 다국적 영업활동을 영위하는데 필요한 경영스텝, 기술자 및 숙련공을 확보하지 못한다면 조직구조의 개선이나 미래의 경영에 대한 계획은 무의미한 것이 되고 말 것이다.

최근 미국의 NICB의 조사에서도 밝혀진 바 있듯이 다국적기업에 필요한 자질을 갖춘 인적자원의 확보가 가장 절실하고 심각한 문제로 부각되고 있다.

더욱이 경영환경이나 사회적 관습·전통이 상이한 국가에 진출하는 다국적기업의 경우 복잡한 노사관계, 현지 노동관행과의 대립, 미국식 합리주의(American rationalism)의 토착화에 따른 부작용, 교육훈련을 통한 현지 인적자원의 자질향상, 노동력 고용의 현지화에 따른 본국 노동자들의 반발 등 많은 문제점에 직면하게 된다.

이는 미국의 경우와는 상이한 현지의 사회적, 경제적 및 제도적인 조건에 적응하는 문제이다. 물론 미국식의 합리주의적인 인사관리체제, 즉 전문경영자중심, 소수정예주의, 개인능력평가 우선주의와 같은 특징을 그대로 이식하여 현지의 노사관계나 기업의 생산성을 향상시킬 수도 있겠으나 다국적기업의 경영에 있어서는 현지국에서의 동태적이고 급변하는 노동환경을 명확히 인식해야만 한다.

노사관계가 근대화되지 못한 단계에 있는 개발도상국의 경우는 물론이거니와 노사관계가 비교적 근대화되고 안정되어 있다고 보여지는 서구 제국의 경우에 있어서도 미국계 다국적기업의 자회사들은 다음 6가지의 심각한 문제점에 직면하고 있다.

① 대부분의 해외노동조합의 강력한 정치지향성(political orientation)

② 대다수 노동조합의 자본주의 체제에 대한 이념적 적대감

③ 가족수당, 완전무결한 정도의 사회보장을 포함하는 광범위한 fringe benefit와 휴가, 작업시간, 안전위생기준이나 계약만료수당(termination allowane)에 관한 다수의 입법조치

④ 휴업해고(lay-offs)에 대비한 노동자들에 대한 광범위한 보호조치를 포함하는 일부 경영특권에 대한 법률적 요구는 휴업해고를 값비싸고 복잡하며 제약받게 만들어 어느 경우에는 불가능하게까지 함

⑤ 노동자의 상위직으로의 승진을 제약하는 내재적인 계층구분의식의 광범위한 역할 및 여러 가지의 인센티브 시스템 이용

⑥ 대다수 산업에 있어서의 보다 광범위한 오토메이션(automation)의 도입, 현지의 여타기업으로부터 노동자 채용, 능률임금제도의 도입 등을 어렵게 만드는 관행과 습관, 당해 기업들이 준수해야 할 비공식적인 양해사항과 신사협정(gentleman's agreements)의 과다. 이외에도 다국적기업들이 해외에 진출하는 경우에는 불황시의 인원조정, 연공서열제도의 지배, 국민감정 등 많은 문제점에 직면하게 됨

미국의 다국적기업들은 해외경영에 미국식의 기준과 경험을 그대로 적용하려는 노력과 현지에서 지배적인 특수한 노동환경에의 적응실패 때문에 서구제국에서의 인사정책에 상당한 시행착오를 경험하게 되었다.

불필요한 분쟁유발, 실현성 없는 능률급 임금제도의 채택, 불황시의 무단해고나 감원, 과도한 자동화시설의 도입, 본사와의 격차가 큰 임금지급은 이의 좋은 실례라고 보겠다.

4. 마케팅전략

이제까지 다국적기업의 자본조달전략, 연구개발전략, 인사관리전략, 해외진출의 확대전략에 대하여 고찰한 바 이들 모든 전략은 궁극적으로 제품판매에 관련된 마케팅 전략으로 귀착됨은 너무나 당연하다 하겠다.

다국적기업의 진출대상국이나 다국적기업과 벅찬 경쟁을 감내해야 할 현지의 기존기업들이 다국적기업의 진출·이들의 행동과 성과, 그에 따른 현지 산업과 기업에 미칠 충격에 민감한 반응을 보이고 있는 것도 따지고 보면 다국적기업들이 전술한 여러 전략을 바탕으로 하여 적극적으로 전개하는 마케팅활동이 너무나 위협적인

데서 원인을 찾을 수 있는 것이다.

해외에 진출한 다국적기업이 아무리 합리적인 진출전략, 자금조달, 연구개발, 인사관리, 조직구조정책을 수행한다고 해도 ① 자사의 제품을 소비자에게 알리고 ② 효율적인 판매망을 구축하고 ③ 판매촉진활동을 전개하는 마케팅전략에서 성공하지 못한다면 다국적기업으로서의 경영활동전략에 문제가 있는 것이다.

다국적기업의 시장활동전략은 전술한 제반전략을 배경으로 하여 다양한 경로를 통하여 이루어지며 마케팅전략의 근간을 이루는 제품계획, 유통경로전략, 가격정책 및 판매촉진활동의 어느 분야의 정책수단에 있어서도 국제기업은 완전개발시장의 경우를 제외하고는 현지의 국내기업에 비하여 시장경영상의 우위성을 확보 유지할 수 있으며, 완전개발시장의 경우에는 기존 유통기구의 흡수나 이용, 현지기업의 흡수합병을 통하여 마케팅전략의 목표를 성취할 수 있을 것이다.

더욱이 EEC의 경우와 같이 인접제국 전체에 다같이 진출하고 있는 다국적기업의 경우 마케팅전략은 현지의 국내기업에 비하여 광역시장을 대상으로 하여 이루어지기 때문에 보다 효율적으로 전략목표의 달성을 이룰 수가 있다.

다국적기업의 적극적인 마케팅전략의 전형은 유니레버, 콜게이트-팔모티브(Colgate-Palmotive) 등과 함께 대표적인 메이커인 프록터 앤드 갬블사의 사례에서 찾아볼 수 있다.

우선 프록터 앤드 갬블(Proctor & Gamble)사의 판매망 확보전략을 보면 1960년의 서독시장 진출시에는 ① 판매자회사 설치 → ② 서독현지의 메이커에 대한 산업의뢰 → ③ 현지 기업의 판매망 이용판매 → ④ 서독현지 제품과 경합하지 않는 조건하에 공장건설 → ⑤ 현지 메이커의 매수 등의 순서를 밟아 판매망을 지배하게 되었으며, 이탈리아의 경우에는 현지의 특수사정을 감안하여 이탈리아 내의 전국적인 조직을 가진 판매대리점(sales agent)에게 판매를 의뢰하였다.

한편, 판매망을 확보한 후에는 신제품의 판매나 이전 제품의 판매 증진을 도모하기 위하여 대량광고와 샘플배포 및 소매점에 대한 유리한 조건제시 등 적극적인 대책을 추진하고 있다.

이외에 다국적기업의 마케팅전략 중 여러 가지 의미로 주목해야 할 사례로는 싱거(Singer)사의 소우잉 센터(Sewing Center) 운용, 에이번(Avon)의 부녀방문판매원(house-to-house sales ladies) 제도의 이용, 나비스코(Nabisco)나 코카콜라(Coca-Cola)의 경우에서 볼 수 있는 도매상 배제와 소매업자에 대한 직판체제(direct selling to retailors), 농약·특수기계 등의 경우에 있어서와 같은 테크니컬 세일즈맨(technical salesman)의 활용, 석유정제업체의 국내유통기구의 공격적인 흡수, 통합적 표준화된 다국광고계획, 현지정부나 기업에 대한 주요 전략적 원료의 장기독점 공급 계약체결을 지적할 수 있다.

5. 기타 전략

다수국에 많은 제조기지나 자회사를 운영하고 있는 다국적기업들은 또한 공장이나 자회사의 입지, 제조에 있어서의 수직합병의 정도, 제조와 현지조달 중의 획일적 의사결정, 재고수준의 결정, 상이한 각 시장에 대한 공급정책 등을 포함하는 로지스틱스(logistics) 전략을 결정함에 있어서 현지에서의 경제적·정치적·민족주의적 및 문화적 제약인자와 수많은 진입장벽(entry barriers) 및 경영내부적 제약과 분열대립에 직면하게 되겠지만 범세계적인 최적생산공업체제의 구축을 위한 국제기업 특유의 전략을 이용할 수 있다.

생산 및 로지스틱스(logistics) 전략은 궁극적으로 단일전략적으로 통합·조정되어 주요 부문은 본사의 중앙집중화된 의사결정에 귀속되는 바 이것은 기업집단내부에서의 국제분업(international division of labor)의 원칙에 의한 효율적 분업화의 이익과 규모의 경제(economies of scale)를 가능하게 한다.

제10장

글로벌기업의 해외투자

제 1 절 해외직접투자의 개념

1. 해외직접투자의 의의

해외직접투자(foreign direct investment)란 해외간접투자에 대한 상대적인 개념으로 정의되는 것이 일반적이다. 즉, 해외직접투자는 주식이나 채권 등에 투자하여 배당금이나 이자수익을 목적으로 하는 해외간접투자(foreign indirect investment)와 비교하여 기업이 경영에 직접 참여함을 목적으로 투자하는 경우를 말한다. 여기에서 경영에 직접 참여한다는 의미는 기업의 경영자들이 의사결정과정에서 영향을 미칠 수 있는 통제권을 발휘하게 되는 개념으로 파악할 수 있다.

한편, 수출이나 라이센싱 계약방법과 비교하여 볼 때 해외직접투자는 단순히 재화와 용역의 이동뿐만 아니라 자본 · 경영능력 · 기술 · 인력 등의 생산요소에 대한 포괄적인 국제적 이전(international transfer)을 의미하는 개념으로 정의된다.

직접·간접수출방식은 자국내의 생산요소들을 자국 내에서 결합하여 재화와 용역을 국제적으로 이전시키는 방법이고, 라이센싱 계약방법은 자국 내의 특정기업이 보유하고 있는 기술이나 노하우 등을 일정한 대가를 받고 국제적으로 이전시키는 방법인데 반하여 해외직접투자방법은 자국 내의 생산요소인 자본·경영능력·기술·인력 등을 해외로 이전하여 현지국의 생산요소인 노동·토지 등과 결합하여 현지국에서 생산 및 판매하는 방법이다.

상기한 내용을 토대로 해외직접투자를 정리해 보면 해외직접투자는 투자기업이 피투자기업의 경영에 직접 참가함을 목적으로 자본·경영능력·기술·인력 등의 경영자원(managerial resources)에 대한 포괄적인 국제적 이전을 수행하는 기업활동이라고 할 수 있다.

그런데 여기에서 경영에 직접 참가한다는 개념에 대한 기준설정이 명확해야 해외간접투자개념과 구분할 수 있는데, 그 기준설정에 대해서는 국가마다 정도의 차이를 보이고 있다.

2. 해외직접투자의 동기

해외직접투자의 동기는 개별 기업의 구체적이고 실질적인 목적에 따라 달라질 뿐만 아니라 기업의 환경변화 여건에 따라서도 다양하게 다를 수 있다.

또한, 제 분류기준에 따라서도 여러 가지로 분류되어지지만, 여기서는 해외직접투자의 제 현상을 가장 잘 나타내는 아이트만(D. K. Eiteman)과 스톤힐(A. I. Stonehill)의 분류 중 전략적 동기(strategic motives), 행위적 동기(behavioral motives), 경제적 동기(economical motives)만을 서술하고자 한다.[1)]

2.1 전략적 동기

기업이 해외직접투자를 하는 경우는 그 유형에 따라 전략적 차원에서 시장추구형(market seeker), 자원추구형(resource seeker), 생산효율추구형(production effici-

1) D. K. Eiteman and A. I. Stonehill, *Multinational Business Finance*, 3rd. ed. Addison-Wesley Publishing Co. 1982, pp. 245-270.

ency seeker), 지식추구형(knowledge seeker)으로 구분할 수 있다.

시장추구형은 수출시장의 확보를 위하여 진출하며, 자원추구형은 원자재와 저렴한 노동력을 얻기 위하여 투자를 하는 것으로 당해 생산물은 현지수요에 충당하거나 투자국 또는 제3국에 재수출하게 된다. 석유 및 임산물 가공산업에 종사하는 기업들이 자원추구형의 범주에 속한다고 하겠다. 생산효율성을 추구하는 기업은 현지기업과의 생산공정의 통합이나 수직적 통합(vertical integration)을 위한 이점을 얻기 위한 것으로 대만의 노동집약적인 전자부품생산을 위한 투자가 이 예에 속한다고 하겠다.

지식추구형은 투자지역의 생산기술 및 경영방법 등을 획득하기 위하여 해외에 진출하며, 유럽계의 회사들이 기술습득을 위하여 미국기업을 인수하는 경우가 이 예에 해당되는 것이다. 이와 같은 4가지 형태의 전략적 동기는 상호 배타적으로 발생하는 것이 아니라 복합적인 요인으로 해외직접투자를 하게 되는 것이다.

2.2 행위적 동기

기업이 해외직접투자를 행하는 동기를 강한 자극에 대해 기업이 반응하는 행동과정으로 설명하려는 것이다. 아하로니(Y. Aharoni)[2]는 해외직접투자 결정에 이르는 행위적 동기로 ① 강한 외부환경의 자극과 ② 개인적 편견, 욕구 및 개인과 그룹의 약속에 근거를 둔 조직 내의 자극(자생적 요인)을 지적하고 있는데, 이의 요인을 나누어 제시하면 다음과 같다.

(1) 외부환경의 자극요인

① 외국정부, 자사제품 대리점 및 고객의 유치

② 시장상실에 대한 불만

③ 경쟁사의 성공적인 해외활동

④ 국내시장에서 외국기업과의 격심한 경쟁

(2) 자생적 요인

① 관련제품 및 생산품의 시장개척

---

2) Y. Aharoni, The Foreign Investment Decision Process, Boston : Harvard Univ. *Graduate School of Business Administration*, Division of Research, 1966, p. 247.

② 노후화된 기계이용
③ 노하우의 자본화 : 연구개발(R&D)과 기타 고정비용의 분산
④ 제3국 시장을 통한 우회진출

2.3 경제 및 재무적 동기

기업의 해외직접투자 동기를 경제적 차원에서 구명하려면 불완전시장 구조하에서라는 전제가 있어야 하는데, 이는 해외직접투자를 불완전시장의 구조하에서 구명하려고 한 것이다. 칼벳(A. L. Calvet)이 정리한 시장불완전원리(market imperfection paradigm)는 경제적 측면에서 해외직접투자를 야기하는 환경유인으로서의 시장여건을 이해하는데 중요하다고 하겠다. 이 원리는 제품시장의 불완전성, 생산요소시장의 불완전성, 규모의 경제에 대한 국가간의 차이, 정부의 관여 등으로 야기되는 투자국과 피투자국 시장간의 불균형이 투자국의 기업들로 하여금 현지기업에 비해 상대적으로 경쟁우위(competitive advantage)를 갖게 함으로 해외투자가 그 상대적인 이익을 추구하기 위해 이루어진다는 것이다.

일반적으로 기업의 해외직접투자 동기를 상기한 바와 같이 살펴봄으로써 어떠한 시장여건에 처해 있는 기업이 무슨 동기에 의하여 해외투자를 수행하는가를 파악할 수 있다고 하겠다.

기업의 해외직접투자는 전술한 바와 같이 단순히 자본만이 이동하는 것이 아니라 여러 생산요소의 포괄적 이전이라고 할 수 있으며, 이전되는 생산요소에는 기술이 포함되는 것이 일반적이다. 오히려 기술계약보다는 보편적인 기술이전의 방법으로 인정되고 있다.

웰스(L. J. Wells)는 기업이 기술 그 자체를 타국에 판매하지 않고 기술이전 수단으로 해외에 직접투자하는 이유를 다음 3가지 측면에서 설명하고 있다.

① 기술 경영노하우 또는 넓은 의미의 경영관리 자체에 구현되는 특성을 지니고 있다.
② 기술이나 기계 등은 어떤 회사의 고유한 소유자산이기 때문에 기술을 어떤 기계나 설비 등의 값으로만 판매할 수 없다.

③ 기술을 판매할 경우 현지국의 구입기업이 경영자로 등장할 위험이 많으며 끝으로 후진국에는 기술시장의 정보망이 일반적으로 알려져 있지 않기 때문에 기술 하나만 선택적으로 구입할 능력이 없다.

제 2 절 기업의 해외직접투자의 제 요인

1. 기업특유우위요인

1.1 기업특유우위요인의 의의

기업특유우위(ownership-specific advantage)란 말은 독점적우위(monopolistic advantage), 경쟁우위(competitive advantage)와 유사한 용어이다.[3)]

기업특유우위는 외국기업이 피투자국에서 현지기업들에 대해 갖는 불리함을 보상할 수 있게 해주는 우위라고 하겠다. 이는 상대적 우위의 개념을 나타내고 있으나 외국기업이 갖는 제약요인을 완전히 극복한 후에 우위가 나타난다고 보는 순리점(net amount) 개념을 사용하고 있다. 그러나 개별적으로 고찰한 개념보다는 현지기업, 타 선진기업과 경쟁할 수 있는 우위개념의 도입이 필요하다고 하겠다.

기업특유우위를 기업의 해외활동에서 수반되는 제반 제약요인을 극복하고 경쟁기업인 현지국 기업과 제3국 진출기업을 능가할 수 있는 제 능력이라 할 수 있을 것이다. 즉,

① 현지에서 성공적으로 영업할 수 있는 우위

② 현지기업이 아님으로써 갖는 제반 제약요인을 극복할 수 있는 우위라고 하겠다.

3) (1) J. H. Dunning, *op. cit.*, pp. 21-40 (2) S. H. Hymer, The International Operations of Natural Firm, A Study of Direct Investment, Doctoral Dissertation MIT, 1960, pp. 34-36 (3) C. P. Kindleberger, *op. cit*, pp. 23-34 (4) L. T. Wells Jr., Third World Multinationals : The Rise of Foreign Investment from Developing Countries, Cambrige, The MIT Press, 1983, pp. 19-64.

다음에 진출기업의 제반 제약요인[4]을 열거하면

(1) 경제상의 제약요인

① 운송 및 보관에 대한 비용

② 국내수요와는 다른 제품적응 비용

③ 유통경로의 확보비용

④ 제품변화에 적응하기 위해 필요한 기간 문제

(2) 경영상의 제약요인

① 마케팅 차이에서 오는 제약

② 지역 서비스문제

③ 기술적응문제

④ 인사관리문제

(3) 제도상의 제약요인

① 각종 규제

② 정보탐색비용과 자원한계에서 오는 제약요인

③ 법률, 문화, 기타의 요인이 있다.

이와 같은 제약요인을 어느 정도로 어떻게 극복할 수 있는가는 기업특유우위에 달려 있다. 효과적으로 극복하여 현지 기업보다 나은 경우도 있고 제약요인 때문에 현지기업이 나은 경우도 있다. 그러나 각국의 기업특유우위는 이런 제약요인을 완전히 극복하고 또 타 경쟁자를 극복하고 난 순리점(net amount)이 있을 때에만 나타나기 보다는 이런 제약요인을 어느 정도 극복하느냐, 즉 총리점(gross amount)에 달려 있다고 하겠다.

여러 제약요인은 각 기업의 독특한 우위에 따라 제약요인의 극복정도와 타 기업과의 정도는 상이하다.

---

4) M. E. Porter, *Competitive Strategy*, New York, The Free Press, 1980, pp. 281-287.

1.2 기업특유우위의 이론

기업특유우위요인의 선정과 정리는 더닝(Dunning)이 포괄적으로 제시하고 있으나 요인의 이론적 배경은 제시하지 않았다. 기업특유우위요인의 이론적 배경을 고찰하기 위해 하이머(S. H. Hymer)와 킨들버거(C. P. Kindleberger), 케이브즈(R. E. Caves), 후드(N. Hood) 및 영(S. Young)의 이론을 살펴보고 우위요인으로 더닝이 선정한 요소를 제시하면 다음과 같다.

하이머(Hymer)는 독점적 경쟁론의 관점에서 기업특유우위요인을 해외직접투자에 처음으로 도입하였다. 그는 특정 기업이 해외에 진출해서 기업활동을 전개할 경우에는 여러 가지의 차이, 즉 거리·법률·제도·문화·관습 등에서 오는 불리한 제약요인이 필수적으로 수반된다는 전제하에서 이론을 전개하였다.

이와 같이 많은 제약요인이 수반되는 데도 불구하고 기업이 해외에 투자하는 이유는 이들 기업이 이와 같은 제반 불리점 혹은 제약요인을 극복하여 충분한 이윤획득이 가능하다는 데서 출발하여 실질적 우위성이 무엇이냐는 이론을 전개하여 독점적 우위 개념을 설정했다.

킨들버거(Kindleberger) 역시 시장의 불완전성에 기초한 기업독점우위요인으로 제품차별화 능력, 마케팅 기술의 독점력, 자본조달상의 우위, 경영능력, 규모의 경제에 따르는 교섭력 및 원가상의 우위 등을 지적하고 있다.

한편, 케이브즈(Caves)는 과점적 시장구조 및 그 행동원리로서 직접투자의 설명을 시도하였다.[5] 독과점적 산업하에서 수평적 혹은 수직적 직접투자가 발생한다는 것이다.

기업이 해외에 진출하여 다국적화됨에 따라 소위 다국적망(multinational network)을 형성하여 거래적 우위(transactional advantage)를 갖기 때문에 해외투자가 용이하다는 것이다. 이와 같은 거래적 우위는 소위 내부화(internalization) 개념과 상통하는 것이라고 할 수 있는데 이와 같은 거래적 우위에 따라 수평적·수직적·다각적 기업이 형성된다고 한다. 이러한 과정에서 케이브즈(Caves)는 제품차별

5) R. E. Caves, *Multinational Enterprise and Economic Analysis*, Camgridge Univ. Press 1982, pp. 1-30.

화(product differentiation)를 강조하고 기업의 우위요인을 기술능력(technology), 제품차별화 능력을 포함한 마케팅 능력(marketing asserts), 경영능력(managerial talents & skills)이라고 설명한다.

또한, 후드(N. Hood)와 영(S. Young)도 기업특유우위의 요인으로 기술적 우위(technological advantage), 과점적 산업조직과 관련된 우위(industrial organizational advantage), 재무·화폐적 우위(financial and monetary advantage), 자원의 획득 가능성과 관련된 우위(access to raw materials)로 나누어 설명하고 있으나[6] 이러한 해외진출기업의 독점적 우위는 결국 기업이 가지고 있는 기업특유우위(ownership-specific advantage)에 귀착된다고 보겠다.

이제까지 하이머(Hymer)·킨들버거(Kindleberger), 케이브즈(Caves), 후드(Hood)·영(Young)의 이론을 통해 기업특유우위에 관하여 살펴보았다. 이들은 결국 해외직접투자의 통합이론의 한 부분을 이루고 있으며, 이는 기업특유우위에 관한 이론인 바, 이를 가장 포괄적으로 집약·정리한 더닝(Dunning)의 분류를 요약하면 다음과 같다.

(1) 다국적성(multinationality)에 기인하지 않는 기업특유우위요인

① 독점적 기술·특허 및 법에 의하여 보호를 받고 있는 상표
② 생산·관리·조직·마케팅·연구개발의 능력
③ 노동·천연자원·자금 및 정보 등의 투입요소에 대한 배타적 또는 유리한 접근
④ 기업의 규모나 독점적 영향력을 이용하여 유리한 조건으로 투입요소를 획득할 수 있는 능력
⑤ 제품시장에 대한 배타적 또는 유리한 접근
⑥ 시장진입에 대한 통제 등과 같은 정부의 보호

(2) 신참기업에 대한 우위, 즉 기존기업의 자회사가 신규참가기업에 대하여 갖는 우위

① 저렴한 가격으로 모기업의 능력을 이용할 수 있는 우위
② 생산, 구매, 마케팅, 자금조달 등의 경우 공동공급의 경제(economy of joint supply)를 향유할 수 있는 우위

---

6) N. Hood and S. Young, *The Economics of Multinational Enterprise*, London, Longman, 1979, pp. 44-54.

(3) 다국적성에 기인하는 기업특유우위

① 정보, 투입요소, 시장에 대한 보다 유리한 접근과 보다 나은 지식을 얻을 수 있는 능력

② 요소부존, 시장 및 정부의 개입 등에 있어서의 국제적 차이를 이용할 수 있는 능력

③ 위험을 분산시킬 수 있는 능력

1.3 기업특유우위요인의 요소

기업특유우위의 요소는 전술한 여러 학자들의 견해와 같이 다소 상이한 시각에서 볼 수 있으나 근본적인 차이는 없다고 하겠다. 즉 기업이 특수한 요소, 타 기업과의 경쟁에서 충분히 이길 수 있는 요소, 특히 해외활동의 제반장애요소를 제거 혹은 극복하여 기업의 이윤을 얻을 수 있는 요소 등이다. 이는 세계의 시장은 완전경쟁시장이 아니라 불완전경쟁시장이며 이러한 전제하에서는 기업의 독점(기술 등)은 항상 존재한다는 데서 기초한다고 보겠다. 〈표 10-1〉은 각 이론 주창자들의 경쟁우위요인을 기업특유우위요인과 동일시하여 나타낸 것이다.

〈표 10-1〉 기업특유우위요인의 정리

주창자	기업특유우위요인
Hymer Kindleberger	재화 및 요소시장의 불완전성, 수평적, 수직적 통합을 통한 규모의 경제달성 등으로 인한 ① 제품차별화 능력 ② 마케팅 기술 ③ 기술상의 독점력 ④ 자본조달상의 우위 ⑤ 탁월한 경영능력 ⑥ 규모의 경제에 따르는 교섭능력향상 및 원가절감상의 우위
Caves	① R&D 활동에의 막대한 투자결과로 생성되거나 오랜 경험으로부터 발생하는 기술능력 ② 막대한 광고 및 촉진활동에의 지출에서 얻은 제품차별화 능력을 포함한 마케팅 능력 ③ 정보화된 정보처리 시스템이나 계량적 관리기법 등과 같은 현대적인 경영능력 그리고 타 기업이 소유 못한 현대적인 경영기법, 여타의 무형적 자산을 내부화할 수 있는 조직관리능력 ④ 규모의 경제에 의한 원가절감 능력

Hood & Young	① 기술적우위 : 생산상 축적된 생산기법, 신제품 및 신제조공정의 개발능력을 주로 의미한 광의로 볼 때 제품의 차별화 능력을 마케팅 기술, 경영 및 조직기술도 포함 ② 산업 조직론적 관점에서 연구된 우위 : 대규모기업에 의한 규모의 경제 중시 ③ 재무 및 화폐적 우위 : 환위험 관리능력 우월, 자신의 우월한 신용도에 의한 자본조달 용이 ④ 자원의 접근용이성에서 오는 우위 : 피투자국의 생산원자재에 대한 유리한 접근기회, 자원개발기술 보유, 자원판매망 장악, 수송수단지배, 우월한 금융능력 보유
Dunning	1. 다국적성에 기인하지 않는 우위, 즉 기업의 규모 및 생산내에서 이미 확보하고 있는 기존의 지위, 제품 및 공정의 다양화, 분업 및 전문화의 이점, 독점력 자원의 확보 및 사용에 관한 기업의 능력 등 특정기업이 동일입지내의 다른 기업에 대하여 갖는 우위 ① 독점적 기술, 특허 및 법에 의하여 보호를 받고 있는 상표 ② 생산, 관리, 조직, 마케팅, 연구개발의 능력 ③ 노동, 천연자원, 자금 및 정보 등의 투입요소에 대한 배타적 또는 유리한 접근 ④ 기업의 규모나 독점적 영향력을 이용하여 유리한 조건으로 투입요소를 획득할 수 있는 능력 ⑤ 제품시장에 대한 배타적 또는 유리한 접근 ⑥ 시장진입에 대한 통제 등과 같은 정부의 보호 2. 신참기업에 대한 우위, 즉 기존기업의 자회사가 신규참가기업에 대하여 갖는 우위 ① 저렴한 가격으로 모기업의 능력을 이용할 수 있는 우위 ② 생산, 구매, 마케팅, 자금조달 등의 경우 공동공급의 경제(economies of joint supply)를 누릴 수 있는 우위 3. 다국적성에 기인하는 우위 ① 정보, 투입요소, 시장에 대한 보다 유리한 접근과 보다 나은 지식을 얻을 수 있는 능력 ② 요소부존, 시장 4 및 정부의 개입 등에 있어서의 국제적 차이를 이용할 수 있는 능력 ③ 위험을 분산시킬 수 있는 능력

2. 내부화우위요인

2.1 내부화우위요인의 의의

거래에 있어서의 정상적인 거래, 즉 외부거래를 일반적인 시장거래라고 한다면 내부거래는 이에 상반되는 개념으로 파악될 수 있을 것이다. 이러한 내부거래는 정상적인 거래에 수반되는 비용을 회피하거나 감소시키기 위해서 이루어진다고 보아야 할 것이다. 완전시장하에서는 자원의 효율적 배분(efficient distribution of resources)이 이루어져 아무런 문제가 없으나 오늘날 시장은 불완전시장이므로 그렇지가 못하며 시장거래(market transaction) 수행에 많은 거래비용(transaction cost)이 소요되기 마련이다.

이러한 비용을 줄이거나 회피하기 위하여 해외직접투자(FDI)에 대한 가장 최근의 접근방법으로 다국적기업 시스템 안에서 내부화하는 것이다. 따라서 이러한 내부화 실현과정에서 나타나는 우위요소를 내부화우위요인으로 개념설정을 할 수 있을 것이다. 대체적으로 거래란 소유권의 이전을 전제로 하나 소유권의 이전이 필요하지 않은, 즉 정상거래에 대한 내부시장에서의 내부거래를 개념상의 거래(notional transaction)라고 한다.[7)]

이러한 내부화는 기업의 성장과정이므로 국내의 단일공장 기업이 다공장기업으로 발전하는 현상을 말하는데 이와 같은 기업의 내부화의 동기는 규모의 경제 실현, 구매자 불확실성 제거, 정부간섭 배제, 가격차별, 거래의 위험 제거 등이다.

한편, 내부화의 유형에는 단일공장기업이 다공장기업으로 성장하는 과정으로 ① 단일공장기업이 동종제품을 생산하기 위하여 타 지역에 공장을 설립하는 수평적 통합, ② 단일공장기업이 그 기업의 생산라인에 원료를 공급하거나 또는 제품을 사용하는 공장을 설립하는 수직적 통합, ③ 단일공장기업이 경영상의 위험을 분산할 목적으로 그가 생산하는 제품과 관련이 없는 이종제품을 생산하기 위하여 타 지역에 공장을 설립하는 다각적 통합(conglomerate integration)이 있다.

2.2 내부화우위이론의 이론

내부화의 개념을 해외투자에 최초로 도입을 시도한 사람은 버클리와 카슨(P. J. Buckley and M. Casson)이다.

내부시장론에서 언급한 바와 같이 이들은 코스(R. H. Coase)의 이론을 토대로 하여 시장의 내부화가 실현될 때 해외직접투자가 발생된다고 주장하였다. 시장이 불

---

7) M. Casson, *Alternative to the Multinational Enterprise*, London, The Macmillan Press Ltd., 1979, p. 45.

완전하고 과점적 기업이 기업특유의 우위를 갖는다 해서 해외투자가 반드시 발생하는 것이 아니라고 전제하고 시장내부화의 개념을 통한 해외직접투자의 설명을 시도하였다. 이들이 이론전개를 위한 가정으로 제시한 내용은 다음과 같다.

① 기업은 불완전시장의 세계에서 이익의 극대화를 행한다.
② 중간재시장이 불완전할 때 내부시장을 창조하려는 유인이 존재한다.
③ 국경을 초월하는 시장내부화는 다국적기업을 형성한다.

한편, 이들은 내부화 과정으로 산업특유의 요소(industry-specific factor), 지역특유의 요소(region-specific factor), 기업특유의 요소(firm-specific factor)들의 상호관계에 의해 촉진되는 것으로 보았다.

케이브즈(R. E. Caves)는 외부성(externality)과 시장불완전성(market imperfection)을 연구하고 제품차별화를 통한 시장불완전성에 대응하는 이론을 주장하였다. 또한, 수평적·수직적·다각적 통합의 내부화 유형을 제시하여 내부화 이론의 발전에 크게 공헌하였다.

매기(S. P. Magee)는 기업이 산출한 정보와 기술은 공유재적 성격을 띠므로 정규시장(regular market)에서의 거래가 어려울 뿐만 아니라 정당한 가격의 형성이나 그 수익 역시 사적소유 가능성이 어렵기 때문에 내부시장을 창조하여 기업 시스템 내에서 효율적으로 활용할 수 있도록 한다는 것이다. 정보나 기술이 공유재적 특성을 가지고 있기 때문에 자기 정보나 자기 기술을 보호하기 위하여 내부화한다고 한다.

2.3 내부화우위요인의 요소

내부화는 전술한 바와 같이 기업이 행하는 시장불완전성에 대한 대응조치라고 할 것이다. 기업이 시장불완전성에 대해 대응조치를 결정하기 위한 요소를 내부화우위요소라고 한다면 이를 행하기 위해서는, 즉 내부화하기 위해서는 외부시장거래를 하는 것보다 유리한 기업특유의 내부화우위요인을 보유하고 있어야 할 것이다.

기업이 가지고 있는 내부화우위요소로서 내부화할 것인가를 결정하는 요인을 더닝은 내부화 인센티브(internalization incentive)요인이라고 하였다. 인센티브 요인과 이에 대응하는 기업 능력의 여하에 따라 기업의 국제활동에의 최적참가방식(the optimal modality)이 된다고 하였다.

특히, 더닝(Dunning)이 제시하는 내부화우위의 요소를 살펴보면 다음과 같다.

① 시장에 대한 접근, 협상, 통제 등 외부시장거래에 수반되는 경비절감
② 재산권 보호를 위한 제반 경비절감
③ 외부시장에서 판매되고 있는 투입요소의 성질 및 가치에 대한 구매자의 의구심 제거
④ 외부시장에서 가격차별이 불가능한 경우, 이를 기업 내부로 흡수할 수 있음
⑤ 제품의 판매자로서 품질관리의 필요성을 충족시킬 수 있음
⑥ 쿼터, 관세, 가격통제, 조세차별 등 정부의 각종 개입과 간섭을 회피하거나 이용할 수 있음
⑦ 외부경제의 이용, 기업간 상호의존적 활동의 이점
⑧ 미래에 시장형성이 안될 경우 이를 기업내부로 흡수할 수 있음
⑨ 경쟁업체 등에 대한 투입요소의 공급이나 판매소선을 통제할 수 있음
⑩ 시장의 판로를 통제할 수 있음
⑪ 경쟁전략으로서 상호보조금 지급, 시장침투가격책정 등의 기업활동을 수행할 수 있음

3. 입지우위요인

3.1 입지우위요인의 의의

입지우위요인은 공장을 설립하는데 있어서 유리한 영향을 줄 수 있는 요소[8] 또한 입지전체에 대하여 타 장소와는 다른 유리한 영향을 미치는 특성 혹은 상태라고 할 수 있다.

입지를 공장을 설립하는 장소적 개념으로 파악하면 이러한 입지는 최적입지

8) D. M. Smith, *International Location*, 2nd(ed), John Wiley & Sons, Inc., 1983, p. 45.

(optimal location)와 준최적입지(suboptimal location)로 구분되는데, 최적입지란 경제적 요인을 고려한 문자 그대로 최적지를 지칭한다. 최적입지란 완전경쟁시장하에서 최적의 효율성을 기하여 입지함으로써 수익에서 비용을 제외한 이익이 최대가 되는 입지를 말한다.

그러나 현실적으로 최적입지는 존재하기 어려운 상황이다. 왜냐하면 현실은 불완전경쟁시장이므로 입지선정은 경제적인 문제 외에도 비자연·사회·정치·문화 등 여러 가지 요인이 복합적으로 작용하기 때문에 구체적인 입지의 선정에 있어서는 준최적입지에 만족할 수밖에 없다.

3.2 입지우위요인의 이론

일반적으로 국제적 입지론으로는 공장입지이론과 국제입지론이라고 할 수 있는 국제무역이론의 2가지가 있다.

해외직접투자의 원인을 입지이론이나 신고전이론에서의 설명이 어려워졌고, 특히 하이머(S. Hymer) 이후 독점적 우위에서 찾는다는 것도 곤란하다는 것을 알았다. 이는 입지이론 뿐만 아니라 해외직접투자 이론이나 무역이론도 복합적인 관련성을 가진다는 것을 나타내준다고 하겠다. 기업가가 국내외 어느 곳에서나 공장을 설립하기 위해서는 사전에 공장규모, 활용할 수 있는 기술 정도, 공장의 위치 등을 선결해야만 한다.

이러한 제 문제를 명료하게 설명할 입지이론은 스미스(A. Smith)로부터 포스너를 거쳐 더닝의 절충이론이 완성될 때까지 수많은 이론의 개발이 추진된 것은 사실이다. 더닝의 절충이론 중에서도 입지특유의 우위가 강조되고 있는 점에서 해외직접투자결정에 입지 우위요인 및 입지의 중요성을 알 수 있을 것이다.

따라서 알리버(R. E. Aliber)의 입지결정요인(해외직접투자 여부)을 살펴보면 다음과 같다.

① 생산비 차이(본국과 현지국)

② 수송비 및 관세

③ 해외영업비

④ 표시통화에 의한 자본화율 차이

⑤ 현지시장 규모 및 시장의 성장

여기서 알리버의 자본화율 격차이론을 보다 구체적으로 살펴보면 〈그림 10-1〉과 같이 나타낼 수 있다. 여기에서 투자국의 기업은 독점적 우위성, 즉 특허를 갖고 있는 것으로 하고 이 특허가 상품수출, 특허제공 및 직접투자라는 3가지 방법으로 사용된 경우에 있어서 투자국 기업의 특허의 자본가치를 보여주고 있다.

〈그림 10-1〉 투자대상국 기업의 투자의 자본가치

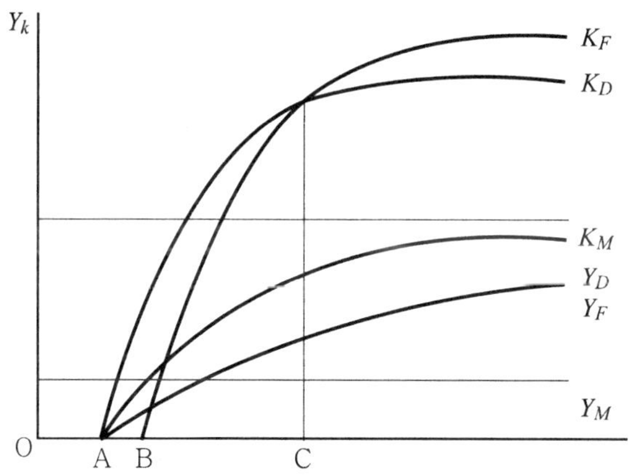

자료 : 신동수, 『다국적 기업론』, 무역경영사, 1982, p. 94.

① Y_M은 수출판매에 있어서의 이윤을 나타내며, 이 소득흐름의 투자국에 있어서의 자본가치는 K_M이다.

② Y_D는 투자대상국기업이 특허를 이용하는 경우의 소득흐름을 나타내며 이 소득의 투자대상국기업에 있어서의 자본가치는 K_D이다.

③ Y_F는 투자국기업이 투자상대국에서 생산함으로써 얻는 소득흐름이며 그 자본가치는 K_F이다. Y_M과 Y_F의 자본화율은 동일하다고 하고, 그들은 Y_D의 자본화율을 상회하는 것으로 한다. OC에 있어서 K_D와 K_F의 자본가치는 동일하다.

그러므로 ① 시장규모가 OA의 범위에 있다면 투자기업은 진출하고, ② AC의 범위에 있다면 특허를 대여하며, ③ C보다 우측의 범위가 된다면 직접투자를 행한다.

여기에서 투자국기업의 소득흐름의 방향이 투자대상국의 그것보다 고율로 자본화되는 이유는 환리스크가 있기 때문이다. 만약 세계가 단일의 통화지역이라고 한다면 환리스크나 통화 프리미엄은 존재하지 않으며, 해외직접투자의 분석은 입지경제론에 입각하게 될 것이다.

이와 같이 알리버는 투자국기업의 고유한 우위성 또는 투자상대국 기업의 열위성을 통화와 결부된 환리스크와 동일시하고 있다. 즉, 그는 각국의 자본화율의 격차는 통화 K_F는 Y_F의 자본화된 가치이다. 통화의 불안정성과 이에 따른 환리스크의 차이에서 나타나는 것으로 보고 해외직접투자의 동기는 이러한 환리스크에 따른 자본화율의 격차에 있는 것으로 보는 금융경제적 측면에서의 접근을 시도하고 있다.

물론 이 경우 환리스크는 그 나라의 투자여건의 종합적 지표가 되는 것으로 보고 있다.

3.3 입지우위요인의 요소

전술한 바와 같이 입지요인에 관한 내용의 제시는 다양하다. 특히, 더닝(Dunning)은 기업들이 해외진출을 결정하는 요인 중의 하나가 입지특유의 우위라고 하였다. 선발개발도상국은 임금상승률의 진행이 빨라 노동비용이 저렴한 후발개발도상국의 저임을 찾아서 해외진출을 도모하는 수도 있고 저렴한 토지비용을 활용하기 위하여 해외에 진출하는 수도 있다. 한편으로는 정치적 안정(political stability)과 문화적 유사성(cultural similarity)이 해외직접투자를 유인하기 때문에 이러한 요인이 입지특유의 우위로 작용하여 기업의 해외진출을 촉진하는 수도 있다.

기업이 해외투자를 결정하는 데 있어서 영향을 미치는 더닝(Dunning)이 논술한 입지우위요소는 다음 8가지로 정리될 수 있다.

① 투입요소와 시장의 공간적 확보

② 노동·에너지·원재료·부품·반제품 등 투입요소의 가격·품질 및 생산성

③ 수송비·통신시설 및 통신비용

④ 정부의 정책과 간섭
⑤ 수입에 대한 규제 · 세율 · 투자유인 및 투자환경 · 정치적 안정성 등의 요인
⑥ 사회간접자본(SOC)의 발달정도
⑦ 언어 · 문화 · 관습의 차이 등 자국과의 사회심리적인 거리감
⑧ 연구개발(R&D) · 생산 · 마케팅 등에 있어서의 경제성

제11장

국제기업의 조직구조

제 1 절 국제기업의 조직구조 발전과정

국제기업은 그 기업자체의 존립, 성장, 발전을 위한 조직을 필요로 한다. 이러한 기업의 조직구조는 원칙적인 면에 있어서는 국내기업에 적용되는 것과 동일하다. 그러나 기업의 조직은 기업이 표방하는 공동의 기본적인 목적과 목표를 달성하기 위한 기업의 권한, 책임, 의사전달 및 통제와 내부적 제 관계를 수립하는 경로로서 이루어지는 것이 특징이다. 기업조직은 또한 기업운영을 관리하고 수행하기 위하여 기업내 구성원 간의 기능 및 기타 측면의 제 관계를 결정하는 것인 바 기업 내에서의 의사결정을 위한 구조를 마련해 주는 것으로서 기업이 당면한 장·단기적 문제에 관한 전문화된 기술, 지식과 의사결정의 유기적 결합을 추구하게 하는 것이다. 이러한 일반적인 원칙과 더불어 국제기업의 조직은 기업활동의 국제화가 이루어지지 못한 국내기업의 경우와는 확실히 구별되며 그 기본적인 고려사항 내지 여건충족의 필요에 따라 발전되어 온 것으로 이해할 수 있다.

기업조직이란 조직의 개발이 신중하게 기획되고 관리되지 않으면 여러 방향으로 제멋대로 성장하기 때문에 기업에 있어서 구성원 간의 다양한 동태적 상호관계(dynamic interrelationship)란 관점에 비추어 볼 때 기업조직의 효율적인 운영은 단지 경제, 경영뿐만 아니라 사회적 필요성 측면에 매우 중요한 관련성을 가지고 있다. 그러므로 기업조직에 있어 항상 반복되는 문제의 하나는 바로 개별적인 창의성(creativity)과 이니시어티브(initiative)를 억제함이 없이 운영의 효율성과 통제를 해 나가는 것이다. 국제기업의 조직은 국제기업이 상이한 국가, 인종, 문화, 사회관습이 다양화된 여건하에서 급격하게 변화하는 환경에 적절하게 대처하고 기회를 기동성 있고 신속하게 포착함으로써 성장, 발전할 수 있도록 뒷받침해야 한다는 특수한 기능을 가지고 발전되어 왔다.

국제기업의 조직은 무엇보다도 상이한 많은 나라에서 다수의 경영단위로 구성되는 경우가 많다. 따라서 경영단위 간의 의사전달의 원활화가 효율적인 경영전략의 대전제가 되고 있는 것이다. 훼이어웨더(J. Fayerweather)교수가 지적한 바와 같이 지리적 거리, 민족주의, 문화 및 환경을 포괄하는 4가지 유형의 커뮤니케이션갭(communication gap)에 효과적으로 적응할 수 있도록 조직구조를 형성하는 것이 중요하다. 이는 현지의 특수한 사정에 정통한 현지경영진에 대한 상당한 정도의 권한분산(decentralization of authority)이나 이양이 필요하다는 점을 중시하여온 것이다.

한편, 국제기업 특히 최고경영진은 주요 전략의 통일성과 재무상의 전략적 결정, 연구개발, 제조시설 배치, 자금조달과 같은 다양한 분야에서의 규모의 경제 달성이라는 입장에서 권한의 집중화를 원하는 경향이 있다. 이는 실제로 국제기업의 범세계적인 확대, 성장이란 입장에서 볼 때 이 같은 타당성이 있는 것이며 따라서 이 면에서 볼 때에 현지의 법적, 환경적, 기타 여건에 맞춘 조직보다는 의사결정에 목표를 둔 조직적 구조가 보다 바람직하다 할 것이다. 이에 따라 국제기업의 조직에 있어서는 자생적 조직(informal organization), 스탭조직(staff organization)이 국내기업의 경우에 비해 훨씬 큰 의의와 중요성을 가지고 변천, 발달하였으며 이것이 다른 경영전략의 수행에 있어서 신축성·기동성 및 현실에의 적응력이나 적합성을 크게 제고시켜 주는 역할을 하여 왔다.[1)]

국제기업은 그 생성, 역사, 업종이나 산업, 국적, 경쟁여건, 주요 진출대상국의 환

---

1) Endel J. Kolde : *International Business Enterprise*, 2nd prentice-Hall. Inc., 1973. p. 175.

경, 최고경영진의 성격이나 경영방침에 따라서 각기 달리 변천하였으며 기업활동에 대한 범세계적인 차원의 접근에 있어서도 그 양상을 달리하고 있으며 그 발전과정도 상이하다. 특정지을 수 있는 것은 순수한 국내기업체가 무역을 하게 되고 다시 직접 해외투자를 하여 국제기업체로 변천함으로써 필요로 하는 조직구조로 변경된다는 것이다. 어떤 형태로 변천하여 왔는가도 특정기업체의 역사, 최고경영진의 기업철학, 지향, 개성, 아이디어와 더불어 제품계열 및 그 다각화의 정도, 대상지역의 범위 등에 따라서 상이하게 결정된다.

상기한 요소 이외에 국제기업의 조직은 어느 정도 해외경영에 참여할 것인가의 정도에 따라서 발전, 결정되어 왔다. 〈그림 11-1〉은 국내기업체가 해외시장진출을 위하여 무역을 시작할 때의 과정을 보여주고 있다. 즉, 국내의 기업이 국내 및 외국의 수출입업체를 통하여 무역을 하는 과정이다. 그 기업체가 단계적으로 해외운영에 참여하는 정도가 증가함에 따라 특정기업체 본사와 해외관련기업체의 기능적 관계는 〈그림 11-2〉와 같이 변천하게 된다. 〈표 11-1〉은 〈그림 11-2〉를 설명으로 표시한 것이다. 기업체의 해외활동이 변천함에 따라서 해외담당부서의 조직이 변천하고 또한 해외담당경영자의 위치변경을 표시하고 있다.

〈그림 11-1〉 전통적 조직구도하에서의 해외무역 수행과정

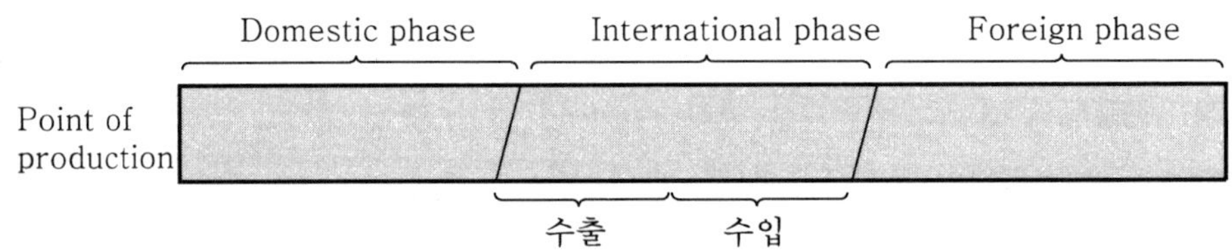

자료 : Endle J. Kolde, *International Business Enterprise*, 2nd ed. Prentice-Hall, Inc., 1973, p. 175.

〈그림 11-2〉 국제기업의 발전단계

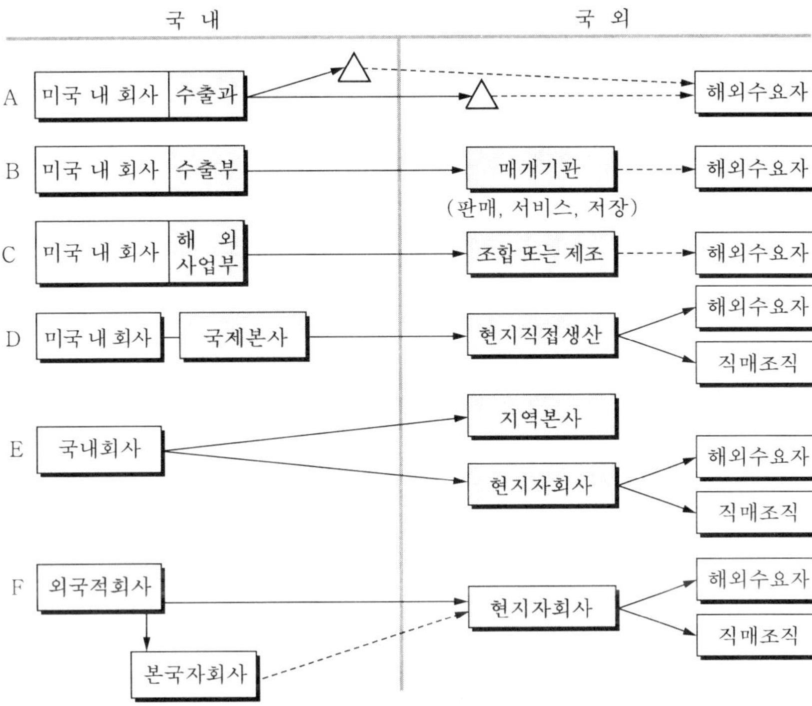

〈표 11-1〉은 〈그림 11-1〉과 〈그림 11-2〉에서 제시, 설명하고 있는 국내기업체가 수출입부서를 두었을 때부터 국제기업으로 변천했을 때에 수행하여야 할 기능상의 변화(증가)를 보여 주고 있다. 또한, 모든 기업체가 상기한 발전과정을 거쳐서만 국제기업화하는 것은 아니다. 이는 특정기업체는 설립 당시부터 국제기업으로서의 기능을 지닌 조직구조로 시작할 수도 있기 때문이다. 또한, 국제기업체의 조직구조는 범세계적 기업체의 접근방법에 따라서 각기 다르게 구분, 발전하여 온 것이다.

〈표 11-1〉 국제기업화에 따른 관리기능의 변화

		국제기구관계 현지정책관계 PR관계 회계 재무관리 투자관리 엔지니어링 노사관계 인사관리 생산관리 국제마케팅
	시장조사 가격정책 판매촉진 유통	
무역실무 외환 수송 판매	무역실무 외환 수송 판매	무역실무 외환 수송 판매
수출관리	국제마케팅관리*	국제경영관리

주 : * 제품개발과 생산은 본사국에서 수행함

제 2 절 국제기업의 조직구조 전개

미국내 국제기업의 급속한 성장에 따라 기업이 해외에 진출하는 국가의 당면과제도 다양하며 이에 따른 경영자나 관련정부의 대응책도 당연히 복잡해지게 된다. 경영자와 현지정부가 마련한 대응책이 국제기업의 전반에 걸쳐 통용되기에는 아직 불충분하다. 이러한 국제기업을 운영하기 위해서는 기업가와 정부 쌍방이 복잡한 조직을 어떻게 구성하며 또한 어떠한 형태로 움직이고 있는가를 잘 이해하고 연구할 필요가 있다.

따라서 본 절에서는 이들 조직의 유형을 조직부문제와 반자주적사업부제로 고찰함과 더불어 사업부구조, 자립적 해외자회사, 국제사업부, 해외마케팅조직, 지역위주 범세계조직, 제품위주 범세계조직, 기능적 범세계조직으로 나누어 고찰하고자 한다.[2)]

2) William A. Dymsza : *Multinational Business Strategy*, New York, McGraw-Hill Co., 1972, pp. 22-24.

1. 직능부문구조

일반적으로 기업조직의 발전과 확대는 다음과 같은 단계를 경과하고 있는데 제1단계에서는 기업이 소규모이기 때문에 작고 소유자가 창설자 1인으로서 충분히 관리가 가능한 단계이다. 여기에서는 경영직무의 이양은 발생하지 않으며 기업의 성패는 무엇보다도 사장의 수완과 능력에 달려 있다고 하겠다. 그러나 사업이 성공되어 업무량이 증가하면 이 기업가 중심의 기업에도 권한이양이 필요하게 된다. 1인의 경영자만으로는 다양한 업무를 소화시킬 수 없기 때문에 이에 대한 대책으로 창설되는 것이 직능부문구조이다. 직능부문제적 서열은 단일의 제품계열을 단일의 국내시장에서 취급하고 있는 기업에서 채택하고 있다. 영업부, 제조부, 경영부 등으로서 사장직속의 간부가 부장이 되며 이러한 조직개혁이 조직발전의 제2단계 출현의 전조이다. 이 같은 과도기 중의 기업은 일반적으로 그 규모가 작고 또 단일제품과 동일제품 계열하에 있는 관련제품을 취급하게 되며 사업도 전국적 규모에 미치지 못하는 경우가 많다.

그러나 제2단계 구조는 동일한 국내시장을 대상으로 하지만 제품의 양적 확대에 따라, 성장・달성되므로 일정규모의 사업확대에도 담당할 수 있는 것이다. 이러한 직선적성장에 대응하기 위하여 각 부문의 장은 중간관리자를 두어 부문내의 일부의 활동을 감독시키게 되는 것이며 영업부장은 국내 각 지역의 세일즈맨을 총괄하는 부하를 임명하기에까지 이른다. 매출과 세일즈맨의 수가 증가하면 영업부장은 직할의 부하를 증가시켜 여기에 따라 통제범위도 확대된다. 또는 자기의 통제범위는 확대시키지 않고 그의 대리로서 부내의 관리직원수를 증원하여 지역영업소장에게 보고하는 소지구별 영업책임자를 임명하기도 한다. 이러한 종류의 선택을 타 부서의 부장도 행사하고 있는데 어떠한 경우도 이는 기본적 직능부문구조가 확대된 것이다.

다음 단계 구조의 중심부문은 각 직능부문과 사장실이다. 각 직능부문은 사업활동 중 하나의 전문분야를 담당하고 각 부는 이에 또한 전문화된 하부조직으로 구성되며 각 부문의 장이 하부조직을 형성하고 있다. 그렇기 때문에 각 부문의 장이 하부조직을 관리하는 어려운 직무를 담당하고 있으며 각 부문간의 활동의 조정은 사

장에 의해 좌우되고 있다.[3]

제2단계의 기업조직은 다른 모든 기구와 같이 상호작용하기 쉬운 부문간의 하나의 시스템이라 할 수 있다. 각 구성부문은 독자의 관리활동과 조직구조를 가지고 있다. 대규모보다도 복잡한 조직을 균형적으로 운영하려고 하면 시스템내의 커뮤니케이션을 체크하기 위해 정보경로(information channel)를 설치한다면 그것은 천문학적인 숫자에 이르게 된다. 서열은 일군의 조정역이고 조직단위간의 정보소통을 체크하는 시스템을 제공하고 있다.[4] 영업담당 부사장은 지역담당 영업관리자의 조정역(coordinator)이며 이러한 조정역은 조직단위간의 직접 커뮤니케이션(direct communication)에 필요한 정보경로수를 대체로 하부에 이르기까지 감소시키는 역할을 담당하고 있다. 전체 시스템의 복잡한 업무가 개별적인 담당하부단위를 맡는 단순한 구성요소로 분할되어 그 영향은 전 조직에 미치지 않는다. 반면에 전문적 활동을 분리하는 커뮤니케이션의 흐름을 어느 정도 방해하는 결점을 수반한다.

영업부문내의 하부조직간의 의사소통은 영업부문과 제조부문간의 의사소통보다는 용이하다고 할 수 있다. 각 부문은 개개의 영역을 통합하는 기호체계를 만들어 내고 있는데 이 같은 기호체계는 부문내의 의사소통 촉진에는 좋으나 별도의 기호체계를 가진 타부문간의 의사소통에는 비효율적이다. 각자 독자의 기호를 갖는 직능부문을 형성하는 경우를 초월해서 사내의 커뮤니케이션을 파악할 필요가 있다. 커뮤니케이션은 각 직위레벨(level)의 조정역의 중계되는 것을 피하기도 하지만 조정역을 취급하고 있는 메시지가 지연되는 수도 있다.

광대한 시스템 내에서는 하부조직간의 조직상의 갭이 있기 때문에 양 조직간의 메시지는 어떠한 유형의 것이든 조정역의 경로를 거침에 따라 약화 내지 소홀히 되어지는 경우가 많다. 따라서 조직서열구조상의 계층수가 많으면 많을수록 이에 따르는 피해도 크다. 이러한 커뮤니케이션의 지연은 물론 서열의 계층수를 줄이면 줄일수록 감소한다. 그러나 그렇게 하기 위해서는 각 계층의 조정역의 총괄범위를 확대하지 않으면 안 된다. 그러나 이러한 총괄범위를 어디까지 확대하느냐 하는 것은 한계가 있는데 이는 한사람의 조정역(coordinator) 혹은 의사결정자의 정보흡수처리

3) John M. Stopford and Louis T. Wells. Jr. : *Managing the Multinational Enterprise.* by Basic Books, Inc., N. Y. 1972, 역 : 산기청, pp. 16-18.

4) John M. Stopford and Louis T. Wells. Jr. : *Ibid.*, pp. 17-18.

능력에는 한계가 있기 때문이다.

제2단계 구조에 따른 각 직능부문의 확대를 지배하고 있는 것은 총괄범위의 확대와 부문간의 서열을 계층수의 증대에 따른 편익과 비용의 대립에 있다. 이런 종류의 서열확대는 상당한 제약이 있으며 곧 통제불가능의 상태(uncontrollable situation)가 야기될 수 있다. 그러나 현실에는 규모의 불경제에 따른 피해를 감수하면서까지 거대한 조직이 성장하고 있는 직능부문제를 옹립하고 있는 기업도 있다. 각 조직단위간의 상호작용을 처리하는 데는 표준절차를 정할 수가 있으며 또 변화에 대해서도 통제 저해요인에 대해 계획적인 대책을 취할 수가 있다.

제2단계 구조는 제철업, 제지업과 같은 시장과 관련기술의 변화의 속도가 지체되는 산업의 경우이다. 각종 커뮤니케이션 네트워크를 직능부문조직에 유사한 중앙집권형 네트워크화할 수가 있다. 따라서 부문의 활동이 안정되고 커뮤니케이션과 조정기능이 비교적 일상적으로 행해지며 사장에게는 전략적인 문제에 집중할 수 있는 시간이 있게 된다. 그러나 혹시 부문간의 변화와 투쟁에 따라서 장기적 주의력을 할애하게 되면 전략적 문제는 지체될 수 있는 것이 된다. 이는 사장의 정보처리능력에 한계가 있기 때문이다.

제2단계에 있는 기업은 단일계열의 제품을 취급하여 기업활동은 안정되고 이러한 전략으로 인한 상위직급의 경영자는 한정된 의사결정능력의 하중(heavy responsibility)을 분산시킬 수 있다. 기업이 새로운 경영자원을 획득할 때는 수직통합(vertical integration)의 수단을 취득하기가 용이하며 철강업이 광산을 매수하는 예를 들 수 있다. 이런 경우에는 새로운 경영자원을 획득해도 기존의 직능부문 조직의 운영에는 하등의 관계가 없다.

제2단계 구조는 경영자원을 합리적으로 활용해 직능부문을 조정해 나아가는 데는 퍽 효율적이다. 그러나 이 같은 직능부문 조직은 기본적인 약점을 가지고 있다. 즉, 소수의 인간에 의한 복잡한 의사결정에 따른 어려움이다. 본사는 통상 한사람이 두 사람의 보좌역을 같이 하는 사장과 때로는 이사회 회장과 각 부분의 장인 여러 명의 부사장으로 구성되고 있다. 그러나 부사장은 담당부분의 관리가 분망해서 전체적인 업무에 많은 시간을 할애하기가 어려운 때가 많다. 또한, 그들의 입사 후의 경력도 단일의 직능업무 중심적이기 때문에 타 부문의 전사적 문제에는 경험도 흥미도 없기 마련이다. 이 같은 제2단계 구조를 갖는 기업에서는 총괄경영자가 부족하기 때문에 성장의 새로운 방향으로서의 도표가 어려우며 사장 내지 그의 스탭은 기업의 일상적 업무관리에만 치중하는 경우가 대부분이다.

2. 사업부구조

새로운 제품계열을 첨가하든지 신시장으로 진출하든지 할 때에는 제2단계 직능부문 시스템균형은 붕괴된다. 직능부문제는 새로운 사업을 어떠한 형태로 관리하느냐 하는 문제가 대두될 때 이의 충격을 해결하기 위해 과중한 책임을 사장에게 전가시키는 제도이기도 하다. 사장은 시스템내에 발생하는 새로운 일이나 복잡한 문제에 대처하기 때문에 본격적인 조직개혁이 실시되기를 원치 않는다. 따라서 일련의 조직개편을 한 후에는 제3단계의 구조가 완성되는 것이다. 신사업에 대처하기 위해서는 제2단계 구조를 그대로 확대하는 것으로서는 비능률적이 된다. 기존 직능부문을 확대해서 신제품계열의 사업을 취급하려면 조정과 커뮤니케이션 연락경로의 수가 배가된다. 구제품계열과 관련된 사업을 수행하기 위한 제 절차는 신제품계열의 사업과 수행하는 것은 아니다.

그러나 직능부문의 장은 자기들이 숙지하고 있는 문제의 주의력을 집중시키는 결과 새로운 문제는 소홀히 하기 쉽다. 듀퐁(DuPont) 및 뉴저지의 스탠더드 오일(Standard Oil)과 같은 제품 다각화에 있어서 선구자라 할 회사들에 이런 유형의 어려움이 잘 나타나고 있다. 이를 해결하기 위해서는 커뮤니케이션과 조정의 연락경로의 일부를 분리시키고 새로운 조직구조를 찾아내야 하는 것이다. 이러한 분리작업을 달성하기 위해서는 상호작용의 강한 조직단위로부터 이루어지는 서브시스템을 만들고 이들 서브시스템간의 연락 종류수를 감소시켜야 한다. 이들 서브시스템은 제품별 또는 지역별 사업부의 형태를 취하고 자기 제2단계 구조에 있어서의 사장직무의 대부분을 수행하는 사업부장을 장으로 모시고 있다.

서브시스템의 관리자는 자기의 전경력을 내부작용의 관리에 집중시키므로 서브시스템운영의 성패는 아무런 영향이 없는 다른 상호작용의 처리를 하지 아니하여도 가능하다. 그러나 서브시스템간의 연락경로를 모두 폐지할 것 같으면 서브시스템은 독립하지만 조직의 분단과 통제의 소멸이라는 손실이 발생된다. 현실적으로 이런 종류의 완전분리에 가장 가까운 것은 지주회사이지만 지주회사가 시스템을 가지고 있느냐에 대해서는 논란이 있으며 그것은 조직의 독립한 시스템 집합체에 가까울 뿐이다. 그러므로 대부분의 전사적인 시스템의 어떤 부분에 대해서 주어지지 않으면 안 되며 그러기 위해서는 인적 자본(human capital)을 필요로 한다. 따라서 분리된 서브시스템 간의 조정과 자주성 유지와의 사이에는 어떤 종류의 트레이드오프(trade-off) 관계가 존재하는 것이다. 다각화기업에 적당한 분리시스템의 구상을 할 때에는 이러한 점을 고려하지 않으면 안 된다.

제3단계 구조에서는 중앙으로부터의 조정과 각 서브시스템의 자주성 유지의 균형이 이루어질 수 있도록 노력하지 않으면 안 된다. 제2단계 구조와 제3단계 구조의 양자 간에는 〈그림 11-3〉과 같이 5가지 측면에서 중요한 차이가 있다.

① 제3단계 구조내의 사업부는 제2단계 구조의 직능부문 서열과 유사하다. 그러나 재무 부문만은 사업부 조직으로부터 본사에 이전되어 총괄되고 있다.
② 각 사업부는 이익관리센터(profit center)이고, 그 수지는 기업전체의 수지와 별도로 평가하게 되어 있다.
③ 사장의 역할은 전략수립과 각 사업부문의 균형유지에 있으며 직능부문의 일상적 조정은 이차적인 것으로 되어 있다.
④ 각 사업부 활동의 경계는 제품의 상위에 바탕을 두고 있으며 제2단계 구조와 같이 직능활동의 상위에 바탕을 둔 것이 아니다.
⑤ 제3단계 구조에 있어서는 소수의 스탭그룹이 설치되어 있어 정보를 제공한다든지 사업부문의 상위작용을 감시하는 등 조언을 하게 되는 것이다. 이 같은 그룹은 영업부문의 단기적 관리에는 전혀 관여하지 않는다.

〈그림 11-3〉 사업부별 구조의 변천단계

제2단계 계층분화

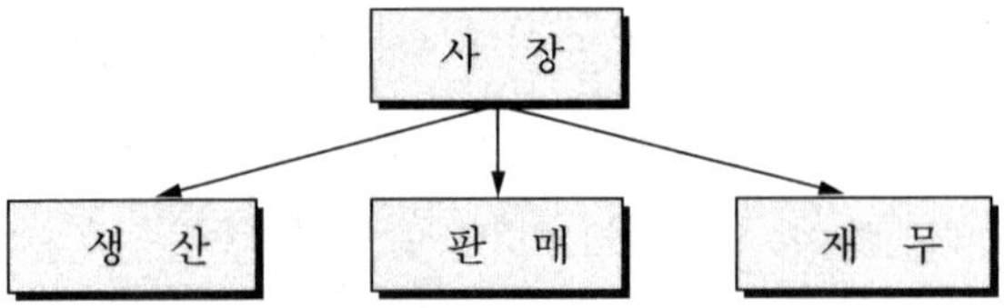

제3단계 계층분화

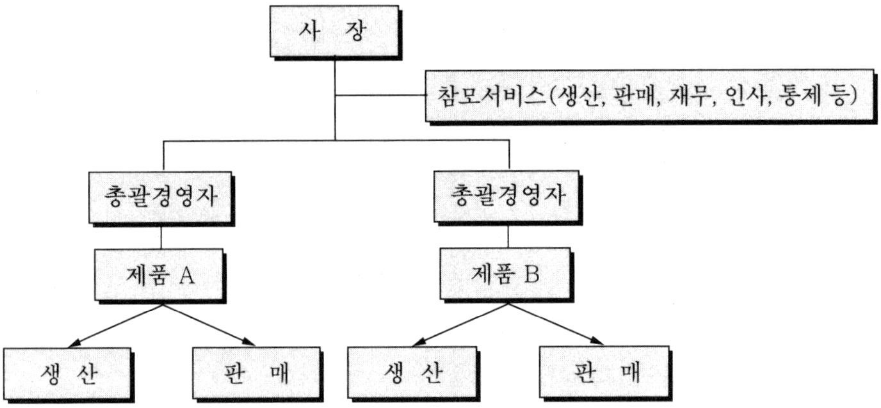

제3단계 구조에는 서브시스템의 각 사업부와 본사 사이에 3단계의 중요한 과정을 통해 연결되고 있는 것이며 이러한 연결경로를 통해서 사업부장의 활동에 제약이 가해진다. 또한, 전체시스템의 바람직하지 못한 분산화를 방지하기 위해 필요한 통제가 가해지게 된다. 가장 중요한 연락경로는 통제기능에 존재한다. 통제기능은 각 사업부의 업적을 감시해서 목표가 달성되지 않을 경우에는 활동을 수정할 필요가 있음을 제시한다. 각 사업부의 활동에 대한 통제는 자금담당절차에 의해서도 실시된다. 전시스템전략의 요청에 따라 어느 사업부에 다른 사업부와의 관계를 어느 정도 무시한 채 자금담당이 증가하기도 하고 감소하기도 하는 것이다. 신규사업에 진출하든지 계속하던 사업으로부터 철수한다고 해서 전체 조직내의 다른 사업부에 영향이 미치는 것은 아니다. 재무그룹과 통제그룹이 전략적 자금담당 결정에 필요한 데이터의 대부분을 작성한다. 따라서 그들은 본사내의 다른 스탭그룹 이상으로 사업내부의 활동에 직접 영향을 미치고 있다.

대부분의 기업은 본사내의 독립된 스탭그룹이 보다 장기계획을 책정하고 시장조사를 행하며 기존 사업의 범위밖에 있는 신규사업의 기회를 탐색함에 따라서 새로운 내용을 많이 받아들이게 된다.

본사내의 다른 스탭그룹들도 이것과 다른 종류의 사업부문 연락경로를 만들어 낸다. 이 그룹은 사업부문에 직접 상호작용을 조정하여 이러한 작용은 전사적 시스템내에 한정하는 경우도 있다. 사업부문에 반제품을 이전하는 경우가 이러한 것인 반면 직접 상호작용이 회사밖에 미치는 경우도 있다. 또한, 전사업부 사이에 공통된 문제의 일부를 참모진들이 담당하는 법률문제라든지 전사적 홍보는 일반적으로 본사에서 담당한다. 이것은 총체적인 행동을 취함으로써 이익의 폭이 사업부의 자주성을 억제하는 손실을 상계하여 더욱 이득을 가져온다는 것에 근거를 두고 있다. 반독립적 사업부와 본사 스탭그룹을 이루는 시스템에 의해 경영될 작업은 일정 단위의 시간적 차원을 기초로 구분된다.

사장은 장기적 문제에 관계하고 사업부장은 단기적 활동을 담당한다. 사업부장이 단기적 활동을 지향하므로 사장은 전략적 문제는 너무 신경쓰지 않아도 되고 자기 사업부내 직능부문의 조정에 임할 수 있는 것이다. 그러나 사장과 이것을 보조하는 직속부하의 시간적 차원이 다르기 때문에 전사적 활동의 조정문제가 발생한다.

스탭그룹은 이러한 종류의 문제를 완화하고 또한 불가피하게 발생하는 갈등 해소에 기여하기 위한 정보가공자로서의 역할을 한다. 이 같은 제3단계 구조가 성공하기 위해서는 유능한 사업부장의 존재가 불가피한 것이다. 그들 사업부의 자립적 성과를 훼손하지 않고 사업부의 활동을 전사적 시스템의 요청에 부응하도록 하지 않으면 안 된다. 그들은 집권화와 자립성의 상충적인 장기적 목표와 단기적 요청의 대립을 해결하기 않으면 안 되고 이것이 활동을 유지해 가는데 필요한 조정시스템을 될 수 있는 한 효과적인 방법으로 만들어 내지 않으면 안 된다. 결단력 있게 행동하는 유능한 사업부장이 존재하지 않는다면 정교한 상호의존과 통제시스템은 효율적으로 운영되기 어렵기 때문이다. 신제품을 개발하든가 해외진출을 함으로써 다각화를 결정한 기업은 제2단계 구조의 서열시스템으로서는 적절히 처리할 수 없는 문제에 직면하게 된다.

필요한 경영관리를 실현하기 위해서 새로운 시스템을 개발하지 않으면 안 되고 이러한 새로운 시스템으로 이행하기 위해서는 보다 많은 총괄경영자(general manager)가 필요한 것이다. 이는 제2단계 구조로서는 단 한사람의 총괄경영자가 전사의 사장으로서 필요할 뿐이고 결정적으로 중요한 인력자원은 부족하기 때문이다.

기업은 이를 위해 전반적인 경영관리의 경험을 축적한 유능한 인재를 회사 밖에서 구하든가 회사 안에서 사원훈련에 의해서라도 선발해야 하는 것이다. 어느 쪽이든 경영전략전환으로서의 의사결정은 적합한 인재를 얻는다는 것이 어렵기 때문에 효과적인 인재양성의 문제에 직면하게 되어 지연되는 경우가 많다. 새로운 총괄경영자를 양성하는 문제는 단일 기능에 경험이 풍부한 인재를 복수직능 활동에 접하게 함으로써 기본적으로 달성될 수 있다.

제3단계 구조는 새로운 총괄경영자를 위해서 이상적인 훈련장이 되고 이는 많은 기업이 새로운 기업구조를 도입함으로써 비로소 얻는 결정이다. 제3단계 구조를 도입한 결과 발생하는 정보처리 과정은 권한이양을 변화시키고 새로운 형태의 경영관리시스템을 운영하는 바탕위에서 경험 및 연구의 중요한 위치가 되었다.

3. 자립적 해외자회사

기업의 해외자회사(foreign subsidiary)가 처음부터 자립성이 이루어지고 있는 것은 일반적으로 기업의 대부분이 확고한 구상없이 해외에서 생산활동에 진출하고 있음을 의미하는 것이다. 해외생산활동에 따른 초기투자는 방위적이고 원래 우연히 획득한 해외시장을 상실하지 않을까 하는 두려움에서 투자하는 것이 대부분이었다. 세계적 규모에 바탕을 둔 본격적인 성장전략이 발생하게 된 것은 이보다 훨씬 후의 일이다. 미국 국내에 있어서 높은 소득수준과 노동비용으로 인해 많은 기업이 신제품 개발을 시작한 것은 이를 뒷받침한다.

이들 신제품은 유망한 수출의 기초가 되는 것이며 신제품에 대한 해외수요가 증가함에 따라 미국 기업은 신제품 개발에 별로 힘들지 않은 대규모 제품을 주문받게 됨으로써 수출이 더욱 활기를 띠게 되었다.

그러나 비록 제품개발이 용이한 제품수출이 신장되었다 하더라도 기업에 따라서는 이러한 수출사업이 중요한 수입원이 되므로 간단히 방치할 수 없는 것이다. 경쟁상대에게 수출시장을 상실당하지 않을까 하는 공포심에서 경영자들은 해외경쟁력 유지를 위한 수단으로 자기회사의 공장을 설립하게 되는 것이다. 이리하여 기업은 특별한 계획이 없이 다국적화를 시도하게 된다. 기업이 해외시장을 개척하는 이유는 많지만 대부분이 방어적이라는데 유의할 필요가 있다.

그러나 이와 전혀 달리 비경제적인 이유로 경영자가 행동하는 다른 경우도 있다. 1950년대 후반의 유럽지역에 대한 투자붐은 일부 경영자로 하여금 아무런 경제적 이유도 없이 단지 시대에 뒤처지지 않기 위해 투자하도록 유도하였다. 신설된 해외자회사를 경영하기 위하여 파견되자 처음 당분간은 사실상 의사결정과 행동에 대한 전권을 위임받고 있었으나 자회사와 모회사의 유일한 접촉은 배당을 본국에 송금할 때 뿐이었다. 또한, 자회사와 모회사간의 자금유지는 본사 재무담당간부에게 해외투자의 책임을 부과시키는 형태로 공식화될 때가 많으나 사장이 해외사업에 직접 관심을 갖고 있는 경우에는 사장직속으로 공식화될 때도 있다.[5]

그러나 어느 경우에도 이는 적극적인 것은 아니다. 본사에서 받는 보고는 의사결정이나 행동선택에도 대부분 채택되지 않는다. 극소수 해외투자는 소규모로서 기업의 성패에는 결정적인 영향을 가지고 있지는 않지만 주식투기로 보여지는 경우가 많아 본사의 경영자가 신규사업에 적용시키는 명확한 기준을 가지고 있지는 않는 것이다. 이러한 투기는 투자를 하지 않을 때 장래 발생할 수도 있는 손실에 확신을 가지고 계산할 수 없는 경우 일종의 보험을 의미하기도 한다.

투자가 행하여진 후에도 투기적 태도가 남는 것은 일반적으로 해외사업의 관리에 경험이 있는 경영자가 거의 없기 때문이다. 자회사의 위치가 제고된 상황하에서 무엇을 성과의 척도로 삼았는가를 알기 전에는 어떠한 형태로든 통제시스템을 도입하기 어렵다. 현실적으로는 숙달의 필요성이 통제도입희망보다 강하다고 할 수 있다. 이는 자회사의 경영자는 자기가 하고 싶은 행동을 할 수 있는 경우가 많기 때문이다. 자회사의 경영자는 스스로 자주성을 높이 평가하고 있기 때문에 본사의 통제를 가능한 한 지연시키려 한다. 경영자는 수익력이 있는 성장사업을 유지하고 현지자

---

5) Robert B. Stobaugh, Jr. : Financing Foreign Subsidiaries of U. S. Controlled Multinational Enterprise, *Journal of International Business Studies,* 1 (Spring 1970)

본시장에서 자금을 충당함에 따라 자회사의 모회사에 대한 의존도를 최소한으로 하든가 경우에 따라서는 영(zero)으로 할 수도 있다.

기업은 이와 같이 비조직적 시스템으로서도 당분간 유지되기도 한다. 이는 자회사가 소규모로서 전사적 시스템 가운데 편입시키기 곤란할 때에 계속해서 수지 결과만 좋으면 통제도입의 압력은 거의 발생되지 않기 때문이다. 그러나 자회사의 성장이 급속해서 경영자원이 축척되기 시작하면 통제도입의 압력이 사내에 발생하기 시작한다. 따라서 자주적 자회사는 분명히 과도기적인 것이며 자립적 해외자회사를 수반한 해외진출의 속도는 통제와 조직이 도입되는 새로운 속도로 급속히 전환되게 되며 대부분의 기업은 해외자회사를 획득할 때에는 국제사업부를 설립하게 된다.

〈그림 11-4〉 국내시장위주회사

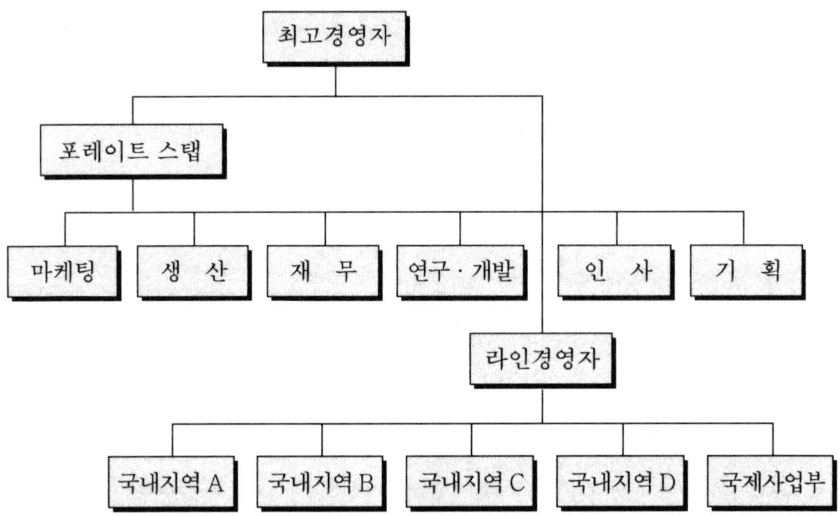

4. 국제사업부

〈그림 11-4〉가 제시하는 바와 같이 국내시장 위주의 국제기업체는 '라인부서'로서 국제사업부(international division)를 설정할 수 있다. 이는 수출부, 무역부와 성격이

유사한 바 이들은 문자 그대로 해외무역만을 전담하는 본사의 한 부서이며 〈그림 11-5〉에서와 같이 해외자회사, 방계회사를 설립하지는 않는다. 단순한 국제사업부만을 가지고 있을 경우 해외투자 기타 거래관계가 소규모적인 것이 특색이다.

국제기업이 국내위주로부터 범세계 지향적으로 접근방법이 전환하게 되면 국제사업부는 해외운영을 관리감독하고 국내운영과 긴밀히 조정할 수 있는 마케팅, 생산, 재무, 연구 등의 기능별 참모진을 보유하게 된다.

〈그림 11-5〉 국제시장위주회사

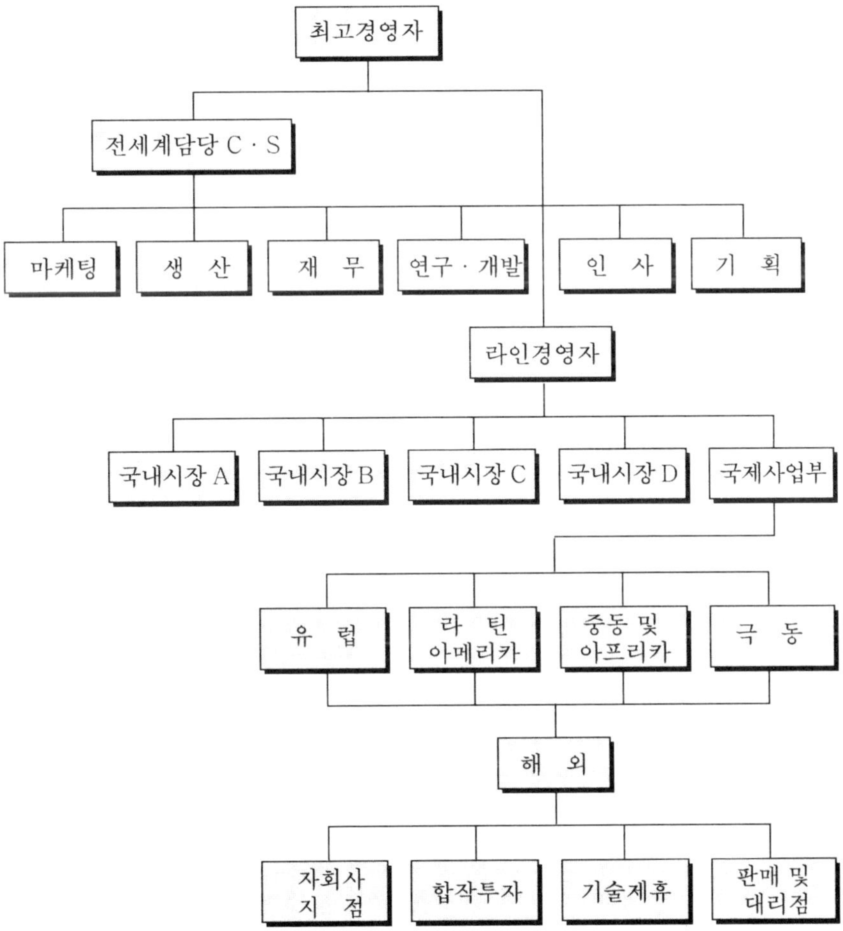

이 경우 〈그림 11-5〉가 제시하는 바와 같이 국제사업부는 사장에게 직접 보고하는 부사장급이 전담 관리하게 된다. 부사장은 국제사업부를 운영함에 있어서 직계부하들은 물론 타 사업부의 보조를 받아야 하고 되도록 받도록 노력하여야 한다. 국제기업에 따라서는 국제사업부와 기능상으로는 같으나 법적으로는 독립된 직계에 자회사를 설립할 수도 있는데 이 경우 자회사의 사장은 본사의 부사장급이 되며 또한 본사의 사장에게 직접 보고하게 된다.

국제사업부는 서브하는 시장지역 위주로 편성하는 것이 보편적이며 지역책임자는 특정지역에 대한 운영상의 체계적 책임과 권한을 갖는다. 지역위주 조직편성은 제품계열이 비교적 협소하면서도 광범위하게 세계에 걸쳐 시장지역을 서브할 때 더욱 합리적이다.

이와 같이 함으로써 본사의 경영자는 특정국가 또는 지역내의 기업환경에 적응하여 전반적인 기업체의 활동, 제품계열, 스탭서비스를 효과적으로 조정할 수 있게 된다. 또한, 이러한 체제는 책임과 권한의 분산화(decentralization)를 촉진시키며 이의 위임은 일상적 운영에 보편적으로 한정되며 전략의사결정은 본사에서 결정하는 것이 일반적이다.

한편, 기업에 따라서는 국제사업부를 본사국의 제품사업부(product division)와 평행하여 제품계열별로 구성하기도 한다. 이 같은 체제를 따르는 국제기업들은 제품계열이 복잡하고 다양하며 본사의 제품사업부와 해외관련업체와의 면밀한 협력을 통한 수출증대에 초점을 두기 위해서이다. 특수제품에 대한 특수시장을 서브할 때에는 이 같은 체제가 많은 장점을 지닌다. 일부 기업체는 국제사업부를 본사 조직과 평행시켜 기능별로 구성하기도 한다.

이들 기업은 고차원적인 기능별 전문지식을 최대한 활동하는데 목적이 있으며 조직체계를 갖추면 각 기능별 경영자·종업원은 담당하고 있는 분야에 대한 전문지식(expertise)을 얻을 수 있기 때문에 국제적 활동에 전문화 원칙을 효과적으로 활용할 수 있다고 믿고 있다.

전술한 몇 가지 국제사업부의 형태는 각각 손익센터(profit and loss center)로서의 역할을 하기 때문에 경영성과에 대하여는 사장에게 직접적이고 독립적인 책임을 진다.

〈그림 11-6〉 국제기업본부회사 조직구조

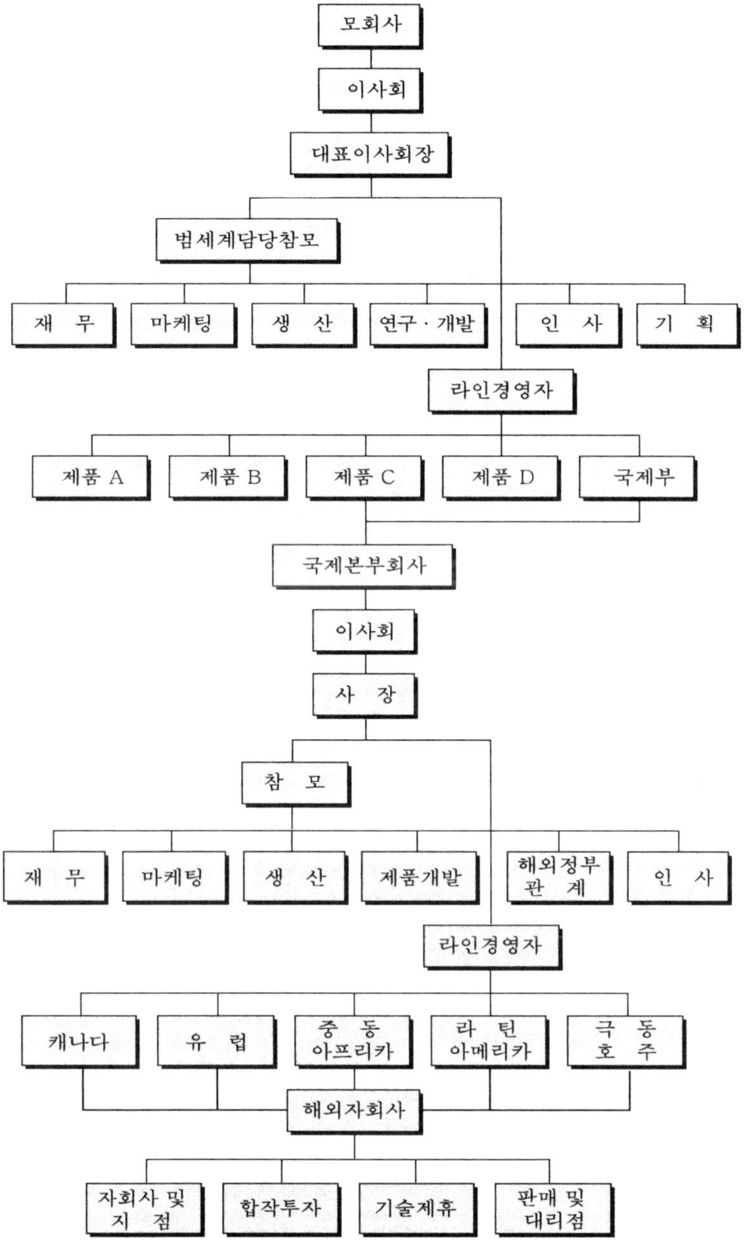

일부 기업은 국제사업부를 본사의 완전소유자회사인 국제기업체부회사(international head-quarters company)로 전환시키고 있다. 본사와 국제기업 본부회사 이사회의 이사들은 상호겸직(interlocking)을 함으로써 양사간의 업무조정을 촉진시킬 수 있다. 〈그림 11-6〉은 그러한 조직구조를 제시하고 있다. 여기서 국제회사 사장은 본사의 부사장급이다. 이러한 체제를 채택하는 경우의 이점은 국제기업활동에 있어서의 기능적 전문화를 최대한 활용할 수 있고 범세계적 기업에 있어서 특정국가 또는 시장지역에 대한 전문지식 또한 최대한 활용할 수 있다. 국제회사는 국제사업부와 달리 상당한 책임과 권한을 위임해 주고 있으며 물론 수반하는 경영성과에 대하여 책임을 지게 된다. IBM회사의 완전소유자회사인 IBM World Trade Corporation이 하나의 좋은 예이다.

본사도 제품계열별로 구성되고 본사 범세계적 참모진을 거느리고 있는 반면에 자회사는 부사장급이며 이사회의 이사들은 상호겸직하고 있다. 따라서 지역별 경영자는 제품별, 지역별 전문성을 활용할 수 있게 되며 본사 자회사의 급성장에 상당한 기여를 하여 온 것으로 알려져 있다.

다수의 국제기업체들은 국제사업부 체제와 국제기업 본부체제를 지속적으로 활용하고 있다. 이는 국제경영자(international manager)는 훈련시키기에 장시간이 소요되며 또한 절대수가 부족하기 때문에 그들의 전문지식을 최대한으로 발휘하는 방법은 그들을 한 조직부서 또는 별도 기업체에 집중시키는 것이라고 믿기 때문이다. 또한, 이 체제는 본사와 해외활동 간의 정책수립 집행 등에 있어서의 조정에 필요한 노력의 중복을 방지할 수 있으며 따라서 경비를 절감할 수 있다고 믿고 있다.

이 같은 이점 때문에 국제사업부 및 국제본부회사 체제를 유지하기도 하지만 기업체에 따라서는 국제기업활동이 확장되더라도 기존조직이 능률적이었으므로 조직구조의 개편에 따른 위험성을 회피하려고 하는 것이다. 이것은 실리적인 이유로서 현 조직구조가 불만족스럽다고 증명되기 전에는 개편을 하지 않는다는 것이다. 그러나 보편적으로 국제사업부 체제는 다음 2가지 단점을 지니고 있는 것으로 인식되고 있다.

① 보유하고 있는 막대한 관리물 노하우와 기술의 범세계적 기업확장을 위한 활

용이 비효과적이라는 것이다.

② 국내사업부는 바람직할 만큼 국제사업부를 보조, 보완하지 않을 수도 있으며 또한 이해관계가 상반되며 질투와 분규가 발생할 가능성이 있다.

상기한 이유 때문에 국제사업부는 범세계적 분권조직으로 전환을 위한 준비단계에 해당한다고 주장하는 측도 있다. 〈그림 11-6〉은 결국 국제기업으로서 어떤 조직형태를 채택하는 가는 다국적화의 정도와 향후 진로정책 결정에 달려 있음을 나타내고 있다. 따라서 특정조직구조는 특정기업체의 필요성을 만족시키면 되는 것이다.

5. 해외마케팅조직

기업은 고도의 기술변화와 제품 및 사업의 전문분화가 진행됨과 동시에 해외에 진출함에 있어서 민족의식이 고양되어 현지문화의 순화융합의 필요성이 강조됨에 따라서 복잡성이 한층 고조되게 되었다. 하버드 비즈니스 스쿨(Harvard Business School)의 연구에서 미국계 187개사의 조직의 사적 변천을 분석함에 있어서 스탑포드(John M. Stopford)는 국제사업부(international division)의 발응으로 모든 범세계적 조직(global organization)의 발생에 이르는 과정을 하나의 운동법칙으로 보았다. 초기에는 해외사업활동이 계획적으로 실시되는 것은 아니고 통상 해당 제품을 인지하게 된 해외고객으로부터 많은 주문을 받아 생산, 판매활동을 전개함으로써 시작되었다.

이와 같이 자연발생적으로 획득한 해외시장은 특별한 계획성도 없이 해외생산거점이 만들어지게 된 것이다. 이 단계에서는 해외자회사의 규모도 영세해서 현지 사정을 본사에서는 잘 모르며 현지 파견자에게는 보다 무제한에 가까운 권한이 주어지게 되는 것이다. 이와 같이 무통제에 가까운 상태의 해외활동이 언제까지나 허용될 수는 없고 해외사업의 전사적 통제를 위한 조직의 필요성에 따라 국제사업부가 설치된다. 예를 들면, 미국의 약 60%의 회사는 해외자회사수가 6개사에 이를 때까지 국제사업부를 설치하고 있다.

회사의 해외경영 노하우가 국제사업부에 집결되어 통일의사의 밑에 해외경영이

행해지는 것이 되면 해외업적에 좋은 영향을 가져온다. 그러므로 해외라는 공통점으로 조직된 국제사업부는 다수의 모순을 내포하고 있는데 이러한 모순은 다음 4가지 측면에서 살펴볼 수 있다.

① 국내부문과의 이해대립이 야기될 수 있음

국내부문은 국내고객 최우선으로 생각하고 제품과잉시 한계수출의 대상으로서 밖에 해외에 흥미를 나타내지 않기 때문에 해외시장의 본격적 개발에 지장을 초래한다.

② 국내경영자원의 해외이전 곤란성이 수반됨

기술자원은 국내부문이 장악하고 있으나 국내우선주의와 부문과의 의사소통문제 때문에 해외에서의 원활한 이전이 곤란하다. 즉, 해외기술제공은 수월하지 않게 되며 해외시장에는 이류의 기술자만이 파견된다.

③ 국내에서는 각 부문회사의 전사업, 전제품에 국제사업부가 충분하게 전문지식(expertise)을 습득하는 것은 지극히 어렵게 됨

④ 세계 각지에 생산거점을 갖는 대고객에 대한 서비스에 원활을 기한 결과이기 때문에 1960년 이후 미국에서는 국제사업부제에 반성의 기운이 일어나 자사의 최적의 각사 각양의 해외담당조직의 개발을 행하는 것이 되었음

이 결과 발생한 일군의 조직이 범세계적 조직(global organization)이라 할 수 있으며 다음과 같이 4가지로 분류할 수 있다.

① 범세계적 제품별 조직

제품사업부가 담당제품에 관해서는 전세계를 이론적으로 총괄하는 것으로서 다각도가 높은 기업, 고기술 기업으로 해외 비율이 비교적 낮은 경우에 적합하다.

② 범세계적 지역사업부제

전세계를 수개의 지역으로 나누어 이익관리단위(profit center)로 한 것으로서 본국도 전세계지역의 하나로 간주하여 다른 지역과 동등한 취급을 하는 것이 국제사업부제와 기본적으로 다른 것이다. 이는 비교적 단순동질의 사업을 경영하여 해외비율이 높은 기업에 적합하다.

③ 그리드(grid) 조직

매트릭스조직, 프로그램조직으로 지칭되며 기능별, 제품별, 지역별, 시장별 등의 관리 라인을 조합한 조직이다. 다각화도, 해외비율 쌍방이 높은 경우에 적당한 그리드(grid) 조직을 예시해 보면 〈그림 11-7〉과 같이 된다. 일반적으로 복수의 제품이 일개 지역에 공급될 경우에는 프로젝트 매니저(project manager)가 불필요하나, 하나의 제품이 복수의 지역에 유출될 때에는 지역매니저제가 필요하다고 할 수 있다. 복수의 제품이 복수의 시장에 진출할 때에는 복수조직이 필요하게 되는 것은 어느 의미에서는 당연한 이치이다.

〈그림 11-7〉 그리드(grid) 조직의 일례

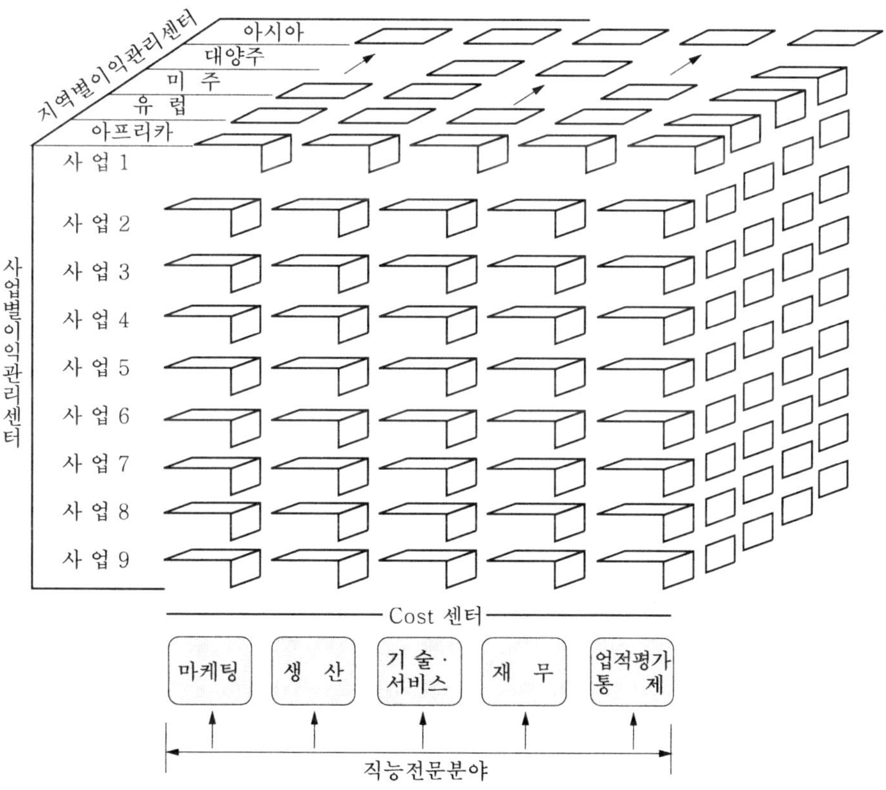

따라서 정보전달이 양호하며 능력재개발에도 효과적인 것이 이 조직의 장점이다.

또한, 복수의 관리라인이었기 때문에 만일 하나의 계통에 사고가 발생했을 경우에는 커다란 혼란은 일어나기 어렵다고 하는 이점도 있으나 각 관리라인 등이 스탭이 필요해지며 필연적으로 중복업무가 발생하게 되어 상대적으로 경비가 높아지는 결점이 있다.6)

④ 혼합형

혼합형에도 여러 종류가 있다. 전문성이 강한 사업에 있어서는 글로벌 조직을 채택하고 다른 사업에 대해서는 국제사업부제를 지속적으로 운용하는 것이다. 미국의 종합식품회사의 경우 각사 공히 식품부문에 국제사업부를 가졌으나 화학품부문에는 다른 조직을 가졌던 것이다.

〈표 11-2〉 각종 국제기업조직의 적합성

	국제사업 부 제	글로벌 (global) 제품별사업부제	지역사업 부 제	매트릭스형
급 성 장	중	고	중	고
제품 다각성	저	고	저	고
고기술 제품	중	고	저	고
경험자 부족	고	중	저	저
본사에 의한 긴밀한 통제	중	고	저	고
정부와의 긴밀한 관계	중	저	고	중
자원배분				
제품관리의 우선배려	저	고	저	중
지역관리의 우선배려	중	저	고	중
직능관리의 우선배려	저	중	저	고
상대경비액	중	중	저	고

주: 고 - 매우 적합함. 저 - 적합하지 않음(단, 상대경비액의 난은 제외)
자료 : J. William Winding, Jr., Reorganizing Your Worldwide Business, Harvard Business Review, May-June., 1973, p. 153.

경영환경적으로 미국과 유사한 지역(자유국, 선진국)에 있어서는 글로벌 조직을, 지역특수성에 나타난 지역(공산국, 개발도상국)에 있어서는 국제사업부가 담당하는 것이다. 이는 병기산업 등에 자주 보여지는 조직이다. 이상 각종의 조직과 기업의 권리는 제 문제와의 적합성에 따라서는 Winding에 의한 〈표 11-2〉가 잘 나타내 주

6) William C. Goggin : How the Multidimentional Structure Works at Dow Corning, *Harvard Business Review*, Feb., 1974, pp. 54-56.

고 있다.

또한, 미국 국제기업 170개사 조직의 역사적 변천의 예를 들면 〈그림 11-8〉에 나타난 것과 같으며 흐름에 역행한 조직변천을 행한 4개사는 제외하였다.

〈그림 11-8〉 국제기업(170사) 조직의 역사적 변천

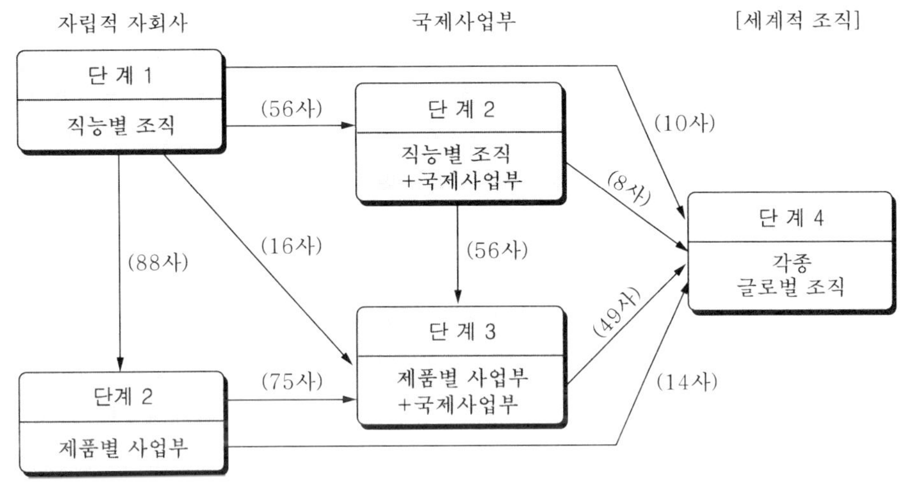

6. 지역위주 범세계조직

유럽 경영본부와 같은 지역별 범세계조직구조를 채택하고 있는 국제기업으로서는 미국의 포드(Ford), 스탠더드 오일(Standard Oil), 몬산토(Monsanto), 듀폰(DuPont), IBM, 화이자(Pfizer) 등이 있다. 이들 기업은 때때로 제품별 회사구조를 나타내기도 하지만 지역위주 범세계조직구조(worldwide geographic organizational structure)를 채택하고 사장에게 보고하는 지역담당 경영자에게 라인 책임과 권한을 부여하고 있다. 그러므로 이러한 기업들의 조직구조하에서의 국내기업은 세계시장의 일부분에 지나지 않는다.

대개의 국제기업이 지역위주 범세계조직을 운영하는 목적은 일정한 정책의 분산을 가능케 하는 동시에 전에는 국가별 수준에서 처리되었던 몇 가지 문제들을 지역

별 수준으로 격상시키는 데 있다. 〈그림 11-9〉와 같이 지역위주 범세계조직은 세계를 북미·남미·유럽·중동과 아프리카 및 아시아, 오세아니아 등의 시장지역을 중심으로 형성한다. 생산과 마케팅 기능은 각 시장부서에 속하게 되며 총책임은 사장에게 직접 보고하는 지역경영자에게 주어진다. 이러한 각 지역사업부는 범세계적 책임을 지닌 본사의 기능 및 제품부문 스탭진의 보조를 받는다. 국제기업 중에서 특수하고 대단히 중요한 위치를 차지하고 있는 유니레버사의 지역사업본부는 로테르담과 런던에 2개 있으나 이사회는 동일인으로 구성되어 있다.

〈그림 11-9〉 지역별 국제기업조직구조

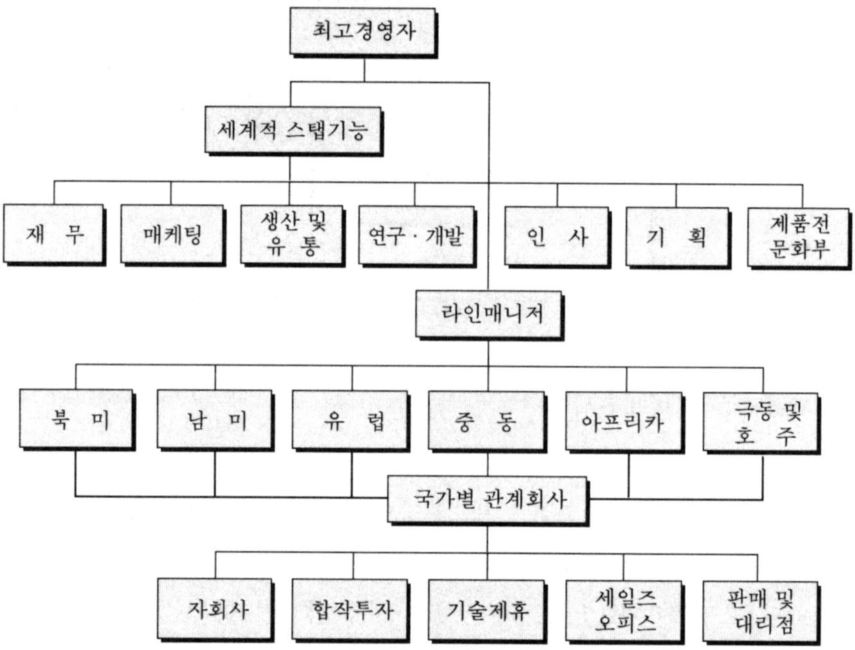

로테르담 지역사업본부는 유럽지역의 기업경영을 관장하고 런던 지역사업본부는 기타 해외지역을 관장하고 있다. 이와 같은 이중적 성질은 최고경영층에도 불구하고 유니레버사의 목적과 방향에 있어서 근본적으로 연합되어 있다.

이러한 지역본부들은 때때로 실질적인 권한이 주어지며 활동을 위한 자금조달에 있어서 자회사의 경영자들이 조력할 수 있는 것 이상의 높은 수준의 지출을 허용할 수 있다. 본사는 각 지역본부 및 개별국가의 기업체에게 본사 스탭들에 의하여 마케팅, 인사, 재무, 연구개발, 세금, 법적문제 등에 대하여 조언을 제공한다. 본사에서는 또한 주요 제품계열의 조정담당자가 있어서 주요 제품계열의 세계적 관점에서의 시장기회(market opportunity)와 생산활동을 조정하고 있다.

지역별 간부들에게 계속 모회사와의 동일성을 유지하게 하는 한 가지 방법은 그들을 동시에 모회사의 간부로 임명하는 것이다. 4명의 고위 유럽포드자동차회사의 간부들인 이들은 동시에 포드자동차회사의 부사장들이다. 그리고 보통 고위 지역중역은 회사의 최고경영진내에서 상당한 기간의 근무경력을 가진 자이다. 지역내 패턴의 조직은 지역과 국가시장의 여건이 상이할수록 중요성을 지닌다. 지역위주의 단점은 제품에 충분히 치중할 수 없으며 기술적 자료, 노하우의 전달이 어렵고 제품과 개별국가에 대한 전문성을 조정하기가 어려운 것이다.

7. 제품위주 범세계조직

국제기업은 대체적으로 주요 제품계열을 중심으로 한 범세계조직(global organization by major product lines) 구조를 채택하고 있다. 이러한 주요 제품위주 조직구조를 보유한 기업에 있어서 중앙집중의 과정은 제품별 회사가 역사적으로 미국의 시장만을 대상으로 지향되었기 때문에 여러 국제기업의 경험에 비해서 다소 느린 경향이 있다. 그들은 그 전에는 동종제품에 관한 국제적 활동에 대하여 관심을 가지거나 책임을 지는 직원을 가지고 있지 않았다. 왜냐하면 이러한 것은 국제담당회사의 책임이기 때문이다.

〈그림 11-10〉에서 나타나고 있는 것과 같이 이러한 체제하에서 각 제품사업부는 전세계에 걸친 담당제품계열에 대한 라인의 책임과 권한을 가진다. 각 사업부는 본사에서 마케팅, 재무, 인사 및 기타 기능분야의 전문스탭, 지역·국가별 전문스탭으로부터 보조를 받는다. 사장에게 직접 보고하는 각 제품 그룹(group)의 책임자는 담당제품에 대한 세계적 계획, 경영 및 통제활동에 대하여 책임을 진다.

다수의 국제기업들은 국제담당회사로부터 제품별 회사로의 책임 이전의 권한을 맡는 제품별회사의 의욕과 능력에 맞추어 시행하여 왔다. 이 조직을 처음 채택한 미국 국제기업의 하나인 Celanese Corporation은 라인 운영을 조직 및 임산제품, 화학 및 플라스틱, 소비재 제품 등 3가지 그룹으로 분류하고 있다. 사장에 직접 보고하는 수석부사장은 각 제품그룹을 관장한다. 각 제품그룹에는 몇 개의 제품사업부와 자회사들이 있어서 담당제품계열의 생산판매를 책임지고 있다. 제품사업부, 특정 국가시장을 보조하는 자회사의 책임자는 사장으로 되어 있으나 전체조직 계층에서는 그룹의 부사장 명령을 받는 하위계급자이다.

〈그림 11-10〉 제품별 국제기업 조직구조

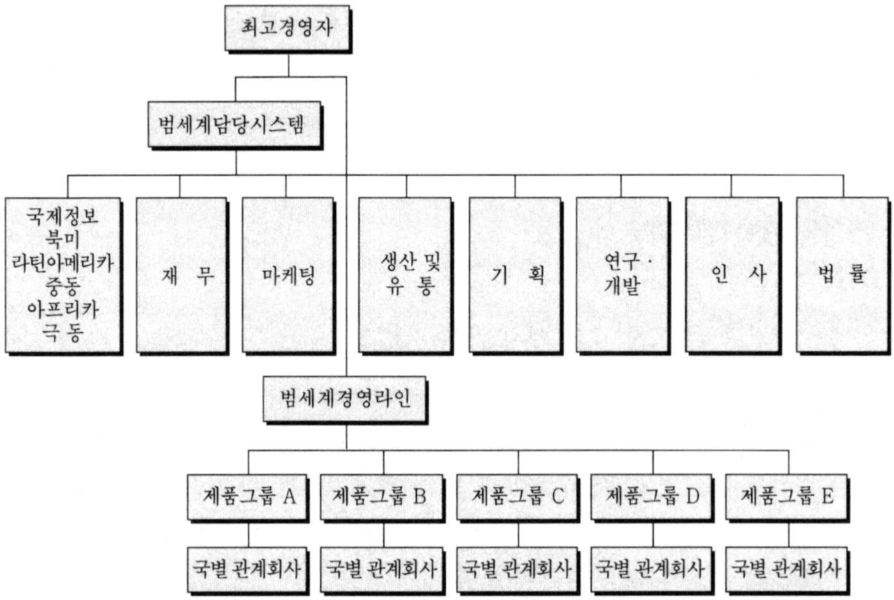

제품사업부 자회사에는 해외담당 부사장 또는 이사가 있어서 전체 기업의 타 제품그룹과의 연락관계를 담당한다. 본사에는 기능별로 전문스탭과 지역별·국가별 전문스탭이 있어서 각 제품그룹, 그 밑에 국제사업부가 자회사의 운영을 보좌해 주고 있다. 이외에 지역별로 연락사무실을 두고 지역 간의 연락업무를 담당하고 있다. 이러한 제품위주 조직은 최종 소비자를 대상으로 광범한 제품계열을 생산판매하는 기업체에 적합하다. 특히, 고차원의 기능적 생산을 해외에서 하는 기업체에게 적합하다고 할 수 있다.

이러한 조직구조는 제품을 제도적으로 중요시함으로써 세계적 규모의 제품생산, 판매를 위한 제품계획을 촉진 및 장려시키는 역할을 한다. 반면에 단점은 지역별·국가별 제품사업부와 전사간의 조정이 어렵다는 것이다. 또한 제품, 조직, 기능면에서 지역적으로 분산되어 있기 때문에 각 제품그룹이 회사의 활동과는 달리 독립적인 행동을 할 가능성이 크므로 전체적인 조정, 통제의 어려움이 수반된다.[7)]

8. 기능적 범세계조직

미국계 국제기업들은 대체적으로 주요 제품계열 및 지역 위주의 조직구조를 채택하고 있으나 일부 기업은 경우에 따라서 기능위주의 조직을 채택하고 있다.

〈그림 11-11〉에서 보는 바와 같이 이 같은 체제하에서는 마케팅, 재무, 생산 및 기타 기능이 운영상 범세계적 라인의 책임을 지닌다. 이들 기능부문은 본사 스탭, 지역별 및 제품별 스탭으로부터 지원을 받는다.

Deere and Company는 범세계적 운영을 기능조직구조에 두고 활동하고 있는 다국적회사이다. 이 회사는 범세계적 책임을 지고 있는 마케팅, 생산분야의 광범한 개선책임을 지고 있다. 사장에게 직접 보고하는 수석부사장들이 마케팅과 제조기능분야를 관장하고 있다. 마케팅과 제조분야 운영은 본사의 관리 계열과 평행을 이루고 있으며 그 지역적 대상은 2가지(① 미국과 캐나다, ② 해외시장)로 구분되어 있다. 두 명의 본사 부사장이 국내시장지역과 해외시장지역을 각기 총괄하고 있다. Deere and Company는 연구개발과 재무 계획 및 기타 분야에 있어서 세계를 대상으로 하는 통합참모진을 본사에 두고 있으며 두 지역별 본사 부사장 책임하의 기능조직부서를 전문적으로 보좌하고 있다.

이와 같은 조직구조를 채택하는 기업체는 국내 및 해외운영에 걸쳐 제품계열이 비교적 표준화되어 있고 각 부서간의 밀접한 비공식관리체계를 유지하는 여건을 가지고 있다. 1969년에 Deere and Company는 다국적운영 규모의 팽창을 수반하여 조직구조를 개편함으로써 현재에는 3개의 운영부서(① 미국 및 캐나다 시장에 농업용

---

7) Philip R. Cateora and John M. Hess : *International Marketing*, Richard. D. Inc., Homewood, Ill., 1971, p. 469.

기계와 소비재, ② 해외시장에 대한 농업기계와 소비제품, ③ 산업재)가 있다. 이것은 지역과 제품을 적절히 혼합시킨 구조에 해당한다.

〈그림 11-11〉 기능별 국제기업조직구조

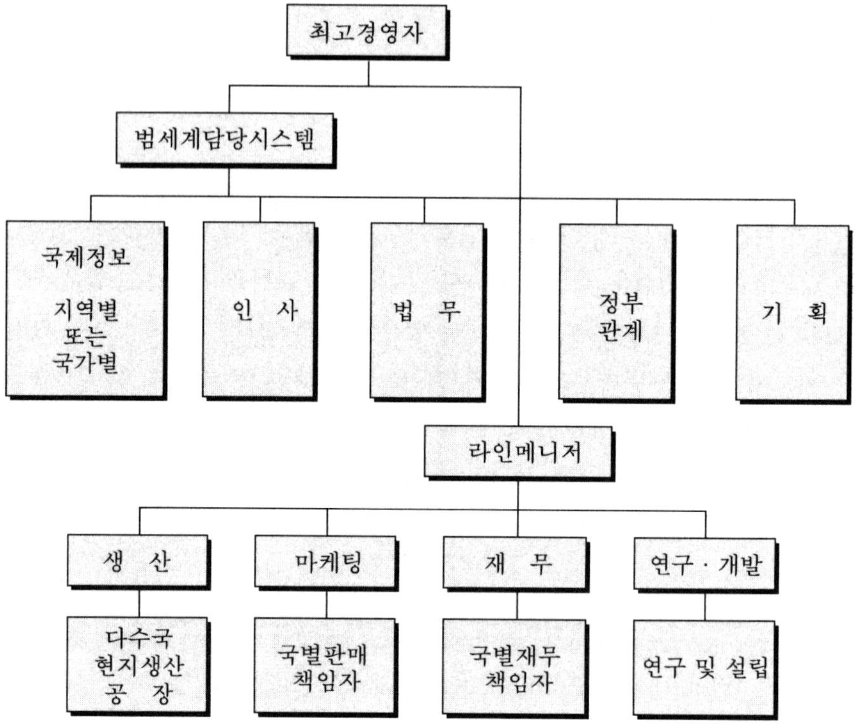

제5부

글로벌 경영전략

제12장

글로벌 경영전략의 기초

제1절 글로벌 경영전략의 개념

1. 경영전략의 정의

전략(strategy)이란 군사적 용어(military terminology)로서 전술(tactics)과는 대립되는 개념으로 이해할 수 있다. 즉, 전술이 국지적·단기적 내지 소단위적 전투와 관련되는 방안인데 비해 전략은 전쟁수행이라는 대국적 입장에서 보다 장기적이며 대단위적인 전쟁수행과 관련된 용어이다. 이 같은 용어가 경영학에 본격적으로 도입된 것은 1940년대부터이며 개념상 광범위하게 적용된 것은 '게임이론'(game theory)이라고 할 수 있다.

게임이론에서 경영전략의 개념은 경쟁적인 조건 하에 경영활동을 바람직한 확률(desirable probability)로 개선하기 위해서 사용되는 통계학적인 일련의 법칙을 의미하나 이는 기타 다른 유사 용어와 혼동하면서 순화하는 과정에 있다.

경영전략(management strategy)은 일반적으로 '기업의 경영목적을 달성하기 위한 포괄적인 수단으로서 기업의 외부 및 내부의 환경변화에 대응하여 전체적인 경영활동을 계획적이고 능동적으로 적응시키기 위한 결정방식'을 의미한다. 또한, 장단기에 걸쳐 기업이 당면하고 있는 과제를 체계적으로 개선하여 대책을 마련하는 방안이라고 할 수 있다. 경영전략과 관련한 다수 경영학자의 개념을 살펴보면 〈표 12-1〉과 같이 정리될 수 있다.

〈표 12-1〉 경영전략에 대한 정의

경영학자	정 의
H. W. Henry	· 경영전략은 사전에 설정한 기업목적·목표달성이 기대되는 광범위한 행동계획을 의미함
D. I. Luck & A. E. Prell	· 경영전략은 기업의 경쟁환경 가운데서 그 기회나 유리성을 최대로 이용하여 경쟁기업을 능가하기 위하여 기업자원을 배분하는 계획체임
J. T. Cannon	· 경영전략은 기업목적을 달성하기 위하여 경쟁상 요구되는 방향(목적·계획·방침)을 결정하는 행위임
E. Krauzewig	· 경영전략은 적응의 시스템이며 지속적으로 변화하는 환경 가운데서 의도한 계획을 수행하는 것임
H. I. Ansoff	· 경영전략은 장래·장기에 걸쳐 기업이 당면한 예상할 수 있는 중요한 기회, 리스크, 문제해결 과제 등에 대하여 체계적으로 대처할 수 있는 것을 의미함 · 경영전략은 3가지 의사결정(전략적 의사결정(strategic decision), 관리적 의사결정(administrative decision), 업무적 의사결정(operative decision))임
김성수	· 경영전략은 기업목표를 달성하기 위한 경영관리의 구체적인 계획이며 기업이 대내외적인 환경변화에 대응하기 위한 경영정책과 계획을 위미함. 따라서 경영전략은 기업환경의 변화에 기업 전체로서 대응하기 위하여 경영구조를 혁신하며 경쟁력의 성과를 시현하는 경영행동 개선의 비전으로 이해할 수 있음
Jr. A. D. Chandler	· 경영전략은 기업의 장기적인 목표의 결정과 그 목표를 달성하기 위한 행동을 결정하고 경영자원을 배분하는 것을 의미함
K. Andrews	· 경영전략은 기업의 목표와 그 목표를 달성하기 위한 다수의 경영계획이나 정책을 의미함. 또한, 기업의 사업참여 분야와 성격을 결정함
K. Ohmae	· 경영전략은 경쟁자에 비해서 경쟁우위(competitive advantage)를 가질 것인가 하는 문제임. 따라서 경영전략은 경쟁자에 비해서 효율적으로 경쟁우위를 제고시키는 노력으로 이해할 수 있음

2. 경영전략의 역사적 배경

전략(strategy)이란 군사적 용어로서 어원으로는 희랍어의 'Strategos', 즉 '장군의 기술'(the art of the general)에서 유래하였다.[1] 나폴레옹 시대 이전까지는 전략이란 개념은 적을 이기기 위해 군사력을 지휘하는 기술과 이론을 의미하였으나, 나폴레옹 시대에 이르러서는 군사적인 승리뿐만 아니라 정치적·경제적인 전략까지도 포함시키는 사회과학적 용어로까지 발전하게 되었다. 현재와 같이 전략이란 개념이 경영학에 광범위하게 활용되기는 제2차 세계대전 종전 이후부터라고 할 수가 있으며 이는 게임이론(game theory)의 발전에 크게 연유한다고 할 수 있다.

〈표 12-2〉 경영전략의 역사적 배경

구 분 \ 시대	1950 ~ 1970년대 초	1970년대 후반 ~ 1980년대 중반	1980년대 후반 ~ 1990년대 초	1990년대 후반 ~ 21세기 초
대표적 학자 및 저널	Ansoff Andrews	Porter	Hamel Prahalad	Harvard Business School)
전략의 주제	장기전략 계획	경쟁분석, 산업구조	경쟁우위 창출 및 유지	구조개혁과 물적·인적 경쟁대응 전략
개념 및 기법	투자계획 수립, 시장예측 및 시장점유율 분석	산업 내 위치와 구조분석	경쟁우위 창출 요인분석, 동태적 기법	세계화의 급진전에 따른 경쟁환경 대응분석, 기업윤리, 문화대응기법, 경영전략
조직의 특성	재무관리 우위 종합기획실 설립	수익성 우위사업으로 전환, 사양산업-성장 산업 변화 생산성 제고조직	인적자원관리 우선, 리엔지니어링, 전략적 제휴, 인수합병(M&A) 실시	기업윤리, 기업문화 대응, 지식경영, 지식정보화 조직으로 정비

1) 이 같은 용어의 사용은 B. C. 400년까지 거슬러 올라갈 수 있으나, 18세기 후반까지는 그렇게 활발하게 사용되지 않았다고 볼 수 있다(김성수, 『21세기형 글로벌 경영전략』, 삼영사, 2003. 1. pp. 32-38 요약·재구성).

3. 경영전략과 경영전술

전략이란 전쟁수행상의 계략을 의미한다. 따라서 전략은 장기적이며 대국적인 전쟁방책의 의미로 이해된다. 이에 비해 전술은 국지적이며 단기적인 의미를 지니고 있다. 즉, 전략은 시간적·공간적으로 한정되지 않는 전쟁의 대국면에 관계되며 전술은 시간적·공간적으로 한정된 전투의 국지면과 연관성이 있다고 할 수 있다. 다시 말해 전략은 대국적인 전쟁계획이자 다수의 전투를 전쟁목적에 총합·작전하게 되는 것이라 할 수 있다. 그러므로 전략은 전군을 일시에 관찰할 수 있는 전선의 배후에서 검토된다. 이에 반해 전술은 전선 지휘관의 명령이자 적진에서 수행되는 국지적인 전투의 방법이다. 또한, 전술은 전쟁 수단적이나 전략은 전쟁목적적인 것이며 전략의 지도원리는 전병력의 총합인 점에 있다.

상기한 전략과 전술이 경영관리에 응용된 것이 경영전략이며 경영전술이다. 현대기업은 지식정보화, 기술혁신, 국제화, 세계화(globalization) 등 경영·경제적 환경 하에 경영활동을 수행하게 된다. 따라서 이 같은 환경에 대처하기 위해서는 단기적인 실용적 정책, 즉 경영전술(management tactics)만으로는 안 된다. 왜냐하면 이 같은 환경 하에서는 사전에 경영의 구조변혁을 예상하여 환경적 요인의 예측을 고려한 장기경영계획을 중심으로 활동을 전개해 나갈 체제를 확립해야만 하기 때문이다. 이 같이 전체적으로 통합적이고, 장기적이며 미지적인 장래 경영계획의 기본이 되는 것을 경영전략(management strategy)이라고 한다. 따라서 경영전략은 그 자체가 목적이 되어서는 안 되며 기업의 목표달성에 요구되는 행동을 직접 유발시키는 것이어야 한다.

이 같은 의미에서 경영전략과 경영전술은 그 성격이 상이하다고 할 수 있다. 즉, 경영전략의 성격은 통합적이며 체계적인 지시적 행동결정인데 비해 경영전술은 경영의 특정부문, 예를 들면 생산 및 마케팅, 인력, 기술연구 및 개발에 한정된 국지적이며 단기적인 행동결정이다. 다시 말하면 경영전술은 부분적이고 단기적이며 비교적 소단위의 경영문제와 관련되는 방안을 의미하는데 반해 경영전략은 전체적 입장에서 보다 장기적이고 대단위적인 경영문제와 관련되는 방안을 의미한다. 따라서 양 개념 간에 존재하는 가장 큰 차이는 경영문제의 범위(scope)와 그 유효성(effectiveness)이 인정될 만한 시간이라고 할 수 있다. 즉, 경영전략은 그 경영문제의 범위가 크고 시간적으로 긴 행동결정으로 파악할 수 있다.

〈표 12-3〉 경영전략과 경영전술의 차이점

비교항목	경영전략	경영전술
대상관점	전사적으로 봄	기능적으로 봄
공 간 성	대국적(global)임	국지적(local)임
시 간 성	장기적(long range)임	단기적(short range)임
주 체 자	최고경영층	중간경영층・하위경영층
주관적 가치	경영자의 주관적 가치 큼	경영자의 주관적 가치 작음
성 격	비구조적임	구조적・반복적임
선택범위	큼	작음
규 칙 성	규칙성이 없음	규칙성이 있음
불확실성	큼	작음
필요정보	대단히 많음	비교적 적음
평 가	어려운 편임	용이한 편임

제 2 절 글로벌 전략의 개념

기업들이 다국적화 되면서 글로벌 전략의 개념이 중요시되고 있다. 따라서 '글로벌'(global) 또는 '글로벌화'(globalization)란 용어가 빈번하게 사용되고 있는데 이들 용어는 흔히 국제화 전략(internationalization strategy)의 특정형태를 지칭하기 위해 사용되는 것이 아니고 '국제화'란 단어를 대신해서 사용되고 있다. 이는 '국제화'라는 용어가 단순히 국내와 국외사업 간의 차이를 나타내는 진부한 의미가 되면서 대부분의 사람들이 국제화 전략이란 용어보다 글로벌 전략이라는 용어를 선호하고 있다.

'글로벌'이란 용어가 광범위하게 사용되면서 국제화 전략의 한 형태로서의 의미를 상실하게 되었다. 1990년대 이후에는 세계경영전략을 표현하는데 글로벌 전략이란 용어를 보다 빈번히 사용하고 있다.

'세계화'(globalization)는 다분히 중립적 개념으로 사용될 수 있고 '국제화'(internationalization)는 본국 이외의 지역에서 사업을 하는 것과 관련된 모든 것을 의미한다. 따라서 글로벌 전략(global strategy)은 다국적전략(multilocal strategy)에 대응되는 용어로서 통합된 세계 전체를 대상으로 하는 다국적사업(multinational business)을 관리하는 전략을 의미한다고 할 수 있다. 따라서 세계시장에서의 경쟁우위(competitive advantage)를 확보하기 위해서는 각국의 영업을 통합 관리하는 글로벌 전략이 필요하게 된다.

글로벌 전략은 세계적 시장참여, 세계적 제품경쟁, 세계적 마케팅 활동 등 세계적 경영(global management)에 대응하는 경쟁상태를 비교우위(comparative advantage)에서 성공하는 경영전략을 의미한다.

세계적 사업(global business)이란 본질적으로 적어도 하나 이상의 대륙에서 중요한 경영활동을 수행하고 있는 사업을 의미하며 대륙이 아니더라도 복수의 국가에서 생산과 판매를 하는 사업으로 정의할 수 있다.

〈표 12-4〉 글로벌화의 정의

글로벌라이제이션 (Globalization)	·The process by which the world's economy is transformed from a set of national markets into a set of markets that operate without regard to national boundaries
글로벌 산업 (Global Industry)	·An industry in which the strategic position of competitors in major geographic markets are fundamentally affected by their overall global positions
글로벌 기업 (Global Company)	·A company that is able to plan, operate, and coordinate their activities on a worldwide basis in pursuing both international and global opportunities

자료: J. Fraser, "What's New about Globalization?", The McKinsey Quarterly, 1997.

제13장

글로벌 경영전략의 과정과 특징

제1절　글로벌 경영전략의 과징

글로벌 경영전략은 다음 5가지 체계적인 과정을 통해 수립된다.

① 각 사업의 글로벌화 수준 및 가능성 평가
② 진출대상 국가 및 시장 선정
③ 시장 진입방법 및 투자방식 결정
④ 기업활동의 세계적 배치와 조정에 대한 결정
⑤ 글로벌 경영전략을 뒷받침하는 조직체계 구축

제2절　글로벌 경영전략의 특징

글로벌 경영전략은 주로 세계경영환경(global business environment)의 변화문제이며 세계경제환경(global economic environment)의 변화에 자국기업을 적응시키기 위해 세계로 진출시킬 제품 및 시장구조의 결정이라고 할 수 있다. 따라서 글로벌 경영전략의 개념은 자사의 '경영목적'을 달성하는 포괄적 수단으로 이해할 수 있다. 글로벌 경영전략의 특징은 다음 5가지로 정리할 수 있다.[1)]

1. 세계화 경영목표 달성의 수단이 됨

글로벌 경영전략은 세계화 경영목표를 달성하기 위한 포괄적인 수단이며 자국회사의 경영목표와는 구별된다. 그러나 양자는 상호관계가 긴밀하며 글로벌 경영전략의 결정을 통해서 세계화(globalization) 경영목표 달성의 가능성이 평가된다.

2. 환경적응의 기능을 가지고 있음

글로벌 경영전략은 환경적응의 기능을 가지고 있다. 다수의 경영학자들은 대체적으로 기업의 외부환경변화에의 적응에 한정하여 제품·시장전략을 지적하고 있다. 그러나 기업의 내부환경, 예를 들면 수익성(profitability)의 저하, 조업도의 하락, 과잉인력 등도 글로벌 경영전략의 대상이 된다. 즉, 글로벌 경영전략은 내부전략(internal strategy)과 외부전략(external strategy)으로 구분된다.

3. 전략적 기회를 발견하는 기능을 가지고 있음

글로벌 경영전략은 세계화 기업이 미래에 직면하게 될 전략적 문제나 전략적 기회를 발견하는 기능을 가지고 있다. 기업이 어떠한 제품을 어떤 시장에 판매할 것인가를 결정하는 '제품-시장전략'을 경영전략의 주요 내용으로 다루고 그것은 기업이 당면한 전략적 문제나 전략적 기회를 발견하는 기능으로 보아 해당 문제를 해결하거나 기회를 이용함으로써 기업의 환경변화에 적응시킬 수 있다.

1) 김성수, 『21세기형 글로벌 경영전략』, 삼영사, 2003. 1. pp. 45-58 요약·재구성

4. 경영활동을 종합하는 기능을 가지고 있음

글로벌 경영전략은 경영활동의 각 부문에 전체적으로 종합하는 기능을 가지고 있다. 기업이 보유하고 있는 자원은 한정되어 있기 때문에 각 부문의 활동을 특정방향으로 집중시킴으로써 자원이용의 효율성(efficiency of resource utilization)을 극대화시키게 된다. 상기한 목적을 달성하기 위하여 글로벌 경영전략은 기업전략(corporate strategy) → 사업부전략(devisional strategy) → 기능적 전략(functional strategy)과 같은 체계적인 전략을 가지게 된다.

5. 정보수집을 효율화하기 위한 결정룰이 있음

글로벌 경영전략은 정보수집을 효율화하기 위한 세계적인 네트워크적 결정룰(decision rule)이 있다. 결정룰은 선택룰이면서 정보룰이며, 전략결정에 의하여 세계적 정보수집 활동 등 특정 방향으로 효율화를 촉진하게 된다.

제 3 절 글로벌 경영전략의 형성과정

글로벌 경영전략의 형성(global business strategy formation)이란 세계적 기업의 전략적 경영계획에 있어서 기업목적과 경영전략을 결정하기 위한 분석과정을 의미한다. 이 같은 과정은 대체로 다음 5가지 경로로 형성된다.

1. 세계화 기업의 목적

기업의 과거실적과 경영자의 예측을 토대로 점진적 기업목적을 설정한다. 이 같은 기업목적은 다수의 목적 중의 우선순위와 각 목적의 하한목적치와 상한목적치를 선정한다.

2. 세계화 기업의 내부평가

세계화 기업의 내부평가(internal appraisal)가 수행된다. 이것은 설정된 기업목적을 달성하기 위해 우선 시장침투, 제품개발이나 시장개발 등의 확대전략을 검토하고 현재의 제품시장분야에 기업목적이 어느 정도까지 달성될 수 있는지를 검토하는 과정으로 이해할 수 있다. 이 같은 과정은 처음 단계에서 잠정적으로 설정한 기업목적은 기업의 능력과 성장기회가 명확해지므로 필요에 따라서는 기업목적을 수정해야 한다.

3. 세계화 기업의 외부평가

설정된 기업목적이 확대전략만으로 달성되지 못할 경우에는 세계화 기업의 외부평가(external appraisal)가 수행되어야 한다. 외부평가의 목적은 현재 제품시장분야 외곽에 있는 성장기회(성장계획의 대상이 되는 산업 또는 하위산업)를 탐색하여 평가하고 필요에 따라서는 다시 기업목적을 수정하는 데 있다.

세계화 기업의 외부평가의 최종단계는 확대전략을 선택할 것인지 또는 다각화 전략을 선택할 것인지, 아니면 양자를 동시에 추구할 것인가를 결정해야 한다. 다각화 전략을 선택한 경우에는 몇 가지 다각화 계획의 선택과 그에 이용될 자원배분(resource allocation)이 결정되어야 한다.

4. 세계화 기업의 조직구조 결정

세계화 기업의 조직구조 결정이라는 분석과정을 거쳐야 한다. 이는 조직구조를 현재 상태로 두고 다각화할 것인지, 아니면 조직구조를 변경하여 다각화할 것인지의 여부에 따라 다각화의 시너지효과(synergy effect)에 커다란 차이가 발생하기 때문이다. 또한, 외부평가의 결과 바람직한 다각화의 기회가 없는 것이 명백해지면 기업목적은 다시 수정되어야 한다.

5. 세계화 기업의 경영전략 선택

세계화 기업의 확대전략에 의해 달성해야 할 기업목적과 그에 이용될 자원배분이 결정될 경영전략이 선택된다.

제 4 절 글로벌 성장전략

학자에 따라서 내용분류도 상이해 지는데 글로벌 성장벡터기준에 따른 글로벌 성장전략 내용을 보면 다음 5가지로 살펴볼 수 있다.

1. 시장침투전략(market penetration strategy)

시장침투전략은 기존제품을 전제로 현재시장에서 시장점유율(market share)을 확대함으로써 매출액을 신장시켜 궁극적으로 기업이익(corporate profit)의 증대를 도모하고자 하는 전략을 의미한다. 신시장의 침투나 기존시장의 침투를 통한 확대 등은 자기회사제품의 시장점유율을 제고시키는 경영전략의 제1요소가 된다.

2. 제품개발전략(product development strategy)

제품개발전략은 기업이 이미 개척해 놓은 기존시장에 새로 공급할 신제품을 개발함으로써 성장하려는 전략을 의미한다. 기술개발을 통한 신종상품(star products)의 개발은 기업의 새로운 이미지 제고뿐만 아니라 경쟁력 비교우위의 선점을 통한 이익확대의 기본적 요소가 된다. 제품개발전략은 경영전략의 제2요소로 분류된다.

3. 시장개발전략(market development strategy)

시장개발전략은 기존제품을 전제로 새로운 시장을 개척함으로써 성장을 도모하려는 전략이다. 즉, 시장개발전략은 신시장 개발이나 기존시장을 신제품으로 새로 확대하는 전략을 의미한다. 시장개발은 자사의 제품이 가격이나 품질면에서 우수하여 스스로 시장확대가 이루어지도록 하는 것이다. 따라서 시장개발전략은 경영전략의 제3요소가 된다.

4. 다각화전략(diversification strategy)

다각화 전략은 신시장을 전제로 이를 개발함으로써 성장을 도모하는 전략이다. 다각화 전략은 ① 시장의 다각화, ② 제품의 다각화, ③ 업종의 다각화, ④ 품질의 다각화, ⑤ 가격의 다각화 등 경영전략의 제4요소로서 대형화된 종합상사나 그룹계열사 등이 새로운 경영전략이 될 수 있다.

5. 철수전략(withdrawal strategy)

철수전략은 세계화 기업이 기업제품의 라이프 사이클(life cycle)이 말기에 도달했거나 특정 전략품목의 수익성(profitability)이 매우 저조하여 손익분기점 이하로 떨어질 것이 거의 확실한 경우 판매 또는 제조로부터 철수하는 전략을 의미한다.

철수의 형태로는 4가지(① 전면적 폐지, ② 개별회사로 분리, ③ 영업양도, ④ 타사와의 합병)가 선택된다. 동 전략을 선택할 경우에는 철수에 수반되는 모든 문제, 예를 들면 제품공급이라는 사회적인 변화의 수행, 조직의 인원배치, 전환 등의 문제를 충분히 고려해야 한다.

상기한 전략의 내용은 전략을 구조혁신(structural innovation)과 관련되는 기능으로 보고 분류한 것이다. 따라서 이것을 제품시장구조의 선택에 의해 기업성장을 도모하는 성장전략이라고 하며 다른 한편으로는 특정제품이나 시장분야에 있어서 경쟁업자에 대한 차별적 우위성(differential advantage)을 확보함으로써 시장점유율의 확대·유지를 도모하여 기업목표를 달성하려는 경쟁전략이라고 한다.

이 경우의 경쟁전략에는 생산전략, 비용절감전략, 마케팅전략(시장세분화전략, 판매경로전략, 판매점전략), 관리전략, 연구개발(R&D)전략 등이 포함된다.

제 5 절 글로벌 전략의 수단과 선택

1. 글로벌 전략의 수단

글로벌 전략은 다차원적이어서 전략을 수립하기 위해 여러 분야에서의 선택이 필요하다. 어떤 분야에서는 글로벌한 관점과 개별국가적 관점의 양 극단 사이에서 선택이 필요한 경우도 존재한다. 글로벌 전략을 수립하고 실행하는 수단은 다음 5가지 분야로 분류해서 살펴볼 수 있다.

1.1 글로벌 시장참여

시장참여(market participation)는 사업을 수행하는 대상국가의 선정과 특히 시장점유율 면에서 활동수준을 결정하는 문제와 관련된다.

1.2 글로벌 제품 및 서비스

제품 및 서비스(product/services)는 글로벌 시장을 대상으로 사업을 수행함에 있어 다수의 국가들에 동일한 제품을 공급할지 또는 각기 차별화된 제품을 제공할 것인지를 결정하는 문제와 연관된다.

1.3 글로벌 부가가치활동의 입지

부가가치활동의 입지(location of value-adding activities)는 연구개발(R&D)부터 애프터서비스(A/S)까지 기업전체 부가가치 사슬(value chain) 상에 위치한 각각의 기업활동을 어느 국가에 위치시킬 것인가의 의사결정 문제와 연관된다.

1.4 글로벌 마케팅

마케팅(marketing)은 글로벌 시장을 상대로 사업을 수행하는데 있어 상이한 국가에서 브랜드, 광고 및 기타 마케팅 요소를 어느 정도 표준화(standardization)해야 하는지의 문제와 연관된다.

1.5 글로벌 경쟁활동

경쟁활동(competitive activities)은 글로벌 시장(global market)을 상대로 사업을 수행하는데 있어 개별국가에서의 경쟁력행동을 어느 정도 글로벌 경쟁전략의 일부분으로 취급해야 하는지의 문제와 연관된다.

다국적전략은 개별 현지국에서의 경쟁우위, 판매, 이익을 극대화함으로써 세계사업성과의 극대화를 추구하는 전략인 반면에 글로벌 전략은 현지국별 사업의 공유(sharing) 및 통합(integration)을 통해 세계사업성과의 극대화를 추구하는 전략이다. 물론 양 전략의 중간적 위치도 가능하다. 완전히 글로벌화된 전략을 추구하는 기업은 5가지 글로벌 전략수단(글로벌 시장참여, 글로벌 제품 및 서비스, 글로벌 활동입지, 글로벌 마케팅, 글로벌 경쟁활동)을 최대한 활용하게 된다. 그러나 모든 기업이 이 같은 전략을 추구해야 하는 것은 아니며 개별 기업의 상황에 최적인 경영전략을 수행해야 함은 재론의 여지가 없다.

2. 글로벌 전략의 선택

세계전략이 가장 성공적인 것이 되기 위해서는 글로벌화 정도가 과도하지 않으면서도 부족하지 않게 조화를 이루어야 한다. 즉, 전략 글로벌화의 수준이 산업의 글로벌 잠재력(global potentials)과 적절한 조화를 이루는 것이 이상적이라고 할 수 있다. 예를 들면, 글로벌 잠재력이 낮은 산업에 속해 있는 사업은 글로벌화의 정도가 낮은 전략을 채택해야 하는 반면에 글로벌 잠재력이 큰 산업에 속한 사업은 보다 글로벌한 전략을 추구해야 한다.

해당산업이 보유하고 있는 글로벌 잠재력보다 낮은 수준에서 글로벌 전략을 수행하게 되면 해당사업은 글로벌 전략적 불이익(global strategic disadvantage)에 직면하게 한다. 일례로 제품표준화(product standardization)를 통한 원가절감과 같은 잠재적 글로벌 이익을 상실하게 된다.

한편, 해당산업이 갖고 있는 글로벌 잠재력보다 높은 수준의 글로벌 전략을 실행한다면 해당사업은 다국가 전략적 불이익(multinational strategic disadvantage)을 감수해야 한다. 즉, 제품이나 프로그램을 현지에서 요구하는 만큼 개선시키지 않을 경우 이에 따른 불이익이 발생하게 된다.

글로벌 기업의 다수 경영자들은 다음 2가지 점을 지적하고 있다. 하나는 글로벌화가 과도해서 문제점을 초래하기보다 글로벌화가 부족해서 어려움에 직면한 사업이 더욱 많다는 것이며, 다른 하나는 기업들이 최근에 글로벌화 수준을 제고시키는데 전역량을 결집시키는 경향이 커지고 있다는 것이다.

제6부

기업의 가치평가와 전략적 제휴

제14장

기업의 가치평가

제 1 절　기업의 가치개념

1. 기업의 가치

기업의 가치는 그 기업이 가지고 있는 재무적인 가치와 재무적인 자료에 의하여 나타나지 않는 무형의 가치로 구분할 수 있다.

재무적 가치는 〈그림 14-1〉에서 보는 바와 같이 그 기업이 과거, 현재에 기업의 재무제표로 나타난 금액을 기준으로 형성된 가치이다. 재무적 가치는 그 기업이 보고한 대차대조표와 손익계산서, 현금흐름표 등을 기준으로 평가된 금액, 기업의 재무구조와 조달비용에 의하여 평가된 기업의 가치, 기타 향후 예상되는 재무상황 등으로 인하여 나타나는 금액 등이 이미 재무제표(financial statements)에 표시되었거나 표시될 금액을 말한다.

무형의 가치는 그 기업이 가지고 있는 여러 가지의 가치 중 현재의 재무제표에는 나타나지 않았으나 향후의 재무제표로 표시될 것, 또는 표시되지는 않으나 기업의 가치에 중대하게 영향을 미칠 요인들을 말한다. 그리고 대부분의 기업의 경우 실제 재무제표에 나타나는 가치보다는 재무제표에 표시되지 않는 가치가 더 커질 수 있는 경우가 많이 발생한다.

〈그림 14-1〉 기업의 가치

1.1 인적자원 가치

최근 지식경영의 도입 및 발전에 따라 인적자원(human resources)에 대한 개념의 변화가 일어나고 있다. 이전에는 기업의 구성원에 대한 교육훈련 등에 투자되는 금액을 전액 비용으로 간주했으나 최근에는 이들에 대한 투자금액이 인적자원의 개념으로 전환되고 있으며, 다수의 기업이 인적자원에 대한 투자 및 효율적 관리를 위하여 노력하고 있다. 특히, 벤처기업의 경우 성공요인이 인적자원으로부터 형성되는 경우가 많으며 이에 따라 인적자원에 대한 중요성이 더욱 커지게 되었다. 그러나 인적자원에 대한 평가방법이 정립되지 못한 관계로 이를 얼마로 어떻게 평가할 것인지는 좀더 연구하여 정립하여야 할 것이다.

1.2 브랜드가치

브랜드가치(brand value)에 대한 평가는 브랜드 자체에 대한 평가 및 그것이 향후에 기업의 매출에 미칠 영향 등을 고려하여 평가하여야 한다. 최근에는 다수의 기업들이 자체적으로 또는 외부기관의 도움으로 브랜드에 대한 가치를 평가하고자 하고 있고 많이 현실화된 경우가 있다. 그러나 대부분의 기업이 가지고 있는 브랜드에 대한 가치가 제대로 평가되지 않고 있으며 브랜드가치를 제고시키기 위한 광고, 홍보비용 및 기타 제품관련 투자비 등이 자산으로 계상되기 어렵기 때문에 실질적으로 이의 평가에 어려움이 있지만 분명한 것은 광고선전, 홍보, 제품의 질 등은 기업의 브랜드가치를 증대시키고, 궁극적으로 기업의 가치를 제고시키는 요인임에는 틀림없다.

이에 따라 이전의 광고선전비, 홍보비 등은 단순한 판매비와 관리비의 차원에서 기업의 브랜드, 자산을 축적하기 위한 투자의 개념으로 전환되고 있다. 또한, 최근 스포츠 마케팅(sports marketing)의 발전으로 인하여 기업이 보유하고 있는 각종 스포츠 구단이나 선수들의 가치가 제고됨에 따른 기업의 가치 상승 요인도 배제할 수 없는 기업의 주요 가치 중의 하나이다.

1.3 연구개발

기업이 지속적으로 성장·발전하기 위하여 끊임없는 연구개발(R&D : Research and Development)이 필요시되고 있다. 특히, 벤처기업의 경우 기업의 성패가 연구개발의 결과로 나타난다고 볼 수 있다. 그러나 대부분의 기업의 연구개발비는 당기비용으로 처리됨에 따라서 연구개발의 성과는 특허 등의 항목으로만 나타나지 기업의 가치로 직결되지는 않는 상황이 되고 있다. 이에 따라 기업의 재무상황이 어려워지면 연구개발비를 감소시키는 등의 장기적인 기업가치(corporate value)를 창출하는데 역행하는 의사 결정을 하는 경우도 있다.

1.4 환경에 대한 투자비용

최근까지 기업이 환경에 대한 투자비용을 법적 규제 등에 의하여 의무적으로 하여야 하는 아주 소극적인 투자만을 해온 것이 사실이다. 그러나 21세기에 들어서서 기업의 성공요인으로 작용할 대표적인 항목이 기업이 속해 있는 지역 등에 대한 환경투자(environmental investment)와 그에 대한 투자 결과로 그 기업이 환경에 얼마나 친화적 형태로 나타나는가가 기업을 평가하는 중요한 지표로 작용하고 있다. 따라서 환경에 대한 투자를 소홀히 하는 경우 기업의 존재자체에 의심을 받을 만큼 중요한 요인이 될 것이다. 따라서 환경에 대한 투자가 곧 기업의 생존에 영향을 미치게 된다.

그러나 대부분의 기업이 환경에 대한 투자비를 재무제표에 단순한 비용 또는 일정 부분의 구축물을 계상하기 때문에 이에 대한 결과가 효율적으로 재무제표에 반영되기 어려운 실정이다.

1.5 영업권

무형의 자산 중 가장 많이 인식되고 있는 자산이 영업권이다. 그러나 영업권에 대하여도 정확하게 평가하고 거래하고 그것을 재무제표에 표시하기는 용이한 일이 아니다. 다만, 제3자에게 사업부나 기업을 양도·양수하는 경우에만 일부 금액으로 표시되는 경우가 있다. 따라서 이러한 영업권도 기업의 가치에는 중대한 영향을 주지만 일반적인 재무제표로는 파악하기 곤란한 무형의 자산이 된다.

이러한 무형의 가치를 나타내는 요인 이외에도 많은 무형의 가치 요인이 존재한다. 그러한 무형의 가치를 가지고 있는 많은 요인은 한결같이 그것에 대한 정확한 평가방법이나 기술이 제대로 개발되지 않고 있으며, 평가자의 자의적인 판단에 의하여 평가될 수 있는 요인이 많다. 따라서 때로는 거품논쟁에 휘말리기도 하고 심지어 사기에까지 이를 수 있는 상황이 된다. 이렇게 무형의 가치에 대한 평가가 어려워지는 큰 요인 중의 하나는 회계기준이 가지고 있는 특성 즉, 보수주의와 실현주의 등 회계적으로 중요한 판단기준이 되기 때문에 측정하기 어려운 항목 또는 측정가능하다고 하더라도 다수의 불확실성(uncertainty)이 내포된 항목에 대하여 회계처리할 수 없는 데 따른 것으로 볼 수 있다.

2. 기업의 가치평가 범위

기업의 가치는 재무적인 가치와 무형의 가치로 구성되어 있으며, 이러한 가치들을 어떻게 평가하여야 하고 그 범위는 어떻게 될 것인지가 많은 사람들의 관심의 대상이 되고 있다.

기업의 가치는 재무적 가치와 무형의 가치를 합산하여 그 범위를 정할 수 있으며 다음과 같은 범위 내에서 결정된다.

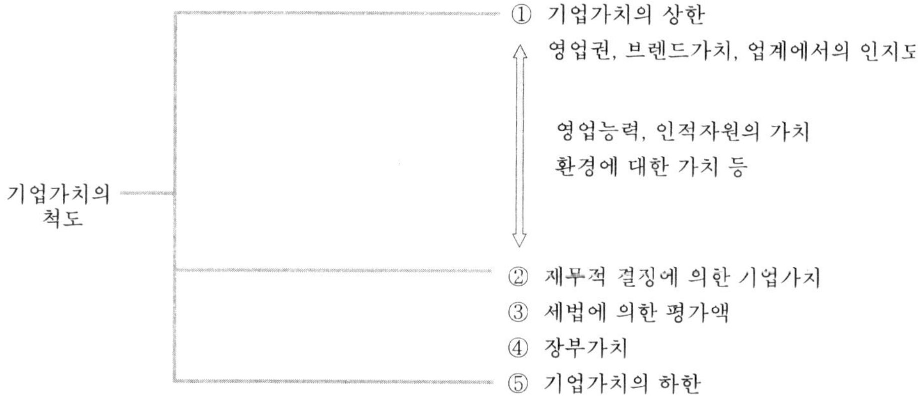

2.1 기업가치의 상한

기업가치의 상한은 기업이 가지고 있는 재무적 가치와 무형의 가치의 합으로 나타낼 수 있으며 이러한 기업가치의 상한은 현재 존재하는 수준의 기업을 처음부터 다시 만든다면 소요되는 최대 금액으로 판단할 수 있다.

○ 기업가치 상한의 구성 요소
- 유형자산의 취득에 소요되는 금액(토지+건물+구축물+기계장치 등)
- 현재의 수준까지의 품질유지에 소요되는 비용
- 영업 및 관리에 소요되는 금액
- 인력개발 및 유지에 소요된 금액

- 기술개발 및 유지에 소요된 금액
- 업계에서의 인지도 형성 및 유지에 소요된 금액

기업가치의 상한은 일명 영업권에 대한 평가와 관련한 것으로 그 평가는 업종 및 업계의 현황 등에 따라서 다양한 방법을 활용할 수 있다.

2.2 재무적 의사결정에 의한 기업가치

기업가치의 결정을 재무적인 기준(financial criteria)으로만 평가하는 것으로 재무적으로 평가하여 손익분기점(break-even point)이 되는 기업가치를 의미한다. 이러한 가격은 정확한 미래의 현금흐름을 예측함으로써 가능해지며 미래현금흐름의 현재가치(present value of future cash flow)에 의하여 결정된 주식가치가 재무적인 측면에 있어서의 손익분기점이 되는 기업가치가 된다. 또한, 기업의 재무적인 부분만을 평가의 대상으로 하기 때문에 무형의 가치에 대한 평가는 이루어지지 않은 기업의 가치가 된다.

(1) 구성요소

현재와 동일한 형태로 회사가 운영되는 경우 향후 회사가 획득할 현금을 현재로 할인한 금액의 총합계액을 의미한다.

(2) 재무적 가치의 보완

향후의 경쟁상태 및 지분관계의 변동으로 발생되는 미래 상황변화를 반영하여야 하며 이는 향후 성장 가능성, 경기동향 등에 따라서 변화될 수 있다.

2.3 상속세법에 의한 평가방법

세무상의 위험부담을 최소화하기 위한 평가방법으로 사용하고 있으며 상속세법에서 정한 평가방법과 기준을 적용하여 평가하는 방법이다. 기업의 가치가 어떻게 되든 특히 비상장기업의 경우에는 과세 목적으로 상속세법의 적용을 가장 우선시하기 때문에 이에 대한 평가방법 및 평가금액도 참고하여야 한다.

세법에 의하여 평가하는 경우 상장기업은 실제보다 훨씬 저평가되게 나타날 것이며 하향곡선을 나타내고 있는 기업의 경우 실제보다 높게 평가되는 문제를 가지고 있다.

2.4 장부가액에 의한 평가방법

기업이 공표하는 재무제표상의 장부가액을 기준으로 기업가치를 평가하는 방법인데 이러한 방법으로 기업의 가치를 합리적으로 평가하기는 곤란하다고 할 수 있다.

2.5 기업가치의 하한

현재의 회사를 아무런 조건없이 해산하는 경우 순수하게 주식대금으로 회수할 수 있는 금액을 의미한다.

○ 주식가격의 하한의 구성
- 모든 자산의 시가에 의한 처분
- 관련 세금의 납부(법인세특별부가세, 사업연도의 법인세, 청산소득에 대한 법인세, 주민세 등의 납부)
- 모든 채무자에 대한 채무 변제
- 근로자들에 대한 퇴직금 지급 후 잔존 순자산 가액을 지분비율에 의하여 배분한 금액

기업가치의 하한으로 결정된 금액은 해당기업의 무형의 가치를 전혀 무시하고 보유하고 있는 자산과 부채만을 상대로 기업가치를 산정하는 것이기 때문에 현실적으로 기업을 평가하는 지표로 사용되기는 곤란하다.

제 2 절 M&A의 기업가치평가

이론과 실무면에서 사용되고 있는 여러 가지 기업가치평가방법들을 간단히 살펴보고 기업합병의 재무적 평가를 위하여 현금인수·합병과 주식교환합병의 2가지 경

우에 초점을 맞추어 설명하고자 한다.

1. M&A의 기업가치평가

M&A시 기업가치평가는 인수할 대상기업의 인수가격을 얼마로 할 것인가를 결정하기 위해서 그 기업에 대해서 기업가치를 분석, 평가, 산출하는 것이다. 기업가치평가의 목적은 합병협상과정에서 인수가격이나 주식의 교환비율 등 재무분석(financial analysis)을 통해서 합리적인 인수가격을 결정하기 위해서이다.

합병결과로 기업이 이득을 보는지 아니면 손실을 보는지는 구체적으로 합병의 기대이익수준과 합병비용인 인수가격 및 합병조건에 달려 있다.

M&A 대상기업의 가치평가는 기업이 현재 보유하고 있는 유형·무형의 모든 자산들의 미래 수익창출능력이 얼마나 될 것인가에 대한 가치부여라고 할 수 있다.

그러나 M&A시 기업가치를 평가함에 있어서는 평가상 다음과 같은 한계와 특수성을 가지고 있다. 즉, M&A 대상기업에 대한 객관적인 평가기준이 존재하지 않는다는 것이 M&A 기업가치평가에 직접적인 어려움이 되고 있다.

예를 들면, 우호적인 M&A의 경우 매도자, 매수자 쌍방이 상호 협상을 거쳐 타협과 양보에 의해 결정되는 과정에서조차도 각자의 기준에서 M&A 대상기업에 대한 가치를 평가할 것이기 때문이다. 특히, 적대적인 M&A에 있어서는 피인수회사의 내부정보(inside information)에 접근이 불가능하고 숨겨진 부채나 문제점들이 노출되지 않는 경향이 있다. 더욱이 비우호적인 인수과정에서 나타나는 시간 끌기와 지연에 의하여 인수에 관심이 있는 기업끼리 가격경쟁(bidding war)을 일으키는 경우도 있다.

그러나 M&A 대상기업의 평가는 여러 가지 평가변수를 전제로 해야 하는 바, 그 중 다음과 같은 몇 가지 요소로 인해 평가액이 달라질 수밖에 없음을 유의해야 한다.

① M&A 대상기업의 가치는 누가 평가하느냐에 따라 달라짐

우선 평가자가 매도자 입장인지 매수자 입장인지에 따라서 기업가치는 차이가 있을 수밖에 없다. 즉, 한쪽은 비싸게 받으려 하고 다른 한쪽은 싸게 사려 할 것이다.

예를 들면, 매도자측은 당해기업을 일구어 내기까지의 투자액, 그에 따른 노력, 시간, 또는 당해기업의 부동산시세 등을 강변할 것이다. 매수자측은 당해 기업을 인수했을 때의 수익성 또는 시너지효과가 주요 관심사가 될 것이다. 그리고 매수자가 누구냐에 따라 기업가치는 달라진다. 즉, 자금만 가지고 새로운 사업을 시작하려는 매수자와 M&A 대상기업과 유관한 사업체를 운영하고 있어 적지 않은 시너지효과가 기대되는 매수자가 부여하는 기업가치는 동일할 수가 없다.

그리고 매수자가 재벌기업인지 중견기업인지의 여부, 또는 유통망을 기대하는지 유리한 입지조건을 기대하는지의 여부, 유능한 기술인력을 기대하는지 그리고 다각화를 목적으로 하는지 수직계열화를 목적으로 하는지의 여부에 다라 기업가치가 달라진다. 한편, 우호적인 M&A에서는 매도자가 약자의 입장인 경우가 일반적인데 왜냐하면 수요자가 한정될 수밖에 없기 때문이다.

② 기업가치를 평가하는 시점에 따라 평가액이 달라짐

매도자측 입장에서 보면 당해 기업의 자금난이 심하여 급매물이라면 당연히 가치가 하락할 수밖에 없다. 그리고 당해 기업이 속한 산업이 경기순환 과정상 호황국면인지 하강국면인지, 그리고 사양산업인지 성장산업인지 여부 또는 당해 기업의 영업실적추이가 증가하고 있는지 감소하고 있는지도 평가액에 반영된다.

③ 기업가치평가는 기업의 매각사유와도 관련이 있음

노동집약적 산업(labor-intensive industry)이라서 과도한 인건비로 인해 수익성이 저하되는 기업 또는 경쟁이 심하여 더 이상 성장이 기대되지 않는 한계기업이기 때문에 매각하는 것인지, 후계자가 적절치 않아서 매각하려는 것인지, 기업가의 개인부채를 상환하기 위해 부득이 회사를 매각하려는 것인지, 자금난으로 인해 매각하려는 것인지, 기술개발자금을 마련할 길이 없어 매각하려는 것인지의 여부에 따라 평가액이 달라질 수밖에 없다.

또한, 당해기업의 경영권을 포함하여 매각하는지 또는 경영권 없이 일부지분만을 넘기려는 것인지의 여부에 따라서도 가치가 달라진다. 매수자 입장에서 당해 기업이 핵심가치가 무엇인지에 따라 평가가 달라진다. 예를 들면, 어느 기업의 기술력이 또는 유통망이 탐나서 매수하려는 것이라면 당해 기업의 부동산에 대한 가치는 중요성이 떨어질 수밖에 없을 것이다.

2. M&A의 기업가치평가방법

M&A는 본질적으로 재무·투자결정문제와 직접적으로 관련되어 있다. 따라서 M&A 기업가치평가는 순현재가치법(NPVM : Net Present Value Method)에 의하여 이루어진다. 그 동안 다수의 연구자들은 정확한 기업가치를 계산하고자 그들 나름대로 통계적 기법을 사용하여 기업의 미래를 예측하였다. 그러나 이러한 예측방법들은 근사치만 제공하게 된다. 기업의 가치평가에 가장 많이 사용되는 방법은 기업의 미래현금흐름을 현재가치로 할인하는 현금흐름할인법이다.

그러나 현금흐름할인법을 사용할 때 필요한 자료가 부족하여 현금흐름, 할인율, 그리고 계속가치를 평가하기가 어려운 경우가 있다. 이러한 경우에는 주가수익률(PER)을 근거로 하여 가치를 구하거나 매수대상기업이 속한 산업이나 시장에서 인정되는 배수를 곱하는 방법에 의해 가치를 구할 수 있다.

M&A 기업가치평가는 대상기업이 상장회사라면 객관적인 평가기준인 주가를 기준으로 할 수 있겠으나 비상장회사의 경우 시장가치자료를 알 수 없기 때문에 일정한 방법으로 가치를 평가할 수밖에 없다. M&A 대상기업 평가방법은 기본적으로 다음과 같이 3가지로 구분된다.

① 자산가치평가방법

기업이 보유하고 있는 순자산(총자산-부채)의 가치를 평가하는 방법인데 이해가 쉽고 간편하며 객관적이라는 면에서 과거 가장 일반적으로 많이 사용되어 왔던 방법이다.

② 수익가치평가방법

수익가치평가방법은 기업의 현재 재무상황보다 기업의 미래수익창출능력을 기업가치로 하여 평가하는 방법인데 향후 영업을 통해 기대되는 순현금흐름(net cash flow)이 얼마나 될지를 추정해야 하는 어려움이 있으나 기업의 내재가치를 가장 잘 반영한다고 볼 수 있다.

상기 자산가치와 수익가치는 기업의 내재적인 가치를 평가한다는 측면에서 본질가치라고 하며 기업공개를 위한 주식평가에 적용되는 평가기준인 '유가증권 인수업무에 관한 규정'에는 자산가치와 수익가치를 1 : 1.5로 가중평균한 가치를 본질가치로 평가한다.

③ 상대가치평가방법

M&A 대상기업과 동일한 업종에 속하는 기업의 주가나 동일업종의 M&A 거래실례를 참고하여 평가하는 방법이다. 그러나 비교 가능한 유사상장기업이 존재하지 않거나 기업의 규모에 차이가 클 경우 또는 주당 경상이익과 순이익 간의 차이가 클 경우에는 그 실효성이 없게 된다. 그리고 동일업종의 M&A 거래실례는 기업가치평가에 매우 유용한 정보이나 정보를 입수하기 어려운 단점이 있다.

이상에서 설명한 기업가치평가방법을 요약하면 〈그림 14-2〉와 같이 정리할 수 있다.

〈그림 14-2〉 기업의 가치평가

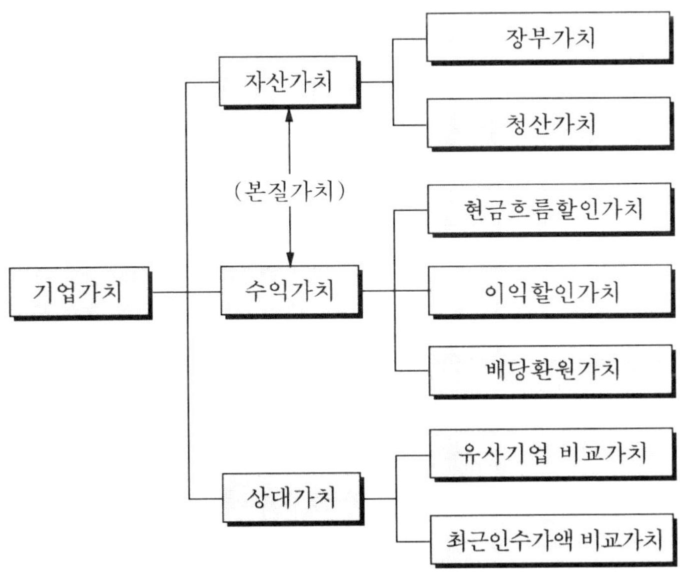

3. M&A의 재무적 평가

M&A는 어떤 형태로든지 기업의 실질적인 경제가치를 창출할 경우에만 이루어진다고 전제할 수 있다. 이러한 가치창출은 시너지와 같은 영업상의 효율성이나 자본시장에서의 자본조달과 신규시장진출의 용이성, 원자재의 보다 안정적인 확보, 판로개척, 세제상의 이점 등 기업의 현금흐름을 호전시킬 수 있는 요인들로부터 발생된다고 할 수 있다.

합병시 재무적 평가로서 인수기업이 인수대상기업에게 지급하게 될 대가가 현금인 경우와 주식인 경우로 구분하여 살펴보고자 한다.

3.1 합병가치와 프리미엄

기업합병의 결과로 기업이 이득인지 손실인지는 M&A에 따른 비용(cost)보다는 수익(benefits)이 더 클 때에 알 수 있으며 그 차액이 이익일 때 M&A의 프리미엄이라고 한다. 이와 같은 요건이 충족되어 M&A가 이루어질 경우 M&A 후 결합된 기업의 가치는 인수기업(acquiring firm)의 가치와 인수대상기업(target firm)의 가치, 그리고 합병에 따른 이득의 가치를 합한 것과 동일하게 된다. 즉

$$V_m = V_a + V_t + PV_{sy}$$

단, V_m = 합병 후 결합된 기업의 가치
V_a = 합병 전 인수기업의 가치
V_t = 합병 전 인수대상기업의 가치
PV_{sy} = 시너지효과의 현재가치

가 된다 여기서 시너지효과의 현재가치인 PV_{sy}라는 것은 M&A가 이루어지지 않으면 기대할 수 없는 가치이며 M&A가 성사되었을 때만이 합병기업측에 주어지는 현금의 현재가치의 합이다. 이 경우 인수기업이 인수대상기업에게 지급해야 할 최대의 금액은 $V_t + PV_{sy}$가 되며 만일 이보다 더 많이 지급하면 이 경우의 합병결과

는 손실이 되는 것이다.

한편, 인수대상기업의 입장에서 보면 M&A의 대가가 합병 전의 가치인 V_t보다 작게 된다면 합병제의를 받아들이지 않을 것이다. 따라서 합병의 성사 여부는 합병가격 P는 V_t보다는 크고, $V_t + PV_{sy}$보다는 작은 범위내에서 양측의 교섭노력에 의해서 결정된다고 할 수 있다.

$$V_t \leq P \leq V_t + PV_{sy}$$

이 경우 인수대상기업에 지급되는 가격 P와 합병 전 인수대상기업의 가치인 V_t와의 차액을 합병프리미엄(merger premium)이라고 한다. 이것은 인수기업의 입장에서 합병비용이 되고 피인수기업의 입장에서는 합병의 이익이 된다. 즉

$$\begin{aligned}\text{합병프리미엄} &= \text{피인수기업의 이익} \\ &= \text{지급한 현금액}(P) - \text{합병 전 피인수기업가치}(V_t)\end{aligned}$$

따라서 인수기업의 이익은 시너지효과에서 합병비용을 차감한 것으로 다음과 같이 정의된다.

$$\begin{aligned}\text{인수기업의 이익} &= \text{시너지효과} - \text{합병비용} \\ &= PV_{sy} - (P - V_t) \\ &= V_m - (V_a + V_t) - (P - V_t) \\ &= V_m - V_a - P\end{aligned}$$

결국, 인수기업의 이익은 결합 후 기업가치에서 현재기업가치와 현금지급액을 차감한 것이다. 여기서 만일 합병프리미엄이 0이라면 인수대상기업의 주주는 기업매각의 유인(incentive)이 없을 것이다. 반대로 프리미엄이 너무 커서 합병으로 인한 이득 PV_{sy}보다 크다면, 이번에는 인수기업에게 유인이 존재하지 않게 될 것이다.

3.2 현금인수에 의한 M&A

M&A시 인수기업이 인수대상기업을 현금으로 인수할 경우의 평가방법이다. 예를 들면, 인수기업 A와 인수대상기업 B의 가치가 각각 800억원, 100억원이며, 두 기업은 모두 부채없이 자기자본에 의해 자본을 조달한다고 가정하자. 그리고 만약 기업 A가 유보이익을 이용하여 기업 B를 인수한다면, M&A 후 결합기업의 가치는 100억원의 시너지가 발생하여 1,000억원의 가치를 갖는다.

기업 B의 이사회는 현금으로 140억원을 준다면 기업 B를 매각할 수 있다는 의견을 제시하였다. 이와 같은 경우 기업 A는 기업 B를 인수하여야 하는가?

인수기업 A가 대상기업 B를 인수하는 경우 얻을 수 있는 순현가(NPV)는 다음과 같이 구할 수 있다.

$$
\begin{aligned}
NPV &= [PV(A+B) - (PV(A) + PV(B))] - [\text{기업 } B\text{의} \\
&\quad \text{현금가격} - PV(B)] \\
&= [1{,}000\text{억원} - (800\text{억원} + 100\text{억원})] - (140\text{억원} - 100\text{억원}) \\
&= 100\text{억원} - 40\text{억원} \\
&= 60\text{억원}
\end{aligned}
$$

또는

$$
\begin{aligned}
NPV &= \text{합병 후 기업 } A\text{의 가치} - \text{합병 전 기업 } A\text{의 가치} \\
&= [PV(A+B) - \text{기업 } B\text{의 현금가격}] - PV(A) \\
&= (1{,}000\text{억원} - 140\text{억원}) - 800\text{억원} \\
&= 860\text{억원} - 800\text{억원} \\
&= 60\text{억원}
\end{aligned}
$$

기업 A가 기업 B를 인수하는 경우의 순현가는 60억원이므로 기업 A는 기업 B를 인수하여야 한다. 그리고 만약 기업 A의 총발행주식 수가 20만주라고 한다면, 합병

전 기업 A의 주가는 40,000억원(800억원/200만주)이나, 합병 후 기업 A의 주가는 43,000원(860억원/200만주)으로 상승하게 된다. 이와 같은 계산과정은 〈표 14-1〉과 같다.

〈표 14-1〉 현금에 의한 M&A의 평가

구 분	합병 전		합병 후
	기업 A	기업 B	
시 장 가 치	800억원	100억원	860억원
총발행주식수	200만주	50만주	200만주
주 가	40,000원	20,000원	43,000원

3.3 주식교환에 의한 M&A와 효과

M&A가 주식교환(stock exchange) 방법에 의해서 이루어질 경우, 주식교환비율(exchange ratio)의 결정이 가장 중요한 문제가 된다. 즉, 인수대상기업의 주식 1주에 대해서 인수기업의 주식 몇 주를 교환해 줄 것이냐를 정하는 교환비율의 결정방법에는 ① 주당이익비교 ② 시장가치비교 ③ 장부가액비교 등이 있다. 이들 방법에 대해서 살펴본다.

(1) 주당이익의 비교방법

합병을 평가하는데 있어서는 합병한 후에 존속하게 될 인수기업의 주당이익(EPS : Earnings Per Share)에 합병이 미칠 영향을 고려하는 것이 가장 중요하다. 이는 합병당사기업 간에 있어서 주식의 교환조건을 결정하는 데 가장 큰 역할을 하는 요인이 된다. 예를 들면, 인수기업 A가 인수대상기업 B를 흡수합병하기로 결정하고 주식교환비율을 타협하고 있는데 A, B 두 기업의 합병 당시 재무자료가 〈표 14-2〉와 같다고 가정하자. A기업이 B기업을 합병하려고 할 경우 양측의 보통주 교환비율을 어느 정도로 할 것인가에 대해서 알아본다.

〈표 14-2〉 A, B 기업의 재무상태

	A 기업	B 기업
· 현재의 보통주 이익	100억원	22.5억원
· 발행주식 수	250만주	150만주
· 1주당 이익(EPS)	4,000원	1,500원
· 주식의 시장가격	28,000원	7,500원
· 주가 · 수익비율(P/E)	7배	5배

먼저 B기업이 자사주식의 시장가격을 10,000원으로 계산하여 인수기업의 A주식과 교환하기로 합의했다고 가정한다면, 주식교환비율은 약 0.357(10,000원/28,000원)이 되어 인수대상기업인 B의 보통주 1주당 A기업의 보통주 0.357주를 교환받게 된다.

따라서 A기업은 B기업을 흡수합병하는 데 약 89.25만주(250만주 × 0.357)의 새로운 주식을 발행해야 하며 M&A 후 기업 A기업의 새로운 주당이익(EPS)은 〈표 14-3〉과 같이 계산할 수 있다.

〈표 14-3〉 M&A 후 A 기업의 주당이익 ①

	A 기 업	산 출 근 거
보통주 이익(A+B)	122.5억원	100억원+22.5억원
발행주식 수	339.25만주	250만주+89.25만주
1주당 이익(EPS)	3,610.9원	122.5억원÷339.25만주

M&A 결과 A기업의 주당이익은 3,610.9원으로 합병 전 주당이익 4,000원보다 389.1원이 낮아졌음을 알 수 있다. 반면에 B기업의 주당이익은 M&A 전에는 1,500원이었으나 합병 후에는 A기업의 0.357에 해당하는 1,289원(3,610.9원×0.357)이 되어 기존 주주의 주당이익은 211원이 낮아진 것이다. 이 경우는 A, B기업이 동시에 기존주주에게 불리한 교환조건임을 알 수 있다. 만일 A, B 두 기업이 당초의 재무상태인 주식의 시장가격으로 교환하기를 합의했다면 주당이익은 양 기업이 각각 다음과 같이 달라진다.

즉, 주식교환비율은 0.268(7,500원/28,000원)이 되어 B기업의 보통주 1주당 A기업의 보통주 0.268주를 교환해 주게 된다. 따라서 A기업이 B기업을 합병하는 데 67만주(250만주 × 0.268)의 신주를 발행해야 한다.

〈표 14-4〉 M&A 후 A 기업의 주당이익 ②

	A 기 업	산 출 근 거
보통주 이익(A+B)	122.5억원	100억원+22.5억원
발행주식수	317만주	250만주+67만주
1주당 이익(EPS)	3,864.3원	122.5억원÷317만주

이 경우 합병기업인 A의 1주당 이익(EPS)은 〈표 14-4〉와 같게 된다. 이 경우에는 M&A 후 A기업은 1주당 이익이 3,864.3원이 되어 M&A 전보다 주당 135.7원이 하락하였으며 B기업도 합병 후 1,035.6원(3,864.3×0.268)으로 합병 전보다 464.4원이나 낮아졌음을 알 수 있다.

이와 같이 첫 번째와 두 번째의 주식교환비율에 의한 A, B 양 기업의 합병교환비율은 서로 불리한 것으로 나타났으며 이런 경우는 상호협의하여 합병비율을 조정할 수 있다.

그러나 주당이익을 기준으로 합병조건을 평가할 때는 다음 2가지 문제점이 발생한다.

① 주당이익(EPS)은 일정한 회계적 절차를 거쳐 측정되는 회계적 수치이기 때문에 합병에 따른 성장성과 시너지효과 등의 경제적 효과를 적절하게 반영하지 못하는 점이다.

② 주당이익 그 자체는 화폐의 시간적 가치(time value of money), 성장성, 위험성 등을 무시한 측정치이기 때문에 장기적인 영향을 평가하여야 하는 합병분석에는 적절치 못한 경우도 있다는 점이다.

이러한 문제점 때문에 주당이익보다 성장성과 시너지효과를 감안하여 합병 후에 변화하게 될 미래이익을 반영한 기대주당이익(expected earnings per share)을 기준으로 하는 평가방법을 사용하는 것이 보다 합리적이다. 만일 기업이 합병조건을 결정하는데 있어서 합병 직후의 기존 주주의 1주당 이익만을 고려한다면 위의 두 번째 경우와 같이 합병 직후 기존 주주의 1주당 이익만이 하락하는 경우에는 합병이 불가능할 것이다. 그러나 이러한 분석방법은 합병으로 인하여 장래이익이 성장하리라는 가능성을 고려하지 않고 있다. B기업의 미래이익에 대한 전망이 A기업의 그것보다 양호하다고 한다면 위의 두 번째 경우와 같이 높은 교환비율도 정당화될 수 있다.

이 경우 합병 직후에 있어서 기존 주주의 주당이익은 하락하게 되지만 합병되는 회사가 급격히 성장하게 되면 결과적으로 〈그림 14-3〉과 같이 '합병효과와 기대주당이익'과 같이 합병하지 않는 상태보다 상대적으로 주당이익을 높여줄 수 있기 때문에 시너지효과가 나타난다.

시너지효과란 합병 후 회사의 이익이 기존회사의 이익과 합병되는 회사의 이익을 단순히 합한 것보다 크게 나타나게 되는 것을 의미한다. 합병을 하게 되면 전술한 바와 같이 합병의 경제적 효과로 인하여 보다 큰 이익이 실현될 수도 있다.

〈그림 14-3〉 합병효과와 기대주당이익

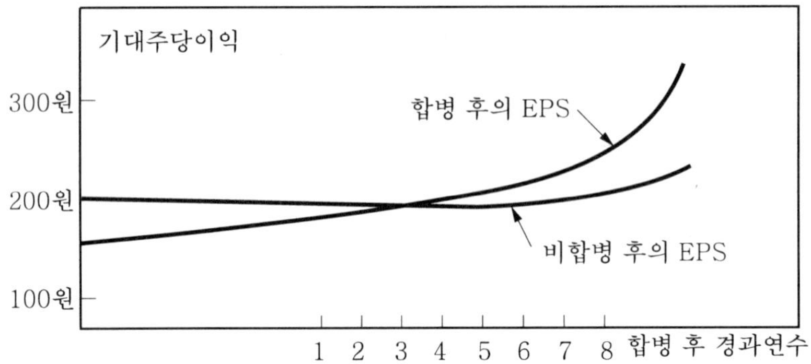

(2) 시장가격의 비교방법

M&A를 위해서 교환비율을 결정할 경우 1주당 이익의 비교 이외에 주식의 시장가격(market price per share)을 가지고 비교하는 경우도 있다. 기업이 공개되어 그 주식이 광범위하게 분산소유되어 있고 주식시장에서 활발하게 거래되고 있을 경우 해당주식의 시장가격은 그 회사의 기대이익, 위험, 자산가치 등을 고려하여 객관적으로 평가된 내재가치(intrinsic value)를 나타낸다는 가정하에 시장가격을 비교하여

주식교환비율을 결정하는 방법이다.

이 경우 주식교환비율(r)은 단순히 합병기업의 1주당 시장가격(P_a)에 타협된 상대적 교환비율(S_0)을 곱하여 대상기업의 1주당 주식의 시장가격(P_b)으로 나누어주면 된다. 따라서 이는 다음 식과 같이 나타낼 수 있다.

$$r = \frac{P_a \cdot S_0}{P_b}$$

예를 들면, C기업과 D기업이 합병협의 중에 있는데 C기업 주식의 시장가격이 30,000원이며 D기업 주식의 시장가격이 15,000원이라고 가정하자. 상대적 교환비율에 의해서 C기업의 주식 1/2주에 대해 D기업의 주식 1주를 교환하기로 한다면 시장가격에 의한 교환비율(r)은 다음과 같이 1이 된다.

$$r = \frac{30,000(0.5)}{15,000} = 1.0$$

그러나 대체적으로 합병기업은 인수대상기업에 대해 시장가격에 의한 상대적 교환비율을 높여 대상기업의 주주들에게 유인을 제공하는 것이 일반적인 현상이기 때문에 이 경우 상대적 교환비율(S_0)은 0.5보다 높은 비율이 제시된다. 만일 C기업이 D기업에 대하여 S_0를 0.6으로 제시했다고 하면 주식교환비율은 1.2가 된다.

만일 C, D 양 기업의 보통주이익과 주식발행 수가 〈표 14-5〉 'C, D 기업의 재무상태'에 주어진 바와 같으며 위에서 제시한 바와 같이 상대적 교환비율을 0.6으로 제시했다고 가정하자.

〈표 14-5〉 C, D 기업의 재무상태

	C 기업	D 기업
보통주이익	75억원	25억원
발행주식수	200만주	100만주
1주당 이익(EPS)	3,750원	2,500원
주식의 시장가격	30,000원	15,000원
주가·수익비율(P/E)	8배	6배

이 경우에 주식교환비율이 1.2이며 D기업의 주식 100만주에 대해서 60만주의 C기업의 신주를 발행하여야 한다. 이 결과 합병기업의 1주당 이익은 다음과 같다. 3,846.2원이 되며, 주가·수익비율(P/E)이 종전의 8배를 계속 유지한다면 주식의 시장가격은 3,769.6원이 될 것이다. 이와 같은 합병의 결과는 1주당 이익과 주식의 시장가격을 높여주기 때문에 C기업의 주주의 입장에서 매우 유리한 조건이 된다.

〈표 14-6〉 M&A 후 합병기업 C의 재무상태

	합병기업 C	비 고
보통주이익	100억원	75억원+25억원
발행주식수	260만주	200만주+60만주
1주당 이익(EPS)	3,846.2원	100억원/260만주
주식의 시장가격	30,769.6원	
주가·수익비율(P/E)	8배	

앞에서 설명한 예에서 알 수 있는 바와 같이 주가·수익비율이 높은 기업이 낮은 기업을 흡수합병할 때에는 어느 정도의 프리미엄을 제공해 주고도 합병 후 1주당 이익의 증가를 가져다 줄 수 있다. 만일 주가·수익비율이 합병 후 계속 동일한 수준을 유지해 준다면, 1주당 이익증가는 증가분 만큼의 시장가격의 증가를 나타내줄 것이다. 그러나 합병의 시너지효과(synergy effect)로 인해 1주당 이익이 합병 후 더욱 크게 신장된다면 주식가격도 크게 상승할 것이며, 따라서 주주에게는 큰 부(富)의 증가를 가져다주게 되는 것이다.

시장가치(주식가격)에 의해서 주식의 교환비율을 결정할 경우에는, 앞의 예에서 볼 수 있는 바와 같이 시너지효과에 의한 이익의 변동과 시장가격의 변동이 매우 중요한 요인이 된다. 따라서 주식의 시장가격이 높은 수준을 유지하고 있을 경우에는 인수대상기업측에서 합병에 적극적인 자세를 보일 것이며, 그렇지 못한 경우에는 매우 소극적일 것이다. 경우에 따라서는 일정기간 동안의 정상적인 시장가격(normalized market prices)을 합병의 근거로 삼을 수도 있으나 대개는 현재의 시장가격이 주식교환비율결정의 기초가 된다.

주식교환비율을 결정할 경우 이상에서 제시한 주당이익과 시장가격의 비교 이외에 장부가격(book value)을 비교하여 결정하는 경우도 있다. 그러나 이 방법은 장부상 가액이 시장가치보다 월등히 높은 경우에 한하여 이용된다. 또한, 상장되지 않은 비공개기업의 경우에는 주식교환비율이 보다 복잡하게 된다.

제15장

전략적 제휴

제1절 전략적 제휴

1. 전략적 제휴의 개념

전략적 제휴(strategic alliance)의 형태는 장기구매계약에서부터 공동마케팅, 라이센싱계약, 연구개발 협력, 합작사업에 이르기까지 다양하다. 따라서 전략적 제휴에 관한 정의도 다양하나 다음 3가지 공통점을 포함하고 있다.

① 전략적 제휴는 원칙적으로 사전에 규정된 목표를 지닌 독립적인 기업 간의 외부관계를 의미함

전략적 제휴는 각 참가기업의 기업사명과 연결된 개별적인 목표들을 공동으로 달성하기 위해 자율적 조직들의 자원과 통제구조를 활용하는 흐름과 연결관계를 포함하는 비교적 지속적인 기업간 협력계약으로 정의하기도 한다.

이러한 측면에서 전략적 제휴는 통상적인 구매자-판매자 관계 및 완전한 인수나 합병과는 구분된다고 할 수 있다.

② 전략적 제휴는 '전략적'이라는 용어가 지칭하는 것처럼 기업들의 미래지위를 개선하기 위해 사전에 장기적 목적 및 목표를 설정하여 형성하는 협력적 관계를 의미함

이런 측면에서 Faulker(1995)는 전략적 제휴를 '파트너들이 장기적으로 상호노력(collaborative efforts)과 공통적 지향점(common orientation)을 공유하는데 상당한 투자를 하는 조직간 협력적 계약'으로 정의하고 있다.

③ 전략적 제휴는 복수의 독립기업이 서로 경쟁우위(competitive advantage)를 확보하고 유지하기 위해 지속적으로 동태적 관계(dynamic relationship) 및 네트워크를 구성하는 것을 의미함

전략적 제휴를 형성하는 파트너들은 자원을 투자하며 한편으로 상대방의 자원에 접근함으로써 조직에 학습기회를 제공하게 된다(Spekman et al., 1998). 이런 측면에서 전략적 제휴는 복수의 독립된 조직의 자원과 통치기구에 의해 형성되는 지속적 협력관계로서 기술제휴, 공동연구개발, 생산 및 마케팅제휴, 주식상호소유, 합작기업 등의 다양한 형태를 포함한다(Ohtaki, 1991).

1.1 전략적 제휴의 이론

전략적 제휴는 수직적 비통합, 제품수명주기(product life cycle)의 단축, 소요자본의 증가, 학습을 통한 경쟁력 증대 등을 달성하기 위해 신속하게 증가하고 있다. 전략적 제휴의 이론적 배경으로는 거래비용이론, 자원의존이론, 조직학습, 경쟁전략관점 등이 제시되고 있다. 거래비용이론은 경제적 거래의 위험에 대한 효율적인 해결책으로서 전략적 제휴를 형성한다고 보고 있으며, 전략적 행위관점은 시장지배력을 증가시키기 위하여 경쟁기업과 협약을 하며, 조직학습은 조직지식의 교환과 모방의 수단으로서 전략적 제휴가 이루어진다고 보고 있다. 자원의존이론은 거래비용의 절감(reduction of transaction cost)을 이루면서 자율성을 유지하기 위해 합병이나 인

수보다 전략적 제휴가 선호되는 것으로 보고 있다.

거래비용이론에 따르면 환경불확실성(environmental uncertainty), 거래의 중요성, 거래특정적 투자 등이 거래비용에 영향을 미치며, 기업은 이러한 거래비용을 줄이기 위해 다양한 형태의 비시장적 거래형태를 취하게 된다.

Hennart(1988)는 합작사업의 형성을 거래비용을 이용하여 설명하고 있다. 즉, 모기업이 시장실패(market failure)를 내부화하려고 할 때 규모의 경제(economies of scale)와 범위의 경제(economies of scope)에 따른 불가분성 때문에 관련자산을 완전소유하는 것이 비효율적일 경우나, 이들 자산이 기업특정적인 공공재(public goods)이고 이러한 자산을 소유하는 기업을 매수하는 것이 심각한 경영비용을 수반하는 것일 때 둘 또는 그 이상의 자산의 서비스에 대한 시장의 동시적 실패상황에서 합작사업이 생겨난다.

자원의 의존관점에서는 환경을 희소자원과 다른 조직에 대한 의존성의 원천으로 보고 있다. 의존성은 교환관계와 직접 관계가 있고 교환되는 항목의 중요성과 정비례하여 증가하고 공급대체안의 수와 역의 관계를 갖는다. 여기서 균형(equilibrium)은 기업의 자원접근능력과 자원분배능력 사이에서 달성되어야 한다. 상대방자원에 대한 의존이 증가하면 전략적 취약 상태로 바뀌어 자율성을 상실하게 된다(Spekman and Sawhney, 1990). 따라서 교환당사자들은 거래비용의 최소화(minimization of transaction cost)와 바람직한 수준의 통제와 자율성을 달성할 수 있는 균형상태에서 관계를 형성하게 된다.

제휴는 또한 학습을 촉진하기 위해 형성된다. 예를 들면, 학습은 혁신적 신기술이나 재무, 마케팅, 생산 등의 전문적 능력에 접근하는 것을 가능하게 해 주며 이러한 접근을 통해 시장도달시간을 단축할 수 있다(Spekman et al., 1998).

Badaracco(1991)는 다수의 제휴관계들이 체계화된 지식의 특성을 반영한다고 주장한다. 어떤 조직이 다른 조직의 일상적 과정에 체계화된 지식을 배우기 위해서는 그 기업은 서로 복잡하고 밀접한 관계를 형성해야만 한다. 기업이 다른 기업과 지식을 공유함으로써 새로운 지식을 창출하고자 하는 경우에는 함께 일하는 인력들 사이의 지식연계관계를 만들어내야 한다.

거래비용이론은 기업이 생산비용과 거래비용의 합을 최소화하는 방법으로 거래를 한다고 가정하는데 비해, 전략적 행위관점은 기업이 경쟁기업에 대한 자신의 경쟁적 지위를 향상시켜 이익을 최대화하는 방법으로 거래를 한다고 가정한다. 이러한 경쟁지위 개선의 예로는 경쟁기업의 원자재 공급원천의 박탈, 과점적 경쟁의 안정화, 잠재적 진입의 지연, 경쟁기업의 지위 잠식 등을 생각할 수 있다(Kogut, 1988).

Gaister and Buckley(1996)는 전략적 제휴의 동기를 위험공유, 생산합리화(rationalization of production)와 규모의 경제, 기술이전, 특허권 교환, 경쟁의 관리, 정부정책에의 대응, 국제적 확장, 수직적 연결, 시장지위강화로 분류하면서 거래비용이론은 위험공유, 기술이전, 특허권 교환, 수직적 연결을 설명하는 데 유용하다. 또한, 자원의존이론은 수직적 연결을 설명하는 데, 조직학습은 생산합리화와 규모의 경제성과 시장지위의 강화를 설명하는 데, 그리고 전략적 관점은 경쟁관리, 국제적 확장, 시장지위의 강화를 설명하는 데 유용하다고 평가하고 있다.[1)]

1.2 전략적 제휴의 동기

기업이 성장을 하는 방법에는 여러 가지가 있다. 기업의 내부자원을 이용하여 자체적인 개발이나 투자를 하거나, 또는 다른 기업에 의해서 이미 만들어진 외부자원을 사용할 수도 있다. 후자의 경우에도 인수나 합병에 의해서 기업의 지배권을 획득하는 것이 유일한 방법은 아니다.

합작투자(joint venture)나 지분참여(partnering) 등의 동업관계, 사업 전체를 대상으로 하지는 않고 기술이나 판매와 같은 특정 분야에 대하여서만 상호 협력하는 업무제휴(functional alliance), 상호특허사용계약(cross licensing) 등 다양한 형태의 방법이 이용될 수 있다. 이와 같이 기업들 간에 특정 사업 및 업무분야에 걸친 협력관계를 전략적 제휴라고 한다.

기업이 인수 혹은 합병에 의해서 성장을 도모하는 데는 많은 제약과 위험이 수반된다. 그것은 자금조달능력 그리고 조직이나 문화가 다른 별개의 기업실체에 대한 수용능력과 같은 인수자 자체의 문제점뿐만 아니라, 대상기업이 가지고 있는 주요한 결함들을 발견하지 못하거나 적절한 통제수단을 가지지 못함으로 해서 위험에

---

1) 남수현 외 4인, "중소기업의 전략적 제휴의도에 영향을 미치는 요인에 관한 연구," 『한국중소기업학회』, 제22권 1호(2000년 6월), pp. 95-97.

직면할 수도 있다. 이와 같은 문제점들을 극복하고 또한 기업의 성장이라는 본래의 목표를 달성하기 위해서 타 기업에 대한 매수를 고려하기 전에 전략적 제휴의 가능성을 검토해 보아야 한다.

M&A에 비해 제휴방법이 가지고 있는 장점은 제3의 기업실체를 매수하는 것보다 보통은 적은 자본으로도 사업을 시작하거나 기존의 사업계열에 제품이나 서비스를 추가할 수 있고, 상호 협력하에 시장진출을 좀더 신속히 할 수도 있으며, 위험에 대한 노출을 감소시켜 줌으로써 성장계획의 성공적인 달성기회를 제고시킬 수 있다는 데 있다.

또한, M&A를 대체할 수 있는 수단인 전략적 제휴의 방법에는 제한이 없으며, 그런 방법들을 구체적으로 규정할 필요도 없다. 그것은 오히려 각자의 목적을 달성하기 위한 가장 적절한 형태의 협력관계를 창출해 내려는 당사자들의 사고에 방해가 될 수 있다. 이는 기업이나 그 내부의 개별사업단위별로 필요한 제휴방법이 각기 상이하기 때문이다. 그것은 창의성과 고도의 테크닉이 필요한 일종의 퍼즐게임(puzzle game)이라고 할 수 있는데 전문가의 도움이 있다면 좀더 용이하게 해결할 수 있을 것이다.

1.3 전략적 제휴의 목적[2)]

기업이 목표로 하고 있는 시장에 진출하기 위해서 해당 시장에 이미 진출해 있는 대상기업을 매수하여 단독으로 사업을 경영하지 않고, 현재 혹은 장래 경쟁관계에 있는 기업들과 제휴에 의한 동업관계를 맺는 이유는 무엇인가? 그 구체적인 목적을 알아보기 전에 제휴가 가지고 있는 속성을 파악하는 것이 도움이 된다.

(1) 제휴의 속성

기업 간의 협력관계인 제휴는 그들 제휴선 간의 상호보완적인 제품(mutually complementary products), 시설, 기능 및 기술을 공유하는 목적을 띤 일련의 벤처(venture)로서 대체로 다음과 같은 속성을 가지고 있다.

---

2) 이덕구 외, 『M&A실무』, 조세통람사, 1998. 3, pp. 88-95.

① 구성의 독자성 유지

제휴선은 그들 각자의 독자성을 그대로 유지하면서 제휴에 참가하게 된다. 그러나 비록 제휴가 일반적으로 일정한 업무영역에 대해서만 이루어지는 것으로 관계설정이 된다고 하더라도 실제로 제휴와 관련되는 영역과 그렇지 않은 영역을 구분하는 것은 용이하지 않다.

② 책임의 공유

각 제휴선은 자신의 사업의 정책결정에 참여하고 공헌한 부분에 대해서만 위험과 경영성과를 분담하는 것이 원칙이다. 이것은 제휴의 가장 기본적인 속성이기도 하다.

③ 자원의 지속적 투입

제휴사업을 지속해 나가는 데 있어 추가적으로 필요한 자원의 종류, 사용방법, 그리고 자원이전의 비용 등에 대한 제휴선 간의 합의와 함께 지속적인 투자가 수반되어야 한다.

④ 시너지효과

제휴선 간의 자원을 공유함으로써 규모의 경제나 학습효과를 얻을 수 있으며, 상호 긴밀한 협조를 이룸으로써 기회와 위험에 공동으로 대처할 수 있게 된다.

(2) 구체적 목표

전략적 제휴의 구체적인 목표에는 다음과 같은 것들이 포함된다.

① 제조원가의 절감

이것을 목표로 하는 기업들은 임금이 상대적으로 저렴한 저개발국가에서 그 해결책을 찾는다. 이 경우 양질의 제품 및 서비스를 위한 제조의 효율성 역시 고려의 대상이 된다.

② 새로운 시장의 개척

③ 시장진출을 위해 필요한 자금, 인력, 고객 등의 확보

④ 특정시장에서의 장기적 생존을 위해 필요한 기술의 취득

⑤ 회사나 개인의 명성의 활용

⑥ 서비스 능력의 개선

⑦ 정부관계의 개선

2. 전략적 제휴의 형태

전략적 제휴는 그 참여기업의 목적에 따라서 다양한 형태가 될 수 있다. 가장 보편적인 제휴의 방법으로는 합작투자(joint venture), 지분참여(partnering), 공동생산이나 공동연구개발 등의 업무제휴(functional alliances)를 지적할 수 있다. 이들의 특성은 제휴에 참가하는 기업들 자신의 취약부분을 보완해 줄 수 있도록 계약의 내용이나 상대방이 선택된다는 데 있다. 또한, 제휴는 국내기업간 뿐만 아니라 국내기업과 외국기업 간에도 발생할 수 있다.

2.1 제휴의 방식

제휴의 방식은 일반적으로 지분의 참여를 수반하지만, 반드시 그런 것만은 아니다. 참여기업들 간에 단지 상호특허사용계약이나 상호유통현장, 그리고 공동제품개발 등과 같은 업무제휴의 경우에는 지분에 대한 출자가 이루어지지 않는 것이 보통이다.

(1) 합작투자

합작투자(joint venture)는 제휴선들의 자본투자에 의해 법률적으로 독립된 하나의 사업체로 설립된 대표적인 자본제휴의 한 형태이다. 동업자들은 특정제품이나 시장에만 국한해서 협력관계를 맺고 그 밖의 제품이나 시장에서는 서로 계속 경쟁관계를 유지하는 것이 일반적이다. 이 경우의 협력관계는 생산이나 마케팅 혹은 연구개발과 같은 어느 한 업무분야에만 제한적으로 이루어질 수도 있지만, 여러 업무를 통괄하는 광범위한 범주에 걸쳐서 형성될 수도 있다.

(2) 지분참여

지분참여(partnering)는 진출을 희망하는 사업분야의 기존의 건실한 기업에 대해 그 지분의 일부를 취득함으로써 동업관계를 형성하는 것이다. 이 때 파트너들은 서로의 장점을 최대한 발휘하기 위해서 다양한 업무제휴를 도모하는 것이 일반적이다. 이와 같은 지분의 제휴는 당사자들 간에 유대관계를 견고히 해줌으로써 업무제휴의 성공가능성을 더욱 제고시키게 된다.

(3) 컨소시엄

컨소시엄(consortium)은 정부나 공공기관이 추진하는 대규모 사업에 여러 개의 업체가 한 회사의 형태로 참여하는 경우를 말하며, 그 구성방법은 주요 업체를 주축으로 크고 작은 업체들이 참여하는 것이 일반적이다. 최근 정부에서 추진했던 제 2 이동통신사업과 유선방송 프로그램 공급업체 선정 등이 좋은 예이다. 보통 컨소시엄을 구성할 때는 투자위험 분산, 부족한 기술의 상호보완, 개발이익의 균등분배 등이 고려되어야 한다.

(4) 업무제휴

업무제휴(functional alliances)는 생산, 마케팅, 연구개발 등 기업의 전반적인 업무 중 일부에 대해 제휴선들이 서로 협력관계를 맺는 것으로, 자본의 참여는 이루어지지 않는 것이 보통이다. 이와 같은 업무제휴의 주요 형태는 그 중요성과 다양성에 비추어 다음의 목차에서 제휴의 내용별로 살펴보고자 한다.

2.2 업무제휴의 내용

(1) 생산제휴

현대의 시장이 생산자 중심에서 소비자 중심으로 전환됨으로써 소비자 수요(consumer demand)의 변화에 신속히 대처하고, 비용절감을 통한 경쟁력을 제고시키기 위해 기업들은 제조과정에 있어 다양한 형태의 협력관계를 가지게 된다.

① 공동생산협약

기업들은 규모의 경제에 의해 생산비용의 절감을 이루기 위해서 경쟁관계에 있는 다른 기업과 공동생산을 도모한다. 이것은 주로 대규모 생산설비가 필요한 산업분야에서 주로 이용된다. 또한, 특정제품의 제조에 있어 기술이 부족할 경우 필요한 기술을 보유하고 있는 기업과 공동생산을 할 수도 있다.

② 부품공용협약

이것은 동종기업 간에 부품을 공동으로 사용함으로써 평균 제조단가를 낮추고 새로운 부품개발에 따른 비용부담도 줄여 경쟁력을 높이려는 것이다. 부품공용화는 다양한 형태로 나타나는 데, 경쟁회사들끼리 동일한 부품을 사용하는 제휴도 나타나고 있다.

③ 현지조립협약

본사와 독점판매권(프랜차이즈, franchise) 계약을 맺은 해외협력사가 본사로부터 조달받은 부품 및 반제품을 현지에서 완제품으로 조립하여 판매하는 방식으로, 이전처럼 완성품을 전달받아 판매하는 것이 아니라 현지에서 필요한 품목만을 소량으로 조립생산함으로써 시장수요의 변화에 신속히 대응할 수 있으며 생산비용도 낮출 수 있다는 장점이 있다.

(2) 마케팅 제휴

치열한 시장경쟁하에서 기업은 자사의 제품이나 서비스의 질을 향상시키는 것 뿐만 아니라, 어떻게 하면 그것들을 효율적으로 고객에게 이전시킬 것인가에 관심을 집중하고 있다. 이와 같은 기업의 고객지향적 노력(customer-oriented efforts)은 국내외의 경쟁회사들의 판매기법이나 유통구조를 활용하고 상호 보완하기 위하여 협력관계를 구축하게 하고 있다.

① 상호유통협약

마케팅 제휴의 대표적인 형태인 상호유통협약(cross-distribution agreement)은 협약의 당사자들 간 상대편의 제품을 자국이나 제3국에 상호 유통시키기로 협정을 체결하는 일종의 판매제휴이며, 나아가 서로의 영업망을 공유하는 공동판매로 발전할 수도 있다.

기업은 이러한 유통협약을 통해 소비자 욕구(consumer desire)의 변화가 심한 분야에서 자신의 제품계약의 폭을 확대시킬 수 있게 된다. 특히, 마케팅 비용이 매우 높은 분야에서는 이미 강력한 유통구조를 형성하고 있는 다른 경쟁업체를 통해 자사의 전략제품을 보급하는 것이 현명한 방법이 될 수 있다.

② 서비스협약

항공, 보험, 신용카드, 백화점 등과 같은 서비스분야에서 고객에게 보다 신속하고 양질의 서비스를 제공하기 위하여 동종 업종에 있는 국내외의 기업과 네트워크와 공동사용 그리고 물류시스템, 고객관리기법 등과 같은 마케팅 노하우를 상호 제공하기 위한 전략적 제휴가 급속히 확산되고 있다.

(3) 기술제휴

현대와 같이 기술이 급격히 변화하는 시대에 필요한 모든 기술을 기업 스스로가 단독으로 개발한다는 것은 거의 불가능하다고 할 수 있다. 그러므로 기업간 상호 필요한 기술을 공동으로 연구・개발한다거나 상호사용계약을 체결함으로써 기술수준의 증대와 경쟁력의 제고를 이룰 수 있다.

① 공동연구개발

신제품이나 신기술의 개발을 위해 기업간 협력관계를 맺는 것으로써 그 제휴의 범위는 연구개발에 국한되고, 연구의 결과인 신제품의 생산 및 판매는 각자가 독자적으로 수행하는 것이 일반적이다. 우리나라의 경우 전자업계의 대기업들이 수년간에 걸친 공동연구작업을 통해 HDTV(디지털 방식 고화질 텔레비전)의 개발에 성공한 예가 있다.

② 상호기술・특허사용계약

상호기술・특허사용계약(cross-licensing agreement)은 기업간 상호 필요한 기술이나 특허를 서로 사용할 수 있도록 함으로써 각 제휴기업의 기술경쟁력을 제고시킬 뿐만 아니라 자사의 기술이 산업내로 급속히 확산됨으로 인하여 전체 시장규모의 확대를 통한 매출의 증대를 파생시키게 된다. 또한, 제휴기업들 간의 과당경쟁을 방지하게 되며, 중복된 기술의 개발 및 도입에 따른 사회적 손실(social loss)을 방지하고 산업경쟁력(industrial competitiveness)을 제고시킬 수 있게 된다.

제2절 성공적인 전략적 제휴

1. 전략적 제휴의 실패와 대처방안

1.1 제휴의 문제점

다양한 형태의 제휴가 사업확장을 신속하게 달성할 수 있도록 해 주기는 하지만, 성공적인 제휴(successful alliance)가 되기 위해서는 상호 해결해야 할 많은 문제점들을 포함하고 있다. 그것은 제휴가 가지고 있는 속성에 기인한 것으로, 일반적인 동업관계가 가지고 있는 제반 문제점들을 동일하게 지니고 있기 때문이다. 동업자들은 상대방의 신뢰 구축에 신경을 써야 함과 동시에 자기 자신의 이익을 보호해야 한다는 이율배반적인 입장에 처하게 된다. 이러한 관계는 항상 첨예한 이해관계의 대립과 그에 따른 분쟁의 소지를 남기게 됨으로써 적절한 의견조정 과정과 상호간의 인내와 이해가 없다면 동업관계는 쉽게 종결되고 만다.

제휴가 실패로 끝나는 원인으로 다음 2가지를 지적할 수 있다.

① 제휴를 추구하는 기업들의 자세에 있다. 제휴를 기업의 장기적 전략 측면에서가 아니라 단지 신속하고 용이한 시장침투를 위한 수단으로 여긴다거나, 상호 공정한 관계(fair relationship)보다는 상대방에 대해 상식 이하의 지나친 기대를 가지게 되는 경우이다.

② 제휴기업 상호 간에 서로 의존적이 됨으로써 통제에 누수가 발생하게 되는 경우이다.

1.2 사전 협의사항

전술한 제휴의 문제점들을 극복하기 위해서는 각 제휴기업들이 제휴의 장기적 전략가치를 충분히 파악하여 단순히 단기적인 이익만을 위한 성급하고 변덕스러운 제휴협약의 추진을 지양해야 하며, 아울러 상호이해관계의 조정 및 통제 기능의 강화를 위해서 사전에 다음과 같은 사항에 대한 협의가 이루어져야 한다. 또한, 정확한 기간을 정해서 관리와 운영의 책임주체를 미리 결정해야 한다.

(1) 마케팅

① 전반적 전략
② 시장분야, 영업지역, 가격정책 등을 포함하는 마케팅계획
③ 계획을 초과하는 매출에 대한 정책수립
④ 자본계획
⑤ 연간 운영예산
⑥ 주요 고정자산 매입 소요자금
⑦ 임차계획

(2) 조직

① 일상적 관리 및 감독
② 임원진들의 선임 및 해임
③ 근로자에 대한 고용, 승진 그리고 해고정책과 절차

(3) 기타 운영 분야

① 관리문제와 주주문제에 대해 보고하는 회의일자
② 다른 사업, 제품라인의 인수 혹은 제3자와의 전략적 제휴
③ 원자재 및 기타 소요물자의 구매를 위한 정책, 업무지침, 매입처와의 계약
④ 재무 및 운영보고서의 작성 및 보관
⑤ 기장, 회계, 급여, 청구서 작성, 외상매출금의 회수 등
⑥ 배당이나 기타 배분의 선언 및 지급
⑦ 특허, 상표, 상호 그리고 노하우의 사용 및 수수료
⑧ 부채발생과 보증에 대한 통제
⑨ 주식거래에 대한 통제
⑩ 당사자에 의한 장래의 자산수증이나 주주차입금의 발생 그리고 그것이 오너십이나 손익분배비율에 미치는 영향

⑪ 사업의 매각 혹은 청산 및 해산

1.3 상대방의 선택

제휴를 추구하는 기업은 적절한 상대방을 선택하는 데 노력과 시간을 아끼지 말아야 한다. 제휴에 있어서 부적절한 상대방(improper partner)을 선택하는 것은 매우 위험스러운 일이다. 그렇게 될 경우 때로는 시장점유율을 상실하기도 하고 기술, 노하우, 디자인 등이 상대방에 의해 도난당하거나 오용 혹은 남용되기도 한다. 제휴에 참여하는 기업은 그들의 파트너가 장래에 경쟁자로 전환될 수도 있음을 늘 염두에 두어야 한다.

제휴를 위한 협약서에 서명하기 전에 상대방을 철저히 조사해야 한다. 상대방의 기업문화가 자신의 것과 조화되는가 아니면 충돌되는가를 면밀히 분석하여야 한다. 당사자들 간의 장·단기 운영 및 투자목표가 양립가능한가의 여부도 검토되어야 한다. 상대방은 위와 같은 요건 이외에도 다음과 같은 조건을 갖추어야 한다.

① 예측 가능해야 한다.
② 정직하고 존경할만 해야 한다.
③ 계획된 사업에 요구되는 적절한 능력과 사업상의 양호한 평판(good reputation)을 가지고 있어야 한다.
④ 사업상의 대인관계가 양호해야 한다.
⑤ 필요하다면 적절한 입지조건을 가지고 있어야 한다.
⑥ 사업에 전념할 수 있어야 한다.

1.4 기타의 예방책

샴페인을 터뜨리면서 체결한 공동협약의 축제가 언제까지나 지속되는 것은 아니다. 동업자들에게는 항상 동업관계를 파기하는 구실을 찾는 습관이 있는 것 같다. 사람이 계약대로만 살 수 있는가? 일은 혼자서 다하고 과실은 분배해야 하는가? 등의 생각을 가지게 되는데 이와 같은 지속적인 갈등 관계는 한쪽이 다른 한쪽에 지나치게 의존해 있음으로 해서 상대방이 과도한 위험(excessive risk)을 감수해야 한다는 데에도 그 원인이 있지만, 동업관계가 가지는 기본적인 속성이기도 하다.

그러므로 적절한 상대방을 선택하고 사전에 제휴 업무 전반에 대한 세심한 협의 이외에도 다음과 같은 예방책도 마련되어야 한다.

① 협약의 시작단계에서부터 모든 중요 문제와 계약 내용을 문서화해야 한다.
② 각 당사자들을 위해서 공정하고 타당한 퇴출방법을 규정해야 한다. 왜냐하면 영원한 관계의 지속은 현실적으로 어렵기 때문이다.
③ 비밀준수조항 및 화해조항을 필요한 곳에 마련해야 한다.
④ 협상을 하기 전에 필요한 국가에 대해서 특허나 상표를 출원해야 한다.
⑤ 장래 발생할지도 모르는 오해나 분쟁을 중재 혹은 조정할 수 있는 중재자 및 법적 장치를 명시해야 한다.
⑥ 모든 거래비밀, 제조방법, 노하우, 시장정보 그리고 고객정보에 대해서 주의를 기울여야 한다.

2. 전략적 제휴의 네트워크

기업은 대체적으로 다음 3가지 이유로 인해 전략적 제휴를 모색한다고 할 수 있다.

① 생명공학업체가 제약사와 마케팅 제휴를 하는 것처럼 서로 보완적인 자산을 공유하기 위해서이다.
② 통신업체가 새롭게 등장한 인터넷업체에 지분 매입방식으로 투자하는 것처럼 환경변화 속도에 적응하기 위한 제휴가 있다.
③ 두 반도체 제조회사가 합작해 생산시설을 설립하는 것처럼 막대한 초기투자비용을 공유하기 위한 것이 있다.

기업이 제휴활동을 여러 기업과 동시에 진행하면 '제휴 네트워크'를 형성했다고 할 수 있다. 제휴 네트워크는 이리듐사업과 같이 참여회사들이 동일한 목표를 갖는

컨소시엄과는 근본적으로 다르다.

토비 스튜어트 시카고대학교 경영대학원 교수는 기업이 하나 이상의 기업과 제휴해 포트폴리오(portfolio)를 구성하여 이를 적절히 유지하고 관리활동에 만전을 기해야 한다고 설명한다.

2.1 제휴 네트워크의 구성배경

제휴 네트워크는 특히 첨단산업에서 광범위하게 활용되고 있다. 그 원인은 우선 컴퓨터, 통신, 소프트웨어 등 첨단산업에서는 표준경쟁이 치열하기 때문이다. 하나의 표준기술(standard technology)이 전체시장을 지배하는 산업 특성상 제휴는 필수적이라고 할 수 있다.

일단 어떤 기술이 경쟁기술을 제치고 표준기술로 부상하게 될 조짐을 보이면 제휴에 참가하는 업체 수는 증가하게 마련이다. 일찍 제휴에 참여한 업체는 시장을 선점한 대가로 지속적인 수익이 보장되는 것이다.

제휴 네트워크는 또 유구한 역사를 지닌 대기업들이 변신을 모색할 때 흔히 직면하게 되는 난관을 극복하는 데 유용하게 사용된다. 시장 선도기업일수록 규모가 크고 움직임도 둔해 시장환경 변화에 제대로 적응하지 못하는 경향이 있다. 이 같은 사실을 인지하는 대기업들은 보다 활동적이고 변화에 민첩한 소규모 신생기업들과 제휴해 시장환경에 적응하려 한다.

생명공학분야 대기업인 몬산토는 제휴 네트워크를 통해 평범한 화학업체에서 최첨단 바이오테크놀로지 업체로 변신한 대표적인 예라고 할 수 있다.

2.2 몬산토의 제휴 네트워크

최고경영자 존 헨리의 지휘하에 몬산토는 1970년대 중반부터 생명공학의 가능성에 흠뻑 빠져 있었다. 당시에는 농업분야에 혁신적인 과학기술이 도입되던 시기였다.

몬산토는 이후 관련 업체 인수는 물론 50개 이상 업체와 제휴했으며 이 결과 효과적인 네트워크를 구성하게 되었다(〈그림 15-1〉 참조).

〈그림 15-1〉 몬산토의 제휴 네트워크

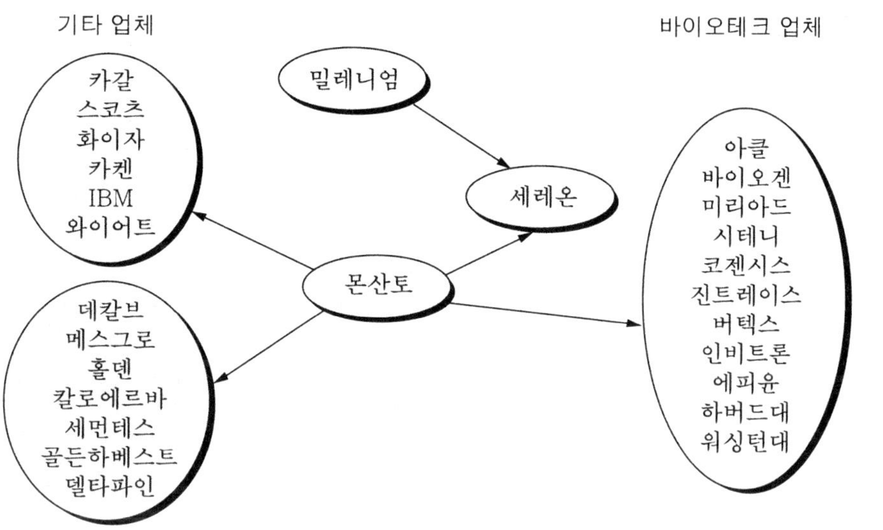

유전자변형식품에 대한 대중의 부정적인 인식에도 불구하고 몬산토의 이 같은 전략은 비즈니스 역사상 가장 획기적인 기업변신 사례 중 하나로 지적되고 있다.

몬산토는 이를 위해 대학, 신생 바이오테크업체, 대형 제약사, 종묘업체 등을 망라한 폭넓은 분야에서 거대 제휴 네트워크를 형성하였다.

2.3 제휴 네트워크 관리

다자간 제휴를 모색하려는 기업은 모든 제휴 활동을 총괄적으로 관리할 전담임원 선출을 진지하게 고려해야 한다. 전담 인력 배치가 어렵다면 BT(British Petroleum)의 예처럼 제휴활동을 관장하는 별도 경영위원회를 설치하는 것도 한 방법이라고 할 수 있다.

이 같은 제휴 전담인력이나 위원회의 가치는 1990년대 초 멀티미디어 분야에서 수십 개 업체와 제휴하며 네트워크 구성에 나섰던 한 연예·오락 그룹의 실패사례에서 찾아볼 수 있다. 멀티미디어의 발전이 회사 핵심사업에 타격을 가할 것으로 예상한 이 회사는 서둘러 이들 업체와의 제휴에 나섰다. 사업단위별로 추진된 제휴 활동은 전체 그림을 조율할 '지휘자'가 없어 결국 어설픈 '관계'만을 형성한 채 혼란만 가중하는 데 그치고 말았다.

따라서 기업이 제휴를 통해 전략적 효과를 얻기 위해서는 네트워크 수준에서 이를 관리하고 밑그림을 그릴 방안에 대해 철저히 연구해야 한다.

찾아보기

[ㅈ]

〈주요 저서〉

국제지역경제의 이해, 도서출판 두남, 2000.
현대통상의 이해 (공저), 경문사, 2001.
동아시아지역연구 (공저), 도서출판 두남, 2001.
남북한경제의 이해, 굿북스 코리아, 2001.
국제지역학의 이해, 도서출판 두남, 2002.
국제투자의 이해(공저), 경문사, 2002.
현대금융환경론, 도서출판 두남, 2002.
현대무역의 이해(공저), 연암사, 2002.
현대경영분석(공저), 도서출판 두남, 2002.
유럽지역연구, 도서출판 두남, 2003.
미주지역연구, 시그마 프레스, 2003.
현대투자론(공저), 시그마 프레스, 2003.
신경영패러다임의 이해, 도서출판 두남 2003.
국제기업의 이해(공저), 도서출판 두남, 2003.
세계지역연구, 한올출판사, 2004.
국제무역론, 한올출판사, 2004.
국제통상환경론, 청목출판사, 2005.
현대중국경제론, 청목출판사, 2005 외 다수

〈주요 논문〉

- "미국과 일본의 거시경제적 충격이 한국경제에 미치는 상대적 영향", 경제학연구, 제43집 제3호, 한국경제학회, 1995.
- "Empirical Test of The Market-oriented CAPM and January Effect", LSU Working Paper, 1997.
- "Money Demand Model of Inflation : Reexamined", LSU Working Paper, 1997.
- "Cointegration Test of Purchasing Power Parity", Western Social Science Association, 40th Annal Conference Proceeding, 1998.
- "A VAR Analysis of the Influence of the U.S. Economic Disturbances on the Korean Economy", Journal of Korea Trade, Vol. 3, 1999.
- "Economic Interdependence between Korea and Japan : Empirical Inquiry", Journal of Korea Trade, Vol. 4, No. 2, 2000.
- "교육용 유사주문형 비디오에 대한 지불의사액 분석", 경제학연구, 제48집 제13호, 한국경제학회, 2000.
- "산업연관 분석을 이용한 전파통신산업의 산업파급효과 분석", 중소기업연구, 제22권 제2호, 한국중소기업학회, 2000.
- "남북경협과 중소기업의 대북한 진출방안", 무역학회지, 제26권 제1호, 한국무역학회, 2001.
- "Modeling Zero Response Data from Willingness to Pay Surveys", Economics Letters, Vol. 71, No. 2, 2001.
- "Real Exchange Rate-Interest Rate Differentials : Empirical Inquiry", Journal of Korea Trade, Vol. 5, No. 1, 2001.
- "International Transmission of Economic Disturbances : Reexamined", 국제통상연구, 제7권 제1호, 한국국제통상학회, 2002.
- "An Empirical Analysis of Economic Linkages between Korea and U.S.", 산업경제연구, 제16권 제5호, 2003.
- "남북한 금융협력에 관한 연구", 국제통상연구, 제8권 제3호, 한국국제통상학회, 2003.
- "동북아허브 발전전략에 대한 고찰", 한국항만경제학회지, 제19집 제2호, 한국항만경제학회, 2003. 외 다수

21세기 글로벌기업론

2006년 6월 15일 초판인쇄
2006년 6월 20일 초판발행

저 자 이 재 기
발행인 유 성 렬
발행처 청 목 출 판 사

150-845
서울특별시 영등포구 신길4동 233-96
전화 (02) 849-6157(代) · 2820
FAX (02) 849-0817
·등록 제 318-1994-000090/1994.2.2

·파본은 바꾸어 드립니다. 값 19,000원

http : //www.chongmok.co.kr

ISBN 89-5565-149-X